Vom Columbia-Haus zum Schulenburgring

Stätten der Geschichte Berlins
Band 24

© 1987, Bezirksamt Tempelhof und
Edition Hentrich im Druckhaus Hentrich, Berlin

Reproduktionen:
Meisenbach Riffarth & Co., Berlin
Buchbinder:
Buchbinderei Heinz Stein, Berlin
Herstellung:
Druckhaus Hentrich, Berlin

ISBN 3-926175-40-0
1. Auflage 1987
Printed in Germany

Kurt Schilde

Vom Columbia-Haus zum Schulenburgring

Dokumentation mit Lebensgeschichten von Opfern
des Widerstandes und der Verfolgung von 1933 bis 1945
aus dem Bezirk Tempelhof

Mit einem Geleitwort von Klaus Wowereit

Herausgegeben vom Bezirksamt Tempelhof von Berlin
anläßlich der Erstellung des »Gedenkbuches für die Opfer
des Nationalsozialismus aus dem Bezirk Tempelhof«

EDITION HENTRICH BERLIN

Erinnern – und nicht vergessen!

Inhaltsverzeichnis

Geleitwort

Mit der vorliegenden Dokumentation »Vom Columbia-Haus zum Schulenburgring« und der Einrichtung des »Gedenkbuches für die Opfer des Nationalsozialismus aus dem Bezirk Tempelhof« leistet der Bezirk einen längst fälligen Beitrag zur Aufarbeitung der grausamen Ereignisse während der nationalsozialistischen Schreckensherrschaft in Tempelhof.

Auch 42 Jahre nach dem Ende des 2. Weltkrieges ist es nicht zu spät, der Opfer des Nationalsozialismus zu gedenken. Nicht erst die Aktivitäten der ewig Gestrigen und der Neo-Nazis im Zusammenhang mit dem Tod von Rudolf Heß haben gezeigt, daß die nationalsozialistische Vergangenheit nicht in Vergessenheit geraten darf. Der von der Bezirksverordnetenversammlung im Jahre 1983 gefaßte Beschluß, der Opfer des Nationalsozialismus in Form eines Ehrenbuches zu gedenken, kam spät, aber nicht zu spät. Bei den langjährigen Recherchen zeigte sich, daß nach anfänglichen Schwierigkeiten, dank der Mithilfe vieler Institutionen und Einzelpersonen, viele Materialien und Dokumente zutage gefördert werden konnten, die die Schicksale verfolgter und zu Tode gekommener Tempelhofer Bürger aufzeigen und belegen. Es versteht sich von selbst, daß vieles lückenhaft und entsprechend der jeweiligen Materiallage ungleichgewichtig sein muß. Weder das Gedenkbuch noch die Dokumentation erheben den Anspruch auf Vollständigkeit. Die im Gedenkbuch aufgenommenen Personen stehen stellvertretend für viele andere, deren Schicksal nicht mehr oder noch nicht bekannt ist. Auch die Beschränkung auf Opfer, die infolge des Terrors ums Leben gekommen sind, soll diejenigen, die das Glück hatten zu überleben, nicht zurücksetzen. Die jetzt vorgelegten Arbeitsergebnisse können nicht als abgeschlossen betrachtet werden. Trotzdem erscheint die Veröffentlichung eines Zwischenergebnisses sinnvoll. Zum einen ist es längst an der Zeit, sich der bekannten Opfer des Nationalsozialismus durch ein Gedenkbuch zu erinnern, zum anderen hat die bisherige Arbeit gezeigt, daß es genügend Ansätze für weitere Forschungen gibt, die viele Jahre Zeit in Anspruch nehmen werden. Eine Vollständigkeit wird sich nie erreichen lassen. Es kommt hinzu, daß den Bezirken für die Erforschung und Aufarbeitung ihrer Geschichte keine festen Mitarbeiter zur Verfügung stehen und demgemäß die Kontinuität der Arbeit jederzeit in Frage gestellt sein kann.

Dank sei allen gesagt, die durch ihre großzügige Unterstützung es erst ermöglichten, dieses Ergebnis vorzulegen. Gerade bei den noch lebenden Angehörigen der Opfer haben die Nachforschungen alte Wunden aufgerissen. Es bleibt zu hoffen, daß dies im Interesse einer besseren Zukunft nicht vergebens war.

Großer Dank und Anerkennung gebührt Kurt Schilde, der mit großem Sachverstand und dem erforderlichen Einfühlungsvermögen die Forschungsarbeiten durchgeführt hat und für deren Umsetzung in Form eines Gedenkbuches, der Begleitdokumentation und der Ausstellung im Heimatmuseum verantwortlich zeichnet. Den früheren Mitarbeitern am Gedenkbuch-Projekt, Dr. Thomas Hahn und Michael Kreutzer, sei ebenso Dank gesagt.

In Tempelhof lebten – wie überall in Deutschland – sowohl Opfer als auch Täter des Nationalsozialismus. Das Gedenkbuch-Projekt will unter anderem verdeutlichen, daß der nationalsozialistische Terror nicht nur irgendwo weit weg in den großen Konzentrationslagern und Folterstätten stattgefunden hat, sondern auch an sehr vielen Orten in Tempelhof. Spuren lassen sich in der Nachbarschaft, in Schulen und Betrieben finden.

Wir wissen, daß entstandenes Unrecht und zugefügtes Leid nicht wiedergutzumachen sind.

42 Jahre nach Kriegsende sollten jedoch die Opfer des Nationalsozialismus nicht in Vergessenheit geraten.

Erinnern und nicht vergessen!

Klaus Wowereit
Bezirksstadtrat

Vom Columbia-Haus zum Schulenburgring – Eine Zwischenbilanz über Tempelhof unter dem Hakenkreuz

Seit einigen Jahren wird verstärkt die Bewältigung der nationalsozialistischen Vergangenheit diskutiert. Dabei wird versucht, sich auf die positiven Traditionen der deutschen Geschichte gegenüber der Belastung durch das ›Dritte Reich‹ zu besinnen. Das Tempelhofer Gedenkbuch für die Opfer des Nationalsozialismus, eine sich darauf beziehende Ausstellung im Heimatmuseum sowie diese Publikation sind ein lokalhistorischer Beitrag zu der Debatte, wie die Verbrechen des Nationalsozialismus zu bewerten sind. Durch die Vermittlung ›vergessener‹ Detailinformationen und historisch-politischer Zusammenhänge kann dazu beigetragen werden, Aufklärungsarbeit zu leisten. »Man muß die Mechanismen erkennen, die die Menschen so machen, daß sie solcher Taten fähig werden, muß ihnen selbst diese Mechanismen aufzeigen und zu verhindern trachten, daß sie abermals so werden, indem man ein allgemeines Bewußtsein jener Mechanismen erweckt.« (Adorno 1971, S. 90)
Eine wesentliche Voraussetzung für das Erkennen der politischen und historischen Zusammenhänge sind Informationen über die lokale Dimension der nationalsozialistischen Verbrechen. Mit dem Aufzeigen der grausamen Ereignisse, die ›vor Ort‹ – also auch in Tempelhof, Mariendorf, Marienfelde und Lichtenrade – stattgefunden haben, soll versucht werden, der Personalisierung und Dämonisierung des Nationalsozialismus entgegenzuwirken. Die Greuel der NS-Zeit sind auch Bestandteil unserer Heimatgeschichte, ob uns dies gefällt oder nicht. Von der Auseinandersetzung dürfen wir uns auch durch den manchmal unterstellten falschen Selbstvorwurf der ›Schuldbesessenheit‹ nicht abhalten lassen.
Obwohl sich im Berliner Verwaltungsbezirk Tempelhof mindestens zwei historisch markante Gebäude befinden bzw. befanden, die zumindest symbolisch für den Anfang und das Ende des nationalsozialistischen Berlin stehen können, gibt es bis heute keine befriedigende Darstellung der NS-Zeit und deren Auswirkungen auf die Bezirksgeschichte. Über vierzig Jahre nach dem Ende des Nationalsozialismus ist die Bedeutung des (heute nicht mehr bestehenden) Columbia-Hauses am Columbiadamm als einer der zentralen Folterstätten der Nazis – neben den Kasernen in der General-Pape-Straße, die sich heute ebenfalls auf Tempelhofer Gebiet befinden – nur Eingeweihten und überlebenden politischen Gefangenen bekannt.
Für das Ende des zweiten Weltkrieges und damit des Nationalsozialismus in Berlin steht das Haus Schulenburgring 2, in dem am 2. Mai 1945 die Kapitulation der Berliner Garnison vor den Streitkräften der Sowjetunion unterschrieben wurde. Die Bedeutung dieses Tempelhofer Hauses für den seit 1945 bestehenden Frieden ist bis heute nicht zufriedenstellend gewürdigt worden.

Über die Tempelhofer Opfer des politischen Widerstandes und der Judenverfolgung wird erstmalig in größerem Umfang informiert.
Zum 50. Jahrestag der ›Machtergreifung‹ im Jahre 1983 beschloß die Bezirksverordnetenversammlung von Tempelhof, jene Bürgerinnen und Bürger zu ehren, »die in der Zeit von 1933 bis 1945 Opfer des Unrechts- und Terrorsystems geworden sind«.

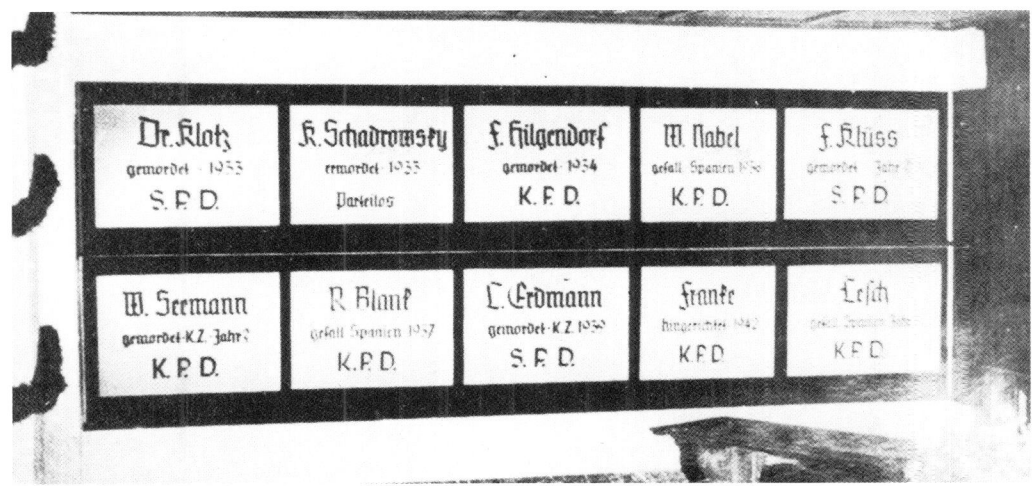

Diese Gedenktafeln befanden sich 1945/46 im Vorraum des Tempelhofer Rathauses.

Die Forderung der Fraktion der Alternativen Liste nach Wiederaufstellung von in den Nachkriegsjahren verschwundenen Tafeln mit den Namen von Widerstandskämpfern und Verfolgten wurde abgelehnt. Solche Tafeln befanden sich in den unmittelbaren Nachkriegsjahren im Vorraum des Tempelhofer Rathauses. Nach intensiver Diskussion wurde das Anlegen eines ›Ehrenbuches Widerstand und Opfer 1933–1945‹ vorgesehen. »In das Ehrenbuch werden Bürger des Bezirks aufgenommen, die aufgrund aktiven oder passiven Widerstands oder durch oder als Folge von Unterdrückungsmaßnahmen der Nationalsozialisten ihr Leben verloren haben.« (Die Zitate entstammen der Drucksache XI/897 vom 19. 5. 1983, welche am 17. August 1983 von der Bezirksverordnetenversammlung beschlossen wurde.) Von den auf den ursprünglichen Gedenktafeln überlieferten Namen der Opfer der Nazi-Diktatur ließen sich bisher nur die Lebenswege von Dr. Helmut Klotz, Franz Klühs und Lothar Erdmann ausführlicher rekonstruieren. Über die anderen Personen sind bisher nur spärliche Informationen zu erhalten gewesen: Kurt Schadrowsky (ermordet am 6. 3. 1933), Friedrich Hilgendorf (am 24. 3. 1936 in Plötzensee hingerichtet), Willi Nabel (geboren am 20. 10. 1907, im spanischen Bürgerkrieg gefallen am 21. 11. 1936), Willi Seemann (am 19. 2. 1944 im KZ umgekommen), Rudi Blank (geboren am 24. 3. 1895, am 22. 1. 1937 in Spanien gefallen), Paul Franke (am 25. 11. 1897 geboren, am 29. 6. 1944 in Plötzensee hingerichtet) und Fritz Lesch (geboren am 16. 3. 1898, 1937 in Spanien gefallen). Über sie ist nicht viel mehr als das hier Gesagte bekannt. Ihr Schicksal muß noch erforscht werden, ebenso wie den Spuren der am Gedenktag der Opfer des Faschismus am 9. September 1948 an einer Tafel aufgeführten Männer und Frauen nachgegangen werden muß. Neben den bereits genannten Personen der ersten Gedenktafeln und den 1987 im bezirklichen Gedenkbuch gewürdigten Personen werden folgende Namen genannt: Karl Peters, Johannes Zerndl, Berthold Kunkel, Werner (?) Peres, Otto Adam, Ella Arnold, Jacob Arnold, Franz Bode, Wilhelm Erlich, Walter Fink, Josef Fiedler, Relli Fiedler, Israel Goldbarth, Lieschen Grunwald, Kurt Gruczynski, Werner Gutsche, Susi Goldlust (?), Erich Hermann, Fritz Joelsohn, Hedwig Kloeke, Erich Knauf, Karl Ladé, August Neumann, Rudolf Plage, Kurt Rühlmann, Paul Suhr, Kurt Stern, Gerhard Wartenberg, Oskar (?) Wiersich, Otto Winter und Paula Schiller.

Eingangshalle des Tempelhofer Rathauses am Gedenktag für die Opfer des Faschismus (9. September 1948).

Die hier dargestellte ausschnitthafte Geschichte Tempelhofs von 1933 bis 1945 ist im gewissen Sinne ›politiklastig‹, zum einen wegen seiner Themenstellung – Widerstand und Verfolgung – und zum anderen wegen der relativ kurzen Zeit, in der diese Arbeit abgeschlossen werden sollte. Erst Anfang 1987 ging die Verantwortung für den Abschluß des 1983 begonnenen Gedenkbuch-Projektes auf den Verfasser über. Aus diesem Grunde wurden auch verschiedene Themenbereiche vernachlässigt, wie zum Beispiel der Anteil von Frauen am Widerstand und die Rolle der Kirchengemeinden. Hier kann aber auf die in Broschürenform vorliegende Geschichte der evangelischen Kirchengemeinde Marienfelde hingewiesen werden (Fabarius 1984).

Im Zentrum der Tempelhofer Geschichte der NS-Zeit müssen die Todesopfer stehen, die der Faschismus ›auf dem Gewissen‹ hat. Das Gedenken an sie verlangt von uns, daß wir den Toten und ihren Angehörigen Respekt erweisen. Dazu gehören unser Entsetzen über die Leidensgeschichte der Opfer, unsere Scham gegenüber den Überlebenden und die gemeinsame Trauer um die Toten.
Die Geschichte von Personen, die im Widerstand ihr Leben geopfert haben, verweist für uns auf eine positive Tradition deutscher Geschichte. Diese Menschen haben sich nicht dem Terror gebeugt, sich nicht angepaßt, nicht weggesehen. Sie haben ihr Leben riskiert und verloren, um gegen ein Unrechtsregime zu kämpfen. Neben den bekanntgewordenen Widerstandsaktivitäten gab es aber auch noch den individuellen Widerstand im Alltagsleben. Der ›kleine Widerstand‹ durch Umgang mit Kriegsge-

10

fangenen, Aufrechterhaltung von geselligen Zusammenhängen oder sei es nur durch Weitererzählen von Flüsterwitzen hatte nur geringe Chancen überliefert zu werden. Beispiele dafür gibt es sicherlich auch in Tempelhof.

Die Geschichte der Judenverfolgung in Tempelhof muß erst noch geschrieben werden. Als eine Voraussetzung dafür wird – so genau es geht – auf die Wohngebiete und Treffpunkte der jüdischen Bevölkerung in der Weimarer Republik und dem ›Dritten Reich‹ bis zur Auswanderung, Flucht oder Deportation hingewiesen. Damit soll gezeigt werden, daß in der Nachbarschaft Menschen wohnten, die nicht einfach vom Erdboden verschwinden konnten. Auch wenn manche glaubten, daß die abgeholten jüdischen Männer und Frauen, die Jungen und Mädchen ›nur‹ in Arbeitslager oder ›Altersheime‹ gebracht wurden, bestanden doch zumindest bei einigen Nachbarn Ahnungen über das wirkliche Schicksal, das der jüdischen Bevölkerung bevorstand.

Auf Fragen der jüdischen Religion und Tradition wird hier nicht eingegangen. Einerseits, weil die hier lebenden jüdischen Menschen sich überwiegend als gesellschaftlich emanzipiert verstanden und für sie das Judentum oft keine überragende Rolle spielte. Sie gingen an den wichtigen Feiertagen in die Synagoge, ebenso wie Christen am Heiligen Abend oder Karfreitag in die Kirche. Zum anderen muß darauf hingewiesen werden, daß die Judenverfolgung nicht aus religiösen Gründen erfolgte. Der Antisemitismus basiert auf vergleichbaren Vorurteilen gegenüber anderen Minderheiten wie Sinti und Roma, damals wie heute als ›Zigeuner‹ diskriminiert. Eine Funktion der Vorurteile gegenüber der jüdischen Bevölkerung war die Ablenkung von ökonomischen Problemen, die aus historisch bedingten Gründen dem Judentum zugeschrieben wurden. Da den Juden früher die Gewerbeausübung verboten war und sie sich deshalb im Handel betätigen mußten, bot sich dadurch eine Grundlage für die jahrhundertelange Diskriminierung als ›Schacherjuden‹ und anderes.

Großes Unbehagen bereitet es dem Verfasser, wenn bei der Dokumentation von jüdischen Lebensgeschichten mit offiziellen Todesdaten gearbeitet wird. Bei vielen ermordeten Juden und Jüdinnen ist bis heute nicht genau feststellbar, wann und wo sie umgebracht wurden.

Es wurde bereits betont, daß nur ein kleiner Teil der von den Nazis ermordeten Tempelhofer Bürgerinnen und Bürger in das Gedenkbuch aufgenommen wurde. Es wurde als nicht ausreichend angesehen, in den übrigen Fällen nur die Namen aufzulisten. Betroffenheit bei den ›Nachgeborenen‹ stellt sich oft nur über den Nachvollzug persönlicher Schicksale ein. In den hier dokumentierten Lebensgeschichten der in dem Gedenkbuch gewürdigten Personen war die Ausgangslage günstiger als in den anderen Fällen. Die Recherchen der Lebens- und Leidensgeschichten wurden durch teilweise vorhandene Literatur erleichtert. Auch ließen sich manchmal überlebende Angehörige finden, die mit Informationen helfen konnten oder durch ihre Einwilligung die Einsichtnahme in Archivakten zuließen. Wenn über die dokumentierten Einzelschicksale hinaus weitere Namen aufgeführt werden, auch wenn darüber wenig bekannt ist, soll damit zu weiteren Nachforschungen angeregt werden.

Die ›Blässe‹ einiger Lebens- und Leidensgeschichten erklärt sich wesentlich aus dem langen zeitlichen Abstand, mit dem dem Schicksal der NS-Opfer nachgeforscht wurde. In vielen Fällen leben nur noch vereinzelt Angehörige, die zudem manchmal über den ganzen Erdball verstreut sind, und die ihr Hab und Gut beim Verlassen Berlins zurücklassen mußten. So sind nur noch ganz selten Fotografien der Toten oder Dokumente vorhanden, die Aufschluß über das Schicksal der Verfolgten hätten geben können. In der Zwischenzeit sind auch viele Angehörige, die noch etwas hätten berichten können, gestorben. Aus den genannten Gründen war auch über das Privatleben wenig herauszubekommen, und auch das Alltagsleben mußte ausgespart bleiben.

Über fünfzig Jahre nach der faschistischen Herrschaft muß leider immer noch festgestellt werden, daß viele der Mörder nicht zur Rechenschaft gezogen wurden. Die Einstellung der Ermittlungen gegen Angehörige des Volksgerichtshofes, die auch viele der Todesurteile und deren Vollstreckung an Tempelhofer Widerstandskämpfern und -kämpferinnen zu verantworten haben, ist nur ein kleines Glied in der Kette der unbewältigten Vergangenheit. Die gescheiterte Entnazifizierung und Umerziehung in der Nachkriegszeit ist ebenso dazu zu zählen wie die stolze Behauptung einzelner Politiker, bis zuletzt an der Ostfront gekämpft zu haben. Offensichtlich ist manchem immer noch nicht klar, daß mit dem damit hinausgezögerten Kriegsende neben sinnlosen Kriegsopfern auch die Befreiung der Konzentrationslager zu spät erfolgte und damit noch mehr Menschen sterben mußten. Auch die negative Bewertung von Widerstandshandlungen, wenn es sich um Aufforderung zu Sabotage, Störungen der Rüstungsproduktion, Kriegsdienstverweigerung oder Information der Kriegsgegner handelte, und deren Rücken in die Nähe von Landes- und Hochverrat zeigt, daß von manchen Personen auch heute noch bestimmte Zusammenhänge nicht durchschaut werden (wollen): Das ›Dritte Reich‹ wurde durch die Alliierten von außen beendet. Deshalb konnte auch die Unterstützung der damaligen Kriegsgegner ein Beitrag zur früheren Beendigung des Krieges und damit des Nationalsozialismus sein.

Ein großes Problem bei dieser Dokumentation besteht ebenso wie bei der Ausstellung in dem ungleichgewichtig vorhandenen Bildmaterial. Während es in Einzelfällen für eine im Gedenkbuch zu würdigende Person noch viele Fotos gibt, existiert von blem dar, wenn an die zahlreichen Bilder über die offizielle Seite des Nationalsozialismus gedacht wird. Im Gegensatz dazu sind Dokumente über den Widerstand und die Verfolgung selten. Zum einen war es gefährlich, etwas aufzuheben, was zu Verhaftung und Tod hätte führen können, und zum anderen sind viele Dokumente in den Jahrzehnten seit 1945 vernichtet worden. Sie sind für immer verloren. Nicht unproblematisch ist auch die nur sparsam kommentierte Wiedergabe von zeitgenössischen Zeitungsartikeln und Schriftstücken. Sie sprechen aber oft für sich selbst, wenn man sich den historischen Hintergrund vergegenwärtigt. Nicht immer geben sie ein der Wirklichkeit entsprechendes Abbild der damaligen Ereignisse. Sie spiegeln aber meist deutlich den Geist der Zeit und ihrer Verfasser wider.

Mit dieser Dokumentation über Widerstand und Verfolgung in Tempelhof wurde versucht, einzelne Lebensgeschichten in ihrem historisch-politischen Zusammenhang zumindest ansatzweise nachvollziehbar zu machen. Dazu wurden eigenständige Kapitel über den Weg Tempelhofs ins ›Dritte Reich‹ und über Widerstand und Verfolgung zusammengestellt. Auch die Abschnitte des Hauptkapitels über Widerstand und Verfolgung können weitgehend für sich verstanden werden, soweit Vorkenntnisse über den Nationalsozialismus vorliegen. Das Kapitel über den nationalsozialistischen Zugriff auf Jugendorganisationen und Schule wurde in dieses Buch aufgenommen, um zu dokumentieren, wie die Nazis auch in Tempelhof die Jugendorganisationen und Schulen ›gleichschalteten‹. Damit soll dazu angeregt werden, diesen Bereich weiter zu erforschen. Im dritten Teil über den Krieg und die Nachkriegszeit geht es im wesentlichen um die Folgen des Nationalsozialismus.

Das Gedenkbuch für die Opfer des Nationalsozialismus in Tempelhof wäre ohne die Hilfe der überlebenden Angehörigen nicht zustande gekommen. Ihnen gebührt besonderer Dank, daß sie sich bereit erklärten, das Bezirksamt Tempelhof zu unterstützen. Dies ist ihnen nicht immer leichtgefallen. Nach so langer Zeit wurden schmerzvolle Erinnerungen wieder wach, die in einzelnen Fällen zu Krankheiten führten.

Unser ganz besonderer Dank geht an: Jerry Lissner (New York), Anne Schoenblum (Haifa), Lisa Souris (Paris), Egon Davidsohn (Port Elisabeth/Südafrika), Ingeborg Petranker (Daly City/Kalifornien), Frederick Greenwood (New York), Sylva Zaphir (Denver), Erich Hertzberg (Haifa), Traute Bank (London), H. W. Kaufmann (Hengelo/ Niederlande), Joseph Ross (Ramat Gan/Israel), Gerhard Schiller (Berlin), Peter K. Wolfram (Victoria/Australien), Prof. Dietrich Erdmann (Berlin), Dr. Barbara Gehrts (Neuenburg), Herbert George (London), Herta Hirsch (Berlin), Frieda Küter (Berlin), Gertrud Molzahn (Frankfurt am Main) und Heinz Westphal (Bonn).

Es wurde versucht, die rekonstruierten Lebensgeschichten der Tempelhofer Opfer des Nationalsozialismus mit überlebenden Angehörigen, politischen Freunden und Bekannten abzustimmen. Bis Redaktionsschluß lagen leider nicht in allen Fällen Rückmeldungen über die hier dargestellten Forschungsresultate vor. So muß in den in Frage kommenden Fällen die Richtigkeit der Texte von dem Herausgeber verantwortet werden. Es ist selbstverständlich, daß versucht wurde, die möglichen Fehlerquellen auszuschließen.

Betroffenheit muß sich einstellen, wenn festgestellt werden muß, daß in mehreren Fällen Angehörige von Widerstandskämpfern und verfolgten Juden verweigert haben, daß ihr Name genannt wird. Manchmal war viel Überzeugungsarbeit erforderlich, um die Einwilligung zu erhalten, daß der ermordeten Angehörigen gedacht werden kann. Die Verwandten waren einerseits enttäuscht, daß erst nach so langer Zeit an die Opfer gedacht wurde, und andererseits sehen sie persönlich in der aktuellen politischen Entwicklung bedenkliche Prozesse. Der Neo-Faschismus und die Ausländerfeindlichkeit werden gerade von den überlebenden Angehörigen sehr aufmerksam beobachtet. Lassen wir uns deren sensibles Verhalten eine Mahnung sein, alles dafür zu tun, um einer Diktatur wie dem Nationalsozialismus für immer den Boden zu entziehen.

Wertvoll für unsere Untersuchungen waren auch die Informationen von Karl Eppenstein (Tel Aviv), Harold H. Mark (Marietta/Georgia), Felix Pinczower (Tel Aviv) und Ernest Werner (Houston). Wichtige Informationen und Einblicke in das Tempelhofer Leben der NS-Zeit konnten durch Interviews mit vielen Zeitzeugen und -zeuginnen gewonnen werden, deren Inhalt leider nur ansatzweise ausgewertet und veröffentlicht werden kann. Bei der Materialsuche haben so viele Personen geholfen, daß ihre Aufzählung viel Platz wegnehmen würde. Ganz besonderer Dank geht – stellvertretend für die vielen Ungenannten – an Emil Ackermann, Wolfgang Szepansky, Ingrid Kamp und Bernd Kavemann sowie an Lothar Uebel (Ausstellungskonzeption und -organisation).

Dieses Projekt wäre ohne die unbürokratische Unterstützung vieler ungenannt bleibender Mitarbeiter und Mitarbeiterinnen des Bezirksamtes Tempelhof nicht zustande gekommen. Nicht nur stellvertretend für diese geht ein sehr herzlicher Dank an den Bezirksstadtrat für Volksbildung, Klaus Wowereit, der alles in seiner Macht stehende getan hat, dem Projekt zu einem guten Erfolg zu verhelfen.

1. Teil

Tempelhof auf dem Weg ins ›Dritte Reich‹

Im Verwaltungsbezirk Tempelhof wie auch im übrigen Berlin ist es den Nationalsozialisten lange Zeit nicht gelungen, aus dem Gründungsstadium einer politischen Sekte herauszukommen. Zur stärksten politischen Kraft werden konnte sie erst im März 1933. Die letzte Wahl zur Bezirksverordnetenversammlung kann aber aufgrund des unter dem NS-Terror stattgefundenen Wahlkampfes nicht mehr als demokratisch bezeichnet werden.

Seit 1920 hatten die Nazis mehrfach versucht, ihre Partei in Berlin zu gründen. Aber auch ihre Tarnorganisationen wurden immer wieder verboten. Die erste offizielle Berliner Ortsgruppe der NSDAP sollte ursprünglich bereits am 19. November 1922 im damaligen Restaurant Reichskanzler in der Kreuzberger Yorckstraße 90 gegründet werden. Ein erneutes Parteiverbot des Preußischen Innenministeriums vom 15. November 1922 kam dem aber zuvor. (Engelbrechten 1937, S. 31)

Erst am 17. Februar 1925 wurde in Finowfurt bei Eberswalde in der Nähe von Berlin die erste Ortsgruppe gegründet, die ihren Sitz in der Wiener Straße 45 in Kreuzberg hatte. Die ersten Parteimitglieder waren meist ehemalige Angehörige der ›Deutsch-Völkischen-Freiheitspartei‹ und anderer rivalisierender völkischer Gruppen. (Broszat 1960, S. 86)

Die Zahl von 350 zahlenden Mitgliedern in Groß-Berlin (Engelbrechten/Volz 1937, S. 11) entsprach einer der vielen kleinen politischen Gruppen, die es zu dieser Zeit überall im Deutschen Reich gab.

Um Stimmen bemühte sich die NSDAP das erste Mal bei der Berliner Stadtverordnetenwahl am 25. Oktober 1925, allerdings nur im Bezirk Spandau. Sie erhielt dort insgesamt 137. Die ersten Tempelhofer Wahlzettel zugunsten der Nazi-Partei wurden bei der Wahl am 7. Dezember 1924 (Reichstag: 766 Stimmen; Preußischer Landtag: 768 Stimmen) abgegeben, als sie unter dem Namen ›Nationalsozialistische Freiheitsbewegung‹ antrat. Bei der darauffolgenden Wahl zur Stadt- und Bezirksversammlung am 25. Oktober 1925 trat die Tempelhofer NSDAP noch nicht in Erscheinung, sie wurde erst einen halben Monat später gegründet.

Die folgende Reichstags- und Landtagswahl 1928 erbrachte nur wenig Stimmenzuwachs (822 bzw. 809 Wahlzettel).

Entwicklung der nationalsozialistischen Bewegung in Tempelhof

Als am 4. November 1925 in der Mariendorfer Gastwirtschaft von Ferdinand Treppens (Dorfstraße 35, heute Alt-Mariendorf 50) von sechs Männern die Tempelhofer Sektion der Berliner Nationalsozialistischen Partei Deutschlands gegründet wurde, waren gerade dreizehn Mann gekommen. Aber nur ein Teil von ihnen wollte ›Parteigenosse‹ werden.

Unter den Gründungsmitgliedern des Jahres 1925 befanden sich wohl wenige Arbeiter, sonst wäre dies sicherlich von dem ›Parteigenossen‹ – Pg. genannt – Bruno Huettchen, der übrigens bis 1933 Bezirksverordneter der Deutschen Volkspartei war, erzählt worden, als er 1935 die ›Urgeschichte der Tempelhofer NSDAP‹ zum zehnjährigen Jubiläum verfaßte (Huettchen 1935). Von den sechs ›alten Kämpfern‹ – wie die Parteimitglieder genannt wurden, die vor den letzten Wahlen im März 1933 in die NSDAP eingetreten waren – werden drei namentlich überliefert: die beiden Stadtarchitekten Alfred Günther und Hans Maschke sowie der »bejahrte Regierungsbaumeister a. D. Koch« (ebenda). Alfred Günther war der erste Leiter der Tempelhofer Ortsgruppe, Bezirksverordneter der NSDAP 1933/34 und Bezirksbeirat 1934-37. Er fiel beim ›Endkampf‹ am 26. April 1945 im Kleineweg in Neu-Tempelhof.

Bruno Huettchen 1933

Anfang 1926 kamen neben anderen der Bauarbeiter und spätere Stadtrat Georg Schulz und Bernhard Schneider, »der später die Tempelhofer HJ gründete« (ebenda), hinzu. Nachdem noch ein SA-Angehöriger aus dem Stadtzentrum sowie Reste völkischer Gruppierungen wie ›Olympia‹, ›Deutscher Verein für Leibesübungen‹ und ›Bismarck-Bund‹ hinzustießen, wurde der Tempelhofer SA-Sturm gegründet. Deren erster Sturmführer war ebenfalls Georg Schulz, ein Hüne, an den sich Mitbürger noch unangenehm erinnern.
Die Entwicklung der Tempelhofer SA machte vor 1933 wenig Fortschritte. Es gab 1925 eine SA-Gruppe Tempelhof, die 1926 in SA-Abteilung Tempelhof umbenannt wurde. Ab 1927 gehörte der Tempelhofer SA-Sturm 16 zur SA-Standarte III (vorher I). 1929 kam noch eine Nachrichtenschar namens ›Blitz‹ dazu, die 1930 ebenso dem Sturm 16 angegliedert war wie die Trupps ›Neu-Tempelhof‹ und ›Mariendorf‹. Die Kämpfe zwischen den politischen Gegnern waren in der Weimarer Republik – von den Nazis

Der SA-Sturm 16 aus Tempelhof

bezeichnenderweise auch ›Kampfzeit‹ genannt – sehr brutal. 1931 erschien darüber im ›Angriff‹, dem Hetzblatt der Berliner NSDAP, das Gedicht ›Kommunes Nachtgesang‹, nachgedichtet der Tempelhofer Hymne ›Bei uns in Tempelhof...‹. In dem SA-Geschichtsbuch werden vier Strophen davon wiedergegeben:

»Die klebende Kommune
Bekam so manches Loch,
Als sie versucht zu schlagen
SA. von Tempelhof.

Am nächsten Tag Versammlung.
Sta III war noch und noch
Zum Ärger der Kommune
Bei uns in Tempelhof.

Jetzt könn' wer nischt mehr kochen,
Jetzt gehn wer uff'n Hof,
Det sinn zu ville Nazis
Für uns in Tempelhof.

Die koofen wer uns dann eenzeln,
So zwanzig Schläger hoch,
Denn wir sinn soone Helden
Bei uns in Tempelhof.«

(Engelbrechten 1937, S. 136)

Damit nicht der falsche Eindruck entsteht, als ob das Tempelhofer SA-Schlägerkommando eine große Organisation war, seien einige allgemeine Angaben zu den Gruppengrößen gemacht. Die Nachrichtenschar dürfte etwa vier bis zwölf Männer umfaßt haben. Der Tempelhofer SA-Sturm 16, der darüber hinaus noch aus den genannten Trupps ›Neu-Tempelhof‹ und ›Mariendorf‹ (mit schätzungsweise je 20 bis höchstens 60 Leuten) bestand, dürfte damit einhundert bis einhundertfünfzig Personen erfaßt haben. Auch als im gleichen Jahr die Berliner SA neu organisiert wurde und der Mariendorfer SA-Trupp zum Sturm 18 wurde, dürften nicht viel mehr Nazis beteiligt

Mitglieder des SA-Arbeitssturms Lichtenrade

gewesen sein. Auch die kleine SA-Einheit in Lichtenrade, über die ein ›SA-Historiker‹ berichtet, hatte nur eine geringe Bedeutung: »In Lichtenrade, im Süden Berlins, wird aus 30 Ausgesteuerten (aus der Arbeitslosenversicherung ausgesteuert, ksch) der erste ›Arbeitssturm‹ aufgestellt. Ein größeres, brachliegendes, sumpfiges Gelände wird planiert und zu einem Sportplatz für den Deutschen Volkssportverein ausgebaut. Auch eine Baracke für die Männer entsteht. Sie erhalten freie Bekleidung und Verpflegung und monatlich ein paar Mark Taschengeld.

Es ist dies der erste nationalsozialistische Arbeitsdienst in Berlin und im Reich. Wobei als Kuriosum zu verzeichnen ist, daß die ersten Geldmittel hierfür von dem damals gerade gegründeten staatlichen Arbeitsdienst in Berlin über den Deutschen Volkssportverein – also eine getarnte Naziorganisation – hereingeholt werden.« (Engelbrechten 1937, S. 172) Die Gewährung von Unterkunft und Ausgabe von Essen spielten eine große Rolle bei der Motivation, der SA beizutreten.

Von den Auseinandersetzungen vor der Machtübernahme ist bisher aus Tempelhof bekanntgeworden: Angehörige des SA-Arbeitssturms aus Lichtenrade waren in der Nacht zum 1. Januar 1933 an der Ermordung eines jungen Kommunisten beteiligt. Darauf wird später noch eingegangen. Die SA-Stürme Tempelhofs konnten sich auch bei einer »schweren Saalschlacht« in den Herold-Festsälen in Mariendorf ›austoben‹ (a.a.O., S. 189).

Der Wahlkampf in der Weimarer Republik zeigte 1932 auch in der Nähe des Adolf-Scheidt-Platzes seine terroristische Seite, als es dort zu einem Zusammenprall von Kommunisten und Nazis des Neu-Tempelhofer SA-Reservetrupps kam. (a.a.O. S. 216)

Eine vollständige Auflistung aller SA-Stürme von Tempelhof ist weder möglich noch erscheint sie sinnvoll. Exemplarisch kann aber für Marienfelde festgestellt werden, daß hier zumindest drei verschiedene Gruppen aktiv waren. Der Sturm 22/13 hatte sein Sturmlokal bei Lierse, Berliner Str. 54 (heute Marienfelder Allee). Das Lokal des

SA-Sturms 26/13 war bei Kallmann, und in der Berliner Straße 114 war das Sturmlokal Zweig des SA-Sturms 32/9.

Sturmlokal I/13/16 der Tempelhofer SA in der Ringbahnstraße 41

Auch nach der ›Machtergreifung‹ ließ die Prügellaune der SA-Männer nicht nach. Sie verprügelten sich jetzt teilweise gegenseitig, wie die Ereignisse der Neujahrsnacht 1934 beweisen. Am 1. Januar 1934 fand am frühen Morgen in dem Kellerlokal des Tempelhofer SA-Sturms (nunmehr mit der neuen Bezeichnung 1/13) in der Berliner Straße 169 (heute Tempelhofer Damm) eine Schlägerei statt, bei der die Polizei eingreifen mußte. Beteiligt waren unter anderem der Standartenführer Schilling, Sturmbannführer Boldte, Obertruppführer Boese, Truppführer König und Scharführer Wilke. Die anderen konnten unerkannt entkommen.

In der Bezirkspolitik hatten die Nazis aber vor 1933 fast keinen Einfluß. Das erste Mal kandidierte die Tempelhofer Sektion der NSDAP zur Wahl am 17. November 1929. Zwar stimmten bereits zu diesem Zeitpunkt schon 2 721 Tempelhofer bzw. Tempelhoferinnen für den nationalsozialistischen Wahlvorschlag zur Stadtverordnetenversammlung. Dies reichte aber noch nicht aus, um ein Direktmandat zu erringen. Dagegen verhalfen die 2 645 für den bezirklichen Wahlvorschlag abgegebenen Stimmen dem erst in Schöneberg, später in Steglitz wohnenden Diplom-Kaufmann bzw. Apotheker Kurt Wehrmann zu einem Sitz in der Tempelhofer Bezirksversammlung. Außer ihm vertraten acht Mitglieder der Deutschnationalen Volkspartei, drei der Deutschen Volkspartei, eines des Zentrums, eines von der Wirtschaftspartei sowie fünf Bezirksverordnete der kommunistischen und neun der sozialdemokratischen Partei die Interessen der Bürger/innen aus Tempelhof, Mariendorf, Marienfelde und Lichtenrade.

Bezirkspolitik vor der Machtübernahme durch die Nazis

Die politische Entwicklung auf Bezirksebene unterschied sich in der Zeit vor 1933 nicht wesentlich von den politischen Prozessen in Berlin, in Preußen und m Feich. (Vergleiche zur Bezirkspolitik die im Anhang befindliche Tabelle über die Wahlergebnisse in Tempelhof von 1920 bis 1933).
Die Parteien der Arbeiterbewegung waren gespalten in die sozialdemokratische Richtung, die die soziale Emanzipation der Arbeiterklasse über eine beständige Ausweitung ihres Anteils am gesellschaftlichen Reichtum für machbar hielt, und die kommunistische Tendenz, die an der revolutionären Tradition der Arbeiterbewegung festhielt. Selbst angesichts des drohenden Faschismus in den letzten Jahren der Weimarer Republik gelang es nicht, den Graben zwischen SPD und KPD zu überwinden.

1. Sozialdemokratische Partei

Die Gründung des Tempelhofer Ortsvereins im März 1891 belegt, daß es sich bei der bezirklichen SPD um die älteste hier bestehende Partei handelt. Bei den alle vier Jahre stattfindenden Wahlen zur Tempelhofer Bezirksversammlung gingen die Sozialdemokraten – bis auf die bereits unter dem NS-Regime abgehaltene Bezirksversammlungswahl vom 12. März 1933 – immer als stärkste Gruppe hervor. Bei den ersten Wahlen zur Bezirksversammlung nach der Bildung von Groß-Berlin im Jahre 1920 wählten über 50 % der 25 484 Wähler und erstmalig auch Wählerinnen – das Wahlrecht für Frauen bestand erst seit 1918 – sozialdemokratisch. Dabei bekamen die Mehrheitssozialisten (MSPD) 21 % und die Unabhängigen (USPD) sogar 31 % der Stimmen. Sie konnten als sozialdemokratischen Bürgermeister den Buchdrucker Emil Groß durchsetzen.

Das Bezirksamt Tempelhof um 1921/22

Seit der Vereinigung von MSPD mit einem Teil der USPD wurde im Herbst 1922 in der Bezirksversammlung die Fraktion der Vereinigten Sozialdemokratischen Partei (VSPD) gebildet, später fiel das ›V‹ weg und es hieß wieder SPD-Fraktion. Ein anderer Teil der USPD ging zur KPD, während die Rest-USPD nicht mehr in der Bezirksversammlung vertreten war.

Ab 1924 stellte die Tempelhofer Sozialdemokratie nicht mehr den Bezirksbürgermeister. Emil Groß mußte seinem bisherigen Stellvertreter, dem Gemeindesyndikus (heute dem Finanzstadtrat vergleichbar) Reinhard Bruns-Wüstefeld von der Deutschen Volkspartei weichen. Die Zahl der Stadträte war abgebaut worden (vgl. Fölsche 1924, S. 49 ff.), weil der Magistrat Stellenstreichungen zwecks Sparmaßnahmen beschlossen hatte. Die inzwischen gewählte knappe bürgerliche Mehrheit in der Tempelhofer Bezirksversammlung nutzte diese Gelegenheit, den SPD-Bezirksbürgermeister (und einen weiteren SPD-Stadtrat) abzuwählen. Neben dem neuen Bezirksbürgermeister gehörte nun auch dessen Stellvertreter, der ›Erbauer‹ Neu-Tempelhofs Fritz Bräuning, der Stresemann-Partei an.

Eine ähnliche Aktion war bei dem Kreuzberger Kollegen Carl Herz (ebenfalls Sozialdemokrat) offensichtlich wegen der für den Gewählten günstigeren Bedingungen gescheitert. Herz wurde mit allen Stimmen der SPD- und KPD-Fraktionen gewählt und konnte im Amt bleiben. Im Gegensatz zu Kreuzberg hatten in Tempelhof aber die bürgerlichen Parteien die Mehrheit erreicht. Hatte die SPD bei der Tempelhofer Kommunalwahl am 25. Oktober 1925 noch 32 % der abgegebenen Stimmen erhalten, waren es am 17. November 1929 zwei Prozent weniger (30 %). Am 12. März 1933 waren es zwar nur noch 22 %, aber die SPD hatte nicht nur die Zahl der für sie abgegebenen Stimmzettel halten können, sondern hierbei sogar noch zulegen können (1925: 10 348 Stimmen, 1929: 13 643 und 1933: 15 352 sozialdemokratische Stimmzettel). Die politischen Gegner der SPD, allen voran die NSDAP, konnten ihr keine Stimme wegnehmen, sondern sie profitierten von einem leichten Anstieg der Wahlbeteiligung, weil viele bisherige Nicht-Wähler/innen für die NSDAP stimmten. Der Stimmenanteil der Nazis ergab sich auch aus der Zunahme der Zahl der wahlberechtigten Personen durch den Bevölkerungsanstieg vor allem durch Zuwanderung.

Die Abwahl von Emil Groß hatte bereits den steigenden Einfluß der bürgerlichen Kräfte gezeigt. Der am 22. Dezember 1924 gewählte zweite Tempelhofer Bezirksbürgermeister wurde offensichtlich nicht nur mit den Stimmen der Deutschen Volkspartei, sondern auch von deutschnationalen Bezirksverordneten gewählt, da seine Organisation allein nicht über die ausreichenden Stimmen verfügte. Reinhard Bruns-Wüstefeld konnte bis zum Ablauf seiner Wahlzeit 1937 im Amt bleiben, wie beispielsweise auch der ebenfalls der DVP angehörende Charlottenburger Bezirksbürgermeister Karl Augustin.

Im Bezirksamt Tempelhof – so werden im März 1933 Ausführungen des NS-Abgeordneten im Reichstag Erich Timm in der Presse wiedergegeben – haben die politischen Veränderungen bereits vor der ›Machtergreifung‹ eingesetzt: »Im Bezirk Tempelhof hat eine Umgruppierung in den Verwaltungsstellen bereits 1924 begonnen, als eine bürgerliche Mehrheit den Abbau des Bürgermeisters und der Stadträte, welche der Sozialdemokratischen Partei angehörten, vornahm. In der Nachfolgezeit ist durch die größere Stärkung der Deutschnationalen Volkspartei in der Bezirksversammlung beeinflußt, in der Bezirksverwaltung die Personalpolitik in der Richtung gegangen, daß die nationalen Elemente in der Beamtenschaft in den Vordergrund kamen und auch die der Nationalsozialistischen Partei angehörenden Beamten, die der Verwaltungsleitung bekannt waren, ungehindert ihre Tätigkeit ausüben konnten. Bürgermeister Bruns-Wüstefeld und die bürgerlichen Stadträte haben in immer größerem Umfange ihr Augenmerk darauf gerichtet, dem Fortschreiten der nationalen Bewegung Rechnung zu tragen." (Tempelhof-Mariendorfer Zeitung vom 27. 3. 1933)

Eben darum – wieder im Gegensatz zum Amtskollegen aus dem Nachbarbezirk Kreuzberg, Carl Herz – wurde Bruns-Wüstefeld 1933 nicht von den Nazis entmachtet. Der Kreuzberger Bezirksbürgermeister – ein hochqualifizierter Kommunalpolitiker – hatte zudem neben seiner SPD-Mitgliedschaft einen weiteren ›Makel‹: Er war Jude.

2. Kommunistische Partei

Von der Entstehung der kommunistischen Organisationen kann in Tempelhof eigentlich erst ab 1920 gesprochen werden, als im Oktober ein großer Teil der Unabhängigen Sozialdemokraten in die kommunistische Partei eintrat. Vier Tempelhofer Bezirksverordnete, unter Führung des späteren Stadtrats Arthur Irrgang, bildeten unter dem Namen Vereinigte Kommunistische Partei (VKPD) eine Fraktion in der Tempelhofer Bezirksversammlung. Seit der Wahl von 1925 konnte die KPD in Tempelhof immer mehr als 10 % der abgegebenen Stimmen erringen (1925: 13 %, 1929: 15 %, 1933: 12 %). Über die parlamentarische Arbeit der Kommunisten ist bisher wenig bekannt. Offensichtlich hat sich die KPD-Politik in Tempelhof eher auf die Arbeit in den Betriebsgruppen der Industrieunternehmen konzentriert.

Die liberalen Parteien

Was die in Tempelhof als bezirkliche Besonderheit nicht unbedeutenden liberalen Parteien der Weimarer Zeit – Deutsche Volkspartei (DVP) und Deutsche Demokratische Partei (DDP), die in der Deutschen Staatspartei aufging – voneinander unterschied, war die ›Gretchenfrage des Deutschen Liberalismus‹: ›Wie hältst du es mit der Sozialdemokratie?‹ Während die DDP auf Reichsebene, wie auch in der Tempelhofer Bezirksversammlung, zu Koalitionen mit der SPD bereit war und sie mittrug, wurde dies von der DVP entschieden abgelehnt. Beide Parteien waren in sich zersplitterte Sammlungsbewegungen, die sich mit sinkendem Einfluß an den Wahlen beteiligten.

3. Die Deutsche Staatspartei

Die kleine Deutsche Staatspartei bestand seit dem 30. Juli 1930 als Bündnis demokratischer und liberaler Gruppierungen, wobei die linksliberale Deutsche Demokratische Partei die meisten Mitglieder mitbrachte. Sie bekannte sich zur Weimarer Republik. Die Deutsche Staatspartei hatte weitgehend den »Charakter einer Honoratiorenpartei« (Matthias/Morsey 1979, S. 49), der sich allerdings mehr und mehr als überholt zeigte. Im September 1932 wurde sogar die Auflösung diskutiert (a.a.O., S. 63), aber nicht beschlossen.

Auf Reichsebene ging sie mit der SPD eine ›technische‹ Listenverbindung ein, bei der gegenseitige politische Entscheidungsfreiheit akzeptiert wurde. Diese für heutige Verhältnisse ungewöhnliche, aber damals durchaus übliche Wahlpolitik wurde den

Wählern und Wählerinnen so erklärt: »Was ist eine technische Listenverbindung? In Wählerkreisen herrscht vielfach noch Unkenntnis, was man unter einer technischen Listenverbindung zu verstehen hat. Die Deutsche Staatspartei hat diesmal ein Abkommen mit der S.P.D. geschlossen, um zu verhüten, daß bei ihr Stimmen verloren gehen. Die Abmachung besteht lediglich darin, daß die Reichsliste der Deutschen Staatspartei in den sozialdemokratischen Reichswahlvorschlag eingegliedert wird. In den Wahlkreisen erscheinen ihre Kandidaten für die Reichstagswahl wie auch für die preußische Landtagswahl als Nr. 9 auf dem Stimmzettel. Alle Stimmen kommen der Deutschen Staatspartei zugute. Selbst wenn sie in keinem Wahlkreis ein Mandat erzielen könnte, so erhält sie doch durch den Vorgang der Listenverbindung soviel Abgeordnete, wie sie im gesamten deutschen Reiche Stimmen für Abgeordnetenmandate erzielt hat. Erreicht die Staatspartei 600 000 Stimmen im ganzen Reiche, bekommt sie 10 Mandate. Die Listenverbindung ist darum rein technisch, weil politische Bindungen nicht verlangt und nicht gewährt worden sind.« (Tempelhof-Mariendorfer Zeitung vom 27. 2. 1933) Aber auch die technische Listenverbindung mit der SPD brachte der Staatspartei keinen Stimmenzuwachs. Allerdings verlor sie auch keine Stimme, so daß fünf Abgeordnete in den Reichstag gewählt wurden. Alle Abgeordneten der Deutschen Staatspartei stimmten dem Ermächtigungsgesetz zu, mit dem der NS-Terror legalisiert werden konnte. Anders verlief für diese Partei die Kommunalwahl im März 1933 in Tempelhof. Hier verlor sie erheblich an Stimmen und errang kein Mandat in der Bezirksversammlung mehr. Am 28. Juni 1933 löste sich die Staatspartei auf.

In Tempelhof spielte die DDP bzw. Staatspartei bis 1933 bei den Stimmenverhältnissen in der Bezirksversammlung zwischen Sozialisten und Bürgerlichen des öfteren die Rolle des ›Züngleins an der Waage‹. Unter ihren maximal drei Bezirksverordneten war wohl der wichtigste der Bauunternehmer Adolf Mast. Er vertrat bis 1933 lange Jahre die DDP bzw. die Staatspartei in der Bezirksversammlung. Seine ausführlichen persönlichen Erinnerungen (zum Beispiel: Mast 1964) enthalten sehr viele Einzelheiten über die Geschichte Tempelhofs vor 1933. Ein weiteres DDP-Mitglied war der Studienrat Ernst Scheske, der von 1921 bis 1933 Volksbildungsstadtrat war.

4. Die Deutsche Volkspartei

Die Deutsche Volkspartei war ein eher rechtsliberales Bündnis verschiedener Interessengruppen, die »organisatorisch die Grundstruktur liberaler Wahlvereine nie überwand ...« (Booms 1979, S. 528). Der dominierenden Tendenz zur Wirtschaftspartei standen kleine Gruppen des Mittelstandes, der Beamten und Angestellten sowie ›Alibiarbeiter‹ und landwirtschaftliche Kreise gegenüber. »Die nach rechts treibende Radikalisierung der bürgerlichen Schichten entzog der DVP nicht nur ihren alten Wählerstamm, sie wirkte sich als desintegrierende Kraft auch im Innern des Parteigefüges aus.« (a.a.O., S. 524) Die liberalen Kräfte überließen mehr und mehr den politischen Einfluß den hinter dem rechten Flügel stehenden antisozialistischen Wirtschaftskreisen. Die Rechtsbewegung führte zu einer insgesamt sinkenden Bedeutung, da nun viele Wählerstimmen direkt für die nationalen und autoritären Parteien abgegeben wurden. Die Organisation war keine wirkliche Volkspartei, und auch eine Listenverbindung mit der DNVP zu den Reichstagswahlen am 6. November 1932 war nicht mehr als ein weiterer Schritt in die Bedeutungslosigkeit. Die Abwanderungsbe-

wegung in Richtung auf die NSDAP wurde mit der am 4. Juli 1933 verkündeten Liquidierung der Parteiorganisation noch beschleunigt.

Clara Mende

An der Spitze der Kandidatenliste der Deutschen Volkspartei im Bezirk Tempelhof
stand immer Clara Mende. Als Clara Völker am 12. April 1869 in Erfurt geboren,
besuchte sie die höhere Mädchenschule und das Lehrerinnen-Seminar. Nach einem
mehrjährigen Aufenthalt im Ausland studierte sie an der Berliner Universität und
bestand das Oberlehrerinnen-Seminar. Sie war in vielen Organisationen aktiv, so als
Mitglied des Lehrerinnenvereins und später als Vorsitzende des Oberlehrerinnenver-
eins. Seit 1911 gehörte sie dem Vorstand des Nationalliberalen Hauptvereins Berlin
an. 1914 heiratete sie den Spediteur Friedrich Mende. Drei Jahre später wurde sie
Vorsitzende der Nationalliberalen Frauengruppe und 1918 Mitglied des Zentralvor-
standes der Nationalliberalen Partei. An der Gründung der Nachfolgeorganisation
›Deutsche Volkspartei‹ war sie maßgeblich beteiligt. Nach ihrer Wahl in die verfas-
sunggebende Nationalversammlung der Weimarer Republik war sie 1919/20 Stellvertretertin des Parteivorsitzenden Stresemann. Sie gehörte den ersten beiden Reichsta-
gen des Deutschen Reiches bis 1928 an. Anschließend war sie Referentin für Haus-
wirtschaft im Reichswirtschaftsministerium, was sie bis zur nationalsozialistischen
Machtübernahme blieb.
Clara Mende hatte als führende Liberale für die Gemeinde bzw. den Verwaltungsbezirk Tempelhof große Bedeutung. Von 1919 bis 1933 war sie, mit einer Unterbrechung
von 1926 bis 1929, als führendes DVP-Mitglied immer wieder in das Gemeinde- bzw.
Bezirksparlament eingezogen. »Wählt zu Eurer Schicksalswende Liste Schwarz und

Clara Mende.« So lautete 1920 ihr Wahlslogan. Aufgrund des Niederganges der Deutschen Volkspartei kandidierte sie zur Bezirksverordnetenwahl am 12. März 1933 nicht mehr.

Clara Mende war neben ihrer Tätigkeit als Reichstags- und Bezirksverordnete noch in zahlreichen weiteren Organisationen. So war sie Vorsitzende des Deutschen Frauenausschusses zur Bekämpfung der Schuldlüge, Mitglied der Interparlamentarischen Union der Deutschen Liga für den Völkerbund und des Vereins für das Deutschtum im Ausland. Sie war auch Vorsitzende des Tempelhofer Hausfrauenvereins. Über die konservative Multi-Funktionärin und Protagonistin der vaterländischen Frauenbewegung versiegen die Informationen nach 1933. Ihr Wohnsitz war in der Tempelhofer Dorfstraße 36 (heute Alt-Tempelhof 14).

Im Verwaltungsbezirk Tempelhof sanken die Stimmen für die liberalen Parteien von Wahl zu Wahl, wie die folgende Tabelle zeigt:

Bezirksverordnetenwahlen in Tempelhof

	SPD	KPD	DDP/ DSP	DVP	Z	DNVP	NSDAP	Gültige Stimmen
1925	10 322	4 287	2 806	3 056	1 358	6 973	–	32.252
1929	13 643	7 146	3 197	3 814	2 331	10 022	2 645	46.120
1933	15 352	8 477	1 734	578	4 159	10 556	29 307	70.713

5. Die katholische Zentrumspartei

Relativ geringen Einfluß in der Tempelhofer Bezirksversammlung hatte die katholische Deutsche Zentrumspartei, die bis 1932 zwölf Jahre lang in Koalitionsregierungen in Preußen (zuletzt mit der SPD) und im Deutschen Reich vertreten war. Auch beim Zentrum erstarkte die autoritäre Tendenz gegenüber dem Flügel um die katholische Arbeiterbewegung, so daß es im August 1932 sowohl auf preußischer wie auf Reichsebene sogar zu „viel kritisierten Koalitionsverhandlungen mit der NSDAP" kam (Morsey 1979, S. 317). Die Zentrumsfraktion im Reichstag stimmte am 23. März 1933 ebenfalls geschlossen für das verfassungsändernde Ermächtigungsgesetz. Die dafür erforderliche Zweidrittelmehrheit wäre ohne die Abgeordneten der Zentrumspartei nicht zustande gekommen. Im Juli 1933 löste sich die Deutsche Zentrumspartei auf. „Die Erinnerung an das wenig rühmliche Ende der Partei hat mit dazu beigetragen, 1945 das Wiedererstehen des Zentrums zu verhindern." (a.a.O., S. 412 A. 3)

Heute bekanntester Bezirksverordneter des Zentrums in Tempelhof war Eduard Bernoth, Mitbegründer der Berliner CDU nach 1945 und späterer Sozialsenator. Er wurde allerdings erst 1933 in die Bezirksversammlung gewählt. Aber er verzichtete bald auf sein Mandat, als er – 1933 (!) – zum Stadtrat im Bezirk Tiergarten gewählt wurde. Während der Weimarer Republik war das Zentrum in der Tempelhofer Bezirksversammlung fast ausschließlich durch den Lehrer Paul Dittrich allein vertreten.

6. Die Deutschnationalen

Die 1933 zugunsten der NSDAP aufgelöste Deutschnationale Volkspartei – sie hatte dem Reichskanzler Hitler die erforderliche Mehrheit verschafft – war ein ›Sammelbecken sehr verschiedenartiger politischer Strömungen, die sich in gemeinsamer Ablehnung der Weimarer Staats- und Regierungsform zusammengefunden hatten.« (Hiller von Gaertringen 1979, S. 544 f.) Politisch versuchte die DNVP, das Spektrum zwischen der NSDAP und dem Zentrum zusammenzuschließen, was ihr ansatzweise auch gelang. Die wesentlichen Strömungen waren der gemäßigte christlich-soziale Arbeitnehmerflügel und die antiparlamentarische Richtung, die die Forderung ›Mehr Macht dem Reichspräsidenten« oder sogar die nach der Wiedereinführung der Monarchie vertrat. Die verschiedenen Richtungen waren allein deswegen gezwungen zusammenzuhalten, um nicht in die Größenordnung einer Splitterpartei abzugleiten. Einige Parteiglieder und Funktionsträger zogen sich aus dem parlamentarischen Leben zurück, bzw. schlossen sich den Miniparteien an, die in der Radikalisierung der politischen Auseinandersetzung zum Ende der Weimarer Republik ihre Wählerstimmen oft an die NSDAP abgeben mußten. Langjähriger Bezirksverordneter der Deutschnationalen Volkspartei war zum Beispiel Hermann Wundrich, der eine Futtermittelhandlung in Lichtenrade betrieb. Der Reichstagsabgeordnete Erich Timm war als Stadtverordneter der Bezirksversammlung Tempelhofs zugewiesen. Nach einer kurzen Haft im Oktober 1933 – über deren Hintergrund nichts herauszubekommen war – handelte er die Übernahme der Berliner Stadtverordneten der DNVP in die NSDAP-Fraktion aus, in deren Vorstand er eintrat.

Seit der Wahl des Pressezaren Alfred Hugenberg zum Parteivorsitzenden am 20. Oktober 1928 hatten sich die Deutschnationalen im Reichsmaßstab immer stärker der faschistischen Bewegung angenähert. Sie wurden schließlich von der NSDAP überflügelt und verloren merklich an Anziehungskraft. Daran änderte auch der Versuch nichts, sich im Gegensatz zu der sich eher parlamentarisch gebärdenden NSDAP einen radikalen antiparlamentarischen Anstrich zu geben: So formulierte Hugenberg im Herbst 1932: »So lange und so weit das System des Stimmzettels noch besteht, soll zäh und hart jede Handhabe genutzt werden, die dieses System gegen sich selbst bietet – auch der Stimmzettel selbst.« (abgedruckt in den Eisernen Blättern vom 25. September 1932, S. 420, zitiert nach Hiller von Gaertringen 1979, S. 526).

Nach der Machtübergabe an die NSDAP durch den Reichspräsidenten Hindenburg trat die DNVP in das ›Kabinett der nationalen Erhebung‹ unter dem Reichskanzler Adolf Hitler ein. In dem folgenden Wahlkampf – am 5. März 1933 fanden die letzten Reichstagswahlen mit Nicht-NSDAP-Kandidaten/innen statt – trat die DNVP zusammen mit der Kampforganisation ›Stahlhelm‹ unter der neuen Bezeichnung ›Kampffront Schwarz-Weiß-Rot‹ an, in der auch einige DNVP-Politiker vertreten waren. Bereits bei den letzten beiden Reichstagswahlen hatte die DNVP Kandidaten aus der DVP auf ihrer Wahlliste. (a.a.O., S. 581 A. 24) Der Stimmenanteil betrug 8 %, mit dem die DNVP zum Mehrheitsbeschaffer für die NSDAP wurde. Nach den Wahlen wechselten die Deutschnationalen ihren Namen in Deutsch-Nationale Front, deren Mitglieder wiederum vereinzelt der NSDAP beitraten, bevor sich die Organisation am 27. Juni 1933 offiziell auflöste und in die NS-Organisationen integriert wurde.

Personelle Veränderungen im Bezirksamt Tempelhof

In Tempelhof regierte die NSDAP nach den Bezirksversammlungswahlen vom 12. März 1933 fast allein – auch wenn diese Bezirksversammlung laut Protokollbuch nur noch am 23. Mai, 21. Juni (jeweils ohne Kommunisten) und am 30. Juni 1933 (nun auch ohne SPD-Mitglieder) zusammentrat. In dem vom Bezirksbürgermeister Bruns-Wüstefeld verantworteten Verwaltungsbericht von 1932 bis 1936 heißt es dazu: »Bei der Neuwahl am 12. März 1933 blieben die für die Kommunistische Partei abgegebenen Stimmen unberücksichtigt. Die gesetzmäßige Zahl der Mitglieder der Vertretungskörperschaften wurde durch das vorläufige Gesetz zur Gleichschaltung der Länder mit dem Reich vom 31. März 1933 um die Zahl der von den Kommunisten gewählten Bezirksverordneten (3) und später durch die Verordnung zur Sicherheit der Staatsführung vom 7. Juli 1933 auch um die Zahl der sozialdemokratischen Bezirksverordneten (9) vermindert. Die Bezirksversammlung zählte danach noch 26 Mitglieder. Die Zahl der nationalsozialistischen Bezirksverordneten betrug jetzt 16, der Deutsch-Nationalen Front gehörten 7 und der Zentrumspartei 2 Bezirksverordnete an. Am 15. Juli 1934 wurde die Bezirksversammlung durch das Gesetz über die Verfassung der Hauptstadt Berlin vom 29. Juni 1934 endgültig aufgelöst, nachdem ihre Befugnisse bereits durch das Gesetz vom 22. September 1933 über die vorläufige Vereinfachung der Verwaltung der Hauptstadt Berlin dem Bezirksamt übertragen worden waren. Wie die Bezirksversammlung, so wurden auch die Ausschüsse und Deputationen aufgelöst. An ihre Stelle traten 10 Bezirksbeiräte mit der Aufgabe, den Bezirksbürgermeister und die Beigeordneten auf wichtigen Arbeitsgebieten ständig zu beraten.« (Der Bezirksbürgermeister ... 1936, S. 8)

Die Zusammensetzung des Bezirksamtskollegiums entsprach in der Zeit zwischen 1921 und 1933 durchaus den Stimmenverhältnissen in der Bezirksversammlung. Ungeachtet der Rangeleien bei den Wahlen der Stadträte war das Bezirksamt nach dem Parteienproporz besetzt. Auch die Abwahl der beiden SPD-Mitglieder 1924 entsprach diesem Proporz. Allerdings war gerade die DVP gegen Ende der Weimarer Republik unter den hauptamtlichen und besoldeten Stadträten eindeutig überrepräsentiert, zumal sie 1933 überhaupt keinen Sitz im Bezirksparlament mehr erringen konnte. Dies resultierte aus der 12jährigen Amtszeit der besoldeten Bezirksamtsmitglieder. Neben Bruns-Wüstefeld und Bräuning (DVP) sowie Scheske (DDP) gehörte zu ihnen seit 1921 Oskar Ewald (SPD) und Arthur Irrgang (KPD). Irrgang wurde am 13. März 1933 – einen Tag nach dem Tempelhofer Machtwechsel aufgrund der Bezirksversammlungswahl vom 12. März – vom Dienst beurlaubt und entlassen. Seine reguläre Amtszeit wäre erst am 18. März 1933 beendet gewesen. Sein Amtskollege Scheske trat ebenfalls am 18. März 1933 in den Ruhestand. Ein weiterer Stadtrat, der Baurat Fritz Bräuning, war erst 1924 gewählt worden und hätte eigentlich bis 1937 im Amt bleiben können. Auf Drängen der Nationalsozialisten mußte er jedoch 1933 seine Position aufgeben, da seine Ehefrau jüdischer Abstammung war (vgl. Schröer 1962). Als Vorwand wurde der § 6 des neu erlassenen Berufsbeamtengesetzes benutzt, der die Unvereinbarkeit von privaten kommerziellen mit Amtsaufgaben vorschrieb. In diesem Zusammenhang meldete die Tempelhof-Mariendorfer Zeitung am 27. Juni 1933: »Der Staatskommissar Dr. Lippert hat im Zusammenhange mit den in der Tiefbauverwaltung des Bezirksamtes Tempelhof aufgedeckten Unterschleifen, die u. a. bereits zur Verhaftung der beiden Inhaber der Steinsetzfirma Gresitza und des Stadtoberingenieurs Rings geführt haben, die Beurlaubung des Magistratsoberbaurates Schwenke unter gleichzeitiger Einleitung eines Dienstverfahrens mit dem Ziele der Entfernung aus dem Amte sowie die Beurlaubung des Stadtrates Bräuning, des verantwortlichen Dezernenten für die Tiefbauverwaltung in Tempelhof, durch den zuständigen Bezirksbürgermeister angeordnet. Darüber hinaus hat der Staatskommissar Dr. Lippert die Hauptprüfungsstelle mit einer eingehenden Untersuchung der gegen den Stadtrat Bräuning erhobenen Vorwürfe beauftragt.«

Die beiden unbesoldeten SPD-Stadträte Küter und Thiele wurden ebenfalls beurlaubt. Friedrich Küter nahm laut Beschlußbuch des Bezirksamtes an der Sitzung vom 13. März 1933 schon nicht mehr teil, im Gegensatz zu Arthur Irrgang. Beim folgenden Termin am 27. März 1933 waren nur noch der Bezirksbürgermeister Bruns-Wüstefeld und die Stadträte Bräuning, Kramer, Dr. Jaeger, Dr. Saar und Wilmsmeyer dabei, die sämtlich der Deutschen Volkspartei bzw. Deutschnationalen Volkspartei angehörten. Das angesprochene Beschlußbuch enthält darüber hinaus nur noch einen kurzen Hinweis auf die Beurlaubung ihrer sozialdemokratischen bzw. kommunistischen Kollegen Küter bzw. Irrgang (27. März 1933). Die der DNVP angehörenden Stadträte blieben bis zur ›Wahl‹ ihrer Nachfolger im Amt. Mit Ausnahme von Stadtrat Max Saar, der bis 1935 seinen Stadtratsposten versah, wurden auch die DNVP-Mitglieder noch im Verlaufe des Jahres 1933 sämtlich durch kommissarisch amtierende NSDAP-Stadträte ersetzt.

Die dem Bezirksamtskollegium angehörenden unbesoldeten, ehrenamtlichen Stadträte waren personell bis dahin relativ konstant. 1921 bis 1930 waren trotz vierjähriger Wahlzeit im Grunde dieselben Personen im Amt: Neben dem bereits erwähnten Fried-

Zeitungsstand von Paul Rathmann (links: Walter Grapentin, Abwehrleiter des Reichsbanners; rechts: Friedrich Küter, der von den Nazis ermordet wurde. 1933 wurde er von SA-Männern mit einem Schild »Ich bin ein Sozialdemokrat« durch Tempelhof geführt)

rich Küter (ursprünglich USPD, dann SPD), über dessen späteres Schicksal noch zu sprechen sein wird, waren dies Joachim Mussehl (DNVP), Fritz Sennock (DVP) und Ernst Thiele (SPD). Die durch die Todesfälle von Mussehl (1928) und Sennock (1930) freiwerdenden Stadtratsposten wurden mit ihren Parteigenossen Friedrich Wilms-meier bzw. Heinrich Kramer besetzt. Erst 1930 wurden bei der Neuwahl der unbesol-deten Stadträte – auch Küter und Thiele wurden wiedergewählt – wegen der Aufstok-kung der Zahl der unbesoldeten Stadträte auf sechs mit Horst Jaeger und Max Saar zwei weitere DNVP-Mitglieder gewählt; auch bei der Neuverteilung der Dezernate drückten sich die veränderten Mehrheitsverhältnisse in der Bezirksversammlung aus.

Im Juni 1933 wurde der Nazi Georg Schulz aus Mariendorf, Ullsteinstraße 175, Stadt-rat für das Dezernat Straßenreinigung und Bedürfnisanstalten. Mit wichtigeren Auf-gaben betraut waren schon kurz vorher die weiteren NS-Stadträte: Der kaufmän-nische Angestellte Carl Pollesch aus Steglitz, Am Eichgarten 3, wurde mit Wirkung vom 19. Juli 1933 als Staatskommissar besoldeter Stadtrat für Finanzwesen. Der am 15. August 1891 geborene Pollesch war seit dem 1. Mai 1930 Mitglied der NSDAP (Nr. 231815). Seitdem war er politischer Leiter der Parteiorganisation des Kreises III vom Gau Groß-Berlin der NSDAP und wurde 1934 Kreisleiter. Die Tempelhofer Orts-gruppen der Nazis bildeten mit den Steglitzern den Kreis III. Pollesch verwaltete im Bezirksamt Tempelhof zuerst hauptsächlich die Abteilungen für Schulwesen, Volks-bildung, Markt-, Gewerbe- und Wahlangelegenheiten, dann die Steuer-, Finanz- und

Carl Pollesch 1937

Grundstücksämter. Etwa Juni/Juli 1935 übernahm er von seinem Parteigenossen Dr. Roland Faulhaber die Stellvertretung des Bezirksbürgermeisters Bruns-Wüstefeld als Erster Bezirksstadtrat und wurde 1937 selbst Bezirksbürgermeister. Dies blieb er bis 1945, als er von der russischen Besatzungsmacht abgelöst wurde. Er soll Selbstmord begangen haben.

Der Regierungsbaumeister a. D. Kurt Kuhn aus Mariendorf, Kurfürstenstraße 39, wurde Stadtrat für Bauwesen. Der bereits angesprochene Dr. Faulhaber, ebenfalls aus Mariendorf (Rathausstraße 8), war ab Juli 1933 Stadtrat für Jugend und Wohlfahrt und von 1934 bis 1935 stellvertretender Bezirksbürgermeister. Faulhaber wurde 1937 wieder Stellvertreter des Bezirksbürgermeisters Pollesch und blieb Stadtrat bis 1945. Er soll während der Verteidigung des Flughafens Tempelhof gefallen sein. Der unbesoldete NS-Stadtrat Alfred Kleinsorg aus Lichtenrade, Weberstraße 4, wurde ebenfalls noch im Juni 1933 Dezernatsleiter (Gartenverwaltung). Schritt für Schritt folgten weitere unbesoldete NS-Stadträte: Wilhelm Gober (seit August 1933) war vorher Buchhandlungsgehilfe und wohnte in Tempelhof, Schaffhausener Straße 21. Der bereits erwähnte SA-Standartenführer Walter Schilling, Tempelhof, Löwenhardtdamm 19 (seit Oktober 1935 Stadtrat) und der Kaufmann Heinrich Castrup aus Tempelhof, Ringbahnstraße 32-35, waren ebenfalls Parteigenossen.

Über die nationalsozialistischen Bezirkspolitiker ließ sich nur relativ wenig ermitteln, weil der Berliner Senat die Recherchen im ›Berlin Document Center‹ verweigert hat. Dort lagern noch heute sehr viele fast unzugängliche Archivalien über die Mitglieder der NSDAP und der zugehörigen Organisationen und damit sicherlich auch Unterlagen über die hier angesprochenen Bezirkspolitiker.

Nach dem Ausscheiden des letzten, nicht als NSDAP-Mitglied in das Amt eines Stadtrates eingetretenen Regierungsmedizinalrats i. R. Dr. Max Saar (DNVP) im Septem-

Heinrich Castrup 1934

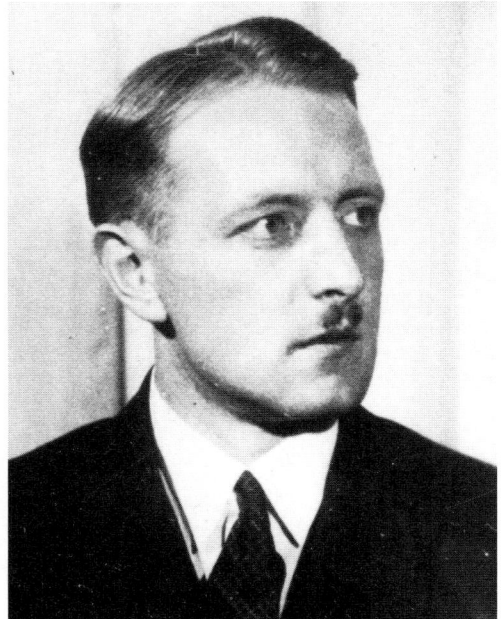
Wilhelm Gober

ber 1935 war die ›Gleichschaltung‹ des Bezirksamtes Tempelhof im Oktober 1935
abgeschlossen. Nur der Bezirksbürgermeister Bruns-Wüstefeld blieb bis 1937 in Amt
und Würden, obwohl er – soweit bekannt – nicht der NSDAP beigetreten war.
Nachzutragen wäre noch die Amtseinführung der Bezirksbeiräte des Verwaltungsbezirks Tempelhof, die an die Stelle der Bezirksverordneten getreten waren. Die
Bezirksbeiräte waren offensichtlich ein ›Selbstbedienungsladen‹ für die Ortsgruppenleiter der NSDAP, die mit öffentlichen Funktionen versehen wurden.
»Der Oberbürgermeister hat aufgrund des Berliner Verfassungsgesetzes für den Verwaltungsbezirk Tempelhof 10 Bezirksbeiräte berufen, die die Aufgabe haben, den
Bezirksbürgermeister und die Bezirksbeigeordneten auf wichtigen Arbeitsgebieten
ständig zu beraten.
Es sind bestellt worden die Herren

Name	Beruf	Anschrift	Arbeitsgebiet
Brockhoff, Hermann	Schmied, Sturmf.	Mariendorf, Aeneasstr. 21	Wohlfahrtswesen u. Gesundheitswesen
Castrup, Heinrich	Kaufmann, stellvertr. Leiter des Kreises III. der NSDAP.	Tempelhof, Ringbahnstr. 32–35	Haushalts- und Steuer-angelegenheiten, Bau u. Grundeigentums-angelegenheiten

Der Tempelhofer Bezirksbürgermeister Bruns-Wüstefeld, 1935, während einer Ansprache anläßlich der Übernahme von Ehrenpatenschaften für Kinder aus kinderreichen Familien.

Name	Beruf	Anschrift	Arbeitsgebiet
Dr. Denker, Hans	Regierungsmed.-Rat i. R., Ratsherr	Tempelhof, Wolframstr. 29	Gesundheitswesen, Kunst- und Volksbildung
Ferber, Reinhold	Kaufmann, Leiter der Ortsgruppe Marienfelde der NSDAP.	Marienfelde, Berliner Straße 14 a	Bau- und Grundeigentumsangelegenheiten, Kunst- und Volksbildung
Günther, Alfred	Stadtoberarchitekt, Fachschaftsgruppenleiter der Fachschaftsgruppe Tempelhof	Tempelhof, Borussiastr. 75	Bau- und Grundeigentumsangelegenheiten, Kunst- und Volksbildung
Meyer, Kurt	Photograph, Leiter der Ortsgruppe Attila der NSDAP.	Tempelhof, Kaiser-Wilhelm-Str. 42	Wohlfahrtswesen, Kunst- und Volksbildung

Name	Beruf	Anschrift	Arbeitsgebiet
Pachali, Otto	Drogist, Organisationsleiter beim Kreis III der NSDAP.	Tempelhof, Manteuffelstr. 37	Gesundheitswesen u. Wohlfahrtswesen
Schilling, Walter	Kaufmann, Standartenführer (13)	Tempelhof, Wettiner Korso 55	Haushalts- und Steuerangelegenheiten, Bau- u. Grundeigentumsangelegenheiten
Schröder, Franz	Zollinspektor, Leiter der Ortsgruppe Neutempelhof der NSDAP.	Tempelhof, Sachsenring 98	Wohlfahrtswesen, Haushalts- und Steuerangelegenheiten
Walter, Paul	Bankbeamter, Leiter der Ortsgruppe Mariendorf der NSDAP.	Mariendorf, Tauern-Allee 20	Gesundheitswesen, Haushalts- und Steuerangelegenheiten

In der Sitzung vom 26. September 1934 hat der Bezirksbürgermeister des Verwaltungsbezirks Tempelhof die Bezirksbeiräte auf den Führer vereidigt und in ihr Amt eingeführt. Im Anschluß daran wurde den Bezirksbeiräten ein Überblick über die wichtigsten gegenwärtigen Aufgaben des Verwaltungsbezirks Tempelhof gegeben.« (Tempelhof-Mariendorfer Zeitung vom 5. Oktober 1934)

Zu den wichtigsten bezirkspolitischen Ereignissen der NS-Zeit gehörte zweifellos der Bau des Rathauses am heutigen Tempelhofer Damm: Hier die Grundsteinlegung.

Rechte Seite:
Neue Tempelhofer Zeitung vom 21. 4. 1936

Am Geburtstag des Führers

Feierliche Grundsteinlegung in Tempelhof

Starke Anteilnahme der Bevölkerung am Rathausneubau — Ansprachen von Bürgermeister Dr. Bruns-Wüstefeld und Vizepräsident Steeg — Einmauerung der Festnummer der „Neuen Tempelhofer Zeitung"

Der Bezirk Tempelhof hatte gestern seinen großen Tag. Zur Feier des 20. April, des Geburtstages des Führers, flatterten von den Fenstern und Dächern der Häuser die Fahnen des Dritten Reiches. Die Menschen waren festlich gestimmt und in den frühen Nachmittagsstunden herrschte in den Straßen lebhafter Verkehr. Freude lag auf allen Gesichtern darüber, daß ein seit vielen Jahren ersehnter Wunsch sowohl der Bezirksverwaltung als auch der Einwohner verwirklicht wird: der Bau eines neuen Rathauses. Und welcher Tag konnte besser gewählt werden als der Geburtstag des Führers, dem letzten Endes die Durchsetzung des Planes zu verdanken ist? Auf dem Bauplatz in der Berliner Straße 136 hatten sich die dankbaren Volksgenossen versammelt, um dem feierlichen Akt der Grundsteinlegung beizuwohnen. Von der Dorfstraße bis zum Baugrundstück wurde Spalier gebildet und die Anfahrt der Ehrengäste mit Spannung erwartet. Der Himmel hatte ein Einsehen und die Sonne lag während der Feier wie segnend über dem bunten Bild der Fahnen und Uniformen von Partei, SA, SS, HJ, Arbeitsfront und der Wehrmacht. Vom nahen Flughafen donnerten die Vögel der Luft heran und zogen ihre stolzen Kreise über dem Bauplatz.

Unter Teilnahme der SA-Standarte 8, der Fachschaft der Reichspost, der Gaufachschaft Gemeindeverwaltung, des Reichsluftschutzbundes und der NSKOV, des Kreises III der Deutschen Arbeitsfront, der Ortsgruppen der Partei und ihrer Gliederungen und anderer Formationen und unter großem Andrang der Bevölkerung Tempelhofs fand gestern nachmittag die feierliche Grundsteinlegung für das neu zu errichtende eigene Verwaltungsgebäude des Bezirks Tempelhof statt. Hohe Fahnenmasten umsäumten den im Sonnenschein liegenden Festplatz in der Berliner Straße. Unter den Erschienenen bemerkte man u. a. Vizepräsident Steeg, Generalmajor Bock von Wülfingen, den Inspektor der Heeresersatzinspektion, Bürgermeister Plath von der Hauptverwaltung, Stadtrat Holzhüter, Stadtbaurat Kölzow, Baudirektor Rendschmidt und eine Reihe von Bezirksbürgermeistern und zahlreiche Stadträte.

Nach dem Vorspiel zur Oper „Rienzi", ausgeführt von der Kreiskapelle NSFF. Wipper ergriff am geschmückten Rednerpult Bezirksbürgermeister Dr. Bruns-Wüstefeld das Wort zur Begrüßung. Er führte folgendes aus:

Tempelhof begeht die Feier der Grundsteinlegung für sein lange ersehntes neues Rathaus an einem Tage, an dem ganz Deutschland von Festtagsfreude erfüllt ist. Mehr noch als ein politischer Gedenktag bringt uns der Geburtstag den Führer als Menschen nahe und läßt das ganze deutsche Volk herzliche und treue Wünsche für ihn und sein Wohlergehen und damit für seine Arbeit an Deutschlands Wohl empfinden.

Sie alle, die gekommen sind, um diesen Festtag für Tempelhof mit uns zu begehen, begrüße ich im Namen der Tempelhofer Bezirksverwaltung auf das herzlichste. Vor allem den Vizepräsidenten Steeg, der in Vertretung des Staatskommissars dem Bau bei seinem Beginn die Weihe geben wird. Ich begrüße weiter den stellvertretenden Oberbürgermeister. Ich begrüße, ohne mit einzelnen Namen nennen zu können, alle die hier erschienenen Chefs und Mitglieder städtischer und staatlicher, militärischer und privater Behörden, der Partei mit ihren Gliederungen und angeschlossenen Verbänden, der kirchlichen Körperschaften, der im Bezirk ansässigen Organisationen verschiedener Art und der Presse. Ich freue mich, daß Vertreter aller Kreise der Tempelhofer Bevölkerung in großer Zahl der Einladung zu dieser Feier gefolgt sind, und ganz besonders darüber, daß sich außer der Gefolgschaft der Bezirksverwaltung auch eine große Zahl von Tempelhofer Mitbürgern um den Festplatz geschart hat und an der Entstehung ihres Rathauses freudigen Anteil nimmt.

Das Ringen um den Neubau

Die lebhafte Beteiligung der Bevölkerung kann wohl als ein Beweis dafür angesehen werden, daß der Neubau auch von der Einwohnerschaft als notwendig empfunden wird. Tatsächlich hat auch das Ringen um diesen Neubau in besonderem Maße die Teilnahme und das Verständnis der Bevölkerung des Bezirks gefunden. Gekämpft wurde um den Bau eigentlich von dem Tage an, an dem die vier Einzelgemeinden Tempelhof, Mariendorf, Lichtenrade und Marienfelde zum Bezirk Tempelhof zusammengeschlossen wurden. Denn die neue Bezirksverwaltung fand im Jahre 1920 nicht, wie es in manchen anderen Bezirken der Fall war, ein geeignetes Verwaltungsgebäude vor, sondern sie war auf die verschiedenen Dienstgebäude der Einzelgemeinden angewiesen, die schon für diese unzureichend gewesen waren.

Erwerb des Grundstücks im Jahre 1911

Die Gemeinde Tempelhof hatte daher auch schon lange vor dem Kriege den Bau eines Rathauses geplant und im Jahre 1911, vor genau 25 Jahren, dieses Grundstück hier für den Rathausbau angekauft. Die außerordentliche Zersplitterung der Verwaltung war vor allem für die Bevölkerung zeitraubend und unbequem, aber auch für die Verwaltung selbst äußerst nachteilig und teuer. Bei jeder Veränderung der Aufgaben der Verwaltung und noch mehr infolge des starken Wachstums des Bezirks, der zeitweise den größten Bevölkerungszuwachs unter allen Bezirken hatte und dessen Einwohnerzahl sich von 1920 bis 1935 fast verdoppelt hat, wurden Umzüge der Dienststellen und, was schlimmer war, Anmietungen zahlreicher Mietwohnungen erforderlich. Viele der schwer zu entbehrende Kleinwohnungen wurden so dem Wohnungszweck entzogen.

Zentralisierung der Dienststellen

Obwohl alle diese Mißstände den zuständigen Stellen immer wieder in eindringlichster Weise dargestellt wurden, ließ sich ein Neubau infolge der Finanzlage nicht ermöglichen. Erst nachdem der Nationalsozialismus das Steuer der Stadtverwaltung ergriffen und herumgeworfen hatte, fanden die Bitten Tempelhofs Gehör und nach langen Beratungen erfolgte die Bewilligung der Errichtung eines neuen Bezirksverwaltungsgebäudes.

Wenn auch der jetzige Neubau noch nicht für die gesamte Verwaltung Platz bieten wird, so bedeutet er doch durch die Zusammenfassung des größten Teils der Dienststellen eine ganz wesentliche Verbesserung und bringt die Behebung der vorhin von mir gekennzeichneten Mängel. Besonders ist es auch zu begrüßen, daß eine ganze Reihe von Wohnungen in städtischen und in Privathäusern für die Wohnungsuchenden frei werden wird.

Schließung einer unschönen Baulücke

Der Bau bringt auch eine sehr wesentliche städtebauliche Verbesserung, indem er eine Baulücke an der Tempelhofer Hauptstraße schließt und den sehr störenden Anblick der kahlen Giebel der Post beseitigt. Gerade an dieser großen Ausfallstraße, die zu dem neu entstehenden Berliner Zentralflughafen führt, ist dies für den ersten Eindruck Berlins von erheblicher Bedeutung.

Ich habe somit wohlbegründeten Anlaß, im Namen der Verwaltung und der Einwohnerschaft allen aufs herzlichste zu danken, die an dem Zustandekommen des Baues beteiligt sind. Ich danke in erster Reihe dem Staatskommissar und dem Oberbürgermeister, die persönlich die Entscheidungen zu Gunsten des Neubaues gefällt haben, in Verbindung damit auch den Ratsherren der Stadt Berlin; ich danke dem Vizepräsidenten, dem Stadtkämmerer, dem leider infolge eines Unfalls abwesenden Herrn Stadtbaurat Kühn und Stadtbaudirektor Dr. Rendschmidt, zugleich aber auch allen beteiligten Mitarbeitern der Genannten.

Möge nun ein guter Stern über der Bauausführung walten und der schöne und festliche Tag der Grundsteinlegung von besonderer Vorbedeutung sein. Möge dieser Tag, der Geburtstag des Führers, jeden, der später in dem Gebäude arbeitet, daran mahnen, daß er in seinem Eid dem Führer persönlich Treue und Gehorsam gelobt hat, und daß alle unsere Arbeit an ihrem bescheidenen Teil Mitarbeit am großen Werk des Führers ist.

Dann ergriff Vizepräsident Steeg das Wort zur Festansprache:

Deutsche Männer und Frauen!

Vor noch nicht einem Jahr legte die Hauptstadt des nationalsozialistischen Reiches den Grundstein zu ihrem ersten neuen Verwaltungsgebäude im Bezirk Tiergarten und legte damit Zeugnis ab für den unbeugsamen Aufbauwillen der nationalsozialistischen Stadtverwaltung und des nationalsozialistischen Berlins überhaupt. Die damalige Feier stand im Zeichen des Reichsparteitages der Freiheit, der als Erinnerungstag an die Wiedergewinnung der Freiheit und Ehre unseres Volkes auf dem Gebiet des außenpolitischen Handelns und der Wehrhoheit in die Geschichte des deutschen Volkes eingegangen ist.

Dem Dienste am Volke gewidmet

Abermals vereinigen wir uns heute zu einer kurzen, schlichten Feierstunde, um den Grundstein für ein Gebäude zu legen, das in der Gegenwart und Zukunft dem Dienst am Volk gewidmet sein soll. Auch der heutige Tag steht unter einem ganz besonderen glückhaften Symbol. Er ist ein Feiertag des gesamten deutschen Volkes, das in treuer Liebe und Verehrung heute den Geburtstag seines Führers feiert, dem es am 29. März ein in der Weltgeschichte einzig dastehendes, machtvolles Bekenntnis der Treue und unbedingten Gefolgschaft abgelegt hat.

Wie bei uns in der Hauptstadt des Dritten Reiches, so schlagen heute überall die Herzen dem einen Mann entgegen, der nach einem 15jährigen gigantischen Kampf Deutschlands Schicksalswende herbeigeführt und es aus den Fesseln der Unehre und der Knechtschaft befreit hat. Ihm allein verdankt das deutsche Volk, daß es wieder mutig und vertrauensvoll in die Zukunft sehen kann. Ohne ihn würde heute in Deutschland an der Stelle, wo Ordnung und Aufbau den Weg des Volkes bestimmen, ein völliges Chaos herrschen.

Der 30. Januar – eine Schicksalswende

Auch für Berlin — ja ich möchte sagen — ganz besonders für Berlin, bedeutet die Machtübernahme am 30. Januar 1933 eine völlige Schicksalswende und den Beginn eines großzügigen Neuaufbaues unter dem Zeichen der nationalsozialistischen Weltanschauung. Während sich vorher dumpfe Verzweiflung lähmend überall ausbreitete und die politische Zwietracht immer mehr den Verfall des Berliner Gemeindelebens in Kultur, Wirtschaft und auf allen anderen Gebieten des täglichen Lebens herbeiführt, können wir heute nach drei Jahren nationalsozialistischer Aufbauarbeit feststellen, daß an die Stelle der Verzweiflung die Hoffnung und das Vertrauen, an die Stelle der politischen Zwietracht ein einiges nationalsozialistisches Berlin, an die Stelle eines kulturellen und wirtschaftlichen Niederganges ein neues Aufblühen auf allen Gebieten getreten ist.

Ein weiterer Schritt zum Neuaufbau Berlins

Die heutige Grundsteinlegung für das neue Verwaltungsgebäude des Bezirks Tempelhof ist ein weiterer Schritt zum Neuaufbau der Reichshauptstadt. Wenn wir auch heute dank der Arbeit der letzten drei Jahre zum erstenmal seit 11 Jahren einen ausgeglichenen Haushalt haben, so bedurfte es doch vieler Ueberlegungen und großer Anstrengungen, um zunächst den als Wunsch bestehenden Plan zur Wirklichkeit werden zu lassen. Wir sind jedoch vor diesen Schwierigkeiten nicht zurückgeschreckt, nachdem wir die unbedingte Notwendigkeit eines Neubaues erkannt hatten, und haben uns gesagt, daß dort, wo ein Wille vorhanden ist, auch ein Weg gefunden werden müsse.

Wir haben uns dabei von der Ueberzeugung leiten lassen, daß der augenblickliche Zustand einer völligen räumlichen Zersplitterung aller Dienststellen für eine geordnete Arbeit untragbar und letzten Endes der Stadtverwaltung der Reichshauptstadt auf die Dauer unwürdig ist. Trotzdem konnten uns alle diese Erwägungen nicht veranlassen, leichtfertig den Neubau des Verwaltungsgebäudes zu beschließen. Erst nachdem die Verzinsung und die Amortisation der Baugelder in voller Höhe durch die Ersparnisse an bisher aufgewendeten Mieten sichergestellt war, haben wir im Vertrauen auf die durch den Führer gewährleistete stetige Entwicklung der Zukunft unserer Stadt das Werk in Angriff genommen.

Heute wird der lange geplante Bau endlich Wirklichkeit. Binnen kurzem werden emsige Hände Stein auf Stein türmen und ein weiteres stolzes Wahrzeichen Berlins vollenden. Möge dieses Verwaltungsgebäude ein Sinnbild nationalsozialistischer Gemeinschaftsarbeit sein, möge es ein Mahnmal für künftige Geschlechter werden, auch in ernsten und schweren Zeiten opferwillig für die Zukunft ihres Volkes zu leben und zu wirken!

Dank für alle Mitarbeiter

Ihnen, Bürgermeister Bruns-Wüstefeld, und allen Ihren Mitarbeitern danke ich gleichzeitig im Namen unseres Gauleiters, Reichsminister Dr. Goebbels, für alle aufgewandte Mühe und Arbeit und gebe dem Wunsche Ausdruck, daß mit Ihnen und Ihrer Verwaltung ein echter nationalsozialistischer Geist in dieses Haus einziehen möge.

Einmauerung der Urkunden

Seit alters her ist es Brauch, in den Grundstein eines neu zu errichtenden, öffentlicher Zwecken dienenden Gebäudes zeitgeschichtliche Urkunden einzumauern. Diese Urkunden sollen später lebenden Geschlechtern Einblick gewähren in das, was die Erbauer des Hauses bewegt hat und welche Sorgen und Freuden sie gehabt haben. So wird nunmehr in diesen Grundstein u. a. eingeschlossen werden:

Grundriß und Schaubild des neuen Verwaltungsgebäudes, Urkunde über die Grundsteinlegung, Abschrift des Vertrages über den Erwerb des Baugrundstücks für ein Rathaus durch die Landgemeinde Tempelhof vom 23. 2./15. 3. 1911 also vor genau 25 Jahren, eine Photokopie der ältesten vorhandenen Urkunde vom 28. 4. 1247, in der Tempelhof erstmalig erwähnt wird, eine Photokopie der Urkunde über die Bestätigung des Ankaufs von Tempelhof, Rixdorf, Marienfelde und Mariendorf durch die Städte Berlin und Cölln vom 23. 9. 1435 und die Festnummer der „Neuen Tempelhofer Zeitung" vom 25. 9. 1935 (500-Jahrfeier Tempelhofs), ein Exemplar des Haushaltsplans 1936/37 des Verwaltungsbezirks Tempelhof.

Möge die Nachwelt aus diesen Aufzeichnungen erkennen, daß nationalsozialistischer Opferwille und Zukunftsglaube unter der Führung des Volkskanzlers Adolf Hitler unserm Volk und Vaterland die Wege einer schöneren und lebenswerteren Zukunft erschlossen hat.

„Mit Gott beginn's, mit Gott vollbring's", das war der alte Handwerksspruch, mit dem Obermeister Tiedemann im Namen der Werkleute des Baus die Einmauerung vornahm, dann legte Vizepräsident Steeg den Grundstein mit den Worten:

Im Sinne des Führers!
Zur Ehre des Volkes!
Zum Segen der Stadt!

Nach Hammerschlägen des stellv. Oberbürgermeisters, des Bezirksbürgermeisters, des stellv. Stadtbaurats, des stellv. Kreisleiters und des Vertreters der Gefolgschaft beschloß der Gesang der Nationalhymnen die Feierstunde.

Wie wird das Wetter?

Wetterdienst des Reichswetterdienstes, Ausgabeort Berlin.

Wetteraussichten für Mittwoch, den 22. April.

In Berlin und Umgebung nach kalter und teilweise klarer Nacht erneute Eintrübung mit zeitweiligen Regenfällen, wieder etwas milder, frische Winde.

Tempelhofer Rathaus nach der Einweihung 1938

Nationalsozialistische Säuberungsaktion

Der Machtwechsel im Bezirk führte zu weiteren einschneidenden personellen Veränderungen. Die in den städtischen Unternehmen, insbesondere den gemeinnützigen Baugesellschaften beschäftigten Mitglieder von KPD und SPD wurden sofort nach den März-Wahlen fristlos entlassen und wurden damit arbeitslos. Unter ihnen waren auch Bezirksverordnete, wie z. B. Hermann Becker. Auch die Interessenvertretungen der Beschäftigten blieben nicht verschont. »Ferner sind die jetzigen Mitglieder des Betriebs-, Arbeiter- und Angestelltenrats beim Bezirksamt Tempelhof aufgefordert worden, ihre Ämter niederzulegen.« Dies meldete die Tempelhof-Mariendorfer Zeitung am 23. März 1933 und gab gleichzeitig bekannt, daß »etwaige in den Räumen der einzelnen Dienststellen des Bezirksamts befindlichen Bilder, Büsten oder sonstige Gegenstände marxistischer Art zu entfernen sind«.
Auch die Beamtenschaft im Bezirksamt wurde gesäubert. Ebenso wurden die Bilder des früheren Reichspräsidenten Friedrich Ebert (SPD) aus Schulen und Verwaltungsgebäuden entfernt. Die kommunistischen Mitglieder der bezirklichen Wohlfahrtskommissionen wurden entlassen. Staatliche Jugendheime und Sportplätze wurden den Organisationen der Arbeiterbewegung, da diese den neuen ›nationalen Zielen‹ entgegenstanden, nicht mehr zur Verfügung gestellt.

Die ›Bereinigung der Arbeiterschaft von marxistischen Elementen‹ – womit von den Nazis sowohl Sozialdemokraten wie Kommunisten gemeint waren – war genauestens geregelt. So wurde im Dienstblatt des Bezirksamtes Tempelhof vom 30. März 1933 vorgeschrieben:
»Zur Bereinigung der Verwaltung von marxistischen Elementen haben die Dienststellen, welche im Arbeiterverhältnis stehende Personen beschäftigen, eine Nachweisung nach unten stehendem Muster vorzulegen, in der jeder Arbeitnehmer aufzuführen ist. Die zur Ausfüllung der Nachweisung notwendigen Ermittlungen führt, wenn sie sich der zuständige Stadtrat nicht selbst vorbehält, der Betriebsleiter in Gemeinschaft mit dem Dienststellenleiter.
In der Spalte »Politische Einstellung« ist anzugeben, ob der Arbeitnehmer
a) politisch organisiert ist, eventuell bei welcher Partei,
b) organisiert gewesen ist, eventuell bei welcher Partei und bis wann,
c) Funktionär irgendwelcher Art noch jetzt ist (eventuell als was) oder gewesen ist (eventuell als was),
d) Mitglied der R.G.O. noch jetzt oder gewesen ist und eventuell bis wann.
Diese Angaben sollen nur ein Anhalt für die festzustellenden Punkte sein. Sonstige wesentliche Tatsachen sind ebenfalls anzugeben.
Für die Angaben ist in weitgehendstem Maße die Vorlegung von Belegen zu fordern (Parteibücher usw.).
Die Frist zur Rückgabe der Nachweisung beträgt für G.A. und Str. Rg. eine Woche, für alle übrigen Dienststellen drei Tage. Die Fristen sind unbedingt einzuhalten.«
Bereits Anfang April 1933 waren die Personalveränderungen im Tempelhofer Bezirksamt im wesentlichen abgeschlossen. Entlassen worden waren drei Beamte, zwei nebenamtliche Ärzte, 17 Angestellte und 35 Arbeiter (Tempelhof-Mariendorfer Zeitung vom 10. und 19. April 1933). Entlassungen erfolgten auch im Schulbereich:

Der Rektor der 11. Volksschule, Emil Kuchenbecker, aktives SPD-Mitglied und bis 1925 Stadtverordneter, verlor ebenso seine Stellung wie der Leiter der 12. Volkschule. Deren Rektor Alfred Gabbert und der Konrektor Walter Gerlach, Sozialdemokrat und bis 1933 Bezirksverordneter, wurden ebenfalls entlassen. Walter Gerlach war später Anlaufstelle für die illegale Weiterarbeit von SPD-Genossen. Diese Meldungen aus der Tempelhof-Marienfelder Zeitung vom 2. Mai 1933, dem Tag, an dem die Gewerkschaftshäuser gestürmt wurden, ließen sich durch eine Reihe weiterer Berichte über Entlassungen ergänzen. Am 2. Mai wurde auch der Direktor beim Bezirksamt, eine Schlüsselstellung in der bezirklichen Verwaltung, Laue beurlaubt. Er wurde später im Bezirk Treptow weiter beschäftigt.

Die aus der Bezirkspolitik ausgeschlossenen Mitglieder der Arbeiterparteien SPD und KPD konnten ihre Arbeit nur illegal fortsetzen, soweit das der Terror der Nazis zuließ.

(Stefan Krautschick und Kurt Schilde)

Illegaler Ausflug des Tempelhofer Reichsbanners mit Familienangehörigen im Juni 1933 zum Werbellinsee.

Terror, Verfolgung und Widerstand

Die Dokumentation von Terror, Verfolgung und Widerstand in Tempelhof, die hier vorgelegt wird, kann nicht beanspruchen, vollständig zu sein. Schwerpunktmäßig wird auf die Opposition der Arbeiterbewegung und die Verfolgung der jüdischen Bevölkerung eingegangen. Der Lebensweg einzelner Personen wird nur ausführlicher dargestellt, wenn diese ihren Wohnsitz im Verwaltungsbezirk Tempelhof hatten und in dem Gedenkbuch gewürdigt werden. Es soll aber nicht übergangen werden, daß auch die Menschen, die in den Jahren zwischen 1933 und 1945 ihre Arbeit in Tempelhofer Industriebetrieben verrichteten oder zur Zwangsarbeit verpflichtet waren, viel zur Tempelhofer Geschichte im Nationalsozialismus beigetragen haben. Deshalb werden ansatzweise Zwangsarbeit und betrieblicher Widerstand in diese Dokumentation einbezogen. Im Mittelpunkt stehen aber die in dem ›Gedenkbuch für die Opfer des Nationalsozialismus‹ zu würdigenden Widerstandskämpfer und -kämpferinnen und die verfolgten jüdischen Männer und Frauen, die ermordet wurden.
Die in den letzten Jahren in den Mittelpunkt von Forschungen gerückte Alltagsgeschichte und die gesellschaftliche Verweigerung im Dritten Reich mußten ebenso unberücksichtigt bleiben wie das Eingehen auf den Anteil der Frauen an der Geschichte. Die Bedeutung der Frauen in den verschiedenen Oppositionsgruppen gegen das NS-Regime tritt auch in dieser Dokumentation leider bei weitem nicht so hervor, wie es den tatsächlichen Verhältnissen entsprochen haben dürfte. Soweit etwas zu ermitteln war, wird auf Tempelhofer Widerstandskämpferinnen sowie die Lebensgefährtinnen der Widerstandskämpfer eingegangen. Eine befriedigende Würdigung der Bedeutung der Frauen im Widerstand kann aber noch nicht gegeben werden. Hierzu sind noch weitergehende Untersuchungen erforderlich.

Früher Terror gegen die Arbeiterbewegung

Noch vor der offiziellen Machtübernahme der Nationalsozialisten am 30. Januar 1933 waren terroristische Aktionen der Nazis auch in Tempelhof an der Tagesordnung. Der Berliner Polizei gelang es nicht immer, sich gegen die wechselseitigen Übergriffe der sich teilweise bis aufs Messer bekämpfenden Kampfgruppen und Schutzbünde der verschiedenen politischen Organisationen durchzusetzen. Bei der NSDAP war dies die ›Sturmabteilung‹ (SA) und auf der kommunistischen Seite der ›Rote Frontkämpfer-Bund‹ (RFB). Der ›Reichsbanner Schwarz-Rot-Gold‹ war im wesentlichen ein sozialdemokratisch orientierter Schutzbund, der vereinzelt auch Anhänger aus dem Zentrum und anderen Parteien hatte. RFB und Reichsbanner hatten außerdem eigene Jugendorganisationen, die ›Rote Jungfront‹ und den ›Jungbanner‹.
In Tempelhof gab es – wie anderswo – oft brutale Auseinandersetzungen zwischen den politischen Gegnern, die mindestens in einem Fall mit einem Toten endeten: Über die Ermordung eines jungen Kommunisten in der Neujahrsnacht 1933 berichtete die Tempelhof-Mariendorfer Zeitung am 2. Januar 1933: »Am Prinz-Heinrich-Platz wurde

ein noch unbekannter KPD-Angehöriger mit einem Messerstich in der Herzgegend tot aufgefunden. Von Zeugen wurde ein NSDAP-Angehöriger aus dem Arbeitslager auf dem Sportplatz Lichtenrade als Täter genannt, woraufhin die Mordkommission eine Durchsuchung des Lagers vornahm, bei der dann insgesamt 25 Nationalsozialisten zwangsgestellt wurden.« In der gleichen Nacht gab es anderen Orts in Berlin weitere blutige Auseinandersetzungen, an deren Folgen ein Jugendlicher und eine Frau starben sowie mehrere Personen schwer verletzt wurden. So wurde z. B. der zwanzigjährige Reichsbannerangehörige Erich Just »angeblich von etwa 15 SA-Leuten in Lichtenrade in der Kaiser-Friedrich-Straße überfallen. Just erlitt eine leichte Gehirnerschütterung, vermutlich durch einen Schlagring. Die Täter konnten nicht festgestellt werden. Der Verletzte fand im St. Joseph-Krankenhaus in Neu-Tempelhof Aufnahme« (Tempelhof-Mariendorfer Zeitung vom 3. Januar 1933). In den nächsten Tagen wurde in der Zeitung weiter über die Ergebnisse der Ermittlungen der politischen Polizei berichtet, die versuchte, den Lichtenrader Mord aufzuklären. An der Messerstecherei waren an der Seite des ermordeten Erich Herrmann aus der Krügerstraße auch zwei Reichsbanner-Leute beteiligt, die ebenfalls Stichverletzungen erhalten hatten. Als Täter wurde der 22jährige Fritz Osthoff ermittelt, der ein Geständnis ablegte. Er war Automonteur und seit 1929 Mitglied der SA. Von November 1932 an war er Mitglied des »ersten nationalsozialistischen Arbeitsdienstes Berlins« (Engelbrechten/Volz 1937, S. 184), der seit 1931 auf dem SA-Sportplatz in Lichtenrade – zwischen Maffei-, Kaiser-Friedrich- und Elisabethstraße – mit 50 SA-Männern stationiert war. Dazu muß gesagt werden, daß die Berliner SA vor 1933 in Zeiten, in denen nationalsozialistische Organisationen verboten waren, unter dem Deckmantel von Sportorganisationen, wie dem ›Deutschen Volkssport-Verein‹, existierte. In der ›Verbotszeit‹ war für SA anstelle von ›Sturm-Abteilung‹ auch von ›Sport-Abteilung‹ die Rede. Anläßlich der Beisetzung des ermordeten Erich Herrmann auf dem Lichtenrader Friedhof berichtete die Tempelhof-Mariendorfer Zeitung am 12. Januar 1933: »Hinter dem Sarg, der von Jungkommunisten durch den Ort zum Friedhof getragen wurde, folgte ein unübersehbarer Trauerzug, in dem auch eine Kranzabordnung des Reichsbanners mitschritt. Im Anschluß an die Trauerfeier formierte sich ein Demonstrationszug.«

Wenige Tage später gab es in Tempelhof weitere politische Schlägereien, bei denen diesmal drei SA-Leute schwer verletzt wurden.

Die Schwurgerichtsverhandlung gegen Fritz Osthoff fand nach der nationalsozialistischen Machtübernahme statt und endete, der ›neuen Zeit‹ entsprechend, trotz des Geständnisses des Täters mit einem Freispruch. Nachdem der Staatsanwalt auf Notwehr plädiert und nur wegen des unberechtigten Führens des Messers vier Monate Gefängnis beantragt hatte, erfolgte vom Gericht auch deswegen ein Freispruch. Der Angeklagte Fritz Osthoff befand sich wegen angeblicher Morddrohungen in Lichtenrade in einem Dauernotstand, so der Richter. Wie dieser Prozeß endeten auch ähnliche Verfahren, weil sich viele Staatsanwälte und Richter rasch an die neuen Machtverhältnisse anpaßten. Auf den Prozeß gegen den NS-Mörder geht auch ein in Lichtenrade verteiltes Flugblatt des NSDAP-Ortsgruppenleiters Kleinsorg ein, der im Juni 1933 Bezirksstadtrat wurde. (Quelle: Landesarchiv Berlin)

Inwieweit der SS-Sturm 2/I/42, der seinen Sitz in der Friedrich-Karl-Straße 67 gehabt haben soll, an den NS-Terror-Maßnahmen beteiligt war, kann noch nicht abschließend gesagt werden.

Einwohner Lichtenrades!

Die Vorgänge in der Silvesternacht hier in Lichtenrade, die einmal die Gemüter stark in Aufregung versetzten, sind unter dem Eindruck der geschichtlichen Ereignisse, die Deutschland erlebte, verblaßt. Wir wollen sie noch einmal in die Erinnerung zurückrufen:

Denken Sie daran, welche gemeinen Lügen anläßlich dieser Vorgänge über die NSDAP., über ihren Führer, insbesondere aber über die SA. und das Arbeitslager Lichtenrade hier am Ort verbreitet wurden.

Denken Sie daran, welche Kübel von Schmutz damals über uns ausgeleert wurden.

Denken Sie an die beiden kommunistischen Züge, die die Straßen Lichtenrades durchtobten.

Denken Sie an die persönliche Hetze und üblen Nachreden, vor denen selbst Kreise aus dem sog. „bürgerlichen" Lager nicht zurückschreckten, die sich damit an die Rockschöße der gewissenlosen Wühler hängten.

Hier das Gerichtsurteil:

Freispruch wegen erwiesener Unschuld
SA.-Mann Osthoff aus der Haft entlassen

Vor dem Schwurgericht des Landgerichts II stand gestern der 22 Jahre alte Automonteur und SA.-Mann Fritz Osthoff unter der Anklage der Körperverletzung mit Todeserfolg. Der Angeklagte, der in Westfalen geboren ist, gehört seit 1929 schon der SA. an und war seit November 1932 in dem nationalsozialistischen Arbeitslager in Lichtenrade tätig.

Wie stark der kommunistische Terror gerade an dieser Stelle gegen die gemeinnützigen Einrichtungen der NSDAP. gerichtet war, ist aus früheren Presseberichten allgemein bekannt. Das marxistische Gesindel begnügte sich nicht damit, einzelne Parteigenossen zu überfallen, sondern das Lager selbst wurde mehrmals beschossen. Die immer wieder ausgesprochenen Morddrohungen richteten sich beispielsweise auch mehrfach gegen Pg. Osthoff, der auf dem Heimwege wiederholt tätlich angegriffen worden war und sich nur durch die Flucht retten konnte.

In der Silvesternacht hatten sich mehrere Nationalsozialisten, unter denen sich auch der Angeklagte befand, in dem Lokal Kanis in Lichtenrade eingefunden. Gegen Mitternacht wurde ihnen gemeldet, daß das Arbeitslager abermals von Marxisten beschossen worden sei. Die Nachforschungen nach den Tätern waren jedoch erfolglos, und man begab sich wieder in die Gastwirtschaft zurück.

Als Osthoff gegen 5 Uhr morgens allein nach Hause gehen wollte, merkte er sofort, daß ihm zwei Kommunisten auf der Straße aufgelauert hatten. Unter diesen befand sich auch der später an den Folgen des von dem SA.-Mann in Notwehr geführten Messerstiches verstorbene Erich Herrmann. Der Angeklagte wurde sofort von dem angetrunkenen Kommunisten beschimpft, und Herrmann äußerte schließlich, er werde ihm doch den Hals abschneiden. Trotz dieser Morddrohungen setzte Pg. Osthoff seinen Heimweg fort, wurde aber von Herrmann weiter verfolgt, der auch jetzt laute Drohungen ausstieß.

An der um diese Zeit völlig menschenleeren Ecke der Elisabethstraße, die zu dem Arbeitslager führt, stürzte sich Herrmann in der Dunkelheit plötzlich auf den SA.-Mann und versuchte, ihn zu würgen. Bei der Abwehr fiel Osthoff infolge des Glatteises zu Boden, und der Angreifer stürzte sich erneut auf ihn. In der allerhöchsten Notwehr zog Osthoff schließlich ein Messer, um sich von dem ihm immer noch würgenden Banditen zu befreien. Der Stoß war zunächst auf den Oberarm gezielt, traf jedoch infolge einer plötzlichen Bewegung des Kommunisten diesen in die Schulter. Jetzt erst ließ der Strolch von seinem Opfer ab und flüchtete. Am Kaiser-Friedrich-Platz sank er infolge des starken Blutverlustes tot zusammen.

Selbst die Genossen des Erstochenen mußten zugeben, daß dieser, der sich übrigens noch nachts gegen 2 Uhr seine Uniform des Kampfbundes gegen den Faschismus angezogen hatte, planmäßig die Schlägerei verschuldet und zu dieser ungewöhnlichen Nachtstunde Osthoff den ganzen Weg verfolgt hat.

Auf Grund dieser ganz klaren Beweisaufnahme, die die Notwehr des SA.-Mannes ganz eindeutig ergeben hat, beantragte der Staatsanwalt Freisprechung von der Anklage der Körperverletzung mit Todeserfolg und wegen unberechtigten Führens des Messers vier Monate Gefängnis. Das Gericht stellte sich auf den Standpunkt, daß hier ein Freispruch auf Kosten der Staatskasse in vollem Umfang erforderlich sei. Auch wegen des Waffentragens erfolgte ein Freispruch, da wegen der ständigen und gerichtsbekannten Morddrohungen der Marxisten in Lichtenrade ein Dauernotstand für den Angeklagten vorgelegen habe.

Weiter führte der Vorsitzende, Landgerichtsdirektor Schneider, aus, daß es zu diesem Zusammenstoß im Zeichen des Kampfes des Nationalsozialismus gegen den Kommunismus gekommen sei. Das Gericht sei überzeugt, daß Pg. Osthoff, der auch in der Hauptverhandlung den denkbar besten Eindruck auf das Gericht gemacht habe, ein durchaus ehrlicher Kämpfer sei, dem bei seiner langjährigen Betätigung für die NSDAP. nichts ferner gelegen habe, als mit der Waffe in der Hand gegen seine politischen Gegner vorzugehen. Wenn die Tatzeugen bekundet hätten, sie seien selbst erstaunt gewesen, daß der angegriffene und beschimpfte Nationalsozialist so ruhig geblieben sei und seines Weges weitergegangen sei, so charakterisiere das am besten das rechtswidrige Verhalten des Kommunisten. Es sei hervorzuheben, daß zu den wiederholten Überfällen auf das Arbeitslager lediglich die unverantwortliche Hetze gewisser Stellen angestachelt habe, und daß der Leiter des nationalsozialistischen Arbeitslagers, Sturmbannführer Bergmann, immer wieder die Weisung gegeben habe, sich nicht durch die Marxisten provozieren zu lassen.

Der ganze rote Spuk hat sich im Morgenlicht der über Deutschland aufgehenden Sonne in eine Dunstwolke aufgelöst, die, vom Morgenwind getrieben, langsam am Horizont verschwindet.

Einwohner Lichtenrades!

Wir haben das nicht vergessen, was man uns damals angetan hat. Wir haben immer wieder darauf hingewiesen, daß wir die Rechnung einmal präsentieren werden. Sie haben das nicht hören wollen. Die Rechnung wird präsentiert werden!

Nicht den verhetzten und irregeführten Mitläufern, aber ihren gewissenlosen Führern, die sich voll und ganz bewußt waren, was sie taten. Wir werden auch kein Mitleid oder Verzeihen kennen, denn vergessen Sie nie, durch dieses ganze System der Lüge und Gemeinheit, das 14 Jahre lang in Deutschland sein Wesen treiben durfte, ist Deutschland und das deutsche Volk fast zugrunde gerichtet worden.

Inzwischen hat die Vorsehung gesprochen. Deutschland ist gerettet, denn das deutsche Volk hat sich wiedergefunden.

In steter, zäher Arbeit

unter der Führung Adolf Hitlers

und seiner Bewegung wird es aufwärts gehen, wird die Wiedergeburt Deutschlands vollzogen werden.

Jeder Deutschfühlende muß opferfreudig daran mitarbeiten zum Wohle des Ganzen. Wenn das Ganze gedeiht, hat auch der einzelne seinen Lebensraum.

Darum ans Werk für Deutschland für die Deutsche Volksgemeinschaft für das dritte Reich

Berlin-Lichtenrade, den 15. März 1933.

Ortsgruppe Lichtenrade der NSDAP.

gez. Kleinsorg, Ortsgruppenleiter.

Verantwortlich für den Inhalt: A. Kleinsorg, Lichtenrade — Druck: Gersbachdruck G. m. b. H., Berlin W. 35.

Rep. 240

Das ›wilde‹ Konzentrationslager Columbia-Haus

Unmittelbar nach der Machtübernahme erfolgten die ersten Massenverhaftungen von Mitgliedern sozialdemokratischer, gewerkschaftlicher und vor allem kommunistischer Organisationen. Neben den nach dem Reichstagsbrand staatlicherseits eingerichteten Konzentrationslagern gab es die sogenannten ›wilden Lager‹. Sie wurden vor allem in Sturmlokalen der SA eingerichtet, sowie in ehemaligen Gefängnissen. Allein in Berlin sind über einhundert frühe Terrororte bekannt geworden, von denen sich auch welche in Tempelhof befanden (vgl. Demps 1983, S. 115).

Dieses Gartenlokal wurde Anfang 1933 Sturmlokal der SA und ein Ort von Mißhandlungen der NS-Gegner.

In der Manteuffelstraße 11-12 war das Restaurant ›Birkenwäldchen‹, ein früheres Arbeiterlokal, welches Ende 1932 von einem SA-Sturm übernommen wurde. Das Haus wurde im Krieg zerstört. Heute befinden sich dort Wohngebäude.
Die ›Fichte-Klause‹ auf dem Platz des Arbeitersportvereins ›Fichte‹ an der Körtingstraße in Mariendorf wurde durch die zur Hilfspolizei ernannten SA ebenso wie die dazugehörige Sportanlage überfallen und in Beschlag genommen. Darauf wird noch eingegangen.
Weitere Folterstätten befanden sich in Lichtenrade im ›Waldrestaurant‹ und im ›Afrikakasino‹ in der Lützowstraße 15, wo der SA-Sturm 15 sein Quartier hatte. Ob auch andere ehemalige Lokale der Tempelhofer Arbeiterbewegung zu Folterstätten der Nazis wurden, ist noch nicht erforscht.

Zwei Zentren nationalsozialistischen Terrors in Tempelhof waren der ab März 1933 benutzte Folterkeller am Sitz der ›Fepo‹ – der Feldpolizei der Berlin-Brandenburger SA (eine Art Eliteeinheit) – in den Kasernen in der General-Pape-Straße (siehe Danckwortt 1987) und vor allem das berüchtigte Columbia-Haus. Viele sozialistische und kommunistische Parteimitglieder und Gewerkschafter wurden in dem ehemaligen kaiserlichen Militärgefängnis an der Columbiastraße (seit 1950: Columbiadamm) inhaftiert und gefoltert. Im Gegensatz zu fast allen Konzentrationslagern, die anfangs

Postkarte des »Turn- und Sportvereins Fichte« Berlin-Mariendorf aus den zwanziger Jahren

In den Räumen des Wald-Restaurants in Lichtenrade soll sich 1933 eine Folterstätte der SA befunden haben.

von Angehörigen der SA bewacht wurden, stellte beim Columbia-Haus von Anfang an die SS die Wachmannschaften. Zu dem von der SS übernommenen Gebäudekomplex, der sich genau gegenüber der Polizeiunterkunft an der (gedachten) Verlängerung der Golßener Straße auf dem Tempelhofer Feld befand, gehörten ursprünglich das eigentliche Arrestgebäude, ein Gericht sowie Nebenanlagen. In der ehemaligen Militärarrestanstalt befanden sich 156 Zellen, eine Wachstube, Geschäftszimmer und

Berlin. Kürassier-Kaserne. Prinz August v. Württembergstr.

Blick auf den heutigen Columbiadamm (um die Jahrhundertwende), rechts im Bild das spätere Columbia-Haus

316. Berlin.
Kaserne d. Garde-Kürassier-Regts.

Militär-Arest-Geb.

Postkarte aus dem Jahre 1905: Rechts im Bild das spätere Columbia-Haus

Schließerwohnungen. Es muß davon ausgegangen werden, daß auch das frühere Gerichts- und die Nebengebäude von der SS als Gefängnis für die politischen Gefangenen genutzt wurden.

Das Columbia-Haus befand sich nicht nur im Bezirk Tempelhof, hier wurden auch viele Tempelhofer gefangen gehalten und gefoltert. Nachdem der in Neu-Tempelhof wohnende stellvertretende Chefredakteur der sozialdemokratischen Zeitung ›Vorwärts‹ Franz Klühs – auf sein Schicksal wird später genauer eingegangen – am 16. August 1933 verhaftet wurde, ist er mehrere Wochen in dem als Gefängnis des Geheimen Staatspolizeiamts dienenden Columbia-Haus gewesen. Er wurde dort schwer mißhandelt. Auch sein Genosse Fritz Neubecker war zu dieser Zeit im Columbia-Haus. Neubecker war seit 1921 Mitglied der SPD und arbeitete bis zum Verbot der Partei im Juni 1933 als stellvertretender Abteilungsleiter des Film- und Lichtbilddienstes der SPD. Nach seiner Verhaftung am 19. August 1933 wegen illegaler Fortführung der Sozialdemokratischen Partei war er bis zu seinem Prozeß im Juni 1934 zehn Monate in Untersuchungshaft. In den Keller-Zellen des Gestapo-Gebäudes in der Kreuzberger Prinz-Albrecht-Straße (heute: Niederkirchnerstraße) wurde Fritz Neubecker ebenso gefoltert und schikaniert wie im Columbia-Haus. Zur gleichen Zeit wie Franz Klühs und Fritz Neubecker – zeitweise auch als Zellengenosse von Neubecker – wurde im Columbia-Haus auch der Pazifist Kurt Hiller festgehalten (vgl. Hiller 1969, S. 251 ff.).

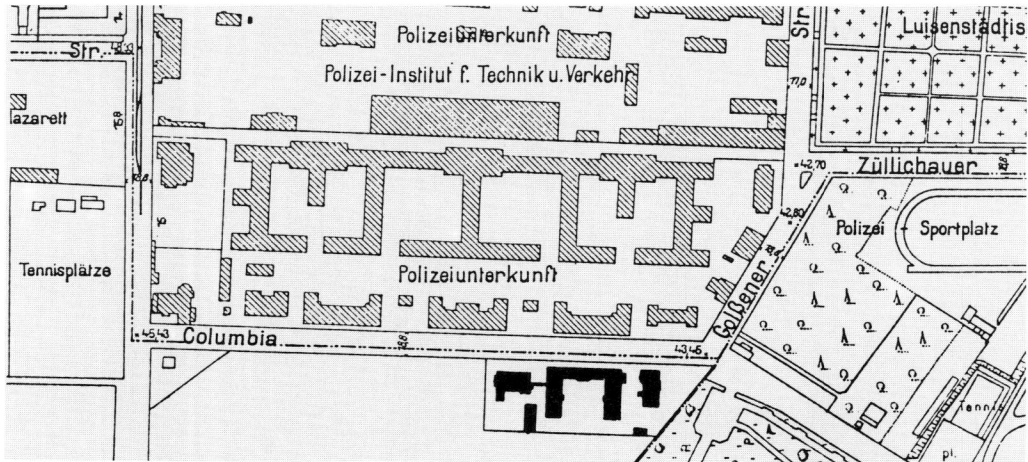

Das »wilde« Konzentrationslager Columbia-Haus

Die noch nicht inhaftierten SPD- und KPD-Mitglieder waren auch nach dem Machtwechsel – jedenfalls teilweise – weiterhin aktiv. Aber die Urheber der Propagandaaktionen gegen die Nazis blieben von diesen nicht immer unentdeckt. In der Tempelhof-Mariendorfer Zeitung vom 14. August 1933 wurde zum Beispiel über eine Malaktion gemeldet: »Mariendorfer Kommunist festgenommen. In der Lichterfelder Straße (Bezirk Kreuzberg) bemalte des Nachts ein Kommunist eine Mauer mit den Worten: ›Nieder mit Hitler! KPD lebt. Rot-Front!‹ Ein Polizeibeamter in Zivil und ein SA-Mann beobachteten jedoch den Schmierfinken bei seiner staatsfeindlichen Arbeit mit der weißen Ölfarbe und nahmen ihn – es handelt sich um den 23jährigen Maler Wolfgang S. aus der Kurfürstenstraße in Mariendorf – sowie zwei Helfer fest, die ihm Aufpasserdienste leisten sollten. Alle drei wurden der Abteilung I im Polizeipräsidium eingeliefert.« Bei dem festgenommenen Maler handelte es sich um den heute 77jährigen Wolfgang Szepansky, der über seine Widerstandtätigkeiten auch in seinen veröffentlichten Erinnerungen berichtet: »Zum 11. August hatte ich Farben und Pinsel besorgt, und natürlich fiel mir als Maler die Aufgabe des Malens zu. Erwin und Liesbeth, sie hatten an dem Tag Geburtstag, waren das eine Aufpasserpaar. Werner Schellenberg und Eva das zweite. Ich war mit dem Fahrrad gekommen. Wir hatten uns eine große, fast glatte Wand der Brauerei in der heutigen Methfesselstraße ausgesucht. Die Straße war gegen 12.00 Uhr nachts menschenleer. Schnell und mit großer Vorsicht, um mich nicht zu bespritzen, male ich an die Wand: Nieder mit Hitler! KPD lebt! Rot Front!« (Szepansky 1985, S. 78 f.)

Wolfgang Szepansky wurde im Anschluß an seinen Aufenthalt bei der Polizei in die Prinz-Albrecht-Straße 8, dem Sitz der Geheimen Staatspolizei, gebracht, wo er mit Hilfe von Prügeln und Fußtritten zu Aussagen gezwungen werden sollte. Nachdem dies nicht gelang, kam er in das Columbia-Haus. Die erste Nacht dort konnte er fast nicht einschlafen. »Immer wieder erwachte ich von dem Wimmern und Stöhnen, das aus anderen Zellen zu mir drang. ›Oh mein Bauch, mein Bauch‹, jammerte es. Ich verschloß meine Ohren … Der nächste Tag begann mit Essenempfang. Trockenes Brot und Kaffeelorke. Das Kauen war schmerzhaft, aber es brachte Erleichterung. Eine Toilette oder einen Kübel gab es in der Zelle nicht. Wer austreten mußte, konnte die Fahne werfen, eine Metallscheibe, die sich durch die Wand auf den Gang schieben ließ. Die Fahnen wurden geworfen. Die SS-Wache reagierte, wann sie wollte, selten, wenn ein Gefangener mußte. Das wurde zu einer zusätzlichen Folter … Zu meinem Glück brauchte man Maler, um Büroräume, Gänge und Toiletten zu streichen. Von nun an wurde ich jeden Tag zum Arbeiten aus meiner Zelle geholt. Dabei bekam ich viele aufschlußreiche Dinge zu erfahren. So gab es eine Gefangenenkapelle mit Pauken und Trompeten. Die mußten spielen, um die Schreie der Gefolterten zu übertönen. Immer dasselbe: ›Wenn am Sonntagabend die Dorfmusik spielt!‹ In dem Zimmer des ›Vernehmungsrichters‹, wie er von anderen Mitgefangenen genannt wurde, hingen Ochsenziemer, Siebenstriemer, ein vierkantiges Stuhlbein, Stahlruten. Getrocknetes Blut und Haare klebten an ihnen. Im Keller gab es Zellen, in denen die Gefangenen strenger bewacht wurden. Sie durften sich nicht setzen.« (Szepansky 1985, S. 81 f.)

Wolfgang Szepansky wurde im Anschluß an seine Zeit im Columbia-Haus im Polizeipräsidium am Alexanderplatz gefangengehalten, bevor er wieder entlassen wurde. Kurz darauf emigrierte er nach der Zustellung der Anklageschrift in die Niederlande.

Ausschnittvergrößerung eines Fotos mit dem Columbia-Haus

Amtsgericht Berlin-~~Tempelhof~~

Berlin NW 40, den *6. Oktober* 193*3*
Turmstraße 91
Fernsprecher: C 5, Hansa 7701–7740.

Geschäftsnummer: *147 G 415/33*

Bei Antwortschreiben ist die vorstehende Geschäftsnummer anzugeben.
In der äußeren Aufschrift ist auch die genaue Postadresse, wie sie oben bei dem Datum vermerkt ist, zu verzeichnen.

Frau Elfriede Neubecker
Bln.-Tempelhof
Kaiserstraße 102

Der Antrag auf Sprecherlaubnis mit Ihrem Ehemann ist an den Herrn Oberreichsanwalt zu 8. J. 1694/33 zur weiteren Entscheidung weitergegeben worden.

Auf Anordnung

Justizangestellter

Geschäftsnummer: *8. J. 1694. 33.*

Neubecker **Sprechzettel**

(als Ausweis mitzubringen).

☒ *Herr Rechtsanwalt Dr. Ernst Fraenkel, Bln.-Tempelhof*
Thüringer Weg 8

erhält ~~—~~ hiermit die Erlaubnis, den Untersuchungsgefangenen

Fritz Neubecker Gef.-Buch Nr. *I 4476*

~~wo~~tentags ~~— im Beisein eines Beamten —~~ zu sprechen.

Auf die auf der Rückseite abgedruckten Bestimmungen der Gefängnisverwaltung wird hingewiesen.

Berlin, den *22. Dez. 1933*
U. W. d/40, Turmstr. 93.

~~Amtsgericht~~ Abt. ~~Landgericht~~ Strafkammer
Untersuchungsrichter — des ~~Reichsgerichts~~.

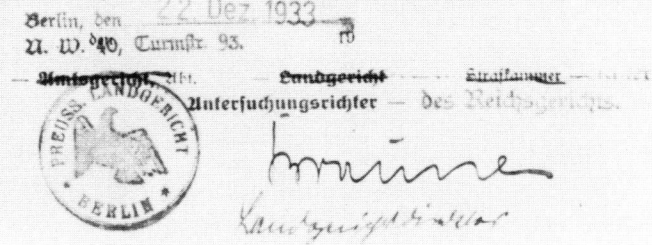

Landgerichtsrat

P. F.
Nr. 62. Sprechzettel.

Sprecherlaubnis für den Rechtsanwalt Dr. Ernst Fraenkel, um den inhaftierten Fritz Neubecker zu besuchen

Der Generalstaatsanwalt

bei dem Landgericht

- 1 pol b J. 741. 33 -

Berlin NW40, den 25. Oktober 1933

Turmstr. 91

Fernruf: Hansa 7701-7740

An das

Schöffengericht

in Berlin NW40.

- - - - - - - - - -

A n k l a g e .

Der Maler Wolfgang S z e p a n s k i

in Bln - Mariendorf, Kurfürstenstr. 74,

geb. am 9. Oktober 1910 in Berlin,

ledig,

bestraft,

wird angeklagt,

am 12. August 1933

in B e r l i n

durch eine und dieselbe Handlung

a) den organisatorischen Zusammenhalt eines

Vereins, der wegen eines den §§ 81 bis 86,

127 bis 129 des StGB.'s zuwiderlaufenden Zwecks

aufgelöst worden ist, nämlich des durch Erlaß

des Pr. Ministers des Innern vom 3. Mai 1929

- II 1420. V. - aufgelösten und verbotenen

Roten Frontkämpferbundes (Deutscher Reichsanzeiger

Nr. 105 vom 7. Mai 1929 S. 1/2), weiter aufrecht -

erhalten zu haben,

b)

- - -

b) öffentlich zu einer Gewalttat gegen eine
bestimmte Person aufgefordert zu haben,

– Vergehen gegen § 5 der Verordnung des Reichs –
präsidenten zur Erhaltung des inneren Friedens
vom 19. Dez. 1932 (RGBl. I S. 548), § 15
der Verordnung des Reichspräsidenten zum
Schutze des Deutschen Volkes vom 4. 2. 1933
(RGBl. I S.35) –

indem er an die Wand der Schultheiß – Brauerei in Bln SW 61,
Lichterfelder Str. 11, in weißer Ölfarbe mit etwa 80 cm
hohen Buchstaben folgendes malte t

" Nieder mit Hitler,

K. P. D. lebt,

Rot Front ! " .

_B_e_w_e_i_s_m_i_t_t_e_l_:_

Zeugen:

1. Handlungsgehilfe Curt B o m p l i t z
   in Berlin, Teltower Str. 21,

2. Pol.-Wachtmeister Friedrich E r d e s i c k e ,
   Berlin, zu laden bei der Revierhauptmannschaft
   SW.Kb.

Es wird beantragt,
das Hauptverfahren vor dem Schöffengericht
in Berlin zu eröffnen.

Im Auftrage
gez. Dr. Jaeger

Oberstaatsanwalt

Anklageschrift gegen Wolfgang Szepansky

Um weiter zu verdeutlichen, wie die Haftbedingungen im Columbia-Haus waren, werden die Erinnerungen von Stefan Szende dokumentiert. Er war der Berliner Organisationsleiter der in den Untergrund gegangenen Sozialistischen Arbeiter-Partei Deutschlands (SAPD). Diese wurde 1931 in Berlin von linken Sozialdemokraten gegründet. Szende beschreibt in der dritten Person – wie sein damaliger Parteigenosse Willy Brandt im Vorwort des Buches von Stefan Szende vermutet, um die Erinnerung zu mildern – seine Erlebnisse im Columbia-Haus. (Auszüge aus Szende 1975, S. 28 ff.)

»Die Gefangenen kamen, jeder für sich allein, auf die Zellen. Kleine, dunkle Räume, vier bis fünf Quadratmeter, ohne Fenster. Die Pritsche mit dem kahlen Strohsack nahm beinahe die Hälfte der Zelle ein. Eine grobe Decke, ein Kübel, kein Stuhl, kein Tisch, nichts. Die Gefangenen erhielten eine kurze Belehrung: Vor dem Zeichen zur Nachtruhe darf niemand sich auf den Strohsack legen. Auf der Pritsche sitzend darf man sich nicht an der Wand anlehnen. Wird die Zelle aufgeschlossen oder tritt jemand von der Wache heran, soll der Gefangene melden: Zellennummer und ›ein Mann, alles in Ordnung‹. Beschwerden gibt es nicht …

Schwere Stiefel im Korridor, vorn, wo die Zellenreihe begann. Schlüsselgeklirr. Zehn, fünfzehn Sekunden nichts. Dann wieder Stiefelschritte, Schlüsselgeklirr. Immer näher. Stefans Zellentür wurde aufgeschlossen. Ein Riese, in schwarzer Uniform, mit zu klein geratenem Kopf auf breiten Schultern. Stefan meldete vorschriftsmäßig. Die Frage: ›Warum bist du hier?‹ Die Antwort: ›Weil ich Sozialist bin.‹

Noch hing das Wort in der Luft, und schon sauste der Schlag nieder, wie ein Beil, unerwartet. Es war der fürchterlichste Schlag ins Gesicht, den Stefan jemals erhielt. Der Schwung schien ihn hochzuheben. Stefan flog. Der Hinterkopf stieß hart an die Rückwand. ›Ha-ha-ha.‹

Der Schwarze schloß zu. Um die nächste Zelle zu öffnen. Stefan nahm wahr, wie er den langen Korridor entlang Zelle nach Zelle auf- und zuschloß. Dann begann er von vorne. Ein genußvolles Spiel? Er kam näher und näher. Stefan dachte: Er wird wieder zuschlagen. Ich muß aufrecht stehen, was auch immer geschieht. Der SS-Mann kam. Er schloß auf, nahm die Meldung entgegen und stellte dieselbe Frage: ›Warum bist du hier?‹ Stefans Antwort lautete wie zuvor: ›Weil ich Sozialist bin.‹ Er wußte: Jetzt kommt der Schlag: Doch nicht mehr unerwartet. Stefan taumelte und schwankte wie ein Stehaufmännchen, als ihn die Faust traf …

Diese Nacht, oder was von ihr blieb, verlief ruhig. Nicht die nächste Nacht. Auch nicht die darauffolgende. Die SS, einzeln oder zu zweit, trieb den täglichen Sport mit den wehrlosen Gefangenen.«

Durch die Folterungen im Columbia-Haus hatte Stefan Szende offene Wunden. »Etwa Mitte Dezember (1933) waren die Wunden Stefans auf dem Rücken, auf dem Gesäß und in den Kniekehlen vereitert. Die Hoden waren zu kiloschweren Klumpen angeschwollen. Das Eitern der Wunden war bald so intensiv, daß die dicke Flüssigkeit durch die Kleidung auf den Boden der Zelle tropfte und stank. Stefan litt schwer unter dem eigenen Gestank.

Eines Morgens meldete sich Stefan ›zum Arzt‹. Vorgeführt in einem kahlen Raum, der keinerlei Ähnlichkeit mit einem Sprechzimmer hatte, stand er vor dem Schreibtisch (des Arztes, ksch). Im Dienst trug er die Uniform eines SS-Offiziers. Stefan mußte vier Meter vor dem Schreibtisch strammstehen. Der Arzt befahl dem Patienten, sich zu entkleiden. Er sah die Wunden aus der Ferne an, ohne näher zu treten: ›Der Eiter hat sich noch nicht bis zu den Knochen durchgefressen. Es sind nur Fleischwunden. In 14 Tagen kannst du wiederkommen.‹«

Ein paar Tage später wurde er zu einem Sanitäter gebracht. »Er stellte fest, daß sich in den Wunden wildes Fleisch gebildet hatte. ›Das werden wir los. Mit den alten Methoden der ›Weisen von Zion‹, die in solchen Dingen gar nicht so dumm waren‹, sagte er. Der Sanitäter in der SS-Uniform war ein rothaariger, dicklicher Mann. Er nahm wohlbehandschuht ein Stück Höllenstein (...) zur Hand und begann die Wunden brutal zu bearbeiten, lachend, genießend, wissend, welche Schmerzen Stefan auszustehen hatte. ›Jeden Tag werde ich dich behandeln. Damit du weißt, wie gut wir es mit dir meinen.‹ Es tat fürchterlich weh. Nach vier oder fünf Höllensteinbehandlungen hörte das Eitern auf. Stefan spürte allmählich, wie sich die Wunden zu schließen begannen....

Am Weihnachtsabend erhielten die Gefangenen in der Columbiastraße Gänsebraten mit Kartoffeln und Salat. Soviel sie wollten. Jeder durfte eine zweite, auch eine dritte Portion fassen. Viele hatten nachher Magenschmerzen. Die SS kommentierte den Schmaus: ›Der Führer meint es gut mit euch. Das deutsche Volk ist seinen Feinden gegenüber großzügig. Ihr sollt fröhliche Weihnachten haben!‹Weder in dieser Nacht noch am Weihnachtstag ist auch nur ein einziger Gefangener aus der Zelle geholt, mißhandelt, ja nicht einmal angeschrien worden. Nach den Feiertagen ging die alte Routine mit Prügeln und Schikanen weiter.« Im Januar 1934 wurde Stefan Szende in das Konzentrationslager Oranienburg überführt, wo die Foltereien weitergingen. Seine Haftzeit verbrachte Stefan Szende teilweise mit Günther Keil, der im Jahre 1937 an den Folgen der in der Haft erlittenen Verletzungen starb. Auf seine Lebensgeschichte wird später ausführlich eingegangen.

Auf mysteriöse Weise kam am 21. August 1933 der Jude Rudolf S. Mosse ums Leben, ein Neffe des Verlegers Rudolf Mosse. Kurt Jakob Ball-Kaduri berichtet darüber: »Als am 21. August der Tod von Rudolf S. Mosse in Berlin nach zwei Tagen Gestapohaft bekannt wurde, erregte dies im Berliner Judentum eine außerordentliche Erschütterung. Im allgemeinen war seit den ersten Monaten eine gewisse Beruhigung eingetreten. Bei der ersten Nachricht glaubte man bestimmt, daß es sich um einen Gestapomord handle, aber dann hörte man, daß der Tod eingetreten sei, nachdem Mosse sich auf dem Wege zu einem Konzentrationslager auf dem Potsdamer Platz in Berlin vor einen Lastwagen geworfen habe. Er hatte zwei Tage Haft in dem berüchtigten Columbiahaus hinter sich, in dem die bekannten schweren Mißhandlungen stattfanden.« (Ball-Kaduri 1963, S. 161) Was war passiert? Nach zwei Tagen Folter im Columbia-Haus sollte das Reichsbannermitglied Mosse in das Konzentrationslager Oranienburg gebracht werden. Angeblich war er auf dem Transport dorthin nur von einer Bewachungsperson begleitet gewesen. Vor dem Hause Stresemannstraße 130 (in Kreuzberg) soll er zu seiner Begleitwache gesagt haben, daß er nicht mehr weiter könne und um die Erschießung bitte. Als dies nicht erfolgte, soll er sich vor einen Lastkraftwagen geworfen haben und überfahren worden sein. Was damals wirklich geschah, ist bis heute nicht genau ermittelt worden. Herrn Ball-Kaduri sind die Kleidungsstücke von Rudolf S. Mosse übergeben worden. »Die Auslieferung der Kleidungsstücke von seiten des Columbiahauses erfolgte im Auto auf der Straße im Beisein eines Kriminalbeamten; ausgeliefert wurden

1. vom Leichenschauhaus
    Schuhe ohne Schnürsenkel
    Anzug
    Hemd ohne Kragen
    Unterhosen
    1 Paar Socken

2. vom Columbiahaus
    1 Kragen
    1 Schlips
    1 Hut
    1 Gürtel
    1 Paar Hosenträger
    2 Schnürsenkel
    Orden
    1 Messer
    3 Schlüssel mit Tasche
    1 Tabakspfeife
    2 Päckchen Tabak
    1 Kamm
    1 Tabakspfeife mit Stopfer
    Rasiermesser« (Ball-Kaduri 1963, S.172)

Nachdem am 3. März 1933 der Vorsitzende des Zentralkomitees der KPD Ernst Thälmann (1944 ermordet) verhaftet wurde, ist am 9. November 1933 sein Nachfolger John Schehr (geboren: 1896) verhaftet und bald darauf in das Columbia-Haus eingeliefert worden. Er kam 1934 bei einem angeblichen Fluchtversuch auf der Fahrt zwischen dem Geheimen Staatspolizeiamt in der Prinz-Albrecht-Straße und dem Columbia-Haus am Kilometerberg in Wannsee zusammen mit den weiteren KPD-Funktionären Rudolf Schwarz (geboren 1904), Erich Steinfurth (1896) und Eugen Schönhaar (1898) ums Leben. Die von den Nazis verbreitete Version über den Tod der Kommunisten ist mit Sicherheit falsch: »Der Kilometerberg in Wannsee liegt weder auf dem Weg zwischen der Prinz-Albrecht-Straße und dem Columbiahaus, noch auf dem Weg zwischen der Prinz-Albrecht-Straße und einem bei Berlin liegenden Konzentrationslager.« (Tuchel/Schattenfroh 1987, S.144)
Im Columbia-Haus waren viele weitere mehr oder weniger prominente Insassen, wie zum Beispiel Anfang 1934 der aus der bündischen Jugendbewegung stammende Jungenschaftsführer ›tusk‹, mit richtigem Namen Eberhard Koebel. »Wie die Verhöre verliefen, ist nicht bekannt, fest steht aber, daß er mehrere Selbstmordversuche unternahm und als Schwerverletzter aus der Haft entlassen wurde.« (Schi de 1983, S.75) Koebel ging kurz darauf ins englische Exil und kehrte erst 1948 in die sowjetische Besatzungszone zurück. Er hatte zeit seines Lebens unter den Folgen der ihm im Columbia-Haus zugefügten Mißhandlungen zu leiden, bis er 1955 in Ost-Berlin starb.

Das Columbia-Haus zählte anfangs nicht zu den Konzentrationslagern, obwohl es so genannt wurde und auch bereits im Jahre 1933 als KZ fungierte. Der Gebäudekomplex in der damaligen Columbiastraße 1-3 wird offiziell nur für die Zeit zwischen dem 8. Januar 1935 und dem 5. November 1936 als Konzentrationslager anerkannt (Bundesgesetzblatt, Teil I Nr. 64 vom 24. 9. 1977, S. 1791). Dementsprechend besteht auch nur für diesen Zeitraum ein Anspruch nach dem Bundesentschädigungsgesetz. Die Bezeichnung des Columbia-Hauses als KZ sollte auch für die Zeit davor offiziell eingeführt werden, auch wenn behauptet wird: »Das Columbia-Haus ist erstmalig am 7. 8. 1934 als Gefängnis der Gestapo erwähnt.« (Internationaler Suchdienst 1979, S. 3) Die Bezeichnung für Konzentrationslager wird nur für solche Lager verwendet, die ab dem 10. Dezember 1934 dem Inspekteur der Konzentrationslager (bzw. ab 16. 3. 1942 dem SS-Wirtschafts-Verwaltungshauptamt) unterstanden (siehe Internationaler Suchdienst 1979, S. V). Die Eröffnung des Columbia-Hauses als Konzentrationslager im juristischen (Un)Sinne erfolgte am 8. Januar 1935. (siehe Internationaler Suchdienst 1979, S. 3)

Kommandant des Konzentrationslagers Columbia im Jahre 1935 war der SS-Hauptsturmführer Karl Koch (SS-Nr. 14830), über dessen geplante Beförderung ein interessantes Dokument aufgefunden wurde. (Archiv Zeitgeschichte Gräfer)

Karl »Koch hatte seine berüchtigt gewordene Laufbahn im KL (= Konzentrationslager, ksch) Columbia-Haus und in Dresden bei der Liquidierung von SA-Führern während des sogenannten Röhm-Putsches begonnen, sie dann in den Moorlagern, wohin er strafversetzt worden war (...), fortgesetzt.« (Kogon 1974, S. 57) Als Kommandant des Konzentrationslagers Buchenwald ab 1937 hatte er es bis zum SS-Standartenführer gebracht. 1944 fiel er NS-internen Auseinandersetzungen zum Opfer, weil er sich privat an den jüdischen Arbeitskräften des KZ bereichert hatte. Er wurde kurz vor Kriegsende exekutiert.

Ins Columbia-Haus wurden nur ausnahmsweise jüdische Häftlinge eingeliefert. Neben dem bereits erwähnten Rudolf S. Mosse ist auf den Rechtsanwalt Dr. Max Naumann hinzuweisen. Er war Ehrenvorsitzender und geschäftsführendes Vorstandsmitglied des Verbandes nationaldeutscher Juden e. V. (1933) und »kam am 18. November 1935 als Schutzhäftling in das Konzentrationslager Columbiahaus«. (Tuchel/Schattenfroh 1987, S. 184) Auch Leo Baeck (1873–1956), das geistige Oberhaupt der deutschen Juden in der NS-Zeit, war im September 1935 kurzfristig im KZ Columbia.

Zu einer Widerstandsgruppe um den Nachkriegsvorsitzenden der Berliner SPD, Franz Neumann, der 1934 im Columbia-Haus war, zählte auch der Sozialdemokrat Walter Höppner (siehe Tuchel/Schattenfroh 1987, S. 194 ff.). Franz Neumann (1904 bis 1974) war Bezirksverordneter der SPD in Reinickendorf und Vorsitzender der Metallarbeiterjugend bis 1933. Im Januar 1934 wurde er verhaftet und zu eineinhalb Jahren Gefängnis verurteilt. Sein Genosse Walter Höppner (1900 bis 1984) wurde ebenfalls im Januar 1934 zusammen mit anderen Mitgliedern der Widerstandsgruppe verhaftet. Die Stationen seines Leidensweges waren das Gefängnis in der Prinz-Albrecht-Straße, das Columbia-Haus, das Gefängnis im Polizeipräsidium am Alexanderplatz und das Untersuchungsgefängnis Moabit. Er wurde im Juni 1934 verurteilt und blieb bis 1936 im Zuchthaus Tegel.

Im Dezember 1934 wurde der Sozialdemokrat und Reichsbannerangehörige Theodor Haubach, nach dem eine Lichtenrader Schule benannt wurde, im Columbia-Haus

Berlin , den 31. Juli 1935

An den

Chef des SS-Hauptamtes
- SS-Personalamt -

B e r l i n SW 11

B e t r e f f :

Beförderungsvorschlag

Ich bitte, die Beförderung des ϟϟ. Hauptsturmführer Karl K o c h
SS-Nr. 14 830

z. Zt. komm.Kommandant d. K.L. Columbia, Berlin zum

ϟϟ. S t u r m b a n n f ü h r e r

E 29.10.31.
B 23.8.34.

erwirken zu wollen.

Ich erbitte gleichzeitig

Ernennung zum Führer Kommandanten des K.L. Columbia

Beauftragung mit der Führung _____

Beauftragung m. d. W. d. G. _____

Privatanschrift: Berlin SW 29, Columbiastrasse 1-3

Der Inspekteur der Konzentrationslager

ϟϟ-Gruppenführer

Anlagen: 1. Stammrollen-Auszug
2. Personalbericht und Beurteilung
3. Selbstgeschriebener Lebenslauf
4. Durchschlag der Beförderung zum Truppführer
5. Vorschlagsprotokoll

Berlin , den 31. Juli 1935

Anmerkung! 1. Originalzeugnisse und Ausweise sind nicht mit einzureichen.
2. Deutliche Schrift, möglichst Schreibmaschine.
3. Die Anlagen 1, 3, 4 und 5 sind nur bei Beförderung zum Sturmführer nötig.
4. Für etwaige zur Beförderung notwendig erachtete Begründung und Weitergabevermerke ist die Rückseite zu benützen.

SSV K 23
SS-Vordruckverlag W. J. Mayr, Miesbach (Bayer. Hochland)

120

Betrifft: Regelung der Gefangenentransporte
          Geheimes Staatspolizeiamt - Konzentrationslager
          Columbia - Polizeipräsidium Berlin.

        Zum Zwecke der Entlastung des Kraftwagenparks des

Geheimen Staatspolizeiamts ordne ich mit sofortiger

Wirksamkeit folgendes an :

        Die Transporte von Gefangenen sind nur noch mittels

Schubwagen durchzuführen.Die Verwendung von Personen -

kraftwagen für Gefangenentransporte hat sich lediglich

auf Ausnahmefälle zu beschränken.Der Transportleiter hat

gleichzeitig die Tagesverpflegung für die Insassen des

Gefängnisses des Gestapa sowie die Mittagskost für Ge -

fangene des Konzentrationslagers Columbia,die sich vor-

übergehend beim Geheimen Staatspolizeiamt zur Vernehmung

aufhalten,im Konzentrationslager Columbia in Empfang zu

nehmen.

        Die Fahrzeiten für den Schubwagen werden wie folgt

festgesetzt:

A.Wochentags,

    7,30 Uhr Gestapa - Konzentrationslager Columbia und im
             Bedarfsfalle Polizeipräsidium Berlin.

13,00 Uhr wie vor.

17,00 Uhr wie vor

                                              B.

An alle
   Dienststellen
   i/Hause.

54

B. <u>Sonn - und Feiertags.</u>

8,oo Uhr Gestapa - Konzentrationslager Columbia und
         im Bedarfsfalle Polizeipräsidium Berlin.   **121**

13,oo Uhr wie vor.

Für genaue Innehaltung der Abfahrzeiten hat die
Fahrdienstleitung des Geheimen Staatspolizeiamts Sorge
zu tragen.

Die Dienststellen des Geheimen Staatspolizeiamts
fordern die zur Vernehmung benötigten Gefangenen des
Konzentrationslagers Columbia mittels eines in zwei -
facher Ausfertigung zu erteilenden Anforderungsscheines
beim Gefängnis des Gestapa an.Die erste Ausfertigung
der Anforderung ist unter Beidrückung des Dienstsiegels
unterschriftlich zu vollziehen.Die Anforderungsscheine
für Gefangene,die mit dem ersten Tagestransport abzu-
holen sind,müssen am Vortage und zwar Wochentags bis
spätestens 16,30 Uhr und Sonn - und Feiertags bis spätestens 11 Uhr dem Gefängnis des Gestapa zugestellt sein.
Im übrigen sind die Anforderungsscheine mindestens eine
halbe Stunde vor Abgang des Schubwagens beim Gefängnis
des Gestapa abzugeben.

Die dem Konzentrationslager Columbia bzw.dem Polizeipräsidium Berlin vom Gestapa zuzuführenden Gefangenen
sind jeweils eine halbe Stunde vor Abgang des Schub -
wagens mit den Überweisungspapieren bzw.,den schrift =
lichen Ersuchen der Dienststellen um Rücktransport der
Vernommenen,beim Gefängnis des Gestapa einzuliefern.

Die Kommandantur des Konzentrationslagers Columbia
hat die dem Gefängnis des Gestapa und dem Gefängnis des

Polizeipräsidiums zu überweisenden Gefangenen sowie die
Verpflegung für die Insassen des Gefängnisses des Gestapa
so rechtzeitig bereit = bzw.fertigzustellen,dass der jeweilige Transport keine Verzögerung erleidet.Die Mittagskost für Gefangene des Konzentrationslagers Columbia,die
während der Mittagszeit beim Gestapa verbleiben,hat das
Konzentrationslager Columbia dem Gefängnis des Gestapa
mit dem um 13 Uhr verkehrenden Schubwagen zu übersenden.

Die Anmeldung der erforderlichen Verpflegung ge -
schieht in folgender Weise :

Das Gefängnis des Gestapa übersendet täglich mit dem
um 13 Uhr verkehrenden Schubwagen dem Konzentrationslager
Columbia eine Voranzeige über die voraussichtlich für den
nächsten Tag für Gefangene des Gestapa benötigte Tages -
verpflegung.Die endgültige Anmeldung der erforderlichen
Portionen an Morgen-,Mittags - und Abendkost wird dem
Konzentrationslager Columbia mit den jeweils die Verpflegung abholenden Transportwagen zugestellt.Auf dem An -
forderungsschein für die Mittagsportionen des Gestapa
wird gleichzeitig die Zahl der Gefangenen des Konzen -
trationslager Columbia,die über Mittag beim Geheimen
Staatspolizeiamt verbleiben,angezeigt.

gez. H. Himmler.

Beglaubigt :

Kanzlei - Angestellte.

122

COLUMBIAHAUS BERLIN

ERSTER BERICHT EINES SS-WACHMANNES

MIT DIESEM URLAUBSSCHEIN VERSEHEN unternahm der SS-Sturmmann die Flucht mit den zwei von ihm befreiten Gefangenen des Konzentrationslagers Columbia. Wer hätte es gewagt, einen Wagen aufzuhalten, an dessen Steuer einer von der Gestapogarde saß?

folgte die Flucht. Bächle setzte sich in seiner schwarzen Uniform ans Steuer eines Autos und brachte die Flüchtlinge nach Schlesien. Niemand fiel es ein, ein Auto anzuhalten, an dessen Steuer ein SS-Mann vom „Columbiahaus", ein Gestapo-SS-Mann saß.

Am Fuß des Riesengebirges ließ man das Auto stehen und ging über die Grenze. Die Grenzbehörden hielten die drei eine Zeitlang fest. Dann durften sie nach Prag fahren. Ein paar Tage trieben sie sich in Prag herum. Dann fuhren sie weiter: in die Schweiz und nach Luxemburg.

Hier der Bericht unseres Gewährsmanns, der Bächle nach der Ankunft in Prag sah und sprach.

Der Sturm-Mann Hans Bächle: hochgewachsen, mit langem Gesicht, in dem der unbeherrschte Mund mit den breiten Lippen und das lange Kinn hervorstechen, scheuer Blick, breite Stirn.

Er gibt knappe Antworten, weicht oft aus. „Ich bin weiterhin Nazi!" sagt er, es klingt nicht sehr überzeugend . . . aber war er je mit Überzeugung Nazi? Er behauptet: ja. Und er zeigt Fotografien in einem Album. „Aus meiner Hitlerjungenzeit." „Ellwangen, wo ich ausgebildet wurde . . ." Dieses Album ist ein Dokument für sich. Säuberlich nebeneinander geklebt, finden sich Bilder von Tanten, von Konfirmationsfesten, von Hochzeitsgesellschaften und von Saufgelagen der Columbiawachmannschaft, von Gruppen in schwarzer Uniform, Burschen, denen man es ansieht, daß sie „Schläger" sind, daß sie sich mit Wonne an den „Verhören" im Columbiahaus beteiligt haben. Das Foto-Album des Sturmmanns Hans Bächle mit dem gottesfürchtigen Motto „Möge Gott mir die Kraft und den Mut geben, über alles hinweg-

ES GIBT AUCH HEITERE WINKEL IM COLUMBIAHAUS. Hier vergnügt sich ein Teil der Wachtruppe in Damengesellschaft. Vielleicht mischt sich in das Lachen der Wächter das Schreien der Geprügelten . . . aber nein, die Keller sind ja schalldicht.

WEISS SIND DIE HÄNDE UND DOCH ROT VOM BLUT DER VERHÖRTEN. So sehen sie aus, „Adolf Hitlers schwarze Kameraden", die in der Columbiahaushölle tagtäglich Gefangene verhören, bis denen die Knochen brechen. — Einer der „Schläger" mit dem Spitznamen „Pupe".

Berichte über das berliner „Columbiahaus" sind schon mehrfach veröffentlicht worden. Aber noch nie wurde ein Bericht von der Art des hier folgenden veröffentlicht. Bisher berichteten über das Spezialgefängnis der Gestapo nur ihre Opfer: Gefangene, die im „Columbiahaus" gemartert wurden. Hier nun spricht, zum erstenmal, einer von der andern Seite: ein SS-Mann von der Wachtruppe der „tempelhofer Hölle".

Es ist der Sturm-Mann Hans Bächle, ein „alter Kämpfer", ein „erprobter Konzentrationslager-Wach-Mann". Vom August 1934 bis zum April 1935 hat er im „Columbiahaus" Dienst getan, zuerst im Verwaltungs-, dann im Außen- und zuletzt im Innendienst.

Am 20. April 1935 ließ er die Schutzhäftlinge Hausmann und Windig, Adjutanten des früheren schlesischen Gauleiters und Oberpräsidenten Helmut Brückner aus ihrer Zelle und führte sie „zur Arbeit" in den Keller. (Die beiden waren mit Brückner eingeliefert worden. Brückner wurde verhaftet, weil er eine Opposition innerhalb der NSDAP aufziehen wollte und Anhänger Röhms gewesen sein soll. Er wurde entlassen und wird seither in einem Landhaus bei Breslau in Hausarrest gehalten. Seine zwei Adjutanten, die „zu viel wußten", blieben in Haft. Sie waren alte Freunde Bächles, den sie überredeten, daß er sie befreite.) Im Keller wartete man, bis die Luft rein war, dann er-

324

zukommen, was sich in meinem Leben noch abspielt", ist ein aufschlußreiches Dokument. Es offenbart die ganze Verlogenheit einer Ideologie und eines Regimes, die Gemüt und Blutdurst, Tierschutz und Menschenquälerei, Kitschromantik und Reitpeitschenkult vereinen. Wie der „Wehrgeist von 1914" darauf achtete, daß der Muschkote „mit dem »Faust« im Tornister" dem Feind an die Gurgel ging; jeder Schuß ein Ruß, jeder Stoß ein Franzos; wie die schweren Kanonen, die nach Bruch der belgischen Neutralität Lüttich beschossen, schelmisch „dicke Berta" genannt wurden, um zu zeigen, daß Massenschlächterei und goldener Humor sehr gut verbunden werden können ... so achtet auch der „Wehrgeist des Dritten Reichs" sorgsam auf die Verbindung von goldenem Herzen und blutiger Peitsche, von Mordhandwerk und Biedermannsgesinnung.

Aber zurück zu dem Sturmmann Hans Bächle. Wenn man ihn so vor sich sitzen sieht, etwas schläfrig, etwas scheu ... so erscheint es einem im ersten Augenblick kaum glaublich, daß er einer von den schwarzen Gardisten war, die der Schrecken wehrloser Schutzhäftlinge sind. Aber das ist es ja: sie sind der Schrecken wehrloser Gefangener. Sie sind Recken nur, solange sie waffenlosen Feinden gegenüberstehen. Zieh ihnen die Uniform aus und sie schrumpfen zusammen wie Jahrmarktschweinchen, denen die Luft ausgeht.

Ob er ein paar Menschenleben auf dem Gewissen hat? Er sagt: nein. Ob er mitbeteiligt war an Quälereien? Er sagt: nein. Ob er dabei war, wenn Gefangene geschlagen wurden? Er sagt nichts. Auf eine ähnliche Frage antwortet er dann, daß die Gefangenen im Columbiahaus geschlagen werden. Daß das im Columbiahaus Brauch ist. Warum sie geschlagen werden?

„Bei schlechter Führung bekamen die Gefangenen Schläge mit der Reitpeitsche, meist 15 bis 20 Schläge, oft auch mehr."

Schlechte Führung? dazu gehört beispielsweise nicht genügend strammes militärisches Melden, oder einfach auch eine krumme Nase, die dem SS-Wachtmeister nicht gefällt.

Ob er selbst mitgeschlagen hat? Sicher. Er hütet sich, davon zu sprechen.

„Wieviel Gefangene sitzen im Columbiahaus?"

„Im April waren es etwa 150. Täglich werden welche eingeliefert und andere entlassen. Es kommt oft vor, daß von den Eingelieferten — zwei, drei, zehn Mann — einige bis zu vier Monaten sitzen, ohne daß sie auch nur ein einzigesmal gehört werden."

Ob er bei den berüchtigten Verhören mitwirkte? Er hütet sich, darüber etwas zu sagen. Immerhin bekommt man zu hören, daß die Schutzhäftlinge in Dachau und Lichtenburg „noch schlechter" behandelt werden als im Columbiahaus. Er hat Erfahrungen als Wach-Mann, er war ein paar Monate lang Mitglied der Wachtruppe in der Hölle Oranienburg. In Oranienburg muß es den Gefangenen besser gegangen sein als im Columbiahaus. Das spricht Bände auch dort, wo er schweigt.

Erschießungen auf der Flucht?

„Vor etwa drei bis vier Wochen wurden zwei Häftlinge erschossen. Wegen Übertretung der Hausordnung. Ein älterer Berliner, namens Würz, und ein neunzehnjähriger Junge, namens Hoppe."

Weshalb sie erschossen wurden?

Würz soll „verrückt gespielt" haben. Das heißt: er war nach dem Verhör wohl wahnsinnig geworden. Er soll die Türfüllung eingetreten haben. Man denke einmal nach: ein Häftling drückt eine Gefängnistür ein! „Er wurde sofort erschossen." Und der andere? „Von dem sagt man, daß er einen Wachtmeister tätlich angegriffen hat." Wie solche tötliche Angriffe aussehen, davon kann man sich eine Vorstellung machen, wenn man erfährt, daß nach diesen zwei Erschießungen „ein eigener Erlaß herauskam, daß nur noch auf der Flucht erschossen werden darf. Bisher durfte die Wachmannschaft auf jeden schießen, von dem sie sich bedroht fühlte."

Was für bekannte Häftlinge sind zur Zeit im Columbiahaus?

Die Wachmannschaft kennt die wenigsten Gefangenen mit Namen ... behauptet der Sturmmann. Immerhin weiß er von einigen zu berichten, deren Namen er kennt. „Röhms Hausmeister Stölzle sitzt jetzt wieder im Columbiahaus. Er war schon einmal dort, wurde dann aber freigelassen. Im Dezember wurde er neuerlich verhaftet. Sie werden ihn wahrscheinlich fertigmachen. Er gibt u. a. an, daß Röhm ihm am Tag vor der »Nacht der langen Messer« telefoniert hat: »Morgen kommt der Führer!« Aus dieser Angabe geht hervor, daß Hitlers Besuch für Röhm ja gar nicht

UND WIE VIEL VERHÖRE HAT DIESER „SCHWARZE GARDIST" AUF DEM GEWISSEN? Seht euch sein Gesicht an. Man merkt ihm an, daß er gewohnt ist im Ertragen von Schmerzen anderer ... Er heißt Egon Reich und gehört zur Wachtruppe des Columbiahauses.

überraschend kam und daß die Geschichte von der geheimen Zusammenkunft in Bad Wieße nicht stimmen kann ..."

Und weiter? Wen von den Häftlingen kannte die SS noch näher?

„Dann war Bertold J a c o b im Columbiahaus. Er befindet sich in strengster Einzelhaft und wird schärfstens bewacht. An der Tür seiner Zelle steht „Strenge Einzelhaft".

(Fortsetzung folgt auf Seite 332)

ERHOLUNG NACH DEN ANSTRENGUNGEN EINES VERHÖRS. Bier, Weib, Gesang und ein bißchen Gefangenenquälerei ... kann es ein schöneres Leben als dieses für einen Hitlermann geben? Aber die Saat, die sie säen, wird blutig aufgehn an dem Tag, da das Dritte Reich, dieses Reich der Barbarei und des Betruges, krachend zusammenstürzt.

DAS GEHEIMNIS DER 24 BILDER

Die richtige Lösung des in Nr. 12 und 13 veröffentlichten Preisrätsels lautet:
„Faschismus, das ist der Krieg!"
Mehr als 2000 Leser haben sich an der Lösung des Preisrätsels beteiligt. Über 90 Prozent der Lösungen waren richtig! Dieses Ergebnis ist ein Zeugnis für die enge Verbundenheit unserer Leser mit dem antifaschistischen Kampf und ihrem regen Interesse an den brennenden Fragen der Gegenwart.

Die Auslosung der Hauptgewinner hatte folgendes Ergebnis:

1. Preis 4 Bücher: Dreherpersonal der Fa Camill Seidl, Tiefenbach a. D.
2. Preis 3 Bücher: Karl Meier, Zürich 2, Schweiz.
3. Preis 2 Bücher: Alfred Scheer, Metz-Sablon, Frankreich.
4. Preis 1 Buch n. Wahl: K. Derk, Enakiewo, Donbaß.
5. Preis 1 Buch n. Wahl: Ruth Herz, Schchonath-Borochow, Palästina.
6. Preis 1 Buch n. Wahl: Alois Freisleben, Praha XIX.
7. Preis 1 Buch n. Wahl: Rösiy Tschopp, Zürich 3, Schw.
8. Preis 1 Buch n. Wahl: Marta Ilkovics, Cergov, Slov.
9. Preis 1 Buch n. Wahl: Maria Murbach, Colmar, Frankreich.
10. Preis 1 Buch n. Wahl: Josef Meinl, Postelberg.
11. Preis 1 Buch: Eduard Gottermeier, Reitendorf, Post Weikersdorf.
12. Preis 1 Buch: Willy Gottschalk, Thun-Dürrenasi, Schweiz.
13. Preis 1 Buch: Karl Rustler, Fleißen.
14. Preis 1 Buch: Rosa Garbaarch, Kopenhagen, Dänemark.
15. Preis 1 Buch: J. Hofmaier-Zeller, Neuhausen a. Rh.
16. Preis 1 Buch: Eugen Lieby, Mulhouse-Dornach, Frankreich.
17. Preis 1 Buch: Stefan Wilk, Katowice, Polen.
18. Preis 1 Buch: Alfr. Lindauer, Tel-Aviv, Paläst.
19. Preis 1 Buch: Alfons Hostert, Differdingen.
20. Preis 1 Buch: Karl Buchner, Pilsen.

Alle übrigen Einsender mit richtigen Lösungen erhalten einen Trostpreis.

Alle Gewinner erhalten eine direkte schriftliche Verständigung.

Das große Interesse, das unsere Preisaufgabe bei den AIZ-Lesern gefunden hat, und die vielfachen Anregungen aus Leserkreisen haben uns dazu bestimmt, künftighin

ZWEIMAL IM MONAT PREISRÄTSEL ODER DENKSPORTAUFGABEN MIT BUCHPREISEN

zu bringen. Das erste dieser Preisrätsel wird in der nächsten Nummer erscheinen.

Wir danken nochmals für das rege Interesse und bitten alle Freunde und Leser, ihre enge Verbundenheit mit der AIZ und dem von ihr geführten antifaschistischen Kampf auch dadurch zum Ausdruck zu bringen, daß sie bei der Verbreitung der AIZ mithelfen.

Geben Sie die von Ihnen gelesene AIZ an Bekannte und Freunde weiter. Teilen Sie uns Adressen von Bekannten mit, die sich, Ihrer Meinung nach, für die AIZ interessieren können. Wir senden Probenummern schicken.

Denken Sie daran, daß jedes Exemplar der AIZ, das mehr verkauft wird, eine Waffe mehr ist im Kampf gegen Faschismus und Krieg!

Redaktion und Verwaltung der AIZ

---

gericht erklärte er, er sei Kommunist und werde es bis zu seinem Tode bleiben. Während seiner leidenschaftlichen Rede wurde er gewaltsam aus dem Gerichtsraum entfernt. Man schloß ihn in einen kleinen,eisernen Käfig ein, in dem er weder liegen noch aufrecht sitzen konnte. Drei Monate kauerte er darin wie ein Tier, faulend in seinem eigenen Schmutz. Das Fleisch fiel von ihm ab, sein Haar lag um ihn herum, grüne Augen sahen aus wie die eines gequälten Tieres. Man hatte beschlossen, durch einen solchen Versuch festzustellen, wie lange er seinen Überzeugungen treu bleiben würde.

Als Wang und Kao von dieser Verhaftung erfuhren, begannen sie für die Befreiung des Freundes zu arbeiten. Wang stand von seinem Bett auf. Durch das ganze verschlungene Labyrinth feudaler Beziehungen in China hindurch versuchten sie mit aller Kraft,

---

Fäden zu spinnen und für die Befreiung des Freundes sich einzusetzen. Tag und Nacht suchten sie nach Leuten, die unter den Militaristen oder Beamten im Norden persönliche Freunde hatten. Sie baten, erklärten, argumentierten stundenlang ohne Ende. Vor Erschöpfung zitternd, reiste Wang von einer Stadt zu andern und bat diesen oder jenen um seine Hilfe. Alles, was die Freunde besaßen, wanderte ins Leihhaus, und sie borgten von außerdem, wo sie konnten. Tausend Dollar hätten den Gefangenenwärter in Tientsin bestochen, doch sie konnten das Geld nicht auftreiben. Und auch ihre Partei hatte es nicht, und Zehntausende waren mit Hu im Gefängnis.

Das fünfte Jahr ging zu Ende, als Nachricht von Hus Schicksal kam. Im Hofe des Gefängnisses in Tientsin befand sich ein Pfosten aus Zement. An diesem Pfosten war Hu zu Tode gewürgt worden. Kao und seine Frau wagten es nicht, Wang davon zu erzählen. Und doch mußten sie es schließlich tun, denn immer noch stand der Kranke täglich auf, um mit neuen Mühen den so sehr geliebten Freund zu retten. Als Kao ihm das Geschick des Freundes berichtete, versuchte er, sich von seinem Bett zu erheben; doch bevor es ihm gelang, brach Blut aus seinem Mund und er fiel bewußtlos zurück.

Mitten in der Nacht kehrte er einige Minuten lang zum Leben zurück. Vor seinen Augen verschwammen die Gesichter seiner Freunde wie eine Flamme im Wind. Kaos Stimme erreichte ihn nur noch wie durch eine Leere. „Ruh, bitte, aus. Der Arzt sagt, du würdest dich in einigen Monaten erholen." Langsam und schwankend erwiderte Wangs Stimme. „Sie ... haben die Tortur nicht gefürchtet, warum sollten wir ... den Tod fürchten." Und nach einem Schweigen: „Ihr ... seid die einzigen, die zurückgeblieben sind ... ihr müßt die Arbeit von fünfen tun."

Kao hielt die knochigen Hände fest. Die langen, weißen Finger drückten seine Hand wieder und wieder, als ob sie etwas sagen wollten, dann lagen sie ruhig, reglos. Die Freunde beugten sich hinunter – kein Atem kam von Wangs Lippen. Sie horchten an seiner Brust – kein Schlag kam von seinem Herzen. Er war gestorben, stumm und geheim, als ob er diese letzte Tat den Spionen habe verbergen wollen, die in den Straßen herumschleichen, beobachten und horchen.

Das fünfte Jahr ging zu Ende. Das sechste kam heran, Kao lebte mit seiner Frau und der Frau von Tschang in dem schwiegenem kleinen Haus. Sie kamen und gingen stumm und unauffällig; mit den Augen die Straßen nach allen Richtungen absuchend. Nachrichten über die Gründung einer chinesischen Sowietregierung im südlichen Kiangsi waren nach Schanghai gedrungen. Das war am 7. November. Über sechshundert Arbeiter- und Bauerndelegierte hatten den ersten Kongreß besucht. Eines Nachts lasen die drei in einem Parteibericht über diesen Kongreß, als Kaos Frau plötzlich laut ausrief: „Hwa-schan!" Ihr Finger wies auf den Namen in dem Bericht. Da stand er! Chung Hwaschan, Delegierter eines Sowjetdistrikts im nordwestlichen Kiangsi. Das erste betrachteten den Namen wie das Gesicht eines fast schon vergessenen Menschen. Es gab keinen Ausbruch der Freude – der Name rief ihnen ins Gedächtnis die drei, die nicht mehr lebten.

So waren die fünf Jahre vergangen das sechste näherte sich seinem Ende. In den Falten der Zukunft waren die unbekannten Schicksale der beiden übriggebliebenen Freunde verborgen.

Copyright: Ringverlag, Zürich

(Schluß)

Fortsetzung von Seite 325

COLUMBIAHAUS BERLIN

haft, da Lebensgefahr!" Er darf nicht zum Spaziergang geführt werden, sitzt immer eingeschlossen. Die gewöhnliche Wachmannschaft darf ihn nur durch das Guckloch betrachten." (Unterdessen wurde Bertold Jacob ins Untersuchungsgefängnis überführt; offenbar steht diese Überführung mit Bächles Flucht in Verbindung: man befürchtete neue

---

Proteste des Auslandes, wenn bekannt wurde, daß Jacob in der Gestapohölle Columbia sitze.) Und weiter?

„Dann kannten wir nach den Gebietsführer der Hitlerjugend Kramer. Der wurde wegen homosexueller Vergehen eingeliefert. Kramer hatte die geheime Hitlerjugendorganisation in der Tschechoslowakei zu leiten. Er war ein intimer Freund von Baldur von Schirach, dem Reichsjugendführer, der bekanntlich auch homosexuell ist."

Weiter weiß er nichts mehr über die Gefangenen zu berichten, oder will er nicht berichten. Noch nicht, vielleicht. Dafür erfährt man einiges über die Stimmung der Wachmannschaft.

„Goebbels hieß bei uns immer nur der Schreier. Goering ist für jeden ernsten Menschen eine lächerliche Figur, über die man nur Witze machen kann. Er kam bisweilen ins Columbiahaus wie andere hohe Führer der NSDAP auch, um den Verhören besonders renitenter Gefangener beizuwohnen. Himmler, Reichsführer der SS auch, ein Hund." Warum Himmler ein „Hund" ist, darüber schweigt sein früherer Untergebener, aber der Ton ist es, der die Musik macht, und der Ton, in dem das Wort Hund ausgesprochen wurde, macht eine sehr wenig melodische Musik.

„Die Stimmung unter den Kameraden ist nicht sehr gut. Die Löhnung wird nicht pünktlich ausgezahlt und überhaupt werden sie nicht so behandelt, wie man eine Truppe behandeln muß. Nur die Leibstandarte, die wird gehätschelt. Natürlich. Und überhaupt: in einem Jahr kommandieren uns auf einmal die Reichswehrleute. Das sagen heute schon alle Kameraden. Dann ist es aus mit der SS ... aber dann ..."

Nichts mehr.

Offenbar erinnert er sich, daß er sagte, er sei noch Nazi. Oder denkt er daran, daß die Gestapo lange Arme hat und gern und oft über die Grenzen greift? Denkt er an Bell und Formis und an Leutnant Schrimpf, Goerings besonderen Vertrauensmann, der vor 14 Tagen von der Feme gekillt wurde, weil er angeblich „für die Reaktion spioniert"? Er schweigt. Dann fragt er, wie weit es nach der Schweiz ist. Dorthin wollen er und seine Freunde. Zu reichen Verwandten.

Stumpf und dumpf sitzt er da. Ein Landsknecht, der seinen Trupp verloren hat. Treibgut, irgendwo an den Strand geschleudert.

Wie hat er vorhin gesagt? „Dann ist es aus mit der SS." Es werden in nicht zu ferner Zukunft wohl mehr solche verlorene Landsknechte vor dem Tisch einer tschechischen Kneipe sitzen, es wird mehr solches Treibgut nach an den Strand der Emigration gespült werden. Die SA ist nicht mehr. Die SS wird ihr wohl bald folgen. Und die Reichswehr, wird sie das Dritte Reich halten können? Noch sind Bajonette, Konzentrationslager, Volksgerichte Stützen des Regimes. Wie lange? Wie lange noch?

Gerhard Celsus.

TUN SIE ETWAS FÜR IHREN KÖRPER! Letzten Endes ist es Ihr größtes Kapital, denn mit Ihren Händen, Ihrem Kopf schaffen Sie Arbeit und Verdienst. Sorgen Sie durch regelmäßige Einreibung mit Alpa-Franzbranntwein dafür, daß Ihr Körper (und damit auch Ihr Geist!) allen Anstrengungen gewachsen ist! Diese kleine Pflege sind Sie Ihrem Körper schuldig; das wird Ihnen auch Ihr Arzt bestätigen.

* 1180

---

als Zwischenstation bis zum Weitertransport in das Konzentrationslager Esterwegen gefangengehalten (siehe Tuchel/Schattenfroh 1987, S. 207).

Das Columbia-Haus als ›Filiale‹ der Gestapo-Zentrale in der Prinz-Albrecht-Straße war eingebunden in das Gefangenen-Transportsystem der Geheimen Staatspolizei, wie gezeigtes Dokument belegt. (Quelle: Bundesarchiv Koblenz R 58/264)

Aus dem Bundesarchiv stammt auch das Formular ›Annahmebefehl‹, welches sowohl für das Hausgefängnis der Gestapo in der Prinz-Albrecht-Straße 8 als auch für das Konzentrationslager Columbia benutzt werden konnte (Quelle: a.a.O.).

Im KZ Columbia-Haus »wurden wohl die schlimmsten Greueltaten verübt, die sich die menschliche Einbildung vorstellen kann.« (Kogon 1974, S. 38) Auch in den letzten Jahren seines Bestehens wurden im Columbia-Haus viele politische Gefangene inhaftiert und gefoltert, wie ein ins Ausland geschmuggelter Bericht über die Methoden der Gestapo aus dem Jahre 1936 zeigt: Nach einem Verhör bei der Geheimen Staatspolizei in der Prinz-Albrecht-Straße wurde der Berichterstatter ins Columbia-Haus eingeliefert. »Dort wird man zunächst einer sogenannten Untersuchung unterzogen, die von 2 SS-Leuten im Alter von 19 bis 20 Jahren durchgeführt wird und sich vor allem darauf erstreckt, ob man Jude oder Nichtjude ist. Das alles spielt sich unter wildem Getobe und Geschimpfe ab. Dann wurde ich in einen Keller hinuntergeschafft, in dem ein Duschraum mit 6 Duschen ist. Man muß sich wieder ausziehen und ist verhältnismäßig beruhigt, weil man glaubt, daß es sich jetzt darum handele, zu baden. Tatsächlich beginnt aber jetzt erst die eigentliche Quälerei. Es erscheint der sogenannte Kompagnieführer, der offenbar die Aufgabe hat, eine Reihe von Fragen immer wieder zu stellen und den Verhafteten durch Schläge zum Geständnis zu zwingen. Ich erhielt zunächst 4 Faustschläge und dann wurden mir immer wieder dieselben 3 bis 4 Fragen vorgelegt, ohne daß ich mich zu einem Geständnis zwingen ließ. Nach jeder Antwort brüllte der Kompagnieführer: ›Du lügst, du Schwein‹ und schlug mich. Ich habe die Erfahrung gemacht, daß die Schlägerei eher abgebrochen wird, wenn man fest bleibt. Später wurde ich bei einer solchen Vernehmung auch vollkommen nackt über einen Tisch gezogen und von 2 SS-Leuten mit einem Gummiknüppel über Kopf und Rücken geschlagen. Es ist eine Frage der Widerstandskraft, wieviel Schläge man aushält. Im allgemeinen wird bei 20 Schlägen abgebrochen. Dann muß man wieder rauf und erhält Essen. Ich war kaum in meiner Zelle im Columbiahaus, als es auch schon hieß, daß ich wieder zur Gestapo zurück müßte. ...

Darauf kam ich wieder ins Columbiahaus in den berüchtigten Keller. Ich mußte warten, während gerade ein anderer Häftling furchtbar geschlagen wurde und dabei entsetzlich brüllte. Dann sah ich mit an, wie man ihn bewußtlos hinaustrug. Als ich an die Reihe kam, wurden mir wieder vom Kompagnieführer dieselben Fragen gestellt und ich erhielt bei dieser Gelegenheit zwei Schläge mit dem Gummiknüppel über den Kopf. Dann wurde ich gleich wieder zur Gestapo zurücktransportiert. ...

Dann kam ich erneut ins Columbiahaus, wurde wieder in den Keller geschafft, mußte mich ausziehen, mir wurden wieder dieselben Fragen vorgelegt und diesmal wurde ich sehr schwer geschlagen. Ich wurde bewußtlos heraufgeschleppt, mit dem Wasserschlauch abgespritzt und dabei auch angepißt. Man warf mich in eine Zelle ohne Bett und ohne Fenster. Das, obgleich es November und die Zelle nicht geheizt war. So

Annahmebefehl

I. D........ am .... vom Geheimen Staatspolizeiamt, Dienststelle ....

wegen ....

festgenommene

Beruf: ....

Vor- und Zuname: ....

Geburtszeit, -Ort: ....

Staatsangehörigkeit: ....

ist bis auf Weiteres in Verwahrung zu nehmen.

Bemerkungen:

....

....

....

....

II. An die

Verwaltung des Haus-Gefängnisses
Konzentr.-Lagers Columbia

(Dienststempel)

....

Unterschrift des Dezernenten oder Dienst-
stellenleiters

mußte ich bis zum Morgen auf dem Boden liegen. Bei dieser Gelegenheit sagte der eine Beamte: ›Du Schwein, wirst schon noch deine Lungenentzündung kriegen.‹ In dieser Zeit habe ich in 8 Tagen 40 Pfund abgenommen.« (Sopade 1936, S. 50 ff.)

Zu den Schutzhäftlingen im letzten Jahr des Bestehens des Columbia-Hauses als Konzentrationslager gehörte auch der derzeitige Vorsitzende der Vereinigung der Verfolgten des Naziregimes/Verband der Antifaschisten Heinz Schröder, der verdächtigt wurde, »sich illegal für die SPD, also hochverräterisch betätigt zu haben«, wie es in der Festnahmeverfügung hieß. Nach einem kurzen Aufenthalt in der Gestapozentrale wurde er weitertransportiert. Er berichtet darüber in seinen Lebenserinnerungen: »Endlich hielt der Wagen, wir waren da, ich mußte als erster aussteigen, und ein SS-Scharführer übernahm mich. Es ging in ein rotes Klinkergebäude. An der Treppe mußte ich stehenbleiben, da sah ich plötzlich auf einer großen Tafel ›Schutzhaftlager Columbia‹. Jetzt wußte ich also, wo ich gelandet war. Über diesen Namen hatte ich schon viel Furchtbares und Grausames gehört, und nun war ich selbst drin. Was wird mich hier erwarten?
Ich dachte nach und sagte mir: ›Was auch passiert, tritt richtig auf!‹ Da ertönte auch schon der Ruf des SS-Scharführers: ›Herkommen!‹
Ich ging hinein ins Zimmer, die Tür war offen, stellte mich hin, schlug die Hacken zusammen. Der Knall ließ die drei dort anwesenden Schreiberlinge, es waren Sanitäter, aufschrecken. Sie drehten sich alle zusammen um und staunten mich an: Ein frisch eingelieferter Häftling schlägt die Hacken zusammen, das war ihnen in ihrer Laufbahn noch nicht passiert! Einige Fragen wurden gestellt, und ab ging's auf den Dachboden zum Einkleiden.
Über das oberste Treppengeländer blickten einige Häftlinge herunter. Es war die Besatzung der Kleiderkammer. Auch ich bekam einen blauen Rock mit hohem steifen Kragen und dazu eine graue Hose. Meine Sachen wanderten in einen Kleidersack. Dann kam ich zur Arbeitskompanie mit der Zugangsnummer 6727. Die Zelle war etwa zwei mal drei Meter groß. Jedem stand ein aus ungehobeltem Holz getischlertes Bettgestell mit einem Strohsack und blauweiß karierter Bettwäsche zu; an der Wand ein kleiner Schrank mit Napf und Löffel. Der Tisch war hochgeklappt, davor ein am Boden festgeschraubter Eichenschemel ...
Die im Lager diensttuenden SS-Mannschaften waren meistens österreichische Staatsangehörige, die nach dem Naziputsch und Dollfußmord im Juni 1934 über Jugoslawien geflüchtet waren und dann hier in die Totenkopfverbände eingegliedert wurden. Da sie meistens in ihrem steirischen und kärntner Dialekt ihre Befehle gaben, gab es viele Mißverständnisse und dadurch die Möglichkeit für diese Herren, besonders viel zu brüllen und herumzukommandieren.
Am nächsten Morgen kam ich dann zum Kartoffelschälkommando in den Keller. Wir waren so etwa zwanzig Häftlinge. Ich wurde früh geweckt, mußte mit allem sehr schnell fertig werden, denn ich wurde zu den Verwaltungsreinigern abgestellt. Wir waren vier Mann, zwei Alte und zwei Neue. Mit Eimer, Lappen, Schrubber und Besen verließen wir mit zwei Posten den Häftlingsbereich. Reden war untereinander verboten. Es ging nach vorne zur Verwaltung. Hier war z. B. das Zimmer des Kommandanten mit einem Rollschrank, in dem die Häftlingsakten untergebracht waren. Dieser stand manchmal offen, besonders wenn die SS-Leute gesoffen hatten. Man konnte dann schnell einen Blick hineinwerfen und mit etwas Glück die eigenen Akten entdek-

ken. Waren dieselben mit irgendwelchen Zeichen versehen, so wußte man, ob man Einzelgänger war oder – wie in meinem Fall – noch weitere Gefangene da waren. In einer Ecke standen auch die Osterpakete. Ebenso war auf dem Schreibtisch eine Ablage, worin die Postabschnitte über Geldüberweisungen von Angehörigen für die Schutzhäftlinge waren. Wenn wir manchmal dort hineingesehen hatten, konnten wir dann dem betreffenden Kameraden irgendwie Nachricht zukommen lassen.

Auf dem Hof erlebte ich zweimal, wie größere Häftlingstransporte, vom Alexanderplatz kommend, hier eingeliefert wurden. Sie wurden mit viel Geschrei und Gebrüll – mit Hunden stand die SS herum – empfangen. Sie mußten sich ausziehen, Sachen vor sich hinlegen, dann ging es ans Haareabschneiden.

Da der Friseur eine alte, stumpfe Haarschneidemaschine benutzte, gab es oft blutige Köpfe durch herausgerissene Haarbüschel. Danach wurden die Häftlinge zur Brause getrieben, die sich im Keller befand. Die SS stand hinter jeder Ecke, stieß oft die nackten Kameraden mit den Gewehrkolben und schüchterte sie mit viel Gebrüll ein. Oft wurden auch im dunklen Gang Beine gestellt, daß man zu Fall kam oder sich an den Wänden die Haut abschürfte. In der Brause machte sich die SS ebenfalls bemerkbar, indem mal ganz heißes und dann wieder kaltes Wasser angestellt wurde.

Weiterhin beobachtete ich einmal, wie zwei ältere Kameraden, etwa 50 bis 60 Jahre alt, beim Vorbeigehen eines SS-Mannes nicht aufpaßten. Es war Vorschrift, die Hände an die Hose anzulegen, ›Front zum Vorbeigehenden machen‹ und zu warten, bis ein ›Weitermachen‹ ertönt. Die beiden Männer behielten die Hand in der Hosentasche und wurden daraufhin von dem SS-Mann auf dem Hof herumgejagt – hinlegen, aufstehen, Laufschritt, kehrt und wieder hinlegen, auf dem Bauche kehrt usw. Das ging so lange, bis sie einfach nicht mehr konnten. Wir mußten sie dann in den Keller hinuntertragen.

Mein Aufenthalt im KZ Columbia dauerte vierzehn Tage. Dann ging ich auf Transport.« (Schröder 1986, S. 52 ff.) Heinz Schröder mußte anschließend weitere Haftstätten kennenlernen. Nach seiner Entlassung kam er in eine Bewährungseinheit der Armee und geriet in Kriegsgefangenschaft.

Der Termin der Schließung des Columbia-Hauses und dessen Räumung für den Abriß aufgrund des Neubaus des Tempelhofer Flughafens kann durch einen Auszug aus einem ›GEHEIM‹-Schreiben der Geheimen Staatspolizei vom 18. Juni 1936 belegt werden, in dem es u. a. heißt: »Das Konzentrationslager ›Columbia‹, Berlin wird am 1. Oktober 1936 ... aufgelöst; die Baulichkeiten gehen zu diesem Zeitpunkt an das Reichsluftfahrtministerium über. Die Insassen des K.L. Columbia werden zum genannten Zeitpunkt ebenfalls im neuen K.L. Sachsenhausen untergebracht.« (Lagergemeinschaft ... 1974, S. 32 ff.)

Als einer der letzten Insassen des Konzentrationslagers Columbia kann der Absender der abgebildeten Postkarte – Werner Pischke – gelten: Die laufende Nummer 7806 auf dieser Karte verweist auf den Durchgang von etwa 8 000 ›Schutzhäftlingen‹, wahrscheinlich nur bezogen auf den Status als Konzentrationslager 1935/36. Aus den Streichungen im Text ist dazu die Arbeit der Postzensurstelle des KZ Columbia zu ersehen. Der Kartentext lautete:

»Liebes Minchen!

Anbei übersende ich Dir ein Lebenszeichen von mir. Es geht mir gut und ich hoffe auf dasselbe von Dir sowie von unserer lieben Mutter. Liebes Minchen ich <u>möchte</u> <u>Dich</u> <u>bitten</u>, mir <u>etwas</u> <u>Wäsche</u> zu <u>schicken</u>, zumindest 2 Hemden <u>und</u> 2 Unterhosen.

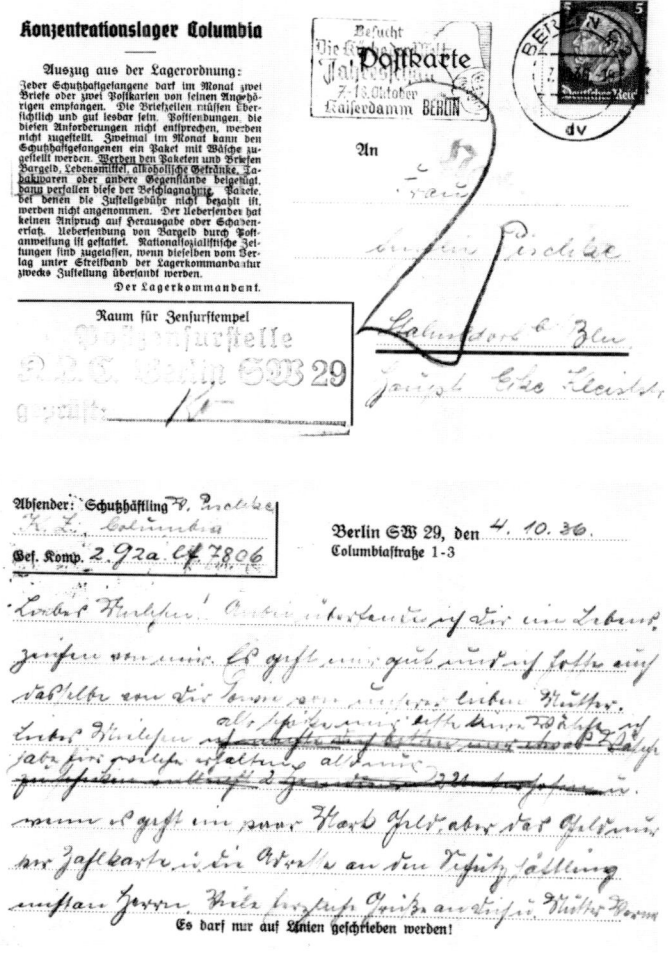

Postkarte eines Häftlings aus dem KZ Columbia aus dem Jahre 1936

(Der unterstrichene Text ist mit Blei- und Blaustift ausgestrichen, darüber wurde stattdessen als Text gesetzt:) <u>also schicke mir bitte keine Wäsche, ich habe hier welche erhalten, also nur</u> wenn es geht ein paar Mark Geld, aber das Geld nur per Zahlkarte und an die Adresse ›an den Schutzhäftling‹ nicht an ›Herrn‹. Viele herzliche Grüße an Dich und Mutter. Werner« (Manuskript Hans-Ulrich Schulz)

Aus der genannten Quelle stammt ein weiterer Brief des gleichen Häftlings, der kurze Zeit nach seinem Aufenthalt im Columbia-Haus in das Konzentrationslager Sachsenhausen eingeliefert wurde. Von dort schrieb er den folgenden Brief, mit dem unter anderem aufgrund der niedrigen Zugangsnummer 739 dokumentiert wird, daß es sich bei dem KZ Sachsenhausen um eine direkte Nachfolgeeinrichtung des Columbia-Hauses handelte.

Die endgültige Schließung des KZ Columbia erfolgte am 5. November 1936 (siehe Internationaler Suchdienst 1979, S. 3).

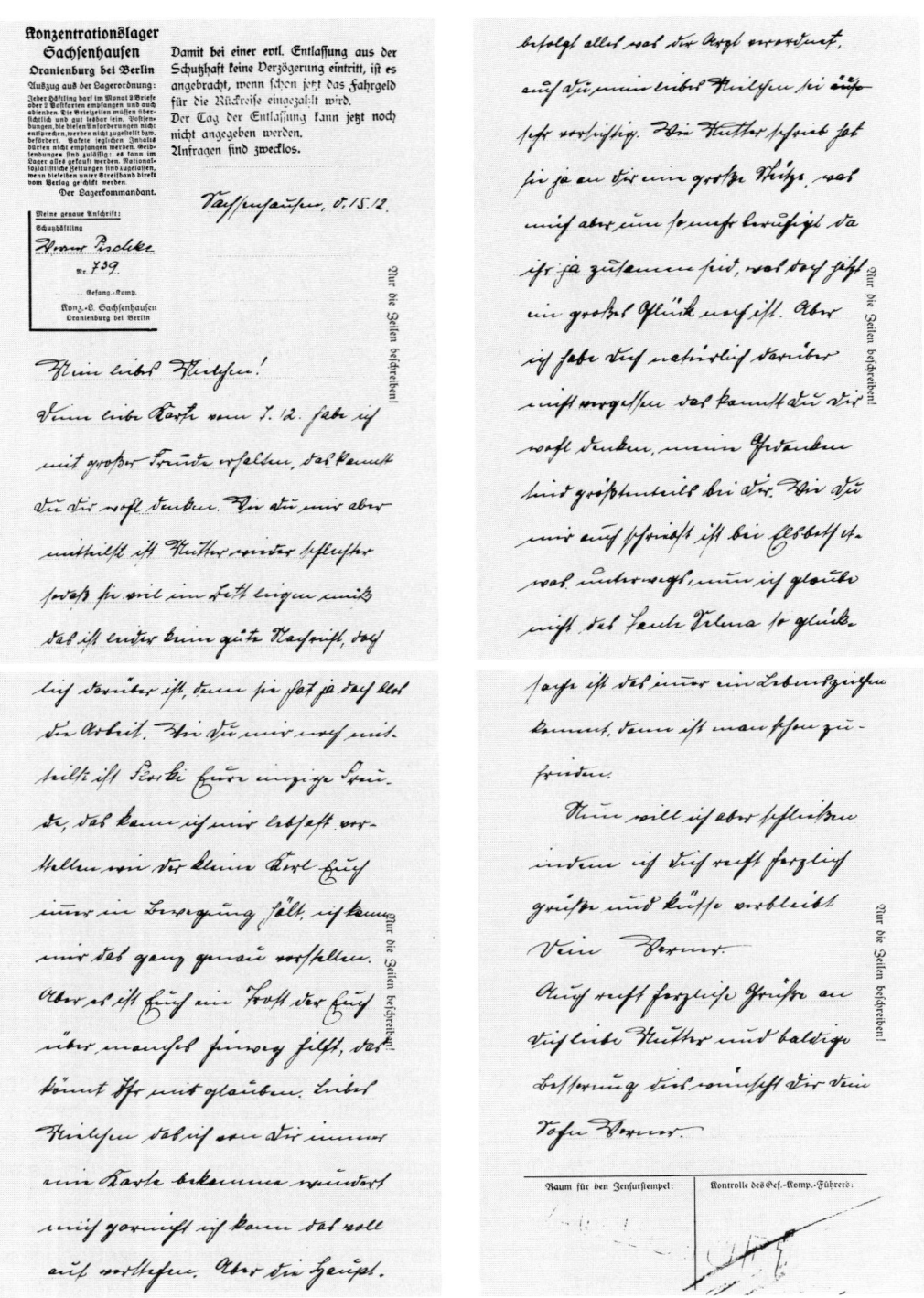

Brief des gleichen Häftlings aus dem KZ Sachsenhausen

Nachzutragen wäre, daß es 1948 vor der Zehnten Großen Strafkammer des Landgerichts Berlin zu einem der seltenen Prozesse gegen einen der vielen Menschenschinder des Columbia-Hauses kam. Über das Urteil stand am 23. Juni 1948 im Tagesspiegel: »Auch dem Angeklagten, dem fünfzigjährigen Maurer Karl Pfitzner, wurde vor-

Das spätere Columbia-Haus (Vergrößerung aus einer Postkarte aus dem Jahre 1905)

geworfen, Insassen dieses berüchtigten Gestapo-Gefängnisses fortgesetzt aus politischen Gründen mißhandelt und so Verbrechen gegen die Menschlichkeit begangen zu haben. Pf. war SS-Mann und Parteigenosse und bis September 1933 als Koch im Columbia-Haus beschäftigt gewesen. Diese ›Machtstellung‹ hatte er ausgenutzt, wehrlosen Häftlingen bei der Essenausgabe mit der Schöpfkelle ins Gesicht zu schlagen, sie mit den Füßen zu treten oder mit dem Kopf gegen die Wand zu stoßen. Anderen hat er aus nichtigen Anlässen die schmale Kost verweigert. Mehrere der Gepeinigten traten als Belastungszeugen gegen Pfitzner auf und bestätigten die gegen ihn erhobenen schweren Beschuldigungen. Der Angeklagte, der früher Schwergewichtsboxer und später Droschkenbesitzer gewesen war, sagte, daß im Columbia-Haus ›hin und wieder Übergriffe‹ vorgekommen seien. Sie seien jedoch sofort ›unterbunden‹ worden. Wenn er als einer der stärksten Männer Deutschlands zugeschlagen hätte, dann hätte der Getroffene das wohl kaum überlebt. Außerdem habe er einen Bruder, der ihm täuschend ähnlich sehe. Wahrscheinlich werde er mit diesem, der als Polizeihauptmann im Columbia-Haus Dienst getan habe, verwechselt. Die Zeugen erkannten jedoch den Angeklagten als den am Wedding berüchtigten ›Boxer-Karl‹ wieder, der sich schon vor der ›Machtergreifung‹ bei ›Saalschlachten‹ hervorgetan habe. Staatsanwalt Velder bezeichnete den Angeklagten als einen Rohling, der aus Sadismus politische Gegner mitleidlos in schwerster Weise mißhandelt habe und beantragte gegen ihn eine Zuchthausstrafe von vier Jahren, fünf Jahre Ehrverlust und seine sofortige Festnahme. Der Verteidiger wies darauf hin, daß der Angeklagte wegen der Vorgänge im Columbia-Haus schon von russischen Dienststellen mit anderthalb Jahren Zwangsarbeit bestraft worden sei. Das Gericht sah das russische Verfahren als ein polizeiliches Ermittlungsverfahren an und verurteilte Pf. dem Antrage des Staatsanwalts entsprechend. Landgerichtsdirektor Dr. Hirschberg betonte, daß Pf. nur wegen der Taten zur Verantwortung gezogen sei, die er selbst verübt habe.« Es ist bisher ebensowenig bekannt, ob der Verurteilte tatsächlich seine Strafe abgesessen hat oder ob er vorzeitig entlassen wurde, wie es bei vielen als Hauptkriegsverbrecher Verurteilten geschehen ist. Von Prozessen gegen seine ›Kollegen‹ ist ebenfalls nichts bekannt. Zu vermuten ist, daß viele SS-Männer aus dem Columbia-Haus zu den Bewachungsmannschaften zählten, die für die Ermordung von politischen Häftlingen, jüdischen Deportierten und anderen Insassen der Konzentrationslager verantwortlich sind.

Nationalsozialismus und Widerstand

Seit der ›Machtergreifung‹ der Nationalsozialisten und verschärft nach dem Reichstagsbrand am 28. Februar 1933 wurden die Konfrontationen zwischen den NS-Gegnern aus dem Lager der Sozialdemokratie, der kommunistischen Partei und der Gewerkschaftsbewegung und ihren mit immer mehr Macht ausgestatteten Verfolgern zunehmend härter und brutaler. Die zuerst in die Illegalität gedrängten KPD-Mitglieder mobilisierten den frühen Widerstand in der trügerischen Hoffnung auf ein baldiges Ende der Nazi-Herrschaft. Sie sollten sich ebenso täuschen wie die anfangs am Legalitätskurs festhaltende Sozialdemokratie. So stand in der Abendausgabe des ›Vorwärts‹ vom 30. Januar 1933: »Gegenüber dieser Regierung der Staatsstreichdrohung stellt sich die Sozialdemokratie und die ganze ›Eiserne Front‹ mit beiden Füßen auf den Boden der Verfassung und der Gesetzlichkeit. Sie wird den ersten Schritt von diesem Boden nicht tun.« Dieses Argument bezog sich auch auf militante Minderheiten in der SPD, in den Gewerkschaften, im Arbeitersport und insbesondere im Reichsbanner, die sich gegen den ›Druck der Straße‹ auch mit Waffengewalt zur Wehr setzen wollten. »Die sozialdemokratische Führung konnte sich nicht entschließen, das Zeichen zum Einsatz des Reichsbanners zu geben ... Allerdings gab es auch gute Gründe für diese Zurückhaltung: Naziterror, Arbeitslosigkeit, die Wirtschaftskrise, Isolierung der SPD nach allen Seiten und auch die Stimmungslage der Bevölkerung.« (Schlingensiepen 1983, S. 23)
Der Wahlkampf nach der Reichstagsauflösung am 1. Februar 1933 – womit jegliche parlamentarische Kontrolle ausgeschaltet war – schloß natürlich ein, daß im sozialdemokratischen ›Vorwärts‹ ein Wahlaufruf abgedruckt wurde. Daraufhin durfte das Blatt vier Tage lang nicht erscheinen. Trotz des zunehmenden Terrors und der Behinderungen des Wahlkampfes gab es in der Zeit mehrere Massendemonstrationen. Die Eiserne Front demonstrierte nach der Aufhebung des vom 2. bis 4. Februar geltenden Demonstrationsverbotes am 7. Februar mit etwa 200 000 Personen im Lustgarten. Anläßlich der letzten Bundesgeneralversammlung des Reichsbanners am 17./18. Februar 1933 gab es einen weiteren Massenaufmarsch im Lustgarten.

Letzter Aufmarsch des Berliner Reichsbanners im Februar 1933 zum Lustgarten

Die letzte große kommunistische Kundgebung fand kurz vor dem Reichstagsbrand am 24. Februar in Berlin statt. Trotz der den beiden großen Arbeiterparteien und dem deutschen Volk drohenden Gefahr und der Zusammenarbeitsangebote von KPD und SPD kam es nicht zu einem gemeinsamen Vorgehen, welches aus heutiger Sicht vielleicht den Faschismus verhindert hätte. Die Gräben zwischen Sozialdemokratie und Kommunismus waren zu tief.

Nach dem Reichstagsbrand und den Märzwahlen 1933

Nach dem Reichstagsbrand wurde die kommunistische und sozialdemokratische Presse verboten, dies alles etwa eine Woche vor den Reichstags- und Berliner Kommunalwahlen. Die umfassende Verfolgung und die massenweise Verhaftung von kommunistischen, sozialdemokratischen, gewerkschaftlichen und bürgerlichen NS-Gegnern ließ diese Wahlen zu einer Farce werden. Die seit dem 11. Februar zu Hilfspolizisten ernannten SA- und SS-Männer waren im Gegensatz zu der meisten eher zurückhaltenden preußischen Polizeibeamten sehr rücksichtslos. Die in die SA-Standarten eingegliederten Stahlhelm-Kompanien wurden ebenfalls als Hilfspolizei eingesetzt. Unter der Brutalität der Hilfspolizisten hatte besonders die kommunistische Partei zu leiden. Deren Zentrale, das Karl-Liebknecht-Haus, wurde am 23. Februar geschlossen, wobei – noch vor dem Reichstagsbrand! – umfangreiches Wahlkampfmaterial beschlagnahmt wurde. Am gleichen Tag wurde eine Großveranstaltung der KPD im Sportpalast aufgelöst.

Mit Hilfe der ›Reichstagsbrandverordnung‹ – offiziell: Verordnung des Reichspräsidenten zum Schutz von Volk und Staat – wurden sogenannte Schutzhaftbefehle (bis weit in die Kriegsjahre hinein) begründet (siehe Tuchel/Schattenfroh 1987, S. 100) und, mit einer Pseudolegalität versehen, gegen Tausende von NS-Gegnern ausgeführt. Für diese galten nun zahlreiche bürgerliche Rechte nicht mehr, wie das der persönlichen Freiheit, des Briefgeheimnisses oder der Versammlungsfreiheit.

Noch in der Nacht vom 27. zum 28. Februar wurden viele politische Gegner des Nationalsozialismus verhaftet und in SA-Keller und provisorische Konzentrationslager verschleppt. Zu den Verhafteten gehörte auch ein Ex-Offizier. Über seine ›Behandlung‹ bei der SA liegt ein Bericht vor, der in dem ursprünglich 1933 in Basel veröffentlichten ›Braunbuch über Reichstagsbrand und Hitler-Terror‹ enthalten ist:

»In der zweiten Woche des März wird der Oberleutnant a. D. Anhalt, jetzt als Bezirksvermesser tätig, wohnhaft Berlin-Tempelhof, Germaniastraße 12, von 3 SA-Leuten und einem Zivilisten in seiner Wohnung verhaftet. Er alarmiert sofort das Überfallkommando, das auch erscheint, aber ein Eingreifen ablehnt. Die SA-Leute transportieren Anhalt zum Untergruppenkommando Ost, Hedemannstraße.

Dort wurde er zuerst von dem Zivilisten der Gruppe geschlagen, weil er gewagt hatte, das Überfallkommando anzurufen. Daraufhin wurde er in einen Raum geführt, wo bereits 12 bis 13 Mann auf Stroh lagen. Ein SA-Mann, der den Namen ›Oberfahrer‹ hatte, nahm den Oberleutnant in Empfang. Es wurde gar nicht mehr davon gesprochen, dass Anhalt beschuldigt war, das Reichsbanner illegal in Waffen ausgebildet zu haben. ›Oberfahrer‹ wußte nur, daß er einen früheren Offizier vor sich hatte. Er begann mit 2 Helfershelfern die Execution und hielt nicht eher ein mit dem Prügeln, bis Anhalt das Blut aus Mund und Nase lief. Dann hob er den Schwerverwundeten hoch und zeigte ihn den stöhnend am Boden liegenden anderen Gefangenen mit den Worten: ›Seht her, das Schwein ist Oberleutnant und kann vor Angst nicht gerade stehen.‹ Da Anhalt ihn Lügen strafte, indem er sich aufrichtete, stieß ihn der SA-Mann in die Kniekehlen. Er wiederholte das so lange, bis Anhalt zusammenstürzte. Eine neue Prügelei folgte, die aber noch immer nicht die Haltung des Gefangenen in dem gewünschten Maße zu verändern schien. Anhalt erlitt stumm die Schläge, sodass der SA-Mann in ohnmächtige Wut geriet. ›Wirst Du brüllen, Du Hund!« schrie er und schlug so lange auf Anhalt ein, bis er bewusstlos war. Dann warf er ihn aufs Stroh zu den anderen Gefangenen.« (Braunbuch 1978, S. 215 f.) Das weitere Schicksal des Mannes ist unbekannt.

Die Massenverhaftungen waren nicht ohne Vorbereitungen möglich, sondern es bestanden bereits umfangreiche Listen mit den Namen der meistgehaßten Menschen. Die Verhaftungsaktionen waren durch das Material der preußischen Polizei erleichtert worden, welches diese bereits in der Zeit der Weimarer Republik gesammelt hatte. Durch den Zugriff der Nazis auf diese vorhandenen Informationen und anhand ihrer eigenen Unterlagen war es relativ einfach und kurzfristig möglich, die NS-Gegner festzustellen.
Nach den Reichstagswahlen vom 5. März und den Stadt- sowie Bezirksverordnetenwahlen vom 12. März 1933 wurden sofort die kommunistischen Abgeordnetenmandate annulliert. Wenn die Nazis der entrechteten Parlamentarier/innen habhaft werden konnten, wurden sie gefangen genommen, und ihr Leben war bedroht. Zug um Zug wurde auch die Eiserne Front und damit das Reichsbanner verboten. »Die amtliche Verbotsorder für den Bund in Preußen Ende Mai 1933 traf nur noch wenige legale Reichsbannergruppen, da die meisten bis dahin dem Beispiel der Selbstauflösung gefolgt waren.« (Gotschlich 1987, S. 167)
Die parlamentarische Selbstentmachtung des deutschen Reichstages durch die Annahme des sogenannten Ermächtigungsgesetzes – offiziell: Gesetz zur Behebung der Not von Volk und Reich – bedeutete die Übergabe der Gesetzgebungsgewalt an die Reichsregierung des Kanzlers Adolf Hitler. »Bei der namentlichen Abstimmung sprachen sich außer den Nationalsozialisten und der DNVP sechs weitere Parteien für diese Selbstentmachtung des Parlaments aus. Nur die Abgeordneten der SPD stimmten mit ›Nein‹. Die Vertreter der KPD hätten ohne Zweifel ebenfalls gegen das Ermächtigungsgesetz gestimmt; sie waren aber bereits verhaftet, zur Flucht gezwungen oder auf andere verfassungswidrige Weise an der Ausübung ihres Mandats gehindert.« (Schuster/Zöbl 1983, S. 4)
Zu den ersten politischen Flüchtlingen aus Tempelhof gehörten der 1943 ermordete Sozialdemokrat Dr. Helmut Klotz, dem es im Februar 1933 gelang, sich der Verhaftung zu entziehen, und der später ebenfalls ermordete kommunistische Funktionär Erich Egerland. Dieser wurde am Tage der Reichstagswahl (5. März 1933) verhaftet und erst nach schweren Mißhandlungen wieder freigelassen. Anschließend arbeitete er im Untergrund, bis er Ende 1934 emigrierte.

Dr. Helmut Klotz

Geburtsdatum: 30. Oktober 1884
Tempelhof, Hohenzollernkorso 38 a
Todesdatum: 3. Februar 1943

Am 30. Oktober 1884 wurde Helmut Klotz als Sohn des Oberverwaltungsgerichts-und Ministe-rialrats Dr. Gustav Adolf Klotz und seiner Ehefrau Johanna Pauline, geborene Manger, in Frei-burg im Breisgau geboren. Nach dem Abitur ging er 1912 als Kadett zur Marine. Im ersten Welt-krieg war er Marineflieger. Er wurde zum Oberleutnant zur See befördert und erhielt hohe Aus-zeichnungen (Eisernes Kreuz I. Klasse, Ritterkreuz). Nach dem Krieg studierte er bis 1922 Staats-wissenschaften, promovierte und war anschließend als Schriftsteller tätig. 1922 wurde er Mitglied der NSDAP und nahm am 9. November 1923 in München als SA-Führer an dem Putschversuch an der Seite Adolf Hitlers teil. Er wurde deswegen verhaftet. In seiner Haftzeit bis Anfang 1924 entwickelte er sich zu einem Gegner des Nationalsozialismus und wurde Ende dieses Jahres aus deren Partei ausgeschlossen. Im Jahre 1929 trat er in die SPD und in das ›Reichsbanner Schwarz Rot Gold‹ ein.
Seit 1931 war Dr. Helmut Klotz in zweiter Ehe mit Marie von Bechthold verheiratet. Ihr Sohn Wil-helm ist 1944 gefallen. Der ersten Ehe von Klotz entstammt der Sohn Hans Helmut.
Die Familie Klotz wohnte bis 1932 in Tiergarten, Siegmunds Hof 12 und 1933 bis zur Emigration in Neu-Tempelhof, Hohenzollernkorso 38 a (heute: Manfred-von-Richthofen-Straße 221). Dr. Helmut Klotz war zu dieser Zeit in der Tempelhofer SPD und im bezirklichen Reichsbanner aktiv. Nachdem er 1932 die Broschüre ›Der Fall Röhm‹ mit Briefen des SA-Stabschefs Ernst Röhm herausgegeben hatte, kam es am 12. Mai 1932 im Restaurant des Reichstages zu einer Prü-gelei zwischen Abgeordneten der NSDAP und ihm. Sie hatten ihn wegen der umstrittenen Schrift

Dr. Helmut Klotz (4. von links) mit Adolf Hitler (2.v.l.) und Freikorpsoffizieren (1923)

Dr. Helmut Klotz wohnte 1933 bis zu seiner Flucht in dem Haus Hohenzollernkorso 38 a (heute: Manfred-von-Richthofen-Straße 221).

über die Homosexualität von Röhm angegriffen. Diese Ereignisse beeinflußten die Plenarsitzung des Reichstages und führten zur Festnahme von vier NSDAP-Reichstagsabgeordneten.

Bevor Dr. Klotz im Februar 1933 von einem SA-Kommando aus seiner Wohnung am Hohenzollernkorso verschleppt werden konnte, gelang ihm die Flucht. Nach einem kurzen Aufenthalt in Prag kam er im Mai 1933 nach Paris. Hier entwickelte er eine rege publizistische Tätigkeit gegen den Faschismus. Seine Pariser Wohnung in der Rue de Dantzig war ein Treffpunkt sozialdemokratischer Exilanten. Wegen Zusammenarbeit mit Kommunisten im Sinne einer Volksfront gegen den Nationalsozialismus wurde er 1934 aus der SPD-Ortsgruppe Paris ausgeschlossen. Er arbeitete im Ausschuß zur Vorbereitung einer deutschen Volksfront mit. Im gleichen Jahr wurde ihm von den Nazis die deutsche Staatsbürgerschaft entzogen.

Er nahm 1936 als Flieger der spanischen Luftwaffe auf der Seite der republikanischen Regierung am Bürgerkrieg teil und wurde militärischer Berater der Regierung. Von 1939 bis 1940 war er Berater des französischen Kriegsministeriums. Im Juli 1940 wurde er (nach der Besetzung von Paris durch die deutschen Truppen) verhaftet. Nachdem er in das Deutsche Reich zurückgebracht wurde, ist er 1940 und 1941 im Konzentrationslager Sachsenhausen gefangengehalten worden. Am 27. November 1942 wurde er vom Volksgerichtshof wegen ›Hoch-und Landesverrat‹ zum Tode verurteilt. Er ist am 3. Februar 1943 im Zuchthaus Plötzensee hingerichtet worden.

Erich Egerland

Geburtsdatum: 27. März 1907
Mariendorf, Rathausstraße 39 a
Todesdatum: 1. Februar 1945

Der am 27. März 1907 in Marienfelde geborene Erich Egerland wuchs in einem kleinbürgerlichen Elternhaus auf. Er wohnte zuerst in Marienfelde und später in Mariendorf in der Rathausstraße 39 a. Als junger Mann schloß er sich zunächst anarchistischen Kreisen an, bevor er 1927 Mitglied der kommunistischen Partei wurde. Der inzwischen als Büroangestellter tätige KPD-Funktionär wurde am 5. März 1933 zum ersten Mal verhaftet. Nach grausamen Mißhandlungen

Erich Egerland

in einem SA-Keller wurde er wieder freigelassen. In der folgenden Zeit wirkte er im illegalen anti-faschistischen Widerstand in Berlin mit. Um nicht erneut verhaftet zu werden, mußte er Ende 1934 in die Tschechoslowakei emigrieren. Von Prag aus kehrte er mehrmals als Instrukteur der kommunistischen Partei illegal nach Berlin zurück, um hier wirkenden Widerstandsgruppen notwendige Informationen zu übermitteln.

Nach der Besetzung der Tschechoslowakei durch deutsche Truppen wurde Erich Egerland 1939 erneut festgenommen und zu zwei Jahren und drei Monaten Zuchthaus verurteilt. Anstatt entlassen zu werden, wurde er anschließend im Herbst 1941 in das Konzentrationslager Sachsenhausen eingeliefert. Hier gelang es ihm, durch Kontakte zu Mitgliedern der SS-Bewachungsmannschaften, Informationen über die Zustände im Lager hinauszuschmuggeln.

Aus seiner KZ-Zeit ist ein Brief an seine Frau erhalten, den er am 15. November 1942 schrieb:

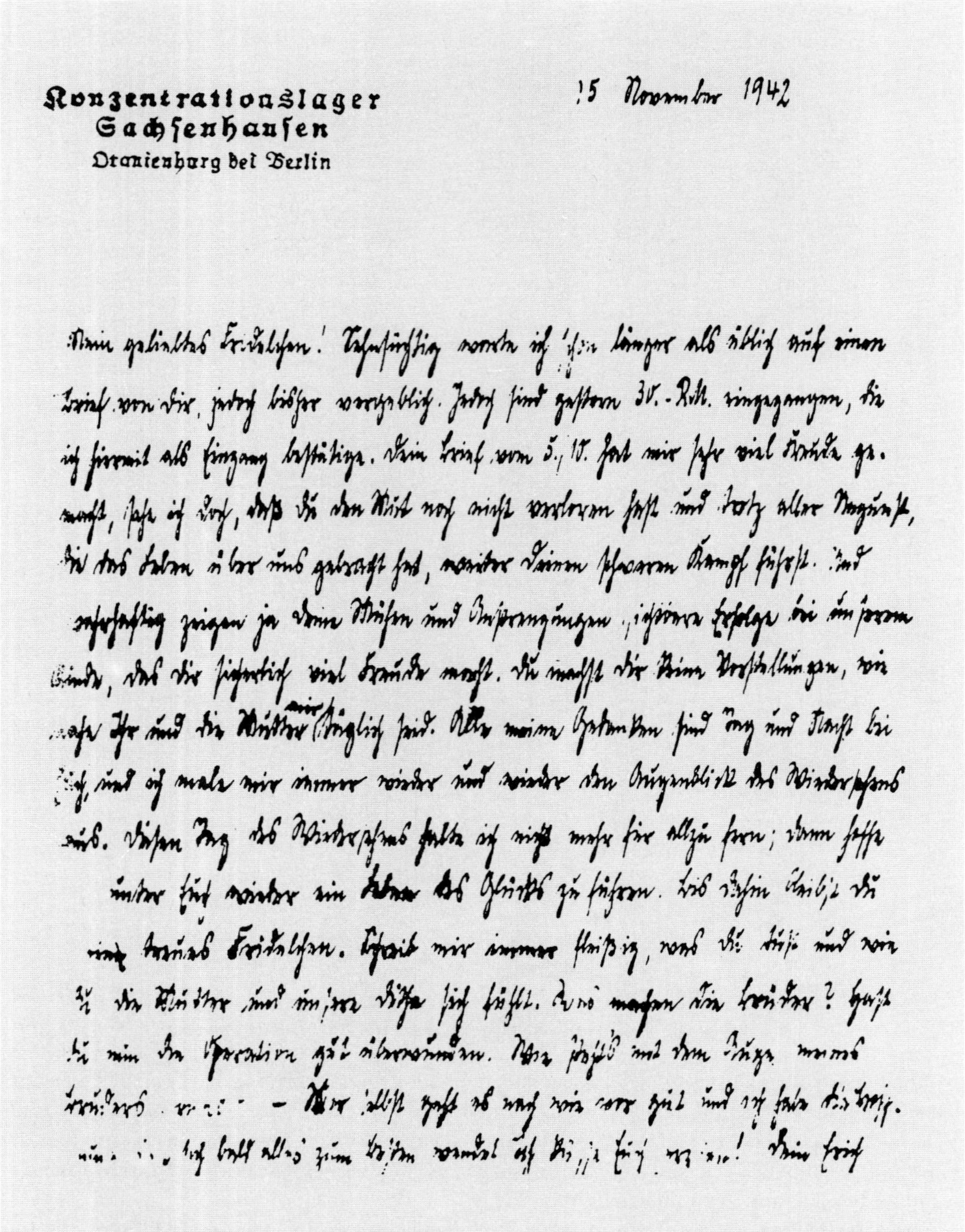

15 November 1942

[Handschriftlicher Brief in deutscher Kurrentschrift, weitgehend unleserlich]

Abschrift des Originalbriefes
von Erich Egerland aus dem Konzentrationslager Sachsenhausen vom 15. November 1942 an seine Frau:

Mein geliebtes Fridelchen! Sehnsüchtig warte ich schon länger als üblich auf einen Brief von Dir, jedoch bisher vergeblich. Jedoch sind gestern 30,— RM eingegangen, die ich hiermit als Eingang bestätige. Dein Brief vom 5.10. hat mir sehr viel Freude gemacht, sehe ich doch, daß Du den Mut nicht verloren hast und trotz aller Ungunst, die das Leben über uns gebracht hat, weiter Deinen schweren Kampf führst. Und wahrhaftig zeigen ja Deine Mühen und Anstrengungen sichtbare Erfolge bei unserem Kinde, das Dir sicherlich viel Freude macht. Du machst Dir keine Vorstellungen, wie nahe Ihr und die Mutter mir täglich seid. Alle meine Gedanken sind Tag und Nacht bei Euch und ich male mir immer wieder und wieder den Augenblick des Wiedersehens aus. Diesen Tag des Wiedersehens halte ich nicht mehr für allzufern; dann hoffe ich unter Euch wieder mein Leben des Glücks zu führen. Bis dahin bleibst Du mein treues Fridelchen. Schreib mir immer fleißig, was Du tust, und wie Du, die Mutter und unsere Ditha sich fühlt. Was machen die Brüder? Hast Du nun die Operation gut überwunden? Wie steht's mit dem Auge meines Bruders Arnold? Mir selbst geht es nach wie vor gut und ich habe die Hoffnung, daß sich bald alles zum Besten wendet. Ich küsse Euch herzlich!
Dein Erich

Wenige Wochen vor dem Ende des Krieges wurde seine Tätigkeit entdeckt. Auf Befehl der Lagerleitung wurde er am 1. Februar 1945 wegen ›Zersetzung der Wachmannschaften‹ im KZ Sachsenhausen erschossen. Folgenden Brief schrieb er noch kurz vor seiner Ermordung an seine Frau:

»KZ Sachsenhausen, den 27. Januar 1945

Mein liebes, schwergeprüftes Friedelchen!
Gewaltige Ereignisse von einschneidender Bedeutung gehen heute an allen Menschen vorüber, nicht ohne rücksichtslos tiefste Spuren zu hinterlassen. Es bleibt kaum einer von diesen Vorgängen verschont. Überall werden Menschen, die sich liebhaben, auseinandergerissen. Fürchterliche Leiden, wohin man sieht, und der Schrecken ist noch nicht zu Ende.
Zehn Jahre Trennung sind keine Kleinigkeit. Ob ich diese Jahre nun bei mir nehme: Zuchthaus – Moor – Bomben – Lager. Hunderte, ja Du wirst es kaum glauben, Tausende von Leidensgenossen sind um mich her verreckt. Oder ich nehme sie auf Deiner Seite: Sorge um die Existenz, der Kampf ums Dasein in seinen mannigfaltigen Variationen, die Auseinandersetzungen mit der Gestapo, die Pflicht dem Kind gegenüber, die ständige Angst um mich, dazu auch Bombengefahr, Krankheit und die Reibungen des täglichen Lebens. Alle diese Jahre haben uns keine Freude gebracht und konnten ohne Mühe ein Gemüt, eine Seele zerstören.
Mein liebes Friedelchen! Hattest Du mich jemals aus tiefstem Herzen lieb, so mußte ja eine längere Trennung von mir Deinen halben Tod bedeuten. Und das spricht unzweideutig aus allen Deinen Zeilen. Die schönsten Jahre des Lebens zum Opfer gebracht! Wofür? Das ist eine verhängnisvolle Frage. Der Verstand kann sie beantworten. Er geht an die Beantwortung heran wie der Arzt mit dem Messer an eine Wunde. Ihn schmerzt der Schnitt nicht, er weiß, daß und wie er vollzogen werden muß. Auch der große Schnitt muß sein, Friedel! Uns zwar schmerzt er, könnte tödlich sein, vor allem im Herzen. Und nun fragst Du, warum gerade wir? Nein, alle! Alle, auch die, die nicht wollten oder konnten, bekommen die Rechnung vorgelegt. Das beweist jetzt die Geschichte mit Stahl und Eisen. So sagt der Verstand.
Antwortet aber das Gefühl, dann wird es furchtbar. Und glaube etwa nur nicht, daß ich mein Empfinden eingesperrt hätte, während man mich eingesperrt hat. Die Vorstellung Deiner Leiden und Qualen und die eines unschuldigen Kindes, das nicht einmal ahnt, welch ein Anrecht es auf die Liebe, Sorge und Hilfe des Vaters hat. Um alles das und um die Harmonie glücklicher Eltern unwissend betrogen, es wirft mich fast um. Laß die knappen Worte meiner Sprache auf Dich wirken, wie sie sind. Genauso denke ich. Nur kann ich nicht alle die Empfindungen und Gedanken, die mich nie loslassen, in Worte kleiden.

Zum Schluß, Friedelchen! Es dauert nicht mehr lange. Verlaß Dich darauf. Eine andere, schönere Zeit steht vor der Tür. Wir nähern uns ihr sprunghaft. Es wäre mir fast unvorstellbar, wenn jetzt, da die Umrisse dieser besseren Zeit für uns schon zu erkennen sind, der eine oder andere versagen sollte. Alles rings um mich hätte mich schon längst ruiniert, wenn nicht das Wissen um die Dinge der Entwicklung und meine tiefe Liebe zu Dir und dem Kind mir immer wieder die Wege gewiesen hätten, die einzig und allein richtig sind. Voraussetzung ihres zielbewußten Beschreitens sind Kraft und Mut und Ausdauer.

Sei tausendmal gegrüßt und geküßt

Von Deinem Erich"

(Aus: Deutsche Widerstandskämpfer ... Band 1, 1970, S. 211 ff.)

Zerschlagung des Mariendorfer Arbeitersports

Der nationalsozialistische Terror machte auch vor den Arbeitersportvereinen nicht halt. Der Mariendorfer Sportplatz des Arbeitersportvereins ›Fichte‹ wurde Anfang April 1933 überfallen. »Der Rest vom Fichteplatz existiert noch in der heutigen Körtingstraße und wird von der Schule, die nebenan steht, und von einigen Sportvereinen genutzt ... Wir haben da ringsum auch an den Laufbahnen gearbeitet und mußten dort den Rasen beseitigen. Das mußte alles selbst gemacht werden, auch Baracken für Zusammenkünfte, für Sportgeräte und Umkleideräume.« So erinnert sich der Arbeitersportfunktionär Emil Ackermann (Interview am 26. Februar 1987). Der Sportplatz wurde überfallen, als dort gerade ein Treffen von Sporttreibenden stattfinden sollte. »Als die Veranstaltungen begannen, kamen Polizeibeamte herein und erklärten, daß der Sportplatz beschlagnahmt ist, die Veranstaltung deshalb nicht mehr stattfinden kann. Wir mußten sofort den Platz verlassen. Jeder, der einen Ausweis bei sich hatte, konnte sofort nach Hause gehen. Alle anderen mußten zum Polizeirevier. Damit war der Fall abgeschlossen, draußen standen nämlich SA-Leute, um sofort einzugreifen. Die hatten schon vorher mehrmals versucht, uns von dem Platz zu vertreiben, aber das war ihnen nicht gelungen, weil die ganze Laubenkolonie und wir Sportler zu aktiv waren, so daß sie sich nicht getraut haben, näher zu kommen. Da haben sie immer einen Bogen um die Kolonie und den ganzen Sportplatz gemacht. Jetzt, als sie ›legal‹ waren und sogar Hilfspolizisten, da konnten sie natürlich auftreten. Da war es natürlich schwer, etwas gegen sie zu unternehmen.« (a.a.O.)

Nachdem der Sportverein aufgelöst werden mußte, gelang es noch, einen Teil der Mitglieder in anderen Sportvereinen wie der Sportlichen Vereinigung Blau-Weiß 1890, dem Mariendorfer Ballsport-Club und auch beim Männerturnverein Mariendorf 1889 unterzubringen. (Aus dem letztgenannten Verein mußte der Kommunist Emil Ackermann wieder heraus, als er 1934 wegen der Verteilung von Flugblättern in den Häusern der Königstraße neben dem Postamt verhaftet wurde. Er wurde zu drei Jahren Zuchthaus verurteilt und anschließend im KZ Sachsenhausen gefangengehalten. Erst 1939 wurde er wieder entlassen.)

Auf dem Sportplatz befand sich die Fichte-Klause, in die nach der Inbesitznahme durch die Hilfspolizisten der SA deren politische Gegner verschleppt wurden, um sie dort zu verhören und zu mißhandeln.

Die Fichte-Klause auf dem Sportplatz in der Körtingstraße wurde als Gefängnis und Folterstätte der SA benutzt.

›Nationaler Feiertag der Arbeit‹ 1933

»Nationaler Feiertag der Arbeit« 1933 (Tempelhofer Feld vom Flugzeug aufgenommen)

Die erste große faschistische Machtdemonstration wurde am 1. Mai 1933 der zum ›nationalen Feiertag der Arbeit‹ umbenannte traditionelle Maifeiertag der Arbeiterbewegung. Er wurde – nach einer Meldung in der Tempelhof-Mariendorfer Zeitung vom darauffolgenden Tag – auf dem Tempelhofer Feld »festlich begangen«: »Die Häuser und Schaufenster der zahlreichen Geschäftslokale wiesen eine starke Beflaggung in den Reichsfarben und in den Hakenkreuzflaggen auf. Bereits gegen 4 Uhr nachmittags konnten die Straßenbahnen infolge des ungewöhnlichen Andranges nur bis zur Kaiserin-Augusta-Straße in Tempelhof geleitet werden. Sehr stark wurde auch die Autobuslinie 97 (Bahnhof Steglitz – U-Bahnhof Tempelhof) in Anspruch genommen. Obwohl ein 3-Minuten-Verkehr auf dieser Autobuslinie eingerichtet war, trafen die Wagen in Mariendorf überfüllt ein, so daß ein Mitkommen unmöglich war. An der Friedrich-Karl-Straße mußten auch die Autobusse eine ›fliegende‹ Endstation einrichten, da ein Weiterfahren infolge ›Verstopfung‹ der Berliner Straße zur Endstation nicht möglich war. Der abendliche Rückmarsch vollzog sich in größter Ordnung, wenngleich es beim besten Willen nicht zu vermeiden war, daß z. B. in der Berliner Ecke Flughafenstraße und auch am S- und U-Bahnhof Tempelhof ein lebensgefährliches Gedränge entstand. Die Tempelhof-Mariendorfer Sanitätskolonne hatte alle Hände voll zu tun. Es wurden unzählige Personen behandelt, die ohnmächtig zusammengebrochen waren. Zahlreiche Besucher haben Knochenbrüche davor getragen. – Besonderen Effekt machte übrigens der Aufmarsch der Mariendorfer Schützengilde durch die Chausseestraße und Berliner Straße zum Festplatz, dem sich u. a. auch die Friedenauer Schützengilde angeschlossen hatte. Der Abmarsch erfolgte vom Sammelplatz des Bundes, Restaurant ›Bürgerklause‹, Chausseestraße 56. Von dort aus setzte sich auch die Ortsgruppe der Deutschnationalen Partei zum Abmarsch nach dem Festplatz, von Stahlhelmleuten in ihrer kleidsamen Tracht begleitet, in Bewegung. Der Abend vereinte noch recht viele Tempelhof-Mariendorfer in hiesigen Gaststätten in bester Stimmung. Zu Zwischenfällen ist es dank der hervorragenden allgemeinen Disziplin nicht gekommen.«

Nur vereinzelt kam es am 1. Mai 1933 zu heimlichen Gegendemonstrationen wie dieser: »Am Nachmittag versammelten sich – auf eine heimliche Verabredung hin – viele Tausende im Zoologischen Garten.« (Beier 1975, S. 44)

Auf einem technischen Gebiet hatte es wenige Tage darauf – ein leider erst 1945 symbolträchtig werdendes – Problem gegeben: »Das beschädigte Hakenkreuz Die Tempelhofer Wehr wurde am Mittwoch abend nach der Berliner Ecke Paradestraße in Neu-Tempelhof gerufen. Das dort zum Tag der nationalen Arbeit aufgestellte große Hakenkreuz, das am 1. Mai elektrisch erleuchtet weithin sichtbar war, drohte unter der Gewalt des Ostwindes zu zerbrechen. Die Wehr trug für eine notdürftige Befestigung Sorge. Außerdem wurde, um eventuelle Unfälle zu verhüten, die Paradestraße gesperrt.« (Tempelhof-Mariendorfer Zeitung vom 6. Mai 1933)

Einen Tag nach der Maidemonstration wurden schlagartig im ganzen deutschen Reich die Gewerkschaftshäuser besetzt, das gewerkschaftliche Vermögen beschlagnahmt und die Vorsitzenden der einzelnen Gewerkschaften durch Kommissare des ›Aktionskomitees zum Schutze der deutschen Arbeit‹ ersetzt. Dies diente als Vorbereitung zur Überführung der ehemals freien Gewerkschaften in die am 10. Mai 1933 offiziell gegründete Zwangsorganisation für Arbeitnehmer und Unternehmer ›Deutsche Arbeits-Front‹ und in die vor 1933 ein Schattendasein fristende Nationalsozialistische Betriebszellen-Organisation (NSBO). In der NS-Geschichtsschreibung liest sich der Sturm auf die Gewerkschaftshäuser so: »Schlag 10 Uhr vormittags besetzten überall in Deutschland die Obleute der Nationalsozialistischen Betriebszellenorganisation zusammen mit der SA und SS die marxistischen Gewerkschaftshäuser. Überall werden die roten Gewerkschaftsbonzen ihrer Ämter enthoben und NSBO-Beauftragte als kommissarische Leiter eingesetzt.« (Engelbrechten 1937, S. 272) Zu den gestürmten Gewerkschaftshäusern gehörte auch das Haus der deutschen Buchdrucker auf der Kreuzberger Seite der heutigen Dudenstraße.

Im Verwaltungsbezirk Tempelhof gab es in den einzelnen Ortsgruppen der NSDAP 1934 als Gliederungen die Nationalsozialistische Betriebszellen-Organisation, wobei offen bleiben muß, welche Rolle sie bei der Zerschlagung der Gewerkschaften spielten: Ortsgruppe Attila: Kaiser-Wilhelm-Straße 61 – heute: Burgemeisterstraße 61 – (Heinrich Fessel); Ortsgruppe Germania, Neu-Tempelhof und Tempelhof: Dorfstraße 17 – heute: Alt-Tempelhof 29 – (Helmut Rudzinski); Ortsgruppe Lichtenrade: Nürnberger Straße 28 (J. Piernay); Ortsgruppe Mariendorf: Schöneberger Straße 43 (K. J. Kabelitz); Ortsgruppe Marienfelde: Schöneberger Straße 43 (Kabelitz und Piernay).

700=Jahr=Feier
der Reichshauptstadt Berlin
Verwaltungsbezirk Tempelhof

Dienstag, den 17. August 1937, im Volkspark Mariendorf
Chausseestraße zwischen Prühß- und Dorfstraße

Großes Volksfest

Schauvorführungen des NSFK, des RLB und der Teno, Zeltlager der HJ,
Tänze u. Volksliedsingen des BDM, Chorkonzert, Keulen- u. Fahnenschwingen,
turnerische und gymnastische Vorführungen — Schützenplatz — Kinderfest

Tanz im Freien

Faust- und Handballspiel

Krupp=Druckenmüller — Bezirksverwaltung Tempelhof
Beginn 17²⁰ Uhr

Fußballspiele

BFC Preußen — BFC Viktoria 89
(1. Männermannschaften) — Beginn 17⁴⁵ Uhr

Viktoria=Elbing — BFC Preußen
(Jungmannen) — Beginn 18 Uhr

**Staffelentscheidungsläufe der Schulen im Wettkampf um den Wanderpreis
des Herrn Stadtpräsidenten und des Herrn Bezirksbürgermeisters**

5 Kapellen

Bei Eintritt der Dunkelheit:

Große Freilicht-Filmvorführung

Vom Kintopp zur Filmkunst

Bekannte Filmschauspieler werden anwesend sein

Beginn 17 Uhr   **Eintritt frei**

Alle Volksgenossen des Verwaltungsbezirks Tempelhof werden
freundlichst eingeladen, an diesem Volksfest teilzunehmen

Heil Hitler!

Der Bezirksbürgermeister des Verwaltungsbezirks
Tempelhof der Reichshauptstadt Berlin

In Vertretung: **Pollesch**

Zwei Jahre später wurde möglicherweise damit gerechnet, daß es mit der Teilnahme beim ›Aufmarsch‹ der Gefolgschaft am 1. Mai 1935 nicht so weit her sein würde, so daß für die Bediensteten der Bezirksverwaltung festgelegt werden mußte: »Am 1. Mai 1935, dem Tage der Nationalen Arbeit tritt die Gefolgschaft der Bezirksverwaltung Tempelhof um 9 Uhr in der Manteuffelstraße, Spitze Albrechtstraße zum Aufmarsch nach dem Tempelhofer Feld an.

Die Teilnahme an der Veranstaltung ist Dienst. Als Entschuldigung gilt nur Krankheit. Entschuldigungen sind bei den Dienststellenleitern anzubringen. Ich bitte die Herren Dienststellenleiter, nur wirklich begründete Entschuldigungen anzuerkennen, damit die Gefolgschaft möglichst vollzählig vertreten ist.

Die zum Absperrdienst abkommandierten S.A. Männer und diejenigen Parteimitglieder, die sich am Aufmarsch der P.O. usw. beteiligen müssen, haben unter Vorlage einer Bescheinigung ihres Sturmführers bezw. ihrer Organisation spätestens am 30. 4. 35 bei ihrem Dienststellenleiter Urlaub für den 1. Mai zu beantragen. Der Betriebsführer: gez. Dr. Bruns-Wüstefeld, Bezirksbürgermeister.« (Dienstblatt der Bezirksverwaltung Tempelhof vom 27. April 1935)

Die von der Berliner NSDAP im Anschluß an die Olympiade von 1936 für erforderlich gehaltene Fortsetzung von publikumswirksamen und konsensstiftenden Veranstaltungen fand in der 700-Jahr-Feier Berlins 1937 seine Fortsetzung. Höhepunkt in Tempelhof war ein großes Volksfest in Mariendorf.

700-Jahr-Feier Berlins 1937: Festlich geschmückter Kremser (im Hintergrund Baugerüste am neuen Flughafen Tempelhof)

Großrazzien in Tempelhof, Mariendorf und Marienfelde 1933

Im Laufe des Jahres 1933 wurden zahlreiche Razzien in Berliner Wohngebieten durchgeführt, die als traditionelle Quartiere von SPD- und KPD-Mitgliedern und mit ihnen Sympathisierenden galten. So auch am 12. Juli 1933 eine Großrazzia in Marienfelde, über die am darauffolgenden Tag in der Tempelhof-Mariendorfer Zeitung berichtet wurde: »Auf Anordnung des Geheimen Staatspolizeiamts fand gestern früh in der Laubenkolonie ›Neu-Moskau‹, westlich der Zossener Vorortstrecke, und in Marienfelde bei früheren SPD- und KPD-Angehörigen eine große polizeiliche Durchsuchungsaktion statt. Dabei wurden große Mengen illegales Druckschriften- und Zersetzungsmaterial, die verschiedenartigsten Hieb-, Stich- und Schußwaffen sowie eine große Anzahl Munition gefunden. Vier Personen wurden festgenommen und dem Polizeipräsidium zugeführt. Die Kolonie ›Neu-Moskau‹ war früher hauptsächlich von Kommunisten bewohnt, und in dieser Gegend hatten sich des öfteren schwere politische Zusammenstöße ereignet. Das Geheime Staatspolizeiamt hatte nun für gestern früh diese Großrazzia angesetzt, an der das Sonderkommissariat Fähnrich, die Polizeiabteilung z. b. V. unter Major Schrepfer und die Feldpolizei teilnahmen. Die polizeiliche Aktion begann bereits früh um 6 Uhr. Um diese Zeit war das ausgedehnte Laubengelände von den Beamten in weitem Umfange abgesperrt worden. Alle Personen, die das Gelände verlassen wollten, mußten sich ausweisen und wurden durchsucht. Schon kurz nach Beginn der Razzia konnten die einzelnen Suchkommandos größere Mengen von Revolvern, Pistolen und Gewehren sowie Munition und verbotene Druckschriften an die Sammelstelle abliefern. Nach über dreistündiger Suche, in deren Verlauf das gefundene Material immer größer wurde, konnten die Beamten wieder abrücken.«

Bei der Vorbereitung dieser Razzia hatte neben der NSDAP-Ortsgruppe Marienfelde auch der SA-Sturm 22/13 mitgewirkt, wie ›stolz‹ in der Zeitschrift ›Haus und Garten‹ mitgeteilt wurde: »Der SA-Sturm 22/13 nahm unter seinem Sturmführer zusammen mit der Ortspolizei noch weitere Durchsuchungen vor, bei denen ebenfalls illegales Material gefunden wurde.

Die erfolgreiche Durchführung der Groß-Razzia in unserem Ort, der den illegalen Elementen als geeignet erschien, um ihren hochverräterischen staatsfeindlichen Plänen

Aus Protest abgesägt: Hindenburg=Eiche auf dem Tempelhofer Feld.

Der »Frevel an der Hindenburg-Eiche« in der Berliner Tagespresse

Strafmaßnahme gegen Kommunisten

Wegen des Frevels an der Hindenburg-Eiche in Tempelhof

Die Pressestelle im Staatsministerium teilt mit:

Bekanntlich wurde die am Tage der Nationalen Arbeit auf dem Tempelhofer Feld gepflanzte Hindenburg-Eiche in der Nacht zum 27. Juli von Kommunisten zerstört. Das Geheime Staatspolizeiamt hat als Gegenmaßnahme angeordnet, daß sämtlichen kommunistischen Schutzhäftlingen für drei Tage die Mittagsmahlzeit entzogen wird. Den Schutzhäftlingen ist diese Maßnahme im Hinblick auf den an der Hindenburg-Eiche verübten Frevel zu eröffnen.

An Stelle der durch Bubenhand zerstörten Hindenburg-Eiche auf dem Tempelhofer Feld ist gestern durch das Gartenamt Tempelhof eine neue Eiche gepflanzt worden.

Notiz in einer Berliner Zeitung 1933

nachzugehen, hat den Beweis erbracht, daß die NSDAP und SA scharf zuzupacken verstehen. Das kommunistische Untermenschentum und in engem Zusammenhang damit ihre sozialdemokratischen Helfershelfer sind gestellt worden.
Die Einwohner Marienfeldes haben nun erkannt, daß Parteileitung und SA-Führung Tag und Nacht wachen und neben den amtlichen Stellen für Sicherheit und Ordnung in unserem Ort sorgen. Jetzt und in Zukunft.« (Haus und Garten vom 20. Juli 1933)

Zwei Wochen nach dieser Razzia in Marienfelde wurden in der Nacht zwischen Freitag, dem 28., und Sonnabend, dem 29. Juli 1933 Wohnblocks und Lauben in Tempelhof und Mariendorf durchsucht. Als Vorwand diente der ›Frevel‹ an der bis dahin auf dem Tempelhofer Feld stehenden Hindenburg-Eiche, die abgesägt wurde. Außerdem sollen in der Nacht zum Freitag Polizeibeamte im Volkspark Tempelhof beschossen worden sein. (siehe: Tempelhof-Mariendorfer Zeitung vom 31. Juli 1933)

Emigration oder nicht?

Durch die Auswanderungsbewegung verlor das Deutsche Reich einen erheblichen Teil seiner geistigen Elite. Zu dieser gehörte auch der Amtsgerichtsrat am Berliner

Arbeitsgericht Prof. Dr. Otto Kahn-Freund (1900–1979), der mit seiner Frau Elisabeth bis Juni 1933 in Neu-Tempelhof, Siegertweg 18, wohnte. »Mein Mann ist jeden Tag ins Gericht gefahren; damals wurde auch noch samstags gearbeitet. Allerdings hielt er sich nicht den ganzen Tag im Gericht auf, sondern kehrte häufig nach Beendigung der Sitzung oder an sitzungsfreien Tagen gegen Mittag nach Hause zurück und erledigte wesentliche richterliche Arbeiten in seinem häuslichen Arbeitszimmer. Viele seiner Urteile faßte er zu Hause ab und diktierte sie mir in die Schreibmaschine.« (Kahn-Freund 1987, S. 140) Vielleicht hat Frau Kahn-Freund auch das ›Radiourteil‹ geschrieben, mit dem ihr Mann noch im März 1933 die richterliche Unabhängigkeit demonstrierte, als er eine politisch motivierte Entlassung beim Berliner Rundfunk ablehnte (s. Mückenberger 1987). Dieses Urteil dürfte der ›Tropfen auf den heißen Stein‹ gewesen sein, um den engagierten Juristen, Sozialdemokraten und (assimilierten) Juden vom Staatsdienst zu ›beurlauben‹, wie damals die politisch motivierten Entlassungen umschrieben wurden. Nach seiner Beurlaubung vom 7. April 1933 lag es für ihn und seine Frau nahe, das faschistische Deutschland zu verlassen. Als während einer Erkundungsreise nach England über die Möglichkeit der Emigration das Wohnhaus des Ehepaares Kahn-Freund in Neu-Tempelhof von der SA heimgesucht wurde, blieb der Arbeitsrechtler gleich in England. Die Haushälterin war einige Zeit in eine SA-Kaserne gesteckt worden, um Druck zur Rückkehr auszuüben. Sie wurde entlassen, als sich die Erfolglosigkeit der Erwartung zeigte. Die Demolierung der Wohnungseinrichtung war vermutlich das Werk des lokalen SA-Sturms gewesen, deren Mitgliedern die politische Meinung der Eheleute nicht unbekannt gewesen sein dürfte. Elisabeth Kahn-Freund kehrte noch kurz nach Tempelhof zurück, um die Umzugsmodalitäten zu regeln. Ihr Mann konnte später im Ausland Karriere machen. Zeit seines Lebens hat er sich geweigert, hierher zurückzukehren, weil – wie er meinte – die meisten Deutschen den Nationalsozialismus nur verdrängt hätten und zu einer wirklichen Vergangenheitsbewältigung nicht bereit seien.

Vor und nach dem Verbot der sozialdemokratischen Partei am 22. Juni 1933 wurde in den Parteikreisen über die Frage diskutiert, ob eine Auswanderung sinnvoll sei oder nicht. Ein Teil des Parteivorstandes hatte seinen Sitz in die Tschechoslowakei nach Prag verlegt. Er firmierte später unter ›Sopade‹ (Sozialdemokratische Partei Deutschlands). Im Auftrag des Exil-Vorstandes wurden – erst in Prag und ab 1938 in Paris – die ›Deutschland-Berichte‹ herausgegeben, auf die als Informationsquelle zurückgegriffen werden kann. Vom Ausland – gesteuert über ›Grenzsekretariate‹ – wurde versucht, durch Kuriere den Widerstand in Deutschland zu organisieren.

Bei den folgenden – analog zum Gedenkbuch – dokumentierten Lebensgeschichten handelt es sich um aus Tempelhof stammende Mitglieder der sozialdemokratischen und kommunistischen Partei, die wegen ihrer Auffassungen von den Nazis ermordet wurden bzw. an den Haftfolgen starben.

Für eine Auswanderung im Jahre 1933 entscheiden mußte sich der exponierte sozialdemokratische Landtagsabgeordnete Dr. Erich Kuttner, dessen Mandat die neuen Machthaber annulliert hatten. Auch er konnte zunächst durch die Emigration seiner sicheren Verhaftung entgehen. Nach dem Verbot der SPD und dem Erlaß des Gesetzes gegen die Neubildung von Parteien vom 14. Juli 1933 gehörten die sozialdemokratischen Funktionäre Franz Klühs und Max Westphal zu denjenigen, die im Reich blieben. Der in Tempelhof wohnende Kommunist Erich Gentsch, der bei der letzten Kommunalwahl am 12. März 1933 für die Stadtverordnetenversammlung kandidiert hatte, wurde im April des gleichen Jahres verhaftet. Nach der Freilassung im September 1933 durfte er, wie alle anderen ehemaligen Inhaftierten der Nazis, nichts über die Bedingungen seiner Haft berichten, sonst wäre er sofort in einem Konzentrationslager verschwunden. Er konnte zunächst ins Ausland flüchten, wohin ihm seine Frau später folgte.

Dr. Erich Kuttner

Geburtsdatum: 27. Mai 1887
Tempelhof, Burgherrenstraße 4
Todesdatum: 6. Oktober 1942

Am 27. Mai 1887 wurde Erich Kuttner in Schöneberg (damals bei Berlin) geboren. Seine Eltern waren der Kaufmann Bernhard Kuttner (1851–1908) und dessen Ehefrau Lina, geborene Kaufmann (1861–1924). Bis zu seinem Austritt am 3. Mai 1911 war er Mitglied der Jüdischen Gemeinde. Erst dreißig Jahre später trat er 1941 wieder zum Judentum über. (Röder/Strauss 1980, S. 406)
Von 1893 bis 1904 besuchte er erst drei Jahre die Vorschule zum Gymnasium und dann neun Jahre das Königliche Wilhelms-Gymnasium. 1905 begann er an der Berliner Universität ein Jura-Studium, welches er in München fortsetzte. Nach dem Referendarexamen (1909) und der Referendarzeit war er 1913 bis 1916 Volonteur bei der sozialdemokratisch orientierten ›Chemnitzer Volksstimme‹, nachdem er am 15. Februar 1912 SPD-Mitglied geworden war. 1916 trat er in Berlin in die Redaktion des ›Vorwärts‹ ein, dessen ständiger Mitarbeiter er auch nach dem Wechsel zur ›Glocke‹ 1922 blieb.

Erich Kuttner (erster von rechts) mit Redakteuren der ›Chemnitzer Volksstimme‹ 1914

Erich Kuttner

Während des ersten Weltkrieges meldete er sich 1915 freiwillig an die Front. Er kehrte schwerverwundet 1916 zurück. Im gleichen Jahr promovierte er in Jena. 1917 war er Mitbegründer des Reichsbundes der Kriegsbeschädigten und wurde dessen erster Vorsitzender. 1921 wurde er außerdem Mitglied der sozialdemokratischen Fraktion des preußischen Landtages, was er bis 1933 als einer ihrer besten Redner blieb. Im Landtag hatte er eine führende Rolle bei der parlamentarischen Untersuchung der Fememorde. Von 1924 bis 1927 war er außerdem noch Chefredakteur von ›Lachen links‹ und veröffentlichte seit 1913 mehrere Bücher, Broschüren und Aufsätze zu politischen Themen und auch Liebesgedichte.

Dr. Erich Kuttner war seit dem 15. März 1916 mit der am 21. August 1883 in Berlin geborenen Frieda Rankwitz verheiratet. Die Ehe blieb kinderlos. Frau Kuttner starb sechs Jahre nach der Ermordung ihres Mannes 1948 in einem Amsterdamer Krankenhaus.

Auch in der Tempelhofer Sozialdemokratie spielte er eine große Rolle. So hielt er zum Beispiel am Sonnabend, dem 1. Mai 1926 bei der Feier der SPD von Tempelhof, Mariendorf, Marienfelde und Lichtenrade, die im Gesellschaftshaus Graß'l (Mariendorf, Chausseestraße 305) stattfand, die Festansprache. Es ist eine weitere Festrede von ihm überliefert, die er anläßlich der 5. Grün-

VORWÄRTS
BERLINER VOLKSBLATT
Zentralorgan der Sozialdemokratischen
Partei Deutschlands
Fernruf: Dönhoff 292 297

BERLIN, den 16. III 1931
SW 68, Lindenstraße 3

[handschriftlicher Brief]

Herrn Direktor der Bewag
Schäfer

Sehr verehrter Genosse Schäfer!

Der Überbringer dieses Schreibens Gen. Siebecke, Tempelhof, Friedrich-Franz-Str. 5 ist mir aus u. Partei persönlich bekannt. Er ist arbeitslos und sucht eine Beschäftigung irgendwelcher Art. Nach der persönlichen Seite hin glaube ich ihn bestens empfehlen zu können.

Mit genossenschaftlichen Gruß

Ihr sehr ergebener

Erich Kuttner
M. d. L.

Brief von Erich Kuttner, mit dem er sich für den arbeitslosen Tempelhofer Alfred Siebecke verwendet.

dungsfeier des Reichsbanners – Ortsverein Tempelhof, Kameradschaften Tempelhof, Mariendorf und Lichtenrade – hielt, die am 18. Januar 1930 in den Räumen des Seebades Mariendorf in der Ullsteinstraße stattfand.

Neben seiner Tätigkeit als Abgeordneter im Preußischen Landtag und in der Redaktion des Vorwärts fand er auch noch Zeit, sich um einen arbeitslosen Tempelhofer Genossen zu kümmern, wie ein erhalten gebliebener Brief vom 16. März 1931 zeigt.

Dr. Erich Kuttner hatte eine Anwaltskanzlei, die sich 1932 noch in der Friedrichstraße 44 befand. Vor 1933 wohnte er in Lichterfelde, in der Drakestraße 62. Im Jahre 1933 lebte er bis zu seiner Flucht in Neu-Tempelhof, in der Burgherrenstraße 4. Er begab sich erst nach Prag und dann nach Amsterdam und war weiter als Journalist tätig. Ende 1936 ging er als Korrespondent nach Spanien, von wo aus er im Jahr darauf aufgrund einer Verwundung wieder nach Amsterdam zurückkehrte.

Im Exil trat Erich Kuttner für die Zusammenarbeit zwischen SPD und KPD ein. Am 14. Mai 1940 unternahm er, vier Tage nach dem Einmarsch der deutschen Truppen in die Niederlande, einen Selbstmordversuch. Anschließend mußte er im Untergrund leben, bevor er im April 1942 festge-

nommen wurde. Er kam erst in das Gefängnis Weteringschams und dann in das Durchgangslager Amersfoort, bevor er in das Konzentrationslager Mauthausen deportiert wurde. Hier wurde er – so die offizielle Version – am 6. Oktober 1942 ›auf der Flucht erschossen‹.
(Viele Detailinformationen zu Erich Kuttner basieren auf Forschungsergebnissen von Bart de Cort aus Amsterdam – Sammlung Personalia des Archivs der sozialen Demokratie.)

Franz Klühs

Geburtsdatum: 5. Mai 1877
Tempelhof, Kaiserkorso 102
Todesdatum: 7. Januar 1938

In Neuenkirchen auf der Insel Rügen wurde Franz Klühs am 5. Mai 1877 als Sohn eines Landbriefträgers geboren. Nach dem Besuch der Volksschule erlernte er den Beruf des Schriftsetzers. 1895 trat er in die SPD ein. Von 1900 bis 1920 war er in der sozialdemokratischen Parteipresse in Breslau, Forst (Lausitz) und Magdeburg als Redakteur tätig. Seit Mai 1920 war er neben dem Chefredakteur Friedrich Stampfer als dessen Stellvertreter bei dem SPD-Zentralorgan ›Vorwärts‹ tätig. Mit seiner ebenfalls politisch sehr aktiven Ehefrau, Gertrud Klühs, geborene Thape (1893–1976) und den Kindern Alfred (1920–1968) und Dörte (1928–1984) wohnte er in Neu-Tempelhof, Kaiserkorso 102 (seit 1936: Kleineweg 77).
Als am 28. Februar 1933 der ›Vorwärts‹ von den faschistischen Machthabern beschlagnahmt und verboten wurde, verlor Franz Klühs seinen Arbeitsplatz. Zur Existenzsicherung richteten sich seine Frau und er in ihrem Siedlungshaus am Kaiserkorso aus Ersparnissen eine Leihbücherei ein. Da aber nur politisch Befreundete dorthin kamen, war der Ertrag niedrig. Anderseits war das Geschäft auch ein illegaler Treffpunkt von SPD-Mitgliedern.
Franz Klühs gehörte zu den Sozialdemokraten, die aus politischen Gründen nicht emigrieren wollten. Für ihn galt es – so die Aussage seines Schwiegersohnes Fritz Neubecker – »hierzublei-

Abbildung des Presseausweises von Franz Klühs

Morgen-Ausgabe
Nr. 59 A 30 50. Jahrg.

GRATIS!

Redaktion und Verlag:
Berlin SW 68, Lindenstr. 3

SONNABEND
4. Februar 1933

BERLINER **VOLKSBLATT**

Zentralorgan der Sozialdemokratischen Partei Deutschlands

Der Polizeipräsident
Tgb.-Nr. I⁰ 41⁰¹ Pr. 33

Berlin, den 3. Februar 1933

Verbot

Auf Grund des § 6 der Verordnung des Reichspräsidenten zur Erhaltung des inneren Friedens vom 19. Dezember 1932 (RGB. I 548) in Verbindung mit den §§ 81 bis 86, StGB. verbiete ich die in Berlin erscheinende Tageszeitung

„Vorwärts"

einschließlich der Kopfblätter mit sofortiger Wirkung bis zum 6. Februar 1933 einschließlich.

Das Verbot umfaßt auch jede angeblich neue Druckschrift, die sich sachlich als die alte darstellt oder als ihr Ersatz anzusehen ist.

Gegen das Verbot ist binnen zwei Wochen — vom Tage der Zustellung ab — die Beschwerde zulässig, sie hat keine aufschiebende Wirkung. Die Beschwerde ist bei mir einzureichen.

Sollte von dem Beschwerderecht Gebrauch gemacht werden, so empfiehlt es sich zur Beschleunigung der Angelegenheit, die Beschwerdeschrift in vierfacher Ausfertigung vorzulegen.

Gründe:

In der Morgenausgabe Nr. 57, A. 29, 50. Jahrgang befinden sich in dem Aufruf auf der Titelseite unter der Ueberschrift: „Deutsches Volk. Frauen und Männer" u. a. folgende Sätze:

„Gegen solche Pläne rufen wir euch zum Kampf! Wehrt euch. Schützt euer Selbstbestimmungsrecht als Staatsbürger. Erhebt euch gegen eure Bedränger, gegen die feinen Leute, die hauchdünne Oberschicht des Großkapitals! Zerbrecht ihre politische und wirtschaftliche Macht!

Kämpft darum mit uns für die Enteignung des Großgrundbesitzes und die Aufteilung des Landes an Bauern und Landarbeiter! Kämpft mit uns für die Enteignung der Schwerindustrie, für den Aufbau einer sozialistischen Plan- und Bedarfswirtschaft!"

Durch diese Ausführungen wird im Zusammenhang mit dem Inhalt der Ausführungen des gesamten Aufrufs der Tatbestand des § 85 R.St.G.B. in Verbindung des § 81 Ziff. 2 R.St.G.B. erfüllt.

gez. Dr. Melcher.
Für die richtige Abschrift:
Böhm
Kanzleiinspektor.

(Stempel)

Verantwortlicher Schriftleiter Rudolf Brennmuth, Berlin. Verlag: Vorwärts Verlag G m b H — Druck Vorwärts-Buchdruckerei und Verlagsanstalt Berlin SW 68, Lindenstraße 3

ben, weil man die Freunde und Genossen nicht im Stich lassen könne.« (Neubecker 1977a) Er war einer der Organisatoren der illegalen Zusammenarbeit. Kurze Zeit, nachdem er sich geheim zu einer politischen Verabredung bei der Exil-SPD in Prag aufgehalten hatte und von dort auch Untergrundschriften, wie den ›Neuen Vorwärts‹ mitgebracht hatte, wurde er am 16. August 1933 verhaftet und in das ›wilde KZ‹ Columbia-Haus eingeliefert. Nachdem er dort mehrere Wochen festgehalten und mißhandelt wurde, kam er in das Polizeigefängnis am Alexanderplatz und anschließend in das Untersuchungsgefängnis Moabit.

Franz Klühs

Am 20. Juni 1934 fand vor dem 4. Strafsenat des in Leipzig tagenden Reichsgerichtes der Prozeß gegen ihn statt. Die Anklage lautete auf ›Vorbereitung zum Hochverrat‹ und Verstoß gegen das Gesetz über die (verbotene) Neubildung von Parteien. Er wurde zu zwei Jahren und neun Monaten Gefängnis sowie zur Zahlung der Gerichtskosten verurteilt. Über den Ausgang des Prozesses berichtete damals ›Het Volk‹, das Zentralorgan der niederländischen Sozialdemokratie: »Klühs machte vor Gericht als sozialistischer Kämpfer einen prächtigen Eindruck. Er erklärte, daß er seit vielen Jahrzehnten Sozialdemokrat sei und seine Überzeugung nicht geändert habe. Ruhig und sicher, mit dem fühlbaren Übergewicht eines starken Charakters, klang seine Stimme den Richtern in die Ohren. Die Männer in den roten Talaren saßen unbeweglich und hörten zu. Sie bewegten sich nicht, als Klühs erklärte, daß seine Erklärungen, abgelegt vor der Geheimen Staatspolizei und Columbia-Haus, nichts bedeuten könnten, da sie abgelegt worden seien unter geistigem und vor allem auch mehr körperlichem Druck, über dessen Einzelheiten er hier lieber nicht sprechen wolle.« (zitiert nach Neubecker 1977b)

Franz Klühs mußte bis zum 20. Juni 1936 im Tegeler Gefängnis bleiben. Bei seiner Entlassung war er ein kranker Mann. An den Folgen der im Columbia-Haus erlittenen Mißhandlungen ist er am 7. Januar 1938 in einem Krankenhaus gestorben.

Bei der Trauerfeier am 12. Februar 1938 im Krematorium Wilmersdorf erwiesen ihm mehrere hundert Menschen die letzte Ehre. Seine Urne wurde auf dem Heidefriedhof beigesetzt (US-K IV 272).

Im Bezirk Kreuzberg wurde er am 10. Dezember 1971 durch die Namensgebung der Franz-Klühs-Straße geehrt.

Todesanzeige für Franz Klühs

Max Westphal

Geburtsdatum: 30. September 1895
Tempelhof, Paradestraße 22
Todesdatum: 28. Dezember 1942

Max Westphal kam am 30. September 1895 in Hamburg als Sohn eines Hafenarbeiters zur Welt. Bereits als vierzehnjähriger Bürobote schloß er sich der Jugendgruppe des Fortbildungsvereins an. In dem Bund waren sozialistische Jugendliche organisiert, denen das Vereinsgesetz verbot, sich politisch zu betätigen.

Bei der Hamburger Niederlassung der Automobilfabrik Benz & Co. war Max Westphal erst als Bote und später als Angestellter tätig. Im ersten Weltkrieg war er Soldat. Er verlor seinen linken Arm. Nach einem langen Lazarettaufenthalt kehrte er nach Hamburg zurück und half seiner späteren Ehefrau Alice Düsedau – mit der er seit 1920 verheiratet war – bei der Herausgabe einer kleinen maschinengeschriebenen Zeitung, mit der während des Krieges die Verbindungen zu sozialistischen Genossen aufrecht erhalten bleiben sollten. Aus der Feder von Herrn Westphal stammen die programmatische Schrift ›Was wir wollen‹ (1921) und das Handbuch für sozialistische Jugendarbeit (1928) sowie weitere Aufsätze.

Seit dem 30. August 1920 war er Mitglied des Hauptvorstandes der sozialdemokratischen Jugendorganisation ›Verband der Arbeiterjugendvereine Deutschlands‹ und wurde am 1. August 1921 zu ihrem Vorsitzenden gewählt. Im gleichen Jahr siedelte er nach Berlin über. Er wollte, daß sich die ›Sozialistische Arbeiterjugend‹ – so hieß die sozialdemokratische Jugend ab 1923 – aus der alten Oppositionshaltung heraus entwickelte und den ›Willen zur lebendigen Gestaltung‹ wekken.

Seit 1927 wohnte er mit seiner Familie in Neu-Tempelhof, Paradestraße 22. Im gleichen Jahre, beim Kieler Parteitag der SPD vom 22.-27. Mai 1927, wurde er mit 32 Jahren als Parteisekretär jüngstes hauptamtliches Vorstandsmitglied der SPD. Er wurde 1932 in den preußischen Landtag gewählt. Obwohl er nach dem Machtwechsel 1933 zu den gefährdetsten Politikern gehörte und täglich mit seiner Verhaftung rechnen mußte, lehnte er es ab, ins Ausland zu flüchten. Auf der Reichskonferenz der SPD in Berlin am 26. April 1933 und am 20. Juni 1933 wurde Max Westphal wieder gewählt. Er war – wie Franz Klühs (siehe dort) – Verbindungsmann zwischen den im Reich gebliebenen und den emigrierten SPD-Mitgliedern.

An eine Hausdurchsuchung im Hause Westphal erinnerte sich sein Sohn Heinz – inzwischen Vize-Präsident des Deutschen Bundestages – vor kurzer Zeit:

»Im Herbst 1933 – mir ist kein genaues Datum in Erinnerung – kam mein Vater aus der Schutzhaft wieder nach Hause nach Tempelhof. Dies bedeutete nicht, daß uns die Gestapo in Ruhe ließ. Es gab Hausdurchsuchungen, bei denen vor allen Dingen Bücher beschlagnahmt und mitgenommen wurden. Einmal habe ich bei einer solchen Gelegenheit unser Bild von August Bebel ›verteidigt‹. Es hing im Arbeitszimmer meines Vaters und war durch die Öffnung einer Tür verdeckbar, so daß es nicht gesehen werden konnte. Ich stellte mich vor die geöffnete Tür. Doch wahrscheinlich hätten die Gestapo-Beamten geglaubt, dies sei ein Bild meines Großvaters, denn wer von diesen Leuten kannte schon August Bebel?!« (Aus einem Interview 1987)

Zweimal nahm Max Westphal in Saarbrücken und Prag an Auslandssitzungen des SPD-Vorstandes teil. Im Rahmen einer Massenverhaftung von SPD-Mitgliedern Ende Juni 1933 – am

Max Westphal

22. Juni 1933 war die SPD verboten worden – verlor auch Max Westphal seine Freiheit. Bis September gleichen Jahres wurde er im Spandauer Gefängnis festgehalten. »Nach der Entlassung aus dem Gefängnis versuchte Westphal auf jede erdenkliche Weise seine vierköpfige Familie durchzubringen. Die Tätigkeit als Versicherungsagent untersagte ihm die Gestapo. So schuf er sich ein kleines Handelsunternehmen, das er vorsichtigerweise auf den Namen seiner Frau schreiben ließ.« (Osterroth 1960, S. 333)

Am 19. Dezember 1938 wurde er erneut verhaftet. Ihm wurde ›Vorbereitung zum Hochverrat‹ vorgeworfen, weil er aus dem Ausland stammende Spendengelder an notleidende SPD-Mitglieder weitergeleitet hatte. Max Westphal saß bis zum Oktober 1939 in Untersuchungshaft. Wegen mangelnden Beweisen mußte er freigesprochen werden. Er wurde aber nicht freigelassen, sondern von der Geheimen Staatspolizei in das Konzentrationslager Sachsenhausen verschleppt. Von dort schrieb er am 24. März 1940 folgenden Brief an seine Frau, der allerdings die Wirklichkeit des KZ-Alltag nicht wiedergibt. Zum einen mußten alle Briefe aus Konzentrationslagern und Gefängnissen die Zensurstelle passieren und zum anderen drücken Passagen dieses Briefes deutlich die Bemühungen aus, seine in Sorge lebende Ehefrau zu beruhigen.

Max Westphal im Kreise der Familie

**Konzentrationslager
Sachsenhausen**
Oranienburg bei Berlin

Sachsenhausen, d. 24.3.40

Der Tag der Entlassung kann jetzt noch nicht angegeben werden. Besuche im Lager sind verboten. Anfragen sind zwecklos.

Auszug aus der Lagerordnung:

Jeder Häftling darf im Monat 2 Briefe oder 2 Postkarten empfangen und auch absenden. Ein Brief darf nicht mehr als 4 Seiten a 15 Zeilen enthalten und muß übersichtlich und gut lesbar sein. Postsendungen, die diesen Anforderungen nicht entsprechen, werden nicht zugestellt bezw. befördert. Pakete jeglichen Inhalts dürfen nicht empfangen werden. Geldsendungen sind zulässig, sie müssen aber durch Postanweisung erfolgen; Geldeinlagen im Brief sind verboten. Mitteilungen auf den Postanweisungsabschnitten sind verboten; Annahme wird sonst verweigert. Es kann im Lager alles gekauft werden. Nationalsozialistische Zeitungen sind zugelassen, müssen aber von dem Häftling selbst über die Poststelle des Konzentrationslagers bestellt werden. Unübersichtliche und schlecht lesbare Briefe können nicht zensiert werden und werden vernichtet. Die Zusendung von Bildern und Photos ist verboten.

Der Lagerkommandant.

Meine genaue Anschrift
Schutzhäftling

M. Westphal
Nr. 3575 Block 45

Oranienburg
Konzentrationslager bei Berlin

Nur die Zeilen beschreiben!

Meine liebe Olia!

Mein großer Ehewunsch ist immer noch in Erfüllung gegangen. Gestern erhielt ich Deinen Brief vom 3.3. Somit habe ich jetzt zwei Briefe von Dir in Händen, den einen bestätigte ich ...

es auch. – Als Lotte das Abitur hinter sich hatte, habe ich mir Gedanken übergemacht. Wie sie es bestehen den hat, werde ich wohl nächstens erfahren. Ich glaube, ich habe den großen Stein fallen hören, der Lotte vom Herzen fiel, als der Tanz aus war. Es wird sicher auch immer einen großen Verlust bedeuten, daß ich die ersten Schritte im Buchstaben gerade bei unseren Kindern nicht umbleiben kann, nachdem ich sie bei den anderen so oft mit "Guten Abend" begleitet habe. – Daß Herbert Soldat geworden ist, hat mich interessiert; es ist wohl seiner Verwundung und dem Kaltstellen zuzuschreiben, daß er nach die Kammer gekommen ist um sich Luft zu machen. Er wird ihm der Tag bei weiter

Arbeit noch vorgehen. Ich bin bei meiner Arbeit noch

bin sehr gesund und ganz munter, habe meinen ge-

sunden Schlaf und guten Appetit. Mein ganzes

Sehnen geht dahin, laß du, Olise, die Eltern und die

Kinder stets mobil bleiben, damit wir ein frohes

Wiedersehen feiern können. Ich nehme an, daß Ihr,

während ich hier schreibe, den Ostermorgen dazu

benutzt, im Garten nach den ersten Frühlingsblüten

zu suchen. Hoffentlich sind die Frostschäden an den Pflan-

zen nicht zu stark. Ich hätte gern auch besseres Wetter

gehabt, um die Feierstunden recht mit Spazieren-

gehen, evtl. bei Radiomusik, ausnützen zu können,

nur, wir nehmen eben alles wie es ist. Ist der

Nur die Zeilen beschreiben!

Bewegung nichts, halte ich mich ans Buch; ich habe gerade eine sehr gute Reisebeschreibung vor. – Die Erkältung der Eltern ist hoffentlich inzwischen vergangen. Ist denn Dein Vater noch mobil? Für ihn und die übrige Verwandtschaft in Hamburg, besonders aber für Dich, meine kleine, tapfere Ollie, die Eltern und die Kinder meine herzlichsten Grüße und Wünsche! Ich denke oft mit großer Sehnsucht an Euch!!

Liebe und Dein Max

(Die Mk. 10.– u. [illegible]. sind mir angezeigt!)

Nur die Zeilen beschreiben!

Raum für Zensurstempel:	Kontrolle des Blockführers:
Postzensurstelle K. L. Sh.	
geprüft:	

Abschrift des Briefes von Max Westphal:

»*Sachsenhausen, den 24. 3. 40*

M. Westphal
Nr. 3575, Block 45

Meine liebe Alice!
Mein großer Osterwunsch ist nun doch noch in Erfüllung gegangen, – gestern erhielt ich Deinen Brief vom 3. 3. Damit habe ich jetzt zwei Briefe von Euch in Händen, (den einen bestätigte ich schon) und konnte daraus doch entnehmen, daß bei Euch alles, den Umständen nach, einigermaßen gut geht. Es ist wichtig, Alice, daß Du Dich genau an die Vorschriften hältst, dann geht alles ohne Beanstandungen, ich tue es auch. – Daß Lotte das Abitur hinter sich hat, habe ich mir ungefähr ausgerechnet. Wie sie es bestanden hat, werde ich wohl nächstens erfahren. Ich glaube, ich habe den großen Stein fallen hören, der Lotte vom Herzen fiel, als der Tanz aus war. Es wird für mich immer einen großen Verlust bedeuten, daß ich die ersten Schritte ins Berufsleben gerade bei unseren Kindern nicht miterleben kann, nachdem ich sie bei andren so oft mit »guten Reden« begleitet habe. – Daß Herbert Soldat geworden ist, hat mich interessiert; Es ist wohl seiner Verwundung aus dem Weltkrieg zuzuschreiben, daß er auf die Kammer gekommen ist, um dort Dienst zu machen. Da wird ihm der Tag bei reger Arbeit rasch vergehen. Ich bin bei meiner Arbeit nach wir vor gesund und ganz munter, habe meinen gesunden Schlaf und guten Appetit. Mein ganzes Wünschen geht dahin, daß Du, Alice, die Eltern und die Kinder ebenso mobil bleiben, damit wir ein frohes Weihnachten feiern können. Ich nehme an, daß Ihr, während ich hier schreibe, den Ostermorgen dazu benutzt, im Garten nach den ersten Frühlingsboten zu suchen. Hoffentlich sind die Frostschäden an den Pflanzen nicht zu stark. Ich hatte ja auf besseres Wetter gehofft, um die Freistunden recht mit Spazierengehen, evtl. bei Radiomusik, ausnutzen zu können, – na, wir nehmen eben alles wie es ist. Ist der Spaziergang nichts, halte ich mich ans Buch, ich habe gerade eine sehr gute Reisebeschreibung vor. – Die Erkältung der Eltern ist hoffentlich inzwischen vergangen. Ist denn Dein Vater noch mobil? Für ihn und die übrige Verwandtschaft in Hamburg, besonders aber für Dich, meine kleine, tapfere Alice, die Eltern und die Kinder meine herzlichsten Grüße und Wünsche! Ich denke oft mit großer Sehnsucht an Euch!!

Euer und Dein Max

(Die Mk 10. – v. 29./2. sind mir angezeigt!)«

(Privatbesitz Heinz Westphal. Reproduktion: Gedenkstätte Deutscher Widerstand, Berlin)

Als Max Westphal im Mai 1940 endlich aus der KZ-Haft entlassen wurde, war er ein kranker Mann, der nicht wieder genesen sollte. Er wurde unter Polizeiaufsicht gestellt, was bedeutete, daß er seine Wohnung in der Paradestraße nach 21 Uhr nicht mehr verlassen durfte.
Später kam Max Westphal für kurze Zeit bei der Tempelhofer Maschinenfabrik Eduard Linnhoff (Oberlandstraße 104-107) als Angestellter unter. Er lebte nicht mehr lange. Am 28. Dezember 1942 starb er im Charlottenburger Hildegard-Krankenhaus. Bei seiner Beerdigung am 2. Januar 1943 gaben ihm sehr viele Genossinnen und Genossen das letzte Geleit.
Das Grab von Max Westphal befand sich ursprünglich auf dem Tempelhofer Friedhof in der Germaniastraße. Als dieser dem Bau einer Autobahn weichen mußte, wurde das Grab nach Hamburg-Ohlsdorf überführt.

Erich Gentsch

Geburtsdatum: 1. August 1893
Mariendorf, Äneasstraße 8
Todesdatum: 24. August 1944

Erich Gentsch wurde am 1. August 1893 in Altenburg (Thüringen) als Sohn des Metallschleifers und Sozialdemokraten Franz Gentsch geboren. Seine Mutter verstarb früh, so daß er mit seinen fünf Geschwistern mutterlos aufwachsen mußte. Nach dem Besuch der Volksschule und einer Lehre als Bauschlosser (1907 bis 1910) ging er auf Wanderschaft. Zurückgekehrt, wurde er in Stuttgart seßhaft und arbeitete von 1913 bis 1920 als Schlosser und Dreher bei Daimler-Benz in Untertürkheim. Als Betriebsratsmitglied und Streikführer wurde er aber entlassen und begann seine Laufbahn als Gewerkschaftsfunktionär.

Erich Gentsch

Seit 1910 war Erich Gentsch Mitglied des Arbeiterbildungsvereins und des Metallarbeiter-Verbandes. Ein Jahr darauf trat er mit 18 Jahren in die SPD ein. 1917 wechselte er zum Spartakus-Bund und wurde 1919, gleich nach deren Gründung, Mitglied der Kommunistischen Partei Deutschlands.
Da er bei einem Arbeitsunfall drei Finger der rechten Hand verloren hatte, wurde er im ersten Weltkrieg nicht zum Militärdienst einberufen.
Parteipolitisch war Erich Gentsch hauptsächlich als Gewerkschaftsredakteur tätig, so von 1924 bis 1928 bei dem Zentralorgan der KPD ›Die Rote Fahne‹. Seit 1927 war er Mitglied des Roten Frontkämpferbundes. 1930 führte ihn sein politischer Lebensweg wieder nach Berlin, wo er bereits 1922 als Redakteur des zentralen Pressedienstes der KPD gearbeitet hatte. Nachdem er

erst im Parteisekretariat der Bezirksleitung Berlin-Brandenburg tätig gewesen war, wurde er noch im gleichen Jahr der Leiter der Revolutionären Gewerkschaftsopposition (RGO), die sich zu einer selbständigen Gewerkschaft entwickelt hatte (siehe Bednareck 1983, S. 24). Im Januar 1933 ist er zum Vorsitzenden des Einheitsverbandes der Metallarbeiter Berlins (RGO) gewählt worden.

Im Jahre 1916 heiratete er Erna Kuhn, die er bei seiner politischen Arbeit kennengelernt hatte und die ihm nach Stuttgart und Berlin gefolgt war. Sie hatten zwei Töchter – Ilse und Hildegard. Die Familie Gentsch wohnte 1933 (laut Amtsblatt der Stadt Berlin vom 2. April 1933) in der Mariendorfer Äneasstraße 8.

Noch am Abend des 30. Januar 1933 wurde Erich Gentsch festgenommen, kam aber nach kurzer Zeit wieder frei. In der Nacht des Reichstagsbrandes (27. Februar 1933) wurde er erneut verhaftet. Bei der Kommunalwahl am 12. März 1933 erhielt er ein Mandat für die Berliner Stadtverordnetenversammlung. Er hatte als Vertreter der KPD im Wahlkreis 11 für den Bezirk Neukölln kandidiert (als Nachrücker). Aber er durfte sein von den Nazis annulliertes Mandat nicht ausüben, zudem war er in ›Schutzhaft‹ genommen. Sein Weg führte ihn über das ›wilde Konzentrationslager‹ in den Kasernen der General-Pape-Straße und die Polizeigefängnisse am Alexanderplatz und in Spandau in eines der ersten ›regulären‹ Konzentrationslager in Sonnenburg (bei Frankfurt an der Oder), wo er bis September 1933 gefangengehalten wurde. Danach blieb er nur noch kurze Zeit in Berlin. 1934 emigrierte er und wurde einer der wichtigsten Funktionäre der kommunistischen Widerstandsarbeit. Er war erst im Saarland, bevor er in der Tschechoslowakei weiter

RATGEBER

FÜR DEN

HAUS-, SCHREBER- UND SIEDLER-GARTEN

VON
GARTENBAUINSPEKTOR
FRANZ MAPPES

ALLGEMEINE VERLAGSANSTALT MÜNCHEN A.-G.

Reproduktion einer Tarnschrift

wirkte. 1935/36 organisierte er dort als Grenzstellenleiter der KPD den Transport illegaler Schriften in das Deutsche Reich. In dieser Zeit gelangten über seinen Grenzapparat Tarnschriften mit den Titeln ›Ratgeber für den Haus-, Schreber- und Siedlergarten‹ oder ›Wie unsere Kakteen gepflegt werden müssen‹ nach Deutschland (siehe Bednareck 1983, S. 37). Seit 1936 teilte er sein Leben wieder mit seiner Ehefrau Erna Gentsch (siehe dort), die bis dahin in Berlin geblieben war. Ab 1937 setzte er seine antifaschistische Arbeit in Amsterdam fort, bis er dort – nach der Besetzung der Niederlande durch die deutsche Wehrmacht seit Mai 1940 – am 23. April 1943 zusammen mit seiner Frau von der Geheimen Staatspolizei festgenommen wurde. Beide wurden nach Deutschland zurücktransportiert. Wegen ›Vorbereitung zum Hochverrat‹ wurde er am 23. Juni 1944 in Nürnberg vom Volksgerichtshof zum Tode verurteilt:

»Im Namen des deutschen Volkes!
In der Strafsache gegen den Schlosser und Dreher Erich Fritz Gentsch aus Amsterdam geboren am 1. August 1893 in Altenburg/Th., zur Zeit in dieser Sache in Haft, wegen Vorbereitung zum Hochverrat, hat der Volksgerichtshof, 1. Senat, auf die am 3. Mai 1944 eingegangene Anklage des Oberreichsanwalts vom 22. März 1944, in der Hauptverhandlung vom 23. Juni 1944, an welcher teilgenommen haben als Richter: Präsident des Volksgerichtshofs Dr. Freisler, Vorsitzender, Kammergerichtsrat Rehse, NSKK-Brigadeführer Heinsius, SA-Brigadeführer Zöbelein, SA-Gruppenführer Hasse, als Vertreter des Oberreichsanwalts: Erster Staatsanwalt Dr. Maaß, für Recht erkannt: Als das deutsche Volk anfing, geschlossen dem Führer treu sein Schicksal zu meistern, emigrierte der Spitzenfunktionär des Berliner kommunistischen Metallarbeiterverbandes Erich Gentsch, wühlte im Saargebiet gegen das Reich, leitete dann von Prag aus den kommunistischen Volksverrat als Grenzstellenleiter, suchte danach Jahre lang als Abschnittleiter von Amsterdam aus Rheinland und Westfalen bolschewistisch zu verseuchen und hetzte zugleich im Ausland gegen unsere nationalsozialistische Lebensart.
Dadurch untergrub er die Freiheit unseres Volkes in seinem inneren Gemeinschaftsleben und schwächte unsere Kampfkraft in einem drohenden schweren Krieg.
Er wird dafür mit dem Tode bestraft.« (Aus: Bednareck 1983, S. 55)
Acht Wochen nach seiner Verurteilung wurde Erich Gentsch am 24. August 1944 in Stuttgart hingerichtet. Einen Tag vor seinem Tode schrieb er noch folgenden Brief an seine Töchter:

»Stuttgart, den 23. August 1944

Meine liebe gute Hildegard, meine liebe tapfere Ilse!
Morgen früh um 5 Uhr hat meine letzte Stunde geschlagen, und was übrigbleibt ist das, was weiterlebt von mir in Euch und Euren Kindern, in meinen Enkeln, die leiblich kennenzulernen mir nicht vergönnt war.
Also das letzte Zusammensein in Nürnberg, der letzte Besuch, den man Euch beiden lieben Mädels gewährt hatte, war das letzte Mal, daß wir uns sahen. Ihr wußtet es an jenem Sonntag vor cc. 14. Tagen bereits. Ich sah es an Hildes Gesicht und Tränen und Ilses ermutigenden Worten.
Was, meine lieben Kinder, soll ich Euch in meiner letzten Stunde schreiben, wenn durch die Feder nicht durch kann, was auf der Zunge liegt. Aber Ihr kennt mich ja, Ihr habt mich gesehen und gehört in Nürnberg, heute vor nur zwei Monaten. Ihr wißt, daß Euer Vater ein guter Kerl war, daß er Euch – und ich sage es selbst – ein lieber Vater, ein Vorbild für das Leben gewesen ist.
Mein Leben endet in Stuttgart, in der Stadt, in der Ihr das Licht der Welt erblicktet. Aber das Stuttgart, das Ihr kanntet, ist vor ca. drei bis vier Wochen vergangen. Stuttgart ist ein Trümmerhaufen. Also gebt Euch bei einem eventuellen späteren Besuch keinen Illusionen hin. Auch von mir werdet Ihr wahrscheinlich nichts finden. Um so sicherer lebe ich in Euch, in Eurer Kinder und Freunde Gedächtnis ...

Die Mama, der Eure ganze Sorge und Anhänglichkeit, Liebe und Zuneigung gehören wird, und Ihr, meine lieben beiden tapferen Mädel – und mit Euch mein Leben und Streben –, werdet in photographischer Treue vor meinen Augen stehen, bis der Tod ein Ende macht! Daran denkt, wenn Ihr meiner in kommenden Zeiten hier und da gedenkt …

Eurer lieben Mama, die man hoffentlich bald freiläßt, habe ich noch direkt einen Abschiedsbrief schreiben können. ›Das Gnadengesuch ist vom Reichsjustizminister abgelehnt – das Urteil wird vollstreckt!‹ Also ist es aus. Euch aber, liebe Kinder, Euren Kindern, der Mama, allen anderen Lieben wünsche ich ein noch recht langes, schönes, glückliches und erfolgreiches Leben. Von ganzem Herzen lebt wohl, lebt wohl. Gedenkt mein! Und tröstet Mama!

Euer Papa

am 23. August 1944 in Stuttgart,

in seinem 51. Lebensjahr.«

(Aus: Deutsche Widerstandskämpfer … Band 1, 1970, S. 508)

Erna Gentsch, geborene Kuhn

Geburtsdatum: 9. Juni 1893
Mariendorf, Äneasstraße 8
Todesdatum: 5. Februar 1945

Die am 9. Juni 1893 in Erfurt geborene Erna Kuhn war seit 1916 mit dem sozialdemokratischen und später kommunistischen Partei- und Gewerkschaftsfunktionär Erich Gentsch (siehe dort)

Erna Gentsch

verheiratet. Das Ehepaar hatte zwei Töchter mit den Namen Ilse und Hildegard. Ihr Ehemann war wie sie aktiv für die kommunistische Partei tätig. „Diese angestrengte und rastlose Tätigkeit Erich Gentschs hatte zur Folge, daß er so manches Wochenende, das er eigentlich für seine Familie geplant hatte, ebenfalls für die politische und ideologische Arbeit der Partei einsetzen mußte.« (Bednareck 1983, S. 21) Die Familie Gentsch wohnte 1933 in Mariendorf, Äneasstraße 8. Erna Gentsch war Funktionärin der kommunistischen Partei auch in Tempelhof, bis sie ihrem Mann 1936 nach Prag in die Emigration folgte. Bis dahin hatte sie in Berlin ausgehalten. Am 23. April 1943 wurden Erna und Erich Gentsch in Amsterdam verhaftet. Aus der Untersuchungshaft schrieb sie folgenden Brief an ihren Mann:

»Düsseldorf, 6. April 1944

Mein lieber Erich!

Ja, das bist Du immer für mich gewesen, vom ersten Tag, da ich Dich kennen- und liebenlernte, vor nun 32 Jahren. Eine lange Zeit und doch so kurz, jetzt, wo wir uns vielleicht niemals wiedersehen. Also war unser Transport von Holland nach Deutschland auch unser Abschied . . . Liebster, mir blutet das Herz, daß ich Dir diesen Brief schreiben muß, doch ich hoffe, daß er für Dich ein, wenn auch nur kleiner, Trost sein wird. Wir wollen gemeinsam an unsere schönen Jugendtage in Leipzig, an schöne Pfingstfahrten in den Thüringer Wald denken. Dann unsere Stuttgarter Zeit mit all den lieben Freunden, Max, Emma und wie sie alle hießen. Dann kamen unsere Kinder, Deine Töchter. Sie sind es so ganz, das zeigt sich jetzt, ohne sie wäre das Leben für mich nicht zu ertragen. Und unsere Enkel, wir kennen sie ja leider noch nicht. Doch einmal wird sich ja das Tor zur Freiheit auftun, und dann werde ich sie in meine Arme nehmen und Dich in ihnen an mein Herz drücken . . . Liebster, wie schön waren unsere Ferientage, die wir zusammen mit unseren Kindern in Oberbayern verlebten. Weißt Du, einmal fanden wir auf unserem Weg . . . in einer Tannenschonung so viele Erdbeeren, daß wir sie unmöglich aufessen konnten . . . Und dann unsere Bergtour nach dem Hohen Gölln. Sie wird uns unvergessen bleiben. Wie herrlich rein und weiß ist die Welt, wenn man so hoch über ihr steht, wie beneide ich jetzt die Vögel, die fliegen können, wohin sie wollen . . .

Nun möchte ich Dir für jedes unfreundliche Wort tausend liebe Worte sagen. Aber so ist der Mensch, erst wenn er etwas verlieren soll, weiß er, was er besessen hat. Neben diesen schönen Erinnerungen ist das Leben für Dich von frühester Jugend an nur Arbeit und Mühe gewesen. Du hattest früh die Mutter verloren und solltest nun, wo Du Kinder und Enkel hast, erst reichlich die Liebe vergolten bekommen, die Du als Kind missen mußtest. Das hat Dir das grausame Schicksal nicht gegönnt.

Meine Gedanken sind Tag und Nacht bei Dir. Ich wünsche mit meinem ganzen Herzen, mit jeder Faser meines Lebens, daß das Schlimmste, Dein Tod, verhindert wird. Ich weiß nicht, wie das geschehen soll, denn an Wunder glauben wir ja beide nicht. Und doch kann der Gedanke, Dich nicht mehr, niemals mehr zu sehen, keinen Platz bei mir finden, dazu haben wir uns zu lieb.

Mein lieber, guter Erich, ich umarme Dich ganz, ganz fest und küsse Dich innig, Dir von ganzem Herzen dankend für die große Liebe, die Du in mein Leben gebracht und mit der Du mich unnennbar glücklich gemacht hast. Ich werde Dich lieben, solange noch ein Hauch Leben in mir ist.

Deine Erna«

(Aus: Deutsche Widerstandskämpfer . . . Bd. 1, 1970, S. 506 f.)

Nach der Untersuchungshaft wurde Erna Gentsch in das seit dem Frühjahr 1939 bestehende Konzentrationslager für Frauen in Ravensbrück eingeliefert. Sie gehörte zu den rund 130 000 Frauen und Mädchen, die von 1939 bis 1945 dort gefangengehalten und zum großen Teil ermordet worden sind (Siehe Zörner 1986, S. 53). Erna Gentsch starb am 5. Februar 1945 – wenige Monate nach dem Tod ihres Mannes am 24. August 1944 – aufgrund der unmenschlichen Haftbedingungen. Sie mußte das Los vieler anderer Frauen teilen. »Im Winter 1944/45, als das Frauenkonzentrationslager katastrophal überfüllt war, hatten Tausende der Häftlinge weder Unterwäsche noch

Strümpfe. Viele waren ohne warme Jacken oder Mäntel, obwohl die SS-Lager mit Kleidungsstücken vollgestopft waren. Im Kleid, manchmal mit kurzen Ärmeln, mußten die Frierenden stundenlang bei den Zähl- oder Strafappellen stehen. Die Unterkühlung des Organismus, zumal bei der Unterernährung, hatte schlimme Erkältungskrankheiten zur Folge und erhöhte die Ansteckungsgefahr. Viele Frauen wurden Opfer der Tuberkulose oder starben an einer Lungenentzündung.« (a.a.O., S. 60 f.) Allein im Februar 1945 – dem Todesmonat von Erna Gentsch – starben 1 514 Mädchen und Frauen (a.a.O., S. 120), kurze Zeit vor der beginnenden Evakuierung aufgrund der näherrückenden Front. Die als ›Todesmärsche‹ in die Geschichte eingegangene Ermordung vieler Frauen und Mädchen dauerte bis zur Befreiung des Frauen-Konzentrationslagers Ravensbrück am 30. April 1945 durch sowjetrussische Soldaten.

Widerstand aus der Sozialistischen Arbeiter-Partei

Im Vergleich zu den großen Arbeiterparteien SPD und KPD besaß die 1931 von der Sozialdemokratie abgespaltene Sozialistische Arbeiter-Partei Deutschlands (SAPD) in der ersten Zeit des Faschismus entscheidende Vorteile für die illegale Arbeit: »1. Als kleine Organisation konnte sie auf einem viel engeren Vertrauensverhältnis ihrer Mitglieder aufbauen und hatte sie bessere Chancen zur Zirkelbildung. 2. Obwohl auch ihre meisten Ortsvorstände den ersten lokalen Verfolgungswellen nicht entgingen und – in der Regel allerdings nur vorübergehend – in ›Schutzhaft‹ gerieten, blieb sie doch von den zentral gesteuerten Terroraktionen zunächst verschont, da sich die Aufmerksamkeit der Nazis vorerst auf KPD und SPD richtete. 3. Verhaftete, die allein wegen ihrer Zugehörigkeit zur SAP festgenommen wurden, konnten darauf hinweisen, daß die Partei ja seit Anfang März vom Vorstand aufgelöst sei. 4. Ihre Kritik an den Fehlern der SPD und KPD und ihr Ruf nach der Einheitsfront erwiesen sich nach dem Sieg des Faschismus für viele Sozialdemokraten und Kommunisten als richtig und brachten der SAP jetzt in diesen Kreisen einen erheblichen Vertrauenszuwachs.« (Drechsler 1971, S. 332)
Aufgrund von Unvorsichtigkeiten und durch Spitzeltätigkeit gelang es der Gestapo allerdings schon im Herbst 1933, die Reichsleitungen der SAPD und deren Jugendorganisation, den Sozialistischen Jugend-Verband, sowie die Bezirksleitung von Berlin aufzuspüren und festzunehmen. Zu den Ende 1934 verurteilten Genossen gehörte auch der 1937 an den Folgen der in der Haft erlittenen Verletzungen gestorbene Günther Keil aus Mariendorf.

Günther Keil

Geburtsdatum: 5. April 1909
Mariendorf, Richterstraße 48
Todesdatum: 18. August 1937

Am 5. April 1909 wurde Günther Keil als Sohn von Hermann Keil (1882–1943) und dessen Ehefrau Paula, geborene Elvers, (1884–1956) in Berlin-Kreuzberg geboren. Seit 1914 wohnte er mit seinen Eltern und Geschwistern in Mariendorf, Richterstraße 48. Wegen guter Schulleistungen (in der 9. Volksschule in der Friedenstraße 23) konnte er zwar kurze Zeit die Eckener-Oberrealschule besuchen, mußte aber von seinen Eltern dort wieder heruntergenommen werden, nachdem der Vater wegen seines Engagements als Betriebsrat seine Stellung verloren hatte. Deshalb absolvierte er eine Lehre als Verkäufer.
Da er aus einem sozialdemokratisch orientierten Elternhaus stammte, lag es nahe, daß er sich entsprechend organisierte. 1925 wurde er Mitglied des Reichsbanners Schwarz-Rot-Gold (Jungbanner) und 1928 trat er in die SPD ein. Als sich 1931 der linke Flügel dieser Partei von ihr trennte und sich als Sozialistische Arbeiterpartei Deutschlands konstituierte, trat er dort ein. Diese neue politische Organisation hatte bis 1933 nur eine kurze Lebenszeit, in der Günther Keil der Tempelhofer Ortsvorsitzende war.
Um seine Familienangehörigen nicht zu gefährden, war er im April/Mai 1933 in den Berliner Stadtbezirk Mitte umgezogen, wo er in der Breiten Straße 29 bei dem Friseur Böttcher ein möbliertes Zimmer gemietet hatte.
Nach dem Machtwechsel 1933 arbeitete er illegal und leitete den Schutzbund seiner Partei in Berlin. Außerdem war er verantwortlich für die Kurierdienste zwischen Berlin und der Tschechoslo-

Günther Keil

Günther Keil

Postkarte der Mariendorfer Gemeindeschule in der Friedenstraße

wakei, von wo aus die SAPD den Widerstand organisierte. Als das Geheime Staatspolizeiamt diese Verbindungen entdeckte, wurde er im November 1933 verhaftet, nachdem bereits im August Genossen von ihm ›hochgegangen‹ waren. Ebenfalls im November inhaftiert wurde Stefan Szende, der Nachfolger des bereits vorher verhafteten Berliner SAP-Vorsitzenden Max Köhler. Stefan Szende hat in einem (bereits erwähnten) Buch seine Lebenserinnerungen beschrieben und geht dort auch auf sein Zusammentreffen mit Günther Keil in einem Charlottenburger SA-Gefängnis ein. (Er schreibt nicht in der Ich-Form, sondern aus Distanzgründen von sich als Stefan.) »Frühmorgens lieferten die SA-Männer Günther K., den Verantwortlichen für den Kurierdienst in Berlin, ein. Er wurde nicht in den Keller zu den anderen gebracht, sondern direkt in die Folterkammer. Stefan und seine Freunde hörten im Nebenraum jeden Schlag, jeden Schrei. Es vergingen etwa zwei Stunden fürchterlicher und ständiger Bearbeitung des neuen Gefangenen. Günther sprach kein Wort. Er schrie unartikuliert. Stefan wurde in die Folterkammer geführt. Er redete seinem Genossen zu: ›Günther, gib zu, du warst Mitglied der SAP. Ich war der politische Leiter in Berlin.‹

Auch Stefan wurde erneut mißhandelt. Bald war die Folterkammer voll von Günthers und Stefans Blut. Eine Frau aus dem gemeinsamen Keller mußte von Zeit zu Zeit das Blut aufwischen. Nachdem sie das mehrmals getan hatte, rannte sie mit voller Wucht mit dem Kopf gegen die Wand, um Selbstmord zu begehen. Aber es gelang ihr nicht. Sie trug nur blutende Wunden im Gesicht und am Kopf davon. Sie wurde beim Blutaufwischen von einer anderen Gefangenen abgelöst. ...

Es muß acht oder neun Uhr gewesen sein, als Kuhn (einer der SA-Männer, ksch) einsah, daß weder Günther noch Stefan den Tag überleben würden, wenn es so weiterging. ...

Ein Arzt wurde herbeigeholt. Er behandelte Günther und Stefan mit Wundsalben. Sie erhielten Kaffee, Butterbrote und schmerzstillende Tabletten. ...«

In einer unbewachten Pause hatte sich Günther Keil mit den Brillengläsern die Pulsadern aufgeschnitten. »Er blutete 20 bis 25 Minuten, ehe der Selbstmordversuch entdeckt wurde. Hastig riefen sie einen Arzt herbei; Sanitäter und hohe Offiziere kamen. Aus unersichtlichen Gründen wollten die Nazis zu dieser Zeit keinen Toten haben. Um zwei Uhr nachts war Günther wieder auf den Beinen und konnte zu den anderen in den Keller gesperrt werden. Zum erstenmal sah er seine Freunde. Bis zu diesem Zeitpunkt hatte er nur die Folterkammer erlebt, nur Stefan und die Frauen, die sein Blut aufwischen mußten, zu Gesicht bekommen. Sturmführer Kuhn gab Günther 15 Minuten Bedenkzeit. Er sollte aussagen – oder die Tortur in der Folterkammer würde fortgesetzt. Kuhn rechnete mit den weichgewordenen Genossen, vor allem den Frauen. Sie sollten Günther zu umfassenden Geständnissen überreden. Es waren jetzt 17 Männer und 6 Frauen in dem dunklen Keller.

Man brauchte Günther nicht zu überreden. Nach dem enormen Blutverlust, nach mehr als 24 Stunden qualvollen Verhörs, zitterte der Vierundzwanzigjährige am ganzen Körper ›Ich kann nichts mehr ertragen. Sie lassen mich nicht sterben. Sie prügeln. Immer mehr. Das kann ich nicht mehr aushalten‹, stotterte der athletisch gebaute, mutige Genosse. Tränen strömten über das verstörte Gesicht.

Der nächste Tag verlief mit dem Protokollieren der Aussagen, auch denen von Günther und Stefan. Es gab keine Prügelszenen mehr. Die SA. z. b. V. schien zufrieden. Für sie war der Fall SAP siegreich abgeschlossen.

Am 1. Dezember kamen die gefangenen Männer in die Columbiastraße in Tempelhof, ins Gefängnis der Gestapo. Dort herrschten die Totenkopfverbände der SS. ...« (Szende 1975, S. 24 ff.) Auch in seiner Haftzeit im »wilden« KZ Columbia-Haus wurde er weiter schwer mißhandelt. (Siehe: Szende 1975, S. 50 f.)

Seine Angehörigen haben erst durch seinen Vermieter von der Verhaftung erfahren. Die tagelange Suche blieb erst erfolglos. Zynisch wurde sogar empfohlen, im Leichenschauhaus nachzusehen. Erst über die wieder freigelassenen Frauen von weiter inhaftierten SAP-Genossen erhielt die Familie Gewißheit über das Schicksal von Günther Keil. Kurze Zeit später erhielt sie ein Paket mit blutiger Wäsche und damit eine Bestätigung für die Mißhandlungen, die der Inhaftierte erleiden mußte. Nach dem mißlungenen Selbstmordversuch kam eine Karte von ihm, mit der er mitteilte, daß es ihm gut gehe. Allerdings kam den Familienangehörigen die Schrift fremd vor, was an seiner Verletzung gelegen haben könnte. Zu Weihnachten 1933 erhielten seine Angehörigen Nachricht, daß Günther Keil ein Paket mit Lebensmitteln empfangen dürfe. Später durfte er im Konzentrationslager Oranienburg – dem Vorläufer des KZ Sachsenhausen – besucht werden. Vor seinem Prozeß war er auch einige Zeit im Moabiter Gefängnis.

Der Prozeß gegen die Mitglieder der Sozialistischen Arbeiterpartei, in dem auch gegen Günther Keil verhandelt wurde, fand vor dem II. Senat des Volksgerichtshofes statt. Die Anklage gegen Max Köhler und seine Genossen wegen ›Vorbereitung zum Hochverrat‹ wurde erst ein Jahr nach den Verhaftungen erhoben. Neben Günther Keil stammte mit Gustav Seeger ein weiterer Angeklagter aus Tempelhof. Dieser wurde zu einem Jahr und drei Monaten Gefängnis verurteilt (Siehe: London-Vertretung der SPD 1946, S. 164 und Auskunft von Herbert George am 2. Juli 1987).

Die ›Gerichtsverhandlung‹ gegen Günther Keil fand vom 26. November bis 1. Dezember 1934 in Berlin statt. Er wurde zu einem Jahr und neun Monaten Gefängnis verurteilt. Bei der Strafzumessung hatte er sehr großes Glück, da die Nazi-Polizei nicht herausgefunden hatte, daß er in der Illegalität der Berliner Leiter des Schutzbundes der Sozialistischen Arbeiterpartei war. Sonst wäre er bestimmt härter bestraft worden. Als er 1936 wieder in die Freiheit entlassen wurde, war er ein kranker Mann. Kurze Zeit später starb er am 18. August 1937 in einem Krankenhaus an den Folgen der Mißhandlungen, die er in der Haft hatte erleiden müssen.

Er wurde auf dem Kirchhof Mariendorf in der Friedenstraße beigesetzt und ruht dort gemeinsam mit seinen Eltern (Abteilung 50, Nummer 50).

Beflaggung Tempelhofer Gebäude und ›freiwillige‹ Teilnahme an Kundgebungen

Die Zeit des Nationalsozialismus zeichnet sich auch in Tempelhof unter anderem durch eine übertriebene, aber durchaus nicht neue, öffentliche Präsentation der entsprechenden Symbole aus. So wurde bereits am 28. April 1933 im Dienstblatt des Bezirksamtes genau ›Beflaggung und Grünschmuck am Feiertage der nationalen Arbeit‹ vorgeschrieben. Es wurde festgelegt, »daß am 1. 5. 1933 auf den staatlichen und kommunalen Dienstgebäuden, den Gebäuden der übrigen Körperschaften des öffentlichen Rechts sowie den Gebäuden der öffentlichen Schulen die schwarz-weiß-rote Fahne, die Hakenkreuzflagge und die schwarz-weiße Fahne gemeinsam zu hissen sind. Bei Vorhandensein nur eines Fahnenmastes ist dieser schwarz-weiß zu beflaggen, während die beiden anderen Flaggen an der Hauptfront zu zeigen sind. Sind zwei Maste vorhanden, so ist an ihnen schwarz-weiß und mit der Hakenkreuzfahne zu flaggen, während schwarz-weiß-rot an der Hauptfront zu zeigen ist. Sind drei Maste vorhanden, so sind sie in der Reihenfolge schwarz-weiß, Hakenkreuz und schwarz-weiß-rot zu beflaggen.
Nach diesem Beschluss sind die städtischen Verwaltungsgebäude und die Schulen im Bezirk Tempelhof wie folgt am 1. Mai 1933 zu beflaggen. Bei dem Vorhandensein nur eines Fahnenmastes (bezw. 1 am Gebäude angebrachte Fahnenstange) ist dieser schwarz-weiß zu beflaggen. Sind 2 Maste (bezw. 2 am Gebäude angebrachte Fahnenstangen) vorhanden, so ist an ihnen schwarz-weiß und mit der Hakenkreuzfahne zu flaggen. Sind 3 Maste (bezw. am Gebäude angebrachte Fahnenstangen) vorhanden, so sind sie in der Reihenfolge schwarz-weiß, Hakenkreuz und schwarz-weiß-rot zu beflaggen.
Ferner sind die Dienstgebäude in Tempelhof, Dorfstr. 42 und Dorfstr. 17 mit grünen Guirlanden zu versehen.
Sodann sind an diesen beiden Gebäuden und an den Verwaltungsdienstgebäuden in Tempelhof, Dorfstr. 3 und Mariendorf, Kaiserstr. 125 und Rathausstr. 70/71 sowie vor den Ortsverwaltungsdienstgebäuden in Lichtenrade und Marienfelde vor dem Eingang je 2 Birken in Kübeln aufzustellen.
… Die Schulen haben die Ausschmückung der Aulen aus Anlaß der Schulfeiern am 1. Mai 1933 selbst vorzunehmen. Grünschmuck kann durch das Gartenamt nicht geliefert werden.
Die in Frage kommenden Dienststellenleiter sind für die genaue und vollständige Ausführung obiger Verfügung verantwortlich. Sie haben sich von der Ausführung dieser Verfügung, soweit sie es nach ihrem pflichtgemässen Ermessen für erforderlich halten, persönlich zu überzeugen. Zur Unterstützung können zuverlässige Beamte der Dienststelle herangezogen werden.«
Am Anfang der Nazizeit wurden offiziell die Fahne des Kaiserreiches ›Schwarz-Weiß-Rot‹ und die Hakenkreuzflagge fast gleichberechtigt gezeigt. Die Farben ›Schwarz-Rot-Gold‹ als Symbol der Weimarer Republik durften nicht mehr gezeigt werden. Im

Laufe der Zeit verschwand auch die Beflaggung mit ›Schwarz-Weiß-Rot‹, und die Hakenkreuzfahne beherrschte allein das Straßenbild.

Aus Anlaß eines ›Staatsbegräbnisses‹ für einen an den Folgen einer Schlägerei verstorbenen SA-Mann mußten auch in Tempelhof am Freitag, dem 30. Juni 1933 sämtliche Dienstgebäude und Schulen halbmast beflaggt werden. Außerdem wurde für diesen Tag angeordnet: »Von 14 bis 14.05 Uhr hat die Arbeit in allen Büros und Betrieben zum Zeichen stillen Gedenkens zu ruhen.« (Dienstblatt ... vom 29. Juni 1933)

Eine weitere Trauerbeflaggung aus ähnlichem Anlaß wurde auch für den 13. September 1933 angeordnet. (Dienstblatt ... vom 13. September 1933)

Wenige Tage nach dem ›Staatsbegräbnis‹ wurden die ›Volksgenossen und Volksgenossinnen‹ aufgefordert, eine ›freiwillige Spende zur Förderung der nationalen Arbeit‹ zu leisten. Diesem Appell schloß sich auch der Tempelhofer Bezirksbürgermeister an:

»An alle Beamten, Angestellten und Arbeiter des Bezirksamtes!

Dem vorseitigen Aufruf der Regierung wird sich niemand verschließen. Jeder der sich zur deutschen Volksgemeinschaft bekennt, muss auch an seinem Teile dazu beitragen, Not und Elend, die heute auf Millionen von Volksgenossen lasten, lindern zu helfen.

Ich erwarte von dem Pflichtgefühl jedes einzelnen dem Volksganzen gegenüber Opferbereitschaft. Jeder Beamte, Angestellte und Arbeiter, soweit er nicht schon eine entsprechende Spende geleistet hat, möge sich damit einverstanden erklären, daß ihm bei der nächsten Gehalts- oder Lohnzahlung ein Prozent (1%) des Monatsnettoeinkommens für die freiwillige Spende in Abzug gebracht wird. Wer größere Spenden leisten will und kann, dem sind in dieser Beziehung keine Schranken gesetzt. Nichtbeteiligung an der freiwilligen Spende erscheint nur verständlich bei Kinderreichen, d. h. Personen mit 4 und mehr Kindern, und bei den diesen gleichzustellenden wirtschaftlich Schwachen.

Die Dienststellenleiter haben die Beträge innerhalb der Dienststelle entgegenzunehmen, auch von denen, die ihr Gehalt über ein Bankkonto bekommen, listenmäßig zu sammeln und die abgeschlossenen Sammellisten mit dem aufgekommenen Betrage umgehend an die Bezirkskasse abzugeben.« (Dienstblatt ... vom 7. Juli 1933) Diese Sammlung von Spenden sollte nur der Anfang sein, später wurde regelmäßig für alle möglichen Institutionen und Zwecke – natürlich nur insoweit es dem NS-Regime paßte – gesammelt.

Neben der häufigen Beflaggung wurden mehrfach zusätzlich die ›freiwillige‹ Teilnahme an bestimmten Veranstaltungen vorgeschrieben, wie zum Beispiel für Freitag, dem 15. September 1933 zur feierlichen Eröffnung des Staatsrates:

»Sämtliche Beamte, Angestellten und Arbeiter einschließlich Afü-Arbeiter versammeln sich zur Anhörung der Rundfunkübertragung der feierlichen Eröffnung des Staatsrates, die um 11 Uhr erfolgt. Die Rundfunkübertragung erfolgt für die Beamten pp. aus den Ortsstellen

a) Tempelhof und Mariendorf in den ›Kurfürst-Lichtspielen‹, Bln.-Tempelhof, Dorfstr. 22,

b) Marienfelde in der 10. Volksschule (Turnhalle) in Bln.-Marienfelde, Dorfstr. 53,

c) Lichtenrade

1. für die Arbeiter pp. der Baumschule und etwa sonst in Li. beschäftigte Arbeiter des Gartenamts in der 11. Volksschule in Bln.-Lichtenrade, Roonstr. (Turnhalle),
2. für alle übrigen Beamten pp. im Realgymnasium in der Moltkestr. (Turnhalle) Um allen Beamten eine Teilnahme an der Feier zu ermöglichen, werden sämtlichen Dienststellen einschließlich Kassen und Standesämter geschlossen, und zwar

a) in Tempelhof, Lichtenrade und Marienfelde von 10.30 bis 12.30 Uhr
b) in Mariendorf von 10-12.30 Uhr.« (Dienstblatt . . . 14. September 1933)

Die Teilnahme an weiteren Rundfunkübertragungen war ebenso ›freiwillig‹ wie über-
wacht, so daß sich die meisten Leute wohl meist nur ungern an den langweiligen Veranstaltungen beteiligten.

›Freiwillig‹ war wohl auch die Teilnahme am Vortrag des Reichsluftschutzbundes am
26. September 1933 – mehrere Jahre vor Beginn des 2. Weltkrieges! – in der Aula des
damaligen Realgymnasiums Tempelhof, Kaiserin-Augusta-Straße 19-20 »für diejeni-

gen Beamten, Angestellten und Arbeiter ..., die durch Beurlaubung usw. verhindert waren, an den bisherigen Vorträgen teilzunehmen ...

Es wird angenommen, daß sämtliche Beamte usw., die bisher nicht teilgenommen haben, den Vortrag besuchen.

Der Reichsluftschutzbund hat gebeten, allen Beamten usw. den Dank der Bezirksgruppe für das bei den Vorträgen gezeigte Interesse auf diesem Wege zum Ausdruck zu bringen und alle Teilnehmer zu ersuchen, dem Reichsluftschutzbund als Mitglied beizutreten. Die Beitragsfestsetzung soll durch Selbsteinschätzung und zwar je nach der sozialen Stellung und pekuniären Lage vorgenommen werden. Wir geben diese Aufforderung hierdurch weiter und empfehlen dringend, ihr zu entsprechen. Der Beitritt zum Luftschutzbund muß gerade für den Tempelhofer Beamten, der über die Bedeutung des Flugwesens und damit die Gefahr von Luftangriffen durch tägliche Anschauung aufgeklärt wird, als nationale Pflicht gelten.

Formulare für Aufnahmeerklärungen können in der Botenmeisterei – Herrn Niedack – in Empfang genommen werden.« (Dienstblatt ... vom 16. September 1933)

Unter der nationalsozialistischen Herrschaft wurde bekanntlich – jedenfalls öffentlich – in der Regel nicht mehr ›Guten Tag!‹ oder ›Auf Wiedersehen!‹ gesagt, sondern der ›Deutsche Gruß‹ ausgesprochen. Dies mußten viele Tempelhofer Volksgenossinnen und Volksgenossen im Bezirksamt erst lernen und wurden deshalb in dem am 30. September 1933 herausgegebenen Dienstblatt informiert: »Der Oberbürgermeister hat angeordnet, daß auch diejenigen städtischen Bediensteten, die Uniform tragen, zukünftig im Dienst und innerhalb der Dienstgebäude und Anlagen nur mit dem ›Deutschen Gruß‹ zu grüßen haben, auch wenn sie eine Kopfbedeckung tragen.

Der ›Deutsche Gruß‹ besteht nach der Anordnung in dem Erheben des rechten Armes (!) in beliebiger Ausführung. Das bisher übliche Grüßen durch Abnehmen des Hutes fällt dadurch selbstverständlich fort.

Wird der Gruß noch durch Begleitworte bekräftigt, so ist stets mit den Worten ›Heil Hitler‹ zu grüßen und ebenso zu danken.«

Die Behandlung des Themenkomplexes der faschistischen Feiern und ihrer Rituale soll mit einem Bericht aus den von der Exil-SPD herausgegebenen ›Sopade‹-Berichten über die Mai-Veranstaltung 1935 fortgesetzt werden: »Im großen und ganzen bot sich dasselbe Bild wie im Vorjahre. Der Zwang zum Antreten war allgemein. Die Absperrung auf dem Tempelhofer Feld war noch schärfer als vor einem Jahr. Wer erst einmal auf dem Tempelhofer Feld selbst angelangt war, konnte nicht mehr herunter. Aber schon auf dem Anmarsch haben sich nach bekannter Übung wieder große Massen verdrückt. Alle Verkehrsmittel, die vom Tempelhofer Feld in die Stadt zurückfuhren, waren schon um 11 und 12 Uhr übervoll. Die Gesamtbeteiligung hat durch das schlechte Wetter gelitten. Die Teilnahme von Frauen über 40 Jahre war diesmal als unerwünscht bezeichnet worden. Die Reden, die auf dem Tempelhofer Feld gehalten wurden, haben so gut wie keinen Eindruck gemacht. Das Versprechen Hitlers, die Arbeitslosigkeit noch in diesem Jahr völlig zu beseitigen, wurde sehr kühl aufgenommen; man will eben abwarten, was wirklich kommt.

Die SA bildete in der Teltower- und den weiteren Straßen zum Tempelhofer Feld Spalier. Die SA-Leute haben stundenlang in der Kälte stehen müssen, um Hitler vorbeifahren zu sehen. Sie haben gefroren und geschimpft. Die NSV sorgte zwar in mehr als ausreichendem Maße für Getränke, aber sie hatte sich auf warmes Wetter eingerichtet und infolgedessen zunächst nur Himbeerwasser und ähnliches zur Verfügung gestellt. Erst Stunden später wurde etwas Kaffee, hier und dort auch etwas Schnaps verabfolgt. Die SA-Leute murrten ganz offen und erklärten, daß man ihnen lieber hätte Stullen geben sollen, als den Bauch mit Wasser voll zu füllen.

Nachmittags haben dann zum Teil Betriebsgemeinschaftsfeiern stattgefunden, bei denen es Freibier und warme Würstchen gab. Bei einem Betrieb war es z. B. so geregelt, daß sich die Leute die Biermarken beim Meister einzeln abholen mußten. Das wurde ihnen natürlich bald zu dumm, so daß viele Arbeiter es vorzogen, zu verschwinden und die ganze Gemeinschaftsfeier ein vorzeitiges Ende fand.

Die Jugendkundgebung im Lustgarten war diesmal nur auf die 1. und 2. Klasse beschränkt, während die 3. und 4. Klasse Gemeinschaftsempfang in den Schulen hatte.

Viele Kreise der sozialistischen Opposition veranstalteten am 1. Mai in Ausfugslokalen usw. Zusammentreffen, die als Kaffeekochen usw. getarnt wurden. Bei diesen Zusammentreffen waren die Genossen, weil das Wetter sehr schlecht war, meist ganz unter sich. Es wurden gemeinsame Lieder gesungen, natürlich unpolitische, z. B. Arbeiterjugendlieder, Wanderlieder usw., aber auch ›Wann wir schreiten ...‹ (Sopade 1935, S. 414 f.)

Die nationalsozialistischen Mai-Rituale wurden auch in den folgenden Jahren begangen, wenn es auch im Laufe der Zeit etwas schwieriger wurde, hunderttausende von Menschen für die langweiligen Feiern zu mobilisieren.

Marsch der Werkscharen der Deutschen Arbeitsfront aus Tempelhofer Betrieben zur Maifeier 1936 auf dem Tempelhofer Feld.

Die olympische Fackel wurde 1936 auch durch Tempelhof getragen (Berliner Straße Ecke Kaiser-Wilhelm-Straße. Die erstgenannten heißen heute Tempelhofer Damm Ecke Burgemeisterstraße).

Ein besonderes bezirkspolitisches Ereignis galt es im Jahr der Olympiade 1936 auf dem Boelcke-Sportplatz zu feiern, als ein Kleinkaliberschießstand der NSDAP eingeweiht wurde; hier die Eröffnung durch den Bezirksbürgermeister Bruns-Wüstefeld am 16. Januar 1936.

Frauenbewegung in Tempelhof?

Die bürgerliche deutsche Frauenbewegung scheint einen Bogen um Tempelhof gemacht zu haben, wenn man vielleicht von der Schriftstellerin Maria Köchling absieht, die 1921 von der Richnowstraße 3 aus ›Die Beamtenfrau. Zentralorgan für die Interessenvertretung aller Beamtenfrauen und Beamtinnen‹ redigierte. Ansonsten wäre nur noch auf die Gruppen des Vaterländischen Frauenvereins des Deutschen Roten Kreuzes hinzuweisen und auf eine Spur, die die völkisch-nationale Richtung um die Zeitschrift ›Die deutsche Kämpferin‹ hinterlassen hat. Das Blatt erschien seit 1933 und versuchte mit seinen Beiträgen vergeblich, »die führenden Männer mit größtem Ernst darauf aufmerksam zu machen, daß ›der Staat nicht noch einmal wieder als Staat des Mannes geordnet werden darf, sondern als Lebensraum des ganzen deutschen Menschen, der aus Mann und Frau besteht, eingerichtet werden muß.‹« (So ist ein Artikelauszug überliefert in: Die Frau 1933, S. 568) Diese Anbiederung an den Nationalsozialismus, die bis zur Propagierung der ›wehrhaften Frau‹ zur Landesverteidigung ging, scheiterte im Juni 1937, als den Abonnent(inn)en von der Wieserstraße 34 aus das Verbot der Zeitung – über welche ansonsten sehr wenig bekannt ist – mitgeteilt werden mußte.

SPD und KPD im Faschismus

Der antifaschistische Widerstand gegen das NS-Regime kostete vor allem auf kommunistischer Seite das Leben vieler, oft unbekannt gebliebener Menschen. Bei der KPD war die illegale Massenarbeit anfänglich sehr stark von der Hoffnung auf einen baldigen Umsturz geprägt. Der kommunistische Widerstand bestand wesentlich aus der Herstellung und Verteilung einer Fülle von Flugschriften und illegalen Zeitungen, die teilweise auch aus dem Ausland bezogen wurden. Im Herbst 1934 erschienen in Berlin 78 Unterbezirks-, Stadtteil- und Betriebszeitungen der KPD, darunter auch ›Der Ausweg‹ aus Tempelhof in 200 bis 300 Exemplaren (Siehe Mammach 1974, S. 64). Auch nach mehreren Verhaftungswellen gelang es immer wieder, vorsichtiger werdend und aus Fehlern lernend, die KPD in der Illegalität zu reorganisieren. Zu den bedeutendsten Gruppen gehörte die von Robert Uhrig (1905 bis 1944) geleitete Widerstandsorganisation, die entstanden war, nachdem es der Gestapo im Sommer 1936 gelungen war, eine Reihe von KPD-Funktionären zu verhaften. Der Uhrig-Gruppe war es auch gelungen, Kontakte zu vielen Betriebszellen herzustellen und dort insbesondere nach dem Beginn des zweiten Weltkrieges die Rüstungsproduktion zu sabotieren. Es gab auch Verbindungen zu Tempelhofer Betrieben (Vgl. Kraushaar 1981, S. 144 ff. und den folgenden Abschnitt).
Eine wichtige Rolle für die kommunistische Widerstandsarbeit spielte die im Oktober 1935 in einem Vorort von Moskau stattgefundene Konferenz, die aus Tarnungsgründen ›Brüsseler Konferenz‹ genannt wurde. Offiziell wurde der ›Sozialfaschismus‹-Vorwurf gegenüber der SPD zurückgenommen, mit dem bereits seit der Weimarer Zeit die Zusammenarbeit mit der Sozialdemokratie verhindert wurde. Die angestrebte Einheitsfront mit der Sozialdemokratie und die postulierte Volksfront aller NS-Gegner waren die wesentlichen Ergebnisse dieser Konferenz, die in den folgenden Jahren die Politik der KPD bestimmten.

Berlin-Tempelhof
Wiesenerstr. 34
Im Juni 1937

Sehr geehrte Frau!
Sehr geehrter Herr!

Leider ist "Die Deutsche Kämpferin" Ende Mai bis auf weiteres
verboten worden. Unsere Verhandlungen wegen Wiederfreigabe sind
bis jetzt ohne Erfolg geblieben.

Schriftleitung und Verlag, die von dem Verbot sehr stark betroffen sind, bedauern ausserordentlich, Ihnen neue Hefte der Zeitschrift
vorerst nicht liefern zu können. Obwohl nach den Bezugsbedingungen
bei höherer Gewalt ein Anspruch auf Rückerstattung der Gebühren
nicht besteht, liefert Ihnen der Verlag beiliegend als Ersatz für
die Bezugszeit bis einschliesslich September sein neuestes Frauen-
buch und ist Ihnen verbunden, wenn Sie seine Arbeit durch Ihre Mithilfe an der Verbreitung seines Frauenschrifttums und seiner sonstigen
Veröffentlichungen unterstützen.

Über die vorliegenden Werke unterrichtet Sie der Anzeigenteil am
Schluss des beiliegenden Buches.

Mit deutschem Gruss
ergebenst

Schriftleitung und Verlag
   "Die Deutsche Kämpferin"

Die illegale Arbeit der sozialdemokratischen Widerstandsgruppen wurde, ähnlich wie bei der KPD, wesentlich durch im Ausland befindliche Grenzsekretariate aufrechterhalten. Über diese Stützpunkte wurden die illegalen Schriften nach Deutschland eingeschleust. Es wurde aber darauf verzichtet, wie die KPD illegale Massenorganisationen aufzuziehen, bei denen die große Gefahr der Entdeckung bestand. Die Gefährdung der illegalen Arbeit wurde durch die ständige Perfektionierung des Verfolgungsapparates immer größer.

Es gab nur punktuell eine Zusammenarbeit zwischen den großen Arbeiterparteien, wie zum Beispiel den gemeinsamen Aufruf zur Einheitsfront, der zwischen der illegalen Bezirksleitung Berlin-Brandenburg der SPD und der (kommunistischen) Roten Hilfe im Mai 1935 vereinbart wurde. Auch ein gemeinsamer Appell des Berliner Volksfront-Ausschusses, der Ende 1936 von führenden KPD-, SPD- und SAPD-Mitgliedern unterzeichnet wurde, blieb eine Ausnahme. (vergleiche: Ludwig/Heinemann-Grüder 1983, S. 17 ff.)

Verfolgung mit allen Mitteln

Im Kampf gegen die Gegner des Nationalsozialismus setzte die Geheime Staatspolizei auch logistische Mittel, wie Verzeichnisse und Karteien, ein. Dies belegt der folgende Brief:

»Preußische Geheime Staatspolizei   Berlin, den 12. Dezember 1935
Der stellv. Chef und Inspekteur.
B.-Nr. G. 3191/35-II 1 A (A)

                                                             Geheime Reichssache

An
die Preußischen Staatspolizeistellen (...)
Um jederzeit in der Lage zu sein, einen empfindlichen Schlag gegen linksradikale staatsfeindliche Elemente führen zu können, ersuche ich, umgehend getrennte Verzeichnisse von Kommunisten und Marxisten anzulegen, die gegebenenfalls auf hiesige Anweisung sofort in Schutzhaft zu nehmen sind.
Es kommen insbesondere solche Personen in Frage, die auf Grund ihrer politischen Einstellung eine Gefahr für den Bestand des Staates bilden.
Die Verzeichnisse, die zweckmäßig in Form von Karteien anzulegen wären, sind stets auf dem laufenden zu halten.
Der Runderlaß vom 29. Juli 1935 – B.Nr.G.2267/35 II 1 A 1/J – betreffend Inschutzhaftnahme von Kommunisten – wird hiervon nicht berührt.

                                                 In Vertretung: gez. Heydrich.
                                                                     Beglaubigt:
                                                             Kanzleiangestellte«

(Studienkreis ... AN 3502)
Nach dem Überfall der deutschen Wehrmacht auf Polen, mit dem der zweite Weltkrieg begann, setzte eine weitere Verschärfung der Unterdrückung der politischen Gegner des Nationalsozialismus ein. Bei einer Verhaftungsaktion verlor auch der in Tempelhof lebende Sozialdemokrat Lothar Erdmann erst seine Freiheit und kurz darauf sein Leben.

Lothar Erdmann

Geburtsdatum: 12. Oktober 1888
Tempelhof, Paradeplatz 3
Todesdatum: 18. September 1939

Am 12. Oktober 1888 wurde Lothar Erdmann als Sohn des Philosophie-Professors Benno Erdmann in Breslau geboren. Nach dem Abitur 1905 in Bonn studierte er in Freiburg, Berlin und Bonn Geschichte und Philosophie. In London, wo er das Studium fortgesetzt hatte, bekam er Kontakt zur Fabian Society. »Es handelte sich um einen Kreis idealistisch orientierter, künstlerisch versierter Sozialisten.« (Beier 1983, S. 42) Nach dem ersten Weltkrieg – er hatte sich als Freiwilliger gemeldet und wurde Kompanieführer – trat er im Dezember 1918 der SPD bei. Von 1921 bis 1923 leitete er die Presseabteilung des Internationalen Gewerkschaftsbundes in Amsterdam, wo er vorher als Korrespondent von Wolffs Telegraphen-Büro, einer Nachrichtenagentur, gearbeitet hatte. Beim Internationalen Gewerkschaftsbund hatte er Theodor Leipart kennengelernt, mit dem er ein bildungspolitisches Buch veröffentlicht hatte. Im Anschluß an seine Amsterdamer Tätigkeit ging er als Chefredakteur zu der von Theodor Leipart herausgegebenen wissenschaftlichen Zeitschrift des Allgemeinen Deutschen Gewerkschaftsbundes ›Die Arbeit, Zeitschrift für Gewerkschaftspolitik und Wirtschaftskunde‹ nach Berlin. Die erste Ausgabe erschien im Juli 1924. Im gleichen Jahr veröffentlichte er als weiteres Buch ›Die Gewerkschaften im Ruhrkampf‹.
Lothar Erdmann, der 1916 Elisabeth Macke, die Witwe seines verstorbenen Freundes, des bekannten Malers August Macke, geheiratet hatte, wohnte mit seiner Familie in Neu-Tempelhof, Paradeplatz 3 (heute Adolf-Scheidt-Platz 3). Der Ehe entstammen zwei Söhne und eine Tochter. Zur Familie gehörten außerdem noch die beiden Söhne aus der ersten Ehe seiner Frau.
Nach der Besetzung der Gewerkschaftshäuser am 2. Mai 1933 verlor er seine Stellung als Sekretär des Allgemeinen Deutschen Gewerkschaftsbundes. Er schlug sich bis zu seiner Verhaftung als freier Schriftsteller durch, hatte es allerdings abgelehnt, für nationalsozialistische Blätter zu arbeiten. Zu Beginn des zweiten Weltkrieges wurde er am 1. September 1939 »zusammen mit über hundert anderen Funktionären der Arbeiterbewegung« (Beier 1983, S. 44) verhaftet und am 5. September in das Konzentrationslager Sachsenhausen eingeliefert. Als er dort bei einem Appell gegen die Mißhandlung eines Mithäftlings eintrat, wurde er von den SS-Wachmannschaften schwer mißhandelt. Außerdem wurde ihm der Kopf kahlgeschoren. Nach seiner Versetzung in die Strafkompanie wurde er stundenlang mit rückwärts gefesselten Händen an einen Pfahl gehängt. Darüber berichtet sein Mithäftling Erich Lübbe später: »Ihm waren beide Arme wahrscheinlich ausgekugelt, und er hatte auch innere Verletzungen. In das Revier durfte Erdmann nicht eingeliefert werden. Mit Hilfe von Häftlingen aus der Schreibstube gelang es, ihn in das Kommando der Lumpentrenner zu stecken, wo er wenigstens am Tage sitzen konnte. Seine Arme waren schon am zweiten Tag unförmig angeschwollen und schillerten in allen Farben. Er selbst war vollkommen apathisch. Ich kann heute nicht mehr sagen, wieviel Tage unser Kollege Erdmann diese Qualen ausgehalten hat. Mir ist nur noch in Erinnerung, daß er ca. 14 Tage nach der Einlieferung den Verletzungen, die zu einer Blutvergiftung geführt hatten, erlegen ist. Das war einer der unmenschlichsten Morde, die ich in den 6 Jahren im Lager Sachsenhausen erlebt habe.« (aus: Beier 1983, S. 46) Lothar Erdmann ist am 18. September 1939 seinen Verletzungen erlegen.

*Die Familie Erdmann 1927 vor ihrem Haus in Neu-Tempelhof, Paradeplatz 3
(v.l.n.r.: Dietrich Erdmann; Sofie Gerhardt, Mutter von Elisabeth Erdmann;
Wolfgang Macke; Elisabeth, Lothar und Constanze Erdmann)*

»An seinem Grabe in Berlin-Tempelhof versammelten sich die Freunde aus allen Phasen seines Lebens, in stummer Ehrfurcht, der Gestapospitzel nicht achtend, Zeugnis abzulegen für ihn, der gestorben war, wie er gelebt hatte: Um des Menschen willen.« (Seidel 1950, S. 6)
Nach der Auflösung des Friedhofs in der Germaniastraße – wo er ursprünglich beerdigt war – erfolgte wegen des Baus der Stadtautobahn eine Umbettung. Die sterblichen Überreste von Lothar Erdmann befinden sich heute auf einem ›Ehrenfeld‹ – nicht für die Opfer des Nationalsozialismus, sondern der Kriegstoten – auf dem Tempelhofer Parkfriedhof in der Gottlieb-Dunkel-Straße 26 (Feld 36, 6. Reihe, 21. Grabplatte).
Zur Ehrung von Lothar Erdmann wurde in Marl eine Straße nach ihm benannt.

RICHTIG! FIIT!

*AUS SICHERER QUELLE VERLAUTET, DASS ANGRIFF AUF DIE
GEWERKSCHAFTEN UNMITTELBAR NACH DEN WAHLEN BEVORSTEHT!
GEBT NACHRICHT WEITER! SORGT DASS FUEHRER SICH SICHERN
(SCHUTZHAFT ALS GEISELN IM STREIKFALL!) TREFFT EUERE MASS-
NAHMEN FUER ALLERSCHLIMMSTE SITUATION!!*

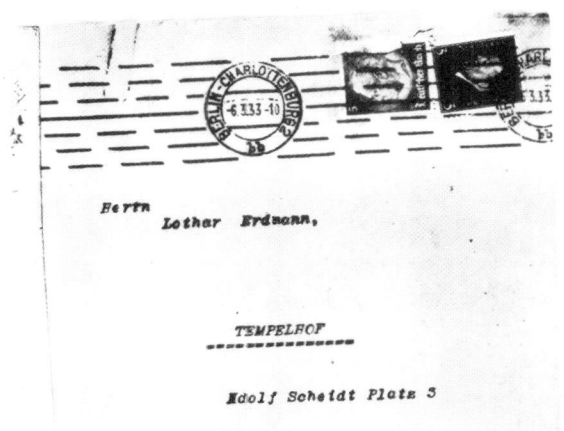

Brief an Lothar Erdmann, der in den Akten des Bundesvorstandes des
Allgemeinen Deutschen Gewerkschaftsbundes gefunden wurde.

Lothar Erdmann, ca. 1937

Betriebliche Widerstandsgruppen

Der antifaschistische Widerstand aus der Arbeiterbewegung ist lange Zeit zu wenig beachtet worden. »Es ist heute in der Forschung anerkannt, daß viele Arbeiter, vornehmlich Mitglieder der verbotenen linken Parteien und der Gewerkschaften, Widerstand geleistet haben und daß sie schon allein von der Zahl her das Hauptkontingent der politisch Verfolgten darstellten.« (Peukert 1983, S. 635)

Nachdem am 2. Mai 1933 die Gewerkschaften aufgelöst und in die nationalsozialistische Deutsche Arbeitsfront überführt worden waren, sind die Betriebs- und Personalräte ebenfalls abgeschafft worden. Trotzdem entstanden bald darauf auch in Tempelhof und Mariendorf sowie in Marienfelde antifaschistische Betriebszellen, die versuchten, die Kolleginnen und Kollegen über den Nationalsozialismus aufzuklären und für Abwehraktionen zu gewinnen. Einige der Betriebsgruppen hatten nur kurze Lebensdauer, bis sie von der Polizei aufgespürt wurden. Aber es gab auch Zusammenhänge, die teilweise jahrelang aufrecht erhalten bleiben konnten bzw. immer wieder neu entstanden.

Mit dem Kriegsbeginn 1939 verstärkte sich auch in den Industriegebieten am Teltowkanal, in Mariendorf und in Marienfelde die Aktivität von betrieblichen Widerstandsgruppen. War sie in den Jahren nach 1933 hauptsächlich auf die Verbesserung der Arbeitsbedingungen ausgerichtet gewesen, geriet nun die Sabotage der Produktion von Rüstungsgütern mehr und mehr in den Mittelpunkt ihrer Tätigkeit.

Über einige Widerstandsgruppen aus Tempelhofer Betrieben sind Berichte über deren Aktivitäten erhalten geblieben bzw. waren spärliche Informationen zu erhalten, wobei die Zuordnung zu den Bezirksteilen aufgrund von inzwischen erfolgten Veränderungen nicht immer dem heutigen Stand entspricht.

Aufgrund von Kapitalumstrukturierungen und Firmenauflösungen gibt es manche Betriebe heute nicht mehr bzw. nicht mehr unter dem damaligen Namen. Soweit es ohne große Mühe möglich war, die entsprechenden Angaben zu aktualisieren, ist dies getan worden.

Daimler-Benz AG (Marienfelde)

Das Daimler-Benz-Werk (heute: Daimlerstraße 113-165) bestand in den Jahren 1933 bis 1945 aus drei Teilwerken, in denen Lastwagen (Werk 40), Flugmotoren (Werk 90) und Bootsmotoren (Werk 42) hergestellt wurden. »Nach der Verlagerung der Bootsmotorenfertigung nach Stuttgart-Untertürkheim 1943 wurden hier Panzerwagen hergestellt.« (Pohl u. a. 1986, S. 79) Daneben wurden ab 1936 auch Sturmgeschütze und -haubitzen entwickelt. (a.a.O., S. 105) Die offiziöse Geschichtsschreibung verschweigt, daß das am Anfang der dreißiger Jahre wegen der wirtschaftlichen Depression vorübergehend stillgelegte Werk bereits »im Verlauf des Jahres 1933 als reiner Rüstungsbetrieb wieder eröffnet wurde« (Roth 1987, S. 168).

Bereits kurz nach der nationalsozialistischen Machtübernahme wurden im Rahmen von Massenverhaftungen anläßlich der Abschaffung der Arbeiterräte im März 1933 auch Belegschaftsmitglieder von Daimler-Benz ihrer Freiheit beraubt. Um die Angehörigen der inhaftierten Kollegen, die ja nun kein Einkommen mehr hatten, zu unterstützen, wurde in den Abteilungen Geld gesammelt. Aus diesen Solidaritätsaktionen,

Marienfelde   Fabrik der Daimler-Motoren-Gesellschaft

Ansichtskarte mit dem (späteren) Werk Marienfelde der Daimler-Benz AG

die auch in den folgenden Jahren fortgesetzt wurden, entstand hier wie anderswo ein Ansatzpunkt für die Organisierung des antifaschistischen Widerstandes. Im Marienfelder Werk von Daimler-Benz bildete sich 1933/34 eine Widerstandsgruppe, die eine illegale Betriebszeitung ›Betriebs-Echo‹ herstellte und verbreitete. Von den Gruppenmitgliedern wurden auch Flugblätter verteilt und eine ›Arbeite langsam‹-Bewegung organisiert. Damit sollte die Herstellung der für die Rüstungsindustrie benötigten Fahrzeugmotoren gestört werden.

Während des Krieges gab es bei Daimler-Benz eine weitere Widerstandsgruppe, die von dem Dreher Erich Krause geleitet wurde. Der Kommunist war seit 1936 dort beschäftigt. Die antifaschistische Betriebszelle teilte sich in mehrere kleine Gruppen im Flugmotoren- und Lastwagenwerk auf, denen 1938 ungefähr 50 Arbeiter angehörten, die vor 1933 meist Mitglieder der KPD und SPD waren. Die illegalen Betriebsgruppen waren nach einem Zehner-Gruppen-System aufgebaut. Danach kannten sich immer nur zehn Leute untereinander und konnten so beim Auffliegen der Gruppe unter den Folterungen der Polizei keine weiteren Mitglieder verraten. Der Leiter einer weiteren Daimler-Benz-Widerstandsgruppe, Paul Klimmek, berichtete später, wie der Zusammenhalt der Zehner-Gruppen-Leiter aufrechterhalten wurde: »Ich war als Rohrleger in die Abteilung ›Allgemeiner Betrieb‹ versetzt worden und hatte so die Möglichkeit, durch alle Abteilungen und Büros zu kommen. Ich war unkontrollierbar und hatte Verbindungen mit allen Gruppen.« (Klimmek 1981)

In der Betriebszelle arbeitete auch Charlotte Uhrig mit, die eine Personalabteilung im Flugmotorenwerk leitete. »Zwischen einigen Meistern, Werkstattschreibern, Angestellten und mir war ein solches Verhältnis entstanden, daß jeder auf Grund der Haltung, bestimmter Bemerkungen und vorsichtig geführter Gespräche wußte, was man voneinander – im positiven Sinne – zu halten hatte.« (Uhrig 1981)

Das »Betriebs-Echo« wurde unter anderem auch bei Daimler-Benz in Marienfelde verteilt, um die Belegschaft über die Hintergründe der Ermordung von SA-Führern Ende Juni/Anfang Juli 1934 aufzuklären.

Nach einer ersten Verhaftungsaktion im Jahre 1938, bei der mehrere Ingenieure in das KZ Sachsenhausen gebracht wurden, erfolgte im Mai 1943 ein zweiter, diesmal umfassenderer Schlag gegen die Betriebszelle. Nach mehreren Prozessen, die im März 1944 stattfanden, wurden viele Belegschaftsmitglieder zum Tode verurteilt und im Juli und August 1944 im Zuchthaus Brandenburg hingerichtet. Der Zellenleiter Erich Krause starb am 11. Juli 1944 auf dem Schafott.

Soweit bisher bekannt, wurden neben Herbert Reinert – auf den am Ende des Berichtes über Daimler-Benz genauer eingegangen wird – und Erich Krause mindestens fünf weitere Daimler-Benz-Kollegen wegen ihrer Widerstandstätigkeit ermordet: Der Maschinenschlosser Fritz Kannenberg, der seit 1936 in Marienfelde arbeitete, wurde am 16. März 1944 zu vier Jahren Zuchthaus verurteilt. Ein knappes Jahr später ist er am 15. Januar 1945 im Zuchthaus Sonnenburg ermordet worden. Der Dreher Erwin Petsch, der als technischer Zeichner tätig war, wurde am 16. März 1944 mit dem Tode bestraft und am 17. Juli 1944 im Zuchthaus Brandenburg hingerichtet. Das Todesurteil gegen Karl Scherer, der seit 1934 als Dreher beschäftigt war, wurde am 17. April 1944 ausgesprochen und im Januar 1945 im Zuchthaus Sonnenburg vollstreckt. Der Schlosser Kurt Schöne arbeitete bis zu seiner Verhaftung als Radialbohrer. Am 16. März 1944 wurde er mit dem Tode bestraft und am 30. Mai 1944 in Brandenburg ermordet. Hans Schwenke, Dreher, ist am 24. August 1944 zum Tode verurteilt und am 22. September 1944 in Plötzensee hingerichtet worden. Diese Männer waren in dem ›Kampfbund gegen Faschismus‹ organisiert. Sie zahlten Beiträge und Spenden, mit denen Flugblätter und illegale Zeitungen hergestellt und vertrieben wurden. Sie veranstalteten auch Lotterien für einen Kampffonds, versteckten verfolgte jüdische Menschen und forderten ihre Kollegen auf, langsam zu arbeiten, um die Kriegsproduktion zu stören.

Im gleichen Zusammenhang standen mindestens sechs weitere Männer vor Gericht, über deren Schicksal nur wenig mehr bekannt ist als ihre Namen: Alfred Betkerowitsch (Kontrolleur), Friedrich Blietz (Revisor), Edmund Häumann (Metallbohrer, er wurde am 16. März 1944 zu drei Jahren Gefängnis verurteilt), Edmund Pawelski (Schmied), Ewald Reinke (Materialausgeber) sowie Otto Pliquit (Kontrolleur) aus Lichtenrade, Nuthestraße 37. Nach der Verhaftungsaktion im Sommer 1943 und der Ermordung vieler Widerstandskämpfer hielten sich die Überlebenden aus Sicherheitsgründen mit ihren Aktivitäten zurück. »Gegen Kriegsende wurde die Zerstörung der Personalunterlagen des Werks Berlin-Marienfelde durch die Aktion einer deutschen Widerstandsgruppe verhindert.« (Roth 1987, S. 246)

Der Widerstand der ausländischen Zwangsarbeiter gegen die unmenschlichen Arbeitsbedingungen ist noch nicht ausreichend erforscht. So ist auch noch zu klären, »was mit jenen 50 französischen Kriegsgefangenen geschah, die 1944 die Arbeitsaufnahme im Berlin-Marienfelder Panzerwerk unnachgiebig verweigerten« (Roth 1987, S. 247). Sie hatten darauf bestanden, entsprechend der Haager Landkriegsordnung als Kriegsgefangene nicht zu Rüstungsarbeiten eingesetzt zu werden (siehe Schmid 1987, S. 578 f.).

Von den hier genannten Ermordeten soll auf den Lebensweg von Herbert Reinert, der in dem Tempelhofer Gedenkbuch für die Opfer des Nationalsozialismus gewürdigt wird, etwas näher eingegangen werden.

Herbert Reinert

Geburtsdatum: 5. Februar 1906
Tempelhof, Friedrich-Karl-Straße 5
Todesdatum: 22. September 1944

Herbert Reinert wurde am 5. Februar 1906 in Berlin geboren. Der gelernte Maschinenschlosser arbeitete seit 1936 bei der Daimler-Benz-AG in Marienfelde. Dort war er zuletzt als technischer Revisor tätig und gehörte zu einer betrieblichen Widerstandsgruppe.

Er wohnte in der Tempelhofer Friedrich-Karl-Straße 5. Als Mitglied des Arbeitersportvereins ›Fichte‹ gehörte er schon früh zu den Gegnern des Nationalsozialismus. Er wurde am 15. Juli 1943 verhaftet. Das Todesurteil gegen ihn wurde am 22. September 1944 im Zuchthaus Plötzensee vollstreckt.

Askania AG (Mariendorf)

In der Ringstraße 44-46 befand sich ein Zweigwerk der Askania AG, deren Hauptverwaltung in Friedenau, Kaiserallee 86-89 (heute Bundesallee) ansässig war. Bereits im Jahre 1934 wurde die Herstellung von Flugzeugpeilungen für Flugzeugabwehrgeschütze berichtet. (Sopade 1934, S. 795)

In der Mariendorfer Fabrik in der Rathausstraße 42 – so die offizielle Adresse – gehörte es zu den Aktivitäten der dort in den Jahren 1943/44 arbeitenden Widerstandsgruppe, die mit einer anderen Gruppe in dem Askania-Zweigwerk in Weißensee zusammenarbeitete, Sabotageaktionen gegen die Produktion von Rüstungsgütern für die Wehrmacht durchzuführen. Daneben war auch die Beschaffung von

In einer Wohnung dieses Hauses in der Friedrich-Karl-Straße 5 lebte Herbert Reinert.

Lebensmitteln für die in dem Werk beschäftigten Zwangsarbeiter sehr wichtig. Zu den ungefähr zwanzig Personen, die an den Widerstandsaktionen bei Askania beteiligt waren, gehörte auch Walter Basalay aus Lichtenrade, Tangermünder Straße 18, über den so gut wie keine Informationen vorliegen. Verhaftet wurden im Juli und August 1944 unter anderem der aus der Sozialistischen Arbeiterjugend stammende Hilfsmechaniker Karl Ladé, der Sozialdemokrat Walter Zimmermann, Kurt Rühlmann (KPD), Hans Schönfelder und Paul Junius (KPD). Etwa 15 weitere Urteile gehören zu diesem Komplex. »In der Anklage wurde ihnen vorgehalten, Flugblätter in den Betrieb eingeschleust, die Kriegsproduktion gestört und Verbindung zu französischen Zwangsarbeitern hergestellt zu haben.« (Ackermann 1984, S. 25 f.)

Paul Junius galt als der Kopf der Gruppe. Der am 10. Juni 1901 geborene Maschinenschlosser war in der KPD organisiert und hatte in den Jahren vor seiner Verhaftung Verbindungen zu weiteren kriegswichtigen Betrieben. Wegen seiner Widerstandstätigkeit wurde er zum Tode verurteilt. Die Vollstreckung erfolgte am 4. Dezember 1944 im Zuchthaus Brandenburg.

Der am 25. November 1909 geborene Karl Ladé wohnte in Mariendorf, Westphal-
weg 59. Er war verheiratet und hatte vier Kinder zwischen ein und neun Jahren (1944).
Von 1937 bis Mai 1943 arbeitete er als Hilfsmechaniker im Mariendorfer Askania-
Werk und anschließend, bis zu seiner Verhaftung, als Teilkonstrukteur im Werk Weißensee. Seine Verhaftung erfolgte am 12. Juli 1944. Er wurde am 30. November 1944
zum Tode verurteilt und am 8. Januar 1945 im Zuchthaus Brandenburg-Görden hingerichtet.

Außer dem Todesurteil gegen Walter Zimmermann ist bisher sehr wenig über ihn bekannt. Sein Kollege, der gelernte Schlosser Kurt Rühlmann, wurde am 26. April
1903 geboren. Er wohnte in Mariendorf, Straße 14 Nr. 16. Nachdem er 1927/28 Mitglied der KPD war, wurde er dort ausgeschlossen, weil er wie sein Vater im ›Stahlhelm‹
war. Seit 1936 arbeitete er bei Askania, bis 1942 als Mechaniker, anschließend als
Terminbearbeiter. Er war Mitglied der Deutschen Arbeitsfront und der NS-Volkswohlfahrt. Am 27. Februar 1944 wurde der Angestellte verhaftet. Das Todesurteil gegen ihn
wurde am 30. November 1944 ausgesprochen und am 8. Januar 1945 in Brandenburg
vollstreckt. Er hinterließ zwei Kinder im Alter und fünf und elf Jahren.

Hans Schönfelder wurde am 22. Februar 1921 als Sohn eines Schlossers geboren.
Der gelernte Werkzeugmacher wohnte in der Mozartstraße 20 in Lichtenrade. Von
1935 bis 1939 war er Mitglied der NS-Jugendorganisationen Deutsches Jungvolk und
Hitler-Jugend. Er bemühte sich anschließend sogar, in die Waffen-SS aufgenommen
zu werden. Wegen eines ›körperlichen Fehlers‹ wurde ihm dies versagt. Ob er aus
Enttäuschung darüber in den Widerstand ging, ist unbekannt. Aus den Gerichtsakten
ist nur überliefert, daß er ›Hetzschriften‹ bekam und einmal 50 Reichsmark für Illegale
spendete. Er wurde am 11. Juli 1944 verhaftet und am 30. November 1944 wegen ›Beihilfe zum Hochverrat‹ zu drei Jahren Zuchthaus verurteilt. Über sein weiteres Schicksal ist bisher ebenfalls nichts bekannt.

Auf den Lebensweg von Paul Hirsch – der ebenfalls in dem Tempelhofer Gedenkbuch
geehrt wird – wird im folgenden ausführlicher eingegangen.

Paul Hirsch

Geburtsdatum: 25. Oktober 1907
Mariendorf, Pilatusweg 28
Todesdatum: 21. August 1945

Paul Hirsch wurde am 25. Oktober 1907 in Berlin geboren. Er wohnte bis zu seiner Verhaftung im
Hause seines Schwiegervaters August Eduard Ackermann in Mariendorf, Pilatusweg 28. Er war
Mitglied des Metallarbeiter-Verbandes der RGO und gehörte seit 1927 der KPD an. Verheiratet
war er mit der geborenen Herta Ackermann. Sie hatten zwei Söhne.

Der gelernte Werkzeugmacher arbeitete in der Mariendorfer Fabrik der Askania AG. Dort war er
in einer von der illegalen KPD angeleiteten betrieblichen Widerstandsgruppe tätig. Diese versuchte, durch Sabotageaktionen die Rüstungsproduktion des Betriebes zu behindern und
beschaffte Lebensmittel für die dort beschäftigten Zwangsarbeiter.

Durch Verrat flog die KPD-Organisation und damit auch die Betriebsgruppe auf. Dies führte im
Juli 1944 zur Verhaftung von Paul Hirsch. Da er bei den Vernehmungen durch die Geheime
Staatspolizei krankenhausreif geschlagen wurde, mußte er, getrennt von den anderen Angeklag-
ten, zum Prozeßtermin nach Potsdam transportiert werden. Hierbei gelang ihm die Flucht. Als

Im Hause seines Schwiegervaters im Pilatusweg 28 wohnte Paul Hirsch.

ihm einmal nicht sofort eine neue illegale Unterkunft vermittelt werden konnte, trat er einen beschwerlichen Weg in Richtung Ostfront an und begab sich in russische Gefangenschaft. Aber trotz guter Pflege in einem Lazarett in der Sowjetunion starb er am 21. August 1945 an den Folgen der bei den ›Vernehmungen‹ erlittenen Verletzungen.

C. Lorenz AG (Tempelhof)

In dem heutigen Werk von Standard Elektrik Lorenz in der Ordensmeisterstraße wurden mindestens seit dem Ende der dreißiger Jahre, als die Firma noch C. Lorenz AG hieß, auch Zulieferungsteile für die Rüstungsindustrie hergestellt. Die Telephon- und Telegraphenwerke und Eisenbahnsignalanstalt am Lorenzweg war für die Kriegsproduktion besonders geeignet. Bereits im ersten Heft der Sopade-Berichte (April/Mai 1934) wurde gemeldet: »Lorenz-Berlin stellt Maschinengewehrteile her.« (Sopade 1934, S. 92). Auch die Fabrikation von Munition war schon im Gange (a.a.O., S. 93). Im gleichen Jahr wurde im Rahmen der frühen Aufrüstung mit dem Bau von Flugzeugen begonnen, für die Einbauten von den Lorenz-Monteuren vorgenommen wurden. Wieder meldeten die Sopade-Berichte: »Das Werk arbeitet seit Monaten mit Hochdruck. Das ging sogar so weit, daß nur ein Fünftel der Gesamtbelegschaft an der Maikundgebung teilnehmen durfte. Im Betrieb selbst fand auch kein sogenannter Maientanz statt. Die ledigen Arbeiter erhielten 75 Pfg. und die verheirateten Arbeiter Mk. 1,– als Maigeschenk.« (Sopade 1934, S. 328)

In den Kriegsjahren gehörten Apparate und Anlagen für alle Gebiete der Nachrichten-übermittlung, Sender und Empfänger jeder Leistung und Wellenlänge, Lautsprecher-Übertragungsanlagen, Sicherungseinrichtungen für den Eisenbahnbetrieb, Fernschreiber und Rundfunkgeräte zum Fertigungsspektrum. In der Festschrift ›75 Jahre Lorenz 1880–1955‹ wird die nationalsozialistische Zeit unkritisch als »äußerlich gekennzeichnet durch die uns aufgezwungene maßlose Ausweitung der Rüstungs- und Kriegsproduktion« (Kluge 1955, S. 13) charakterisiert, die gleichzeitig aber auch eine »Epoche der Spezialisierung« war. Schon ein Jahr vor dem Beginn des zweiten Weltkrieges zeigten sich die ersten Vorbereitungen, wie die Sopade-Meldungen verbreiteten: »In der Radiofabrik Lorenz sind durch die Befestigungsarbeiten und durch Einberufung zur Wehrmacht 600 Arbeiter dem Betriebe entzogen worden. Da der Betrieb sehr stark beschäftigt ist, versucht die Betriebsleitung an die freien Arbeitsstellen Frauen zu stellen. Zur Anlernung hat man bis jetzt die doppelte Zahl Frauen eingesetzt, als Männer ausgeschieden sind.« (Sopade 1938, S. 1103)

Gegen diese Betriebspolitik hatte der kaufmännische Angestellte Hans Schiftan (1899–1941) eine oppositionelle Gruppe initiiert, die in einer Art ›Volksfront von unten‹ die Spaltung der Arbeiterbewegung überwinden wollte. Der außerdem in einer sozialdemokratischen Widerstandsgruppe in Neukölln mitwirkende Schiftan war seit 1924 Mitglied des Reichsbanner und seit 1928 SPD-Genosse. »Am 13. April 1939 wurde Hans Schiftan verhaftet und am 3. Januar 1940 zu zwei Jahren Zuchthaus verurteilt. Im Herbst 1941 war seine Haftzeit abgelaufen, auf die die Untersuchungshaft angerechnet wurde. Anschließend kehrte er zu seiner Familie zurück. Aber nach drei Tagen nahm ihn die Gestapo erneut fest und brachte ihn in das KZ Mauthausen. Hier wurde er wenige Monate später (am 3. November 1941, ksch) ermordet.« (siehe Deutsche Widerstandskämpfer ... Bd. 2, S. 158)

Gesamtansicht des Lorenz-Werkes

Während des Krieges existierten neben dieser Gruppe – teilweise zeitparallel, teils aufeinanderfolgend – weitere Gruppen. Deren Mitglieder stammten, soweit sie heute bekannt sind, aus der KPD (Paul Wengels) bzw. dem kommunistisch orientierten Arbeitersportverein Fichte (Oswald Schiering). Die Gruppe um den Mechaniker Wengels umfaßte fünf Personen. Wengels selbst war seit 1925 Mitglied der KPD und betätigte sich zeitweise als deren Straßenzellenleiter. Seine Festnahme erfolgte am 4. Februar 1942. Er konnte überleben. Der Arbeitersportler Schiering wohnte in Mariendorf, Rätikonweg 14. Sein Schicksal ist unbekannt.

Eine »Gruppe parteiloser Angehöriger der Intelligenz« (Kraushaar 1981, S. 169) hatte der bei Lorenz tätige Mathematiker Dr. Josef Naas um sich versammelt. Neben ihm (KPD) zählten unter anderem Dr. Karl Deutsch, der als Physiker bei AEG arbeitete, und Dr. Alfons Kauffeld, Angestellter bei Telefunken, dazu.

Ebenfalls bei Lorenz arbeitete der Konstrukteur Werner Gutsche, über den sich aus Gerichtsakten folgendes ermitteln ließ (siehe Anmerkung am Schluß dieses Abschnitts): Er war seit 1942 Mitglied des ›Kampfbundes gegen Faschismus‹, der besonders bei Daimler-Benz in Marienfelde aktiv war. Der aus Neukölln stammende gelernte Maschinenschlosser war Sohn eines ›arischen‹ Vaters und einer jüdischen Mutter und wurde am 15. Dezember 1910 geboren. Nach seiner Verhaftung im Mai 1943 stand er ein Jahr später vor Gericht und wurde zum Tode verurteilt. Seine Hinrichtung erfolgte am 8. Mai 1944.

In den Jahren 1942/43 war bei Lorenz eine Widerstandsgruppe der ›West-Arbeiter‹ aus Frankreich aktiv, die von deutschen Oppositionellen der Gruppe ›Europäische Union‹ um den Architekten Herbert Richter-Luckian und den Mediziner Dr. Georg Groscurth mit politischen Informationen, Lebensmitteln, Medikamenten und medizinischer Hilfe versorgt wurde. (S. Kraushaar 1981, S. 282 und Pross/Winau 1984, S. 232 ff.)

Blick von der Stubenrauch-Brücke auf Lorenz (um 1930)

Daß die Widerstandstätigkeit gegen die Rüstungsproduktion auch im Sinne des Gesamtbetriebes nicht ganz unberechtigt war, konnte auch der Firmenleitung deutlich werden, ohne daß es so klar ausgesprochen wurde. »Das Ende des zweiten Weltkrieges brachte Lorenz durch die Einseitigkeit des Firmenprogramms in eine viel gefährlichere Lage, als sie am Ende des ersten Weltkrieges auftrat.« (Möhring 1955, S. 34)

Fritz Werner AG (Marienfelde)

Ansicht der Fritz-Werner-AG

Bisher ist sehr wenig über den Widerstand in dem Marienfelder Zweigwerk der Fritz Werner AG bekannt geworden, welches sich an der Fritz-Werner-Straße 58-64 (Ecke Daimlerstraße) befand. Seit 1983 gehört das Werk der Deutschen Industrie-Anlagen-Gesellschaft mbH.

In einer 1938 veröffentlichten Publikation über die Fritz Werner AG wird über die Produktpalette gesagt: »Das Werk Marienfelde betreibt vornehmlich den Bau von Fräs- und Schleifmaschinen sowie von Spezialmaschinen für die Herstellung von Handwaffen und Handwaffenmunition.« (Dominik 1938, S. 16) Die Ausweitung der ursprünglich in der Schöneberger Lützowstraße 6 beheimateten Fabrikation von Fritz Werner auf das zusätzliche Marienfelder Werk war auch ein Ergebnis der Rüstungskonjunktur im Rahmen des ersten Weltkrieges. Das Vorstandsmitglied Albert Netzband stellte dazu fest: »Der Ausbruch des 1. Weltkrieges stellte an die Firma Werner ungeahnte riesige Aufgaben. Von allen staatlichen und vielen privaten Fabriken, die Handwaffen und Munition dazu fertigten, kamen die größten Anforderungen, die möglichst schnell erfüllt werden mußten. ... Um den riesigen Bedarf an Gewehren und Maschinengewehren zu decken, sowie den der dazu nötigen Munition, reichten die vorhandenen staatlichen und privaten Fabriken nicht aus und es mußten infolgedessen umfangreiche Erweiterungen und auch Neuanlagen geschaffen werden.« (Netzband 1947, S. 13) Nachdem der Firmeneigentümer Fritz Werner bereits 1911/12 in dem als Industriegelände ausgewiesenen Gebiet am Bahnhof Marienfelde ein 200 000 Quadratmeter großes Areal erworben hatte, erfolgte im ersten Kriegsjahr (Juni 1914) der erste Spatenstich. Bis 1917 waren nach und nach die neu errichteten Fabrikations- und Verwaltungsgebäude bezogen worden.

Die ›Tradition‹ der Rüstungsproduktion bei Fritz Werner wurde auch bald nach 1933 fortgesetzt durch die Herstellung von Gewehrläufen, Geschoßwagen (s. Sopade 1934, S. 336), Munitionsrevisionsmaschinen und Präzisionswerkzeugen für Rüstungszwecke.

Der innerbetriebliche Widerstand gegen diese Firmenpolitik wurde durch den früheren kommunistischen Gewerkschaftsfunktionär Heinz Gützlaff organisiert, der einige Arbeiter um sich geschart hatte. Gützlaff wurde am 18. August 1905 in Berlin geboren. Der gelernte Maschinenschlosser wohnte erst in Mariendorf (Watzmannweg 11 a), bevor er sich zur Untermiete in Wilmersdorf, Regensburger Straße 33 a niederließ. Die Gruppe versuchte, mit den von ihnen durchgeführten Sabotageaktionen den erwarteten Krieg verhindern zu helfen.

Bereits 1933 wurde Heinz Gützlaff verhaftet. Am 19. Juni 1934 wurde er wegen ›Vorbereitung eines hochverräterischen Unternehmens‹ zu einem Jahr und drei Monaten Gefängnis verurteilt. Mit ihm standen weitere dreizehn Metallarbeiter vor dem 4. Strafsenat des Berliner Kammergerichts. Sein weiterer Lebensweg konnte bisher nicht über Vermutungen hinausgehend aufgespürt werden (vgl. Ackermann 1984, S. 27).

Der Umsatz der Fritz Werner AG weitete sich so stark aus, daß das Betriebsgelände ausgedehnt werden mußte. Auf diese Expansion des Unternehmens geht auch Hans Dominik ein, wenn er schreibt: »Der Aufschwung, den Wirtschaft und Industrie nach der nationalsozialistischen Erhebung nahmen, und der recht beträchtliche Bedarf des neuen deutschen Heeres an technisch vorgebildeten Kräften haben jedoch einen fühlbaren Mangel an Facharbeitern eintreten lassen.« (Dominik 1938, S. 44) Neben den regulär beschäftigten 2 500 Belegschaftsangehörigen, die in drei Schichten arbeiteten, waren die im nahegelegenen Zwangsarbeiterlager (an der Trabrennbahn) untergebrachten ›West-Arbeiter‹ aus Frankreich aufgrund des Personalmangels sicherlich sehr willkommen. Auf die Beschäftigung von Ausländern geht – am Rande – auch Netzband in seiner Firmengeschichte ein, als er den Erweiterungsbau der Fritz Werner AG auf dem Terrain zwischen Daimler-, Industrie- und Benz-Straße beschreibt: »Das ganze Werk wurde unterkellert und die Grundmauern sowie die Zwischenwände wurden in einer derart stabilen Ausführung hergestellt, daß der Bau nach menschlichem Ermessen unter Berücksichtigung der damaligen Einsatzmöglichkeiten in einem Luftkrieg als sicherster Luftschutz gelten konnte. Er hat sich dann auch später, selbst bei Anwendung viel stärkerer Bomben, als je erwartet, als guter Schutz bewährt … Außerdem wurden größere Räume für die Unterbringung von Fremdarbeitern hergerichtet, die während des Krieges zum Arbeitseinsatz zugewiesen waren.« (Netzband 1947, S. 38 f.)

Der betriebliche Widerstand gegen die Rüstungsproduktion, der sehr früh von der Geheimen Staatspolizei aufgespürt wurde, hat – soweit bisher bekannt – keine Nachfolgegruppen in den Kriegsjahren gefunden. Es muß allerdings angemerkt werden, daß auch hier die Materiallage sehr schlecht ist.

Siemens (Marienfelde)

»Für die Weiterentwicklung militärtechnischer Geräte, z. B. Scheinwerfer, Rechengeräte für die Artillerie und Kommandogeräte für die Marine, entstand ... 1920 die Gesellschaft für elektrische Apparate (Gelap). 1933 wurde sie in Siemens Apparate und Maschinen GmbH (SAM) umgewandelt« (Weiher 1981, S. 90) In dem Marienfelder Apparatewerk von Siemens in der Wilhelm-von-Siemens-Straße 44 (Ecke Großbeerenstraße) arbeitete während des zweiten Weltkrieges eine antifaschistische Betriebszelle unter der Leitung des Drehers und Kommunisten Georg Fleischer. Die Widerstandsgruppe hatte über dreißig Mitglieder, die es verstanden, Betriebsangehörige unterschiedlicher Weltanschauung in die Aktionen mit einzubeziehen.
Georg Fleischer war am 28. April 1889 in Berlin geboren worden. Im Jahre 1916 wurde er Mitglied der sozialdemokratischen Partei und trat später zur USPD über, bis er schließlich 1920 Kommunist wurde. Er wohnte in Kreuzberg, SO 36, Manteuffelstraße 21. Seit 1936 arbeitete er als Revisor bei Siemens in Marienfelde. Der Schwerpunkt der illegalen Betriebsarbeit bestand in der organisierten Störung der Rüstungsproduktion. Fleischer wurde im Mai 1944 verhaftet und am 3. Juli 1944 zum Tode verurteilt. Am 14. August 1944 wurde er im Zuchthaus Brandenburg hingerichtet. (s. Ackermann 1984, S. 26 f.)

Eisenwerk Wanheim GmbH (Mariendorf)

In der Mariendorfer Attilastraße 61-67 befindet sich noch heute ein Industriegelände, welches im Jahre 1941 den Vereinigten Stahlwerken AG gehörte. Neben einem Musterlager der Concordiahütte GmbH und einem Betrieb der Vereinigten Rohrleitungsbau (Phoenix-Märkische) GmbH war hier auch das Eisenwerk Wanheim ansässig. In ihm arbeitete der bekannte Arbeitersportler Werner Seelenbinder als Transportarbeiter. Er war mehrfacher Deutscher Meister der Ringer und konnte bei der Olympiade 1936 den vierten Platz im Halbschwergewicht im wahrsten Sinne des Wortes erringen. Der kommunistische Sportler hatte in dem Betrieb Kontakt zu polnischen Zwangsarbeitern und unterstützte sie mit Lebensmitteln (vgl. Radetz 1969, S. 66). Dieser Lebensabschnitt Seelenbinders wurde in einem dokumentarischen Roman verarbeitet, der nach ausführlicher Befragung in Seelenbinders Freundeskreis und durch intensives Aktenstudium entstand. In dem Roman wird auch die Arbeit der Zwangsarbeiter und die Zusammenarbeit Seelenbinders mit ihnen beschrieben:
»Er war in einem Marienfelder Rüstungsbetrieb als Transportarbeiter verpflichtet worden. Es gab Tage, an denen er mehrere Tonnen Material etliche Kilometer weit transportierte, immer auf den Schultern oder in den Händen, die Finger starr wie im Krampf um das Metall gepreßt, damit es nicht den Händen entgleite. Werner hätte es leichter haben können, jedem deutschen Transportarbeiter waren drei polnische Zwangsarbeiter zugeteilt. Aber wenn Werner seine Helfer sah, zerriß es ihm fast das Herz: Jammerfiguren, von zerlumpten Kleidern festgehalten, die Arme dünn wie Kinderärmchen, nur noch Haut, Knochen und Sehnen, ohne schützende Muskel- und Fettpolster, die Gesichter ausgemergelt wie bei Schwindsüchtigen, die Augen tief in den Höhlen. Werner hätte es wie die anderen machen können, die die Arbeit einteilten, ab und zu mal zufaßten, die Schinderei aber den Fremdarbeitern überließen. Brachen

sie unter der Wucht der Arbeit zusammen, dann verloren sie die Arbeitsstelle, kamen in ein Lager, und neue, noch nicht so verbrauchte Menschen traten an ihre Stelle, bis auch sie ausgedörrt und kraftlos wurden, unfähig, nur noch zehn Kilo zu tragen. Jeden Morgen, wenn Werner seine drei Polen sah, dachte er daran. Er versuchte, ihnen das Leben zu erleichtern, brachte ihnen zu essen mit, mal ein Stück Brot, Schmalzstullen, einen Kanten Wurst, und wenn er gar nichts hatte auftreiben können, eine Tüte Pellkartoffeln. ...

Vor allem aber half er den Polen, indem er ihnen seine Kraft gab. Transportierten sie Traversen, Gußeisen von drei und vier Meter Länge, an denen sonst an jedem Ende zwei Mann schwer zu schleppen hatten, so trug er das eine Ende allein, an dem anderen Ende trugen die drei Polen. Nicht immer fiel es ihm leicht, die Strapazen zu ertragen. Ihn belohnte jedoch die Dankbarkeit der Polen.« (Radetz 1969, S. 107 f.) Werner Seelenbinder wurde 1944 von den Nazis im Zuchthaus Brandenburg ermordet.

Stock AG (Marienfelde)

Die R. Stock & Co. Spiralbohrer-, Werkzeug- und Maschinenfabrik AG hatte ihre Produktionsanlagen in der Großbeerenstraße 39-42 (später Großbeerenstraße 146 E). Auch hier regte sich Widerstand. Unter der Beschuldigung des Verrats von Betriebsgeheimnissen wurden in der Marienfelder Werkzeugmaschinenfabrik Stock im Herbst 1938 fünf Metallarbeiter und drei Meister aus der Dreherei und der Montageabteilung verhaftet und in das Konzentrationslager Sachsenhausen gebracht. Dies war nach einer ähnlichen Aktion im Sommer die zweite Verhaftungswelle. In der Belegschaft wurden die Verhaftungen als »Abwehr einer Reihe sehr energisch vertretener Lohn- und sozialhygienischer Forderungen« angesehen. »Mit der Hereinnahme von Heeres- und Marineaufträgen ist das Arbeitstempo unter Außerachtlassung aller sozialhygienischen Selbstverständlichkeiten immer weiter heraufgeschraubt worden. Gegen diese Verschlechterung der Arbeitsbedingungen und des Lohnes erhoben die Arbeiter in großer Zahl Vorstellungen bei den Meistern, und zwar buchstäblich bei jeder Lohnzahlung aufs neue ...

Aber trotz dieser Verhaftungen hörte der Kampf gegen die obendrein weiter herabgesetzten Akkordsätze in der Stock.-A.G. nicht auf. Doch so eifrig die Werkspitzel auch nach ›Rädelsführern‹ herumschnüffelten, sie fanden nie, was sie suchten. Denn es gab und gibt in der Tat keine ›Rädelsführer‹ bei dieser Abwehrbewegung. So hat man denn von den üblichen Gesichtspunkten ausgehend, im übrigen aber blind zugegriffen. Denn von den drei Meistern gehörten zwei früher dem Werkmeisterverband an, während die fünf Metallarbeiter alte Gewerkschafter und vier von diesen Funktionäre des Metallarbeiter-Verbandes waren. Von den insgesamt – im Sommer und jetzt – Verhafteten gehörte der überwiegende Teil der Sozialdemokratischen Partei als langjährige Mitglieder an. Alle diese Dinge sprechen dafür, daß die Verhaftungen eine ›geführte‹ Lohnbewegung ›kopflos‹ machen sollen und nicht aus Gründen des Verrats von Betriebsgeheimnissen erfolgt sind.« (Sopade 1938, S. 1092 f.)

Getefo (Tempelhof)

Die 1927 gegründete ›Getefo‹ – Gesellschaft für technischen Fortschritt mbH hatte in den ersten Kriegsjahren ihre Berliner Geschäftsstelle in der Postdamer Straße 147. Im Jahre 1943 betrieb sie neben der Press- und Stanzwerk GmbH in der Neuköllner Ziegrastraße 12-15 und der Metallwerk GETEFO GmbH in der Brandenburgstraße 72-78 (Berlin SW 68) auch in der Gottlieb-Dunkel-Straße 43-46 eine Produktionsstätte. Über die Getefo-Widerstandsgruppe berichtete deren Leiter Reinhold Sasse 1947: »Unsere illegale Arbeit bei der Firma Getefo in Tempelhof war nach einem bestimmten Schema aufgebaut. Wir bildeten einen ›Kopf‹, der mindestens einmal in der Woche bei mir zusammenkam. Jeder Genosse hatte es nun sich zur Aufgabe zu machen, einen guten klassenbewußten Arbeiter als Freund herauszufinden, um so die Propaganda gegen den Faschismus zu erweitern.« (Sasse 1981)

Steffens & Nölle AG (Tempelhof)

Briefkopf der Steffens & Nölle AG aus dem Jahre 1935

Bis zum Kriegsende befand sich die Steffens & Nölle Aktiengesellschaft (Eisenwarenhandlung und Eisenbauwerkstätten für Hoch- und Brückenbau) in der Gottlieb-Dunkel-Straße 20-22. Neben der antifaschistischen Widerstandsgruppe, die Eugen Reichardt leitete, bestand hier eine oppositionelle Gruppe der sowjetrussischen Kriegsgefangenen und Zwangsarbeiter (vgl. Kraushaar 1981, S. 201). Die deutsche Gruppe beschaffte für die Ausländer zusätzliche Lebensmittel, um sie vor dem Verhungern zu retten. Bei Steffens & Nölle in der Gottlieb-Dunkel-Straße 20 und der Industrie-

straße 27-29 waren zeitweise bis zu 400 russische sowie 200 italienische und tschechische Kriegsgefangene und Zwangsarbeiter zur Produktion von Rüstungsgütern
gezwungen worden.

S-Bahnhof Tempelhof

Im S-Bahnhof Tempelhof arbeitete von 1934 bis 1942 ein Mitglied der Schulze-Boy-
sen/Harnack-Organisation. Der am 3. Februar 1903 in den USA geborene Journalist
John Sieg war vor der nationalsozialistischen Machtübernahme unter anderem in der
Feuilletonredaktion der ›Roten Fahne‹ tätig gewesen. Seit 1929 war er Mitglied der
KPD und Mitarbeiter ihres Zentralorgans. Nach dem Verbot der Zeitung war er ab
März 1933 drei Monate in Haft. »Danach fand er eine Anstellung bei der Reichsbahn,
wo er zunächst, um sich dem Blickfeld der Gestapo zu entziehen, vorübergehend in
einer untergeordneten Position arbeitete. Später, als Fahrdienstleiter, benutzte er die,
wenn auch bescheidenen, Möglichkeiten, die ihm seine Stellung bot: Nicht selten
standen Militärtransporte oder Munitionszüge länger als vorgesehen auf einem
›Abstellgleis‹ oder wurden ›irrtümlich‹ in eine verkehrte Richtung geleitet.« (Ackermann 1984, S. 22). Als die Schulze-Boysen/Harnack-Gruppe von August 1942 an von
der Geheimen Staatspolizei entdeckt wurde, gehörte am 11. Oktober 1942 auch John
Sieg zu den Verhafteten. Aus Furcht, bei den grausamen Folterungen der Gestapo
ungewollt die Namen von Mitgliedern der Widerstandsgruppe zu verraten, beging er
am 15. Oktober 1942 im Gestapo-Gebäude in der Prinz-Albrecht-Straße 8 Selbstmord.

Roth-Büchner GmbH (Tempelhof)

Die Maschinen- und Apparate-Fabrik Roth-Büchner Gesellschaft mbH war um 1933
in Tempelhof zweimal vertreten. Das Werk I und die Verwaltung befanden sich in der
Ringbahnstraße 4. In der Oberlandstraße 7-18 war das Werk II. Generaldirektor war
seinerzeit noch Otto Roth persönlich. Ein Jahrzehnt später stellte Roth-Büchner die
berühmten Rotbart-Rasierapparate und -klingen in der Oberlandstraße 75-84 her.
Heute befindet sich das Betriebsgelände im Besitz der Gilette Deutschland GmbH.
Nach der Auflösung der Gewerkschaften fanden 1934 auch in diesem Betrieb sogenannte Vertrauensratswahlen statt. Bei dem damaligen Maschinenbaubetrieb konnten 1934 die 400 Beschäftigten unter sechs Kandidaten wählen. Davon waren vier frühere Betriebsräte. Die beiden anderen, Mitglieder der Nationalsozialistischen Betriebszellen-Organisation, erhielten keine Mehrheit. (Sopade 1934, S. 137)
Aufgrund der miserablen Ergebnisse nicht nur 1934, sondern auch 1935 in sehr vielen
deutschen Betrieben, wurden ab 1936 keine Wahlen mehr durchgeführt. »In den
Betrieben hielt sich ein solider Kern der Arbeiterbewegung, den die Nazis weder
durch Lockungen noch durch Terror aufreiben konnten.« (Beier 1975, S. 33)
Nach 50 Jahren ist es sehr schwierig, die Gründe für das im folgenden berichtete Verhalten der Belegschaft von Roth & Büchner zu rekonstruieren. Deshalb soll nur dokumentiert werden, was die von der Exil-SPD herausgegebenen ›Deutschland-Berichte‹ – meist ›Sopade‹-Berichte genannt – 1936 meldeten: »Die Maschinen- und

Rechnungskopf der Roth-Büchner GmbH aus dem Jahre 1939

Apparatefabrik Roth-Büchner G.m.b.H., Berlin-Tempelhof, wollte im Januar einen Kameradschaftsabend in der Neuen Welt in der Hasenheide veranstalten. Am 25. November 1936 fanden dementsprechende Verhandlungen eines Direktors und eines Vertrauensratsmitgliedes mit der Geschäftsführung der Neuen Welt statt, die auch zu einer Einigung über einen Tag im Januar führten. Darauf erfolgte im Betrieb die Bekanntgabe über die Einzelheiten der Veranstaltung, darunter wurde erwähnt, daß die Firma jedem Gefolgschaftsmitglied 5,— RM zum Verzehr zur Verfügung stelle. Diese Ankündigung nahmen die Betriebsangehörigen zum Anlaß, um der Betriebsführung zum Ausdruck zu bringen, daß sie lieber das Geld als Gratifikation in Empfang nehmen, da sie infolge der schlechten Wirtschaftslage trotz der 5,— RM die Veranstaltung nicht besuchen würden. Die Firma mußte notgedrungen am 28. November die Vereinbarung wegen der Saalmiete rückgängig machen und RM 1 000,— Konventionalstrafe zahlen und sich außerdem verpflichten, im Jahre 1937 einmal einen Kameradschaftsabend in den Räumen der Neuen Welt zu veranstalten.« (Sopade 1937, S. 343)

Druckhaus Tempelhof

Als Widerstandstätigkeit ist auch die Weitergabe von Berichten ins Ausland zu werten. Bei der Entdeckung hätte dies hohe Strafen zur Folge haben können. Aus dem Tempelhofer Druckhaus des Ullstein-Verlages (seit 1938 ›arisiert‹ Deutscher Verlag genannt) hat einer der Beschäftigten einen Bericht über das zwangsweise Spenden ins Ausland geschmuggelt: »Nach der Saarabstimmung wurde allen Belegschaftsmitgliedern 2,— Mk. abgezogen, damit die Firma für 60 Saarkinder einen 14-tägigen Erholungsaufenthalt durchführen kann. Jetzt rechnet die Belegschaft aus, daß auf diese Weise Rmk. 12 000,— zusammengekommen sein müssen und der Verlag dabei noch ein schönes Stück Geld verdient hat.« (Sopade 1935, S. 303)

Blick vom Flugzeug auf das Ullstein-Haus

Ein weiterer Bericht stammt aus dem Jahr 1936: »Der dem NS-Parteiverlag Franz Eher Nachf. angeschlossene Verlag Ullstein, Berlin SW 68, Kochstraße und Berlin-Tempelhof, veranstaltete vor einiger Zeit in der Deutschlandhalle einen Kameradschaftsabend, in dessen Mittelpunkt die Ehrung von Belegschaftsjubilaren stand. Das Hauptreferat wurde von dem Nazi Wächter gehalten, der in seinen Ausführungen in gemeinster Form gegen die ehemalige Sozialdemokratie zu Felde zog. Dieser Betrieb hatte vor 1933 eine sehr stark sozialistisch eingestellte Belegschaft und diese Hetzereien wurden darum sehr übel aufgenommen. Sogar die heute mit den Nazis etwas sympathisierenden Belegschaftsmitglieder äußerten sich abfällig über diese Redeübung. Abgesehen von dieser schweren Entgleisung war jedoch der Abend ein voller Erfolg. Die Nachfrage nach Einlaßkarten konnte nicht befriedigt werden. Jeder Betriebsangehörige bekam 2,– RMk. zum Verzehr. Der Bierpreis war für diesen Tag für die große Molle, die sonst 35 Pfg. kostet, auf 25 Pfg. herabgesetzt worden. Die Jubilare erhielten ein Geldgeschenk von je 200,– RMk und das übliche Diplom.

Im Betrieb selbst fanden in der letzten Zeit immer noch Verhaftungen statt. Im Monat September war sogar für mehrere Tage ein Sonderkommando der Gestapo im Ullstein-Hochhaus in Tempelhof untergebracht.« (Sopade 1936, S. 1581)

1943 war eine Widerstandsgruppe um Wilhelm Selke entstanden, der Meister in der Buchbinderei war und die von der illegalen Landesleitung der KPD (Anton Saefkow) angeleitet wurde. Am 28. August 1944 »wurde Wilhelm Selke verhaftet und dem Urteil des Volksgerichtshofes entsprechend am 26. Februar 1945 in Brandenburg hingerichtet.« (Ackermann 1984, S. 24) Von den weiteren Mitgliedern dieser Widerstandszelle sind bisher nur noch die Namen des Packers August Mikutta (geboren am 20. April 1893) und des am 2. Oktober 1889 geborenen Rudolf Peter (KPD-Mitglied) bekannt. Mikutta wurde zu drei Jahren Zuchthaus verurteilt, sein weiteres Schicksal ist unbekannt. Der Buchbinder Peter erhielt vier Jahre Zuchthaus, wurde aber bereits am 2. März 1945 im Zuchthaus Brandenburg ermordet.

Weitere betriebliche Widerstandsgruppen in Tempelhofer Betrieben bestanden unter anderem bei der Maschinenfabrik Eduard Linnhoff in der Oberlandstraße 19-21 (1933) bzw. Nr. 104-107 (1943), wo neben der Maschinenfabrik noch eine Kesselschmiede betrieben wurde. (vergleiche hierzu Kraushaar 1981, S. 144 ff.)

(Die Recherche nach Personen des betrieblichen Widerstandes in Tempelhof beruht zum Teil auf der Auswertung von Material des Instituts für Marxismus-Leninismus, welches in fotokopierter Form bei der VVN/BdA Tempelhof vorliegt und eingesehen werden konnte.)

Mitglieder der Schulze-Boysen/Harnack-Gruppe aus Tempelhof

Eine der bedeutendsten Widerstandsgruppen gegen das ›Dritte Reich‹ war etwa 1938/39 (siehe Biernat/Kraushaar 1972, S. 12) als Zusammenschluß bürgerlicher und kommunistischer Gruppen entstanden. Im Zentrum ihrer Arbeit stand die »Organisierung einer umfassenden Widerstandsbewegung, die letztlich in einen Volksaufstand

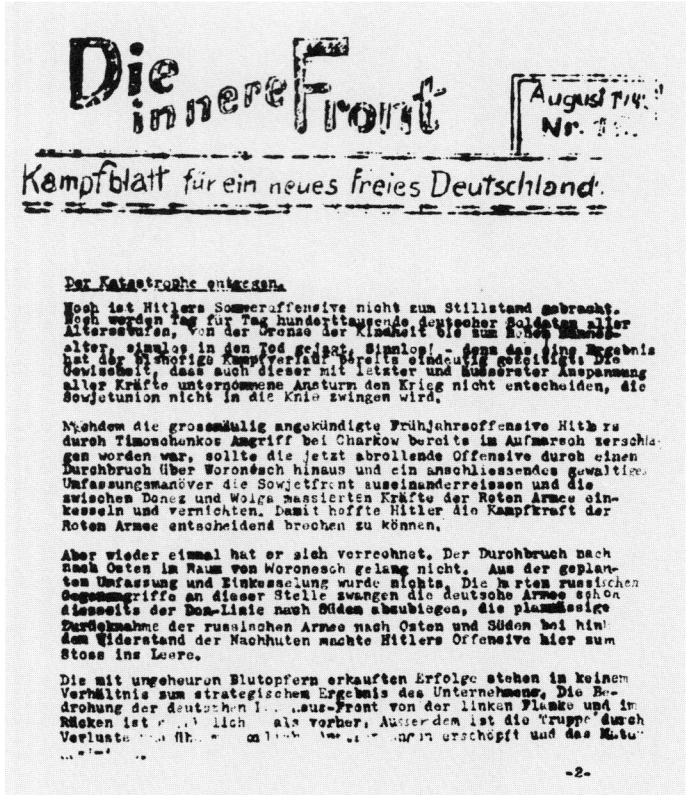

Titelseite der von der Schulze-Boysen/Harnack-Gruppe herausgegebenen Zeitung »Die innere Front«

gegen den Faschismus gründen sollte«. (Rosiejka 1986, S. 83). Das Konzept der Gruppe beinhaltete die Einschätzung, daß das NS-Regime nicht allein von innen heraus zu schlagen sei und daher die Informierung von und die Zusammenarbeit mit ausländischen Regierungen und Widerstandsgruppen erforderlich sei. Dazu gehörte, daß Gruppenmitglieder bei der Nachrichtenbeschaffung und deren Weiterleitung an die Sowjetunion mitwirkten. Dies führte in der Nachkriegszeit zu einer einseitigen Verurteilung der Organisation als Spionagegruppe. Demgegenüber kommt der Autor einer neuen Untersuchung über die von den Nazis als ›Rote Kapelle‹ bezeichnete Gruppe zu einem positiven Schluß. »Fehlten für einen Volksaufstand auch wichtige Voraussetzungen, so muß doch der Weg, den die Rote Kapelle eingeschlagen hatte, als erfolgversprechend eingeschätzt werden. Dies gilt auch im Hinblick auf ihre politische Perspektive für Deutschland nach der Niederringung des Faschismus. Mit einem so organisierten Volksaufstand hätte wohl ohne Zweifel – trotz militärischer Hilfe von außen – die Einflußnahme der Widerstandskräfte in Deutschland selbst auf die Gestaltung der Zukunft dieses Landes und seiner nationalen Unabhängigkeit ein großes Gewicht gehabt.« (Rosiejka 1986, S. 86)

Ein wichtiges Mittel des Widerstandes war die Gegeninformation – unter anderem über die wirkliche, sich verschlechternde militärische Lage an den Fronten – mit Hilfe der illegalen Zeitschrift ›Die innere Front‹. »Sie erschien zweieinhalb Jahre lang und wurde in vielen Exemplaren hergestellt. Leider ist lediglich eine Nummer der Zeitung erhalten geblieben, die Nummer 15, datiert vom August 1942.« (Biernat/Kraushaar 1972, S. 28) Beilagen des Blattes erschienen auch in russischer, tschechischer, italienischer und französischer Sprache in dem Bemühen, auch Kontakte zu ›Fremdarbeitern‹ und Kriegsgefangenen herzustellen.

Neben den betrieblichen Stützpunkten der Widerstandsgruppen zum Beispiel in Tempelhof bei Lorenz und in Mariendorf bei Askania (siehe Biernat/Kraushaar 1972, S. 16) wohnten auch in Tempelhof, Mariendorf und Lichtenrade Männer und Frauen, die an der illegalen Arbeit der Schulze-Boysen/Harnack-Organisation beteiligt waren. Zwischen den Mitgliedern der verschiedenen Widerstandsgruppen um Harro Schulze-Boysen (ab 1936 im Reichsluftfahrtministerium), Arvid Harnack (ab 1942 Oberregierungsrat im Reichswirtschaftsministerium) und den KPD-Funktionären John Sieg und Wilhelm Guddorf bestanden teilweise schon persönliche Beziehungen, die aus der Zeit vor 1933 herrührten.

Neben den im Gedenkbuch geehrten Kurt und Elisabeth Schumacher, Eva-Maria Buch und Erwin Gehrts aus Tempelhof, auf deren Lebensgeschichte im folgenden ausführlicher eingegangen wird, wurden im Herbst 1942 über 130 Personen verhaftet, von denen über 50 zum Tode verurteilt und hingerichtet wurden. Dazu gehörten auch die vier genannten Menschen.

Elisabeth Schumacher, geborene Hohenemser

Geburtsdatum: 28. April 1904
Tempelhof, Hansakorso 2
Todesdatum: 22. Dezember 1942

Am 28. April 1904 kam Elisabeth Hohenemser als Tochter eines Oberingenieurs in Darmstadt zur Welt. Von 1910 bis 1920 ging sie erst in Straßburg, dann in Frankfurt am Main und abschließend in Meiningen zur Schule. Dort wohnte sie mit ihrer Mutter und vier Geschwistern, nachdem der Vater im Oktober 1914 in Frankreich gefallen war. Da sie als Kriegswaise nicht die finanziellen Möglichkeiten hatte, ein Musikstudium aufzunehmen, nahm sie 1920 Klavier- und Gesangsstunden. Ab Ostern 1921 begann sie ein Studium an der Offenbacher Kunstgewerbeschule. Durch die Inflation wurde sie gezwungen – nach einer Ausbildung in Stenographie und Maschineschreiben – vom Mai 1923 bis Jahresende 1924 in einer Bank zu arbeiten, um das Weiterstudium zu finanzieren. Erst im Herbst 1928 setzte sie in Berlin das Graphikstudium an den Vereinigten Staatsschulen fort. Zwischendurch war sie unter anderem zwei Jahre in einem Frankfurter Kunstgewerbeatelier angestellt. Seit 1930 arbeitete sie als Graphikerin im Deutschen Arbeitsschutzmuseum in Berlin. Als Halbjüdin wurde ihr 1938 die weitere Tätigkeit dort untersagt.

Seit 1930 war sie mit dem Bildhauer Kurt Schumacher (siehe dort) befreundet, den sie 1934 heiratete. Sie wohnte mit ihm in Neu-Tempelhof, Hansakorso 2 (heute Werner-Voß-Damm 42). Beide gehörten zu den eher bürgerlichen NS-Gegnern und waren Mitglieder der Schulze-Boysen/Harnack-Gruppe. Aufgrund ihrer Anstellung bei der Reichsstelle für Arbeitsschutz konnte Frau Schumacher der Widerstandsgruppe interne Materialien über die Entwicklung von Arbeitsunfällen zukommen lassen. Nach ihrer Entlassung bemühte sie sich gemeinsam mit ihrem Mann, den Lebensunterhalt durch Werkverträge und Gelegenheitsarbeit zu finanzieren.

Die den Mitgliedern der Widerstandsgruppe zugänglichen Informationen – zum Beispiel Aus-

Elisabeth Schumacher

wertung der Auslandspresse durch Harro Schulze-Boysen, der im Reichsluftfahrtministerium tätig war – wurden besprochen und in Flugblätter und Rundbriefe übernommen. »Die wichtigsten Materialien wurden von Elisabeth Schumacher fotokopiert und miniaturisiert, um sie an andere Widerstandsgruppen weiterzugeben.« (Rosiejka 1986, S. 37)

Am 11. September 1942 wurde sie verhaftet und am 19. Dezember desselben Jahres wegen ›Vorbereitung zum Hochverrat, Feindbegünstigung und Spionage‹ zum Tode verurteilt. Von den weiteren elf Angeklagten der Schulze-Boysen/Harnack-Gruppe ihres Prozesses wurden auch ihr Mann und die Leiter der Gruppe Schulze-Boysen sowie Harnack mit dem Tode bestraft. In der Gefängniszelle schrieb sie folgenden Brief:

»Ach, Ihr Mütter,

Zunächst: Die Erschütterung des Wiedersehens ließ mich nicht genügend auf Euch eingehen, obgleich ich doch in so viel Liebe und Dankbarkeit an Euch denke.

Ich bin so froh, Toni, daß ich Dich wenigstens einmal sehen durfte. Durch Kurt hörte ich schon, wie tapfer und energisch Du bist. Du hast eine so unendlich schwere Aufgabe, zu der ich Dir von ganzem Herzen die nötige Kraft wünsche.

Reichskriegsgericht
2. Senat

StPL (HLS) II 129/42
StPL (RKA) III 495/42
III 496/42
III 497/42

21 Abdrucke

Geheime Kommandosache! am 6. Jan. 1943

S M. geh. 1943 Nr. 55

Im Namen
des Deutschen Volkes!

Feldurteil.

In der Strafsache gegen

    1.) den Oberleutnant Harro S c h u l z e - B o y s e n ,
    2.) die Ehefrau Libertas S c h u l z e - B o y s e n ,
    3.) den Oberregierungsrat Dr. Arwid H a r n a c k ,
    4.) die Ehefrau Mildred H a r n a c k ,
    5.) den Oberleutnant Herbert G o l l n o w ,
    6.) den Funker Horst H e i l m a n n ,
    7.) den Soldat Kurt S c h u m a c h e r ,
    8.) die Ehefrau Elisabeth S c h u m a c h e r ,
    9.) den Dreher Hans C o p p i ,
    10.) den Kraftfahrer Kurt S c h u l z e ,
    11.) die Gräfin Erika von B r o c k d o r f f ,
    12.) den Handelsvertreter Johannes G r a u d e n z

wegen Hochverrats u.a.

hat das Reichskriegsgericht, 2. Senat, in der Sitzung vom 19. Dezember
1942 auf Grund der mündlichen Hauptverhandlung vom 15. - 19. Dezember 1942
an der teilgenommen haben

    als Richter:
        Senatspräsident Dr. Kraell, Verhandlungsleiter,
        General Mußhoff,
        Vizeadmiral Arps,
        Generalmajor Stutzer,
        Reichskriegsgerichtsrat Dr. Schmitt,
    als Vertreter der Anklage:
        Oberstkriegsgerichtsrat Dr. Roeder,
    als Urkundsbeamter:

                     Heeresjustizinspektor

Heeresjustizinspektor Güldner,

für Recht erkannt:

Es werden verurteilt:

1.) Die Angeklagten Oberleutnant Harro S c h u l z e - B o y s e n und Schütze Kurt S c h u m a c h e r wegen Vorbereitung zum Hochverrat, Kriegsverrats, Zersetzung der Wehrkraft und Spionage zum Tode, zum Verlust der Wehrwürdigkeit und zum dauernden Verlust der bürgerlichen Ehrenrechte.

2.) Dr. Arwid H a r n a c k , Libertas S c h u l z e - B o y s e n , Elisabeth S c h u m a c h e r , Hans C o p p i und Kurt S c h u l z e wegen Vorbereitung zum Hochverrat, Feindbegünstigung und Spionage zum Tode und zum dauernden Verlust der bürgerlichen Ehrenrechte, Hans C o p p i außerdem zum Verlust der Wehrwürdigkeit.

3.) Johannes G r a u d e n z wegen Vorbereitung zum Hochverrat, Feindbegünstigung, Zersetzung der Wehrkraft und Spionage zum Tode und zum dauernden Verlust der bürgerlichen Ehrenrechte.

4.) Funker Horst H e i l m a n n wegen Kriegsverrats und Spionage zum Tod, zum Verlust der Wehrwürdigkeit und zum dauernden Verlust der bürgerlichen Ehrenrechte.

5.) Oberleutnant Herbert G o l l n o w wegen Ungehorsams im Felde und Preisgabe von Staatsgeheimnissen zum Tode und zum Verlust der Wehrwürdigkeit.

6.) Gräfin Erika von B r o c k d o r f f wegen Beihilfe zur Vorbereitung zum Hochverrat und zur Spionage zu 10 - zehn - Jahren Zuchthaus und zum Verlust der bürgerlichen Ehrenrechte auf 10 - zehn - Jahre.

7.) Frau Dr. Mildred H a r n a c k wegen Beihilfe zur Vorbereitung des Hochverrats und zur Spionage zu 6 - sechs - Jahren Zuchthaus und zu Verlust der bürgerlichen Ehrenrechte auf 6 - sechs - Jahre.

Das Vermögen der Angeklagten Harro S c h u l z e - B o y s e n , Dr. Arwid H a r n a c k , Kurt S c h u m a c h e r und Johannes G r a u d e n z wird eingezogen.

Es werden ferner eingezogen bei dem Angeklagten Hans C o p p i 2500 RM, bei dem Angeklagten Kurt S c h u l z e 2100 RM.

Von Rechts wegen.

Gründe.

Die ersten beiden Seiten des Urteils gegen Kurt und Elisabeth Schumacher und andere.

Und Du, liebe, liebe Mutter! Mein Gedanke an Dich ist nur Sorge vor allem. Ich hoffe, daß Dein armes Herz dadurch, daß Toni mehrmals mit Kurt sprechen durfte, sich wieder ein bißchen erholen konnte von dem furchtbaren Schrecken, der Dir sicherlich so sehr geschadet hat. Ein Trost ist mir, daß der tägliche Lebenskampf Euch ein wenig von dem nutzlosen Grübeln abhält. Daß Ihr so wunderbar für uns sorgt, erfüllt mich mit Rührung und Dankbarkeit. Aus jedem Ding, das Ihr uns gebt, erkennt man so stark, wie liebevoll Ihr bemüht seid und wie es Euch gelingt Euch in unsere Lage hineinzuversetzen. Nur dürft Ihr Euch, bitte, bitte, meinetwegen nichts absparen. Seht, ich habe noch viel zuzusetzen und habe doch immer wenig gebraucht, und der Umsatz hier in der Ruhe ist doch sehr gering im Gegensatz zum aufreibenden Leben draußen.

Ach, Ihr Lieben! Wie gerne würde ich Euch anders danken als mit solch kümmerlichem Brief. Und Euch trösten. Das Schwerste für mich ist, die Ursache zu solchem großen Herzeleid zu sein.

Aber ich bitte Euch alle um das eine: Schämt Euch unserer nicht. Ihr wißt, daß wir keine Untermenschen sind, daß wir – Ihr kennt die Zusammenhänge nicht – unserer besten Überzeugung folgten unter Hintansetzung von Sicherheit, Ruhe und Bequemlichkeit. Daß Ihr nun so schwer darunter zu leiden habt, ist für mich das Härteste und trifft mich viel schlimmer als mein eigenes Los. Ich habe immer so gern überall geholfen, nun kann ich das nicht mehr. Glaubt mir, das ist unsagbar schwer. Übrigens ist für mich tröstlich, daß es Herbst ist. Im Frühjahr muß das Anszimmergebundensein einem viel härter ankommen als jetzt. Es ist eine Gnade, so viel schöne Erinnerungen zu haben, und ich bitte Euch, Ihr Lieben, denkt auch Ihr oft in Dankbarkeit und nicht in Trauer an alles schöne Gemeinsame, z. B., Muttchen, an unseren wundervollen letzten Sonntag zu dritt im Garten. Wie selig war Kurt darüber.

Ich umarme Euch in inniger Zuneigung, in Liebe und Sorge.

Eure Elisabeth«

(Biernat/Kraushaar 1972, S. 159 f.)

Im Alter von 38 Jahren wurde sie am 22. Dezember 1942 im Zuchthaus Plötzensee zusammen mit ihrem Lebensgefährten Kurt Schumacher und den Leitern ihrer Widerstandsgruppe Harro Schulze-Boysen und Arvid Harnack hingerichtet. Die Herausgabe des Abschiedsbriefes an die Mutter und Geschwister wurde von dem Anklagevertreter beim Reichskriegsgericht, Dr. Manfred Roeder, verweigert. Auf das unmenschliche Verhalten dieses ›Blut‹-Richters während der Ermittlungen und seine Rechtfertigungsversuche in der Nachkriegszeit kann nur hingewiesen werden (siehe Höhne 1970).

Kurt Schumacher

Geburtsdatum: 6. Mai 1905
Tempelhof, Hansakorso 2
Todesdatum: 22. Dezember 1942

Der am 6. Mai 1905 in Stuttgart als Sohn eines Gewerkschaftsfunktionärs geborene Kurt Schumacher übersiedelte als Vierzehnjähriger mit seinen Eltern 1919 nach Berlin. Sein weiterer Lebensweg wird von ihm in einem 1931 geschriebenen Lebenslauf dargestellt: »In Berlin kam ich als Lehrling in die Holzbildhauerwerkstatt des verstorbenen Holzbildhauermeisters Alfred Böttcher und erlernte das Holzbildhauerhandwerk in vier Jahren. Dann begann die praktische Arbeit bei Prof. Gies und zugleich das Studium an der ehemaligen Anstalt des Kunstgewerbemuseums, jetzt Vereinigte Staatsschulen, bei dem genannten Meister, Fach: Plastik, welches Verhältnis bis zu diesem Zeitpunkt dauert. Durch meine Tätigkeit als Geselle und Schüler des Herrn Prof. Gies erlernte ich sämtliche Techniken der Bildhauerei durch Mitarbeit an praktischen Arbeiten des

Kurt Schumacher bei der Verleihung des Großen Staatspreises der preußischen Akademie der Künste 1931

144

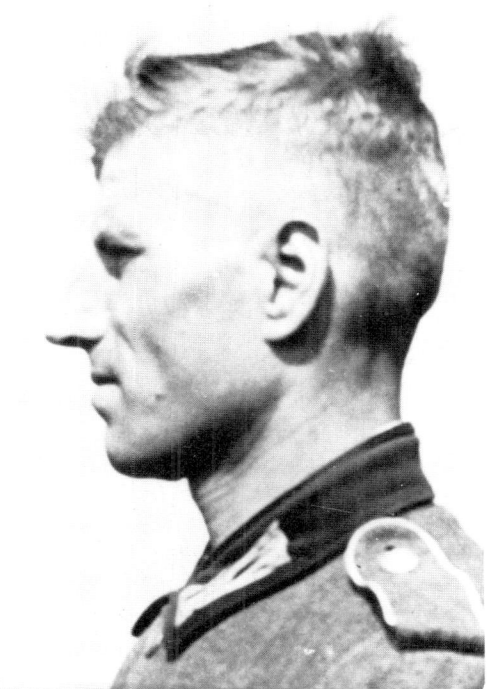

Kurt Schumacher als Soldat

Genannten.« (In: Fischer-Defoy 1984) 1932 erhielt Kurt Schumacher eine Prämie des Großen Staatspreises der preußischen Akademie der Künste und wurde Meisterschüler bei Ludwig Gies. »Im Atelier des Bildhauers Kurt Schumacher in der Hochschule am Steinplatz fanden regelmäßig kunsttheoretische Diskussionszirkel und politische Schulungskurse statt« (Rosiejka 1986, S. 34), an denen sich die Mitglieder der Schulze-Boysen/Harnack-Widerstandsgruppe regelmäßig beteiligten. Nach Angriffen der Nazis auf seinen Lehrer verließ er 1936 die Hochschule und richtete sich in Tempelhof ein eigenes Atelier ein. Das Atelier befand sich in einer Laubenkolonie am Werner-Voß-Damm – damals noch Hansakorso. (Heute stehen dort Neubauten.) Die Wohnung des Ehepaares Schumacher befand sich in unmittelbarer Nähe am Hansakorso 2 (heute Werner-Voß-Damm 42).

Das Atelier wurde Treffpunkt einer Widerstandsgruppe. Zusammen mit seiner Ehefrau Elisabeth Schumacher (siehe dort), mit der er seit 1934 verheiratet war, beteiligte er sich am Widerstand gegen die Nationalsozialisten. In letzten Notizen, die er kurz vor seinem Tode schrieb, beschäftigte er sich mit seiner politischen Motivation: »Warum führte ich nicht ein zurückgezogenes Künstlerleben, abseits aller Politik? Weil dann eben diese Kunst nur eine kleine Geltung gehabt hätte und nicht unsterblich lebendig gewesen wäre. So sterbe ich lieber, als daß ich das belanglose Leben der vielen, allzuvielen gelebt hätte. Es war wenigstens ein großes Ziel. Da außerdem das Dritte Reich nur seiner Kunst den Weg freigab, der Kunst einer politisch zum Untergang verurteilten Sache, war es zwangsläufig für mich, meine künstlerische Freiheit im politischen Kampf gegen ein nicht lebensfähiges chaotisches System zu erkämpfen, getreu den mittelalterlichen Vorgängern.« (nach: Weisenborn 1953, S. 333)

Kurt Schumacher war Mitglied der Schulze-Boysen/Harnack-Organisation, nachdem er bereits 1932 zu Harro Schulze-Boysen Kontakt hatte und Mitarbeiter der von diesem herausgegebenen

Anweisung zur Vollstreckung der Todesstrafe an Kurt Schumacher und anderen

Zeitschrift ›Der Gegner‹ – die im April 1933 verboten wurde – war. Neben der Initiierung von Diskussionszirkeln und der Widerstandsarbeit unternahm die Gruppe auch gemeinsame Freizeitaktivitäten, bei denen der Wassersport im Mittelpunkt stand. Häufig trafen sich die Gruppenmitglieder zu gemeinsam verbrachten Wochenenden. Die Pfingsttreffen an der Ostsee waren bis zu der Verhaftungswelle 1942 eine feste Einrichtung.

Kurt Schumacher leistete konkrete Widerstandsarbeit, indem er sich unter anderem am Versand von Flugblättern an die Frontadressen von Wehrmachtsangehörigen beteiligte. 1941 war er selbst zum Militärdienst eingezogen, aber bereits im Juli 1942 wieder nach Berlin versetzt worden. Wie seine Frau Elisabeth wurde er im Herbst 1942 verhaftet. Zusammen mit ihr und zehn weiteren Gruppenmitgliedern wurde gegen ihn vom 15. bis 19. Dezember 1942 vor dem 2. Senat des Reichskriegsgerichts verhandelt. Seine Todesstrafe wurde mit ›Vorbereitung zum Hochverrat, Kriegsverrat, Zersetzung der Wehrkraft und Spionage‹ begründet. Neben seiner Frau wurden unter anderem die Leiter der Widerstandsgruppe Harro Schulze-Boysen und Arwid Harnack zum Tode verurteilt.

In seiner Gefängniszelle in der Prinz-Albrecht-Straße 8 wurden 1946 folgende Aufzeichnungen gefunden:

*»Weil ich dabei geschnappt wurde, wie ich für Harro einen Zettel an einen Franzosen durch die Essklappe zu werfen versuchte, wurde mir alles entzogen, meine eigenen Bücher, die Bücher von hier, alles Schreibzeug, sogar das von meiner geliebten Elisabeth gezeichnete Bild mit unseren beiden Gesichtern. Es ist so gut, daß seine Vernichtung ewig schade wäre. Dann habe ich den kärglichen Spaziergang auch nicht mehr, bekomme keine Post und keine Pakete. Das alles jetzt seit 10 Tagen. Es ist zuweilen fast unerträglich, und ich denke zuweilen mit Entsetzen an die Frauen, an Elisabeth im Alex, die, wie sie mir schrieb, nichts zu lesen bekommen und aus Gründen der Ersparnis auch kein Licht ... wir kämpfen für unsere Sache.
gefesselt, 2. Nov. 1942*   Kurt Schumacher«

(Aus: Biernat/Kraushaar 1972, S. 157)

Am 22. Dezember 1942 wurde er im Zuchthaus Plötzensee hingerichtet.

Eva-Maria Buch

Geburtsdatum: 31. Januar 1921
Mariendorf, Hochfeilerweg 23
Todesdatum: 5. August 1943

Eva-Maria Buch kam am 31. Januar 1921 in Berlin-Charlottenburg als einzige Tochter des Kunstmalers Walter Buch (1887 bis 1956) und dessen Ehefrau Erna (1890 bis 1971) zur Welt. Sie wuchs in

Eva-Maria Buch

einem katholischen Elternhaus auf. Mit ihren Eltern wohnte sie erst in Tempelhof, Friedrich-Franz-Straße 23. Etwa 1935 zog die Familie nach Mariendorf, wo sie im Hochfeilerweg 23 wohnte. »Das Abitur konnte Eva-Maria nicht wie beabsichtigt ablegen, da die Nazis die von

Achtung, weitergeben an die französischen Arbeiter!

Ouvriers français!

N'oubliez pas que Pétain et Laval, en acceptant la domination
hitlérienne et en donnant libre passage aux pilleurs fascistes,
ont condamné votre pauvre pays à la faim et aux privations de
toutes sortes. En peu de temps, un système ruineux de grapillage
insensé en a épuisé les dernières ressources.

Rappelez-vous qu'en faisant cause commune avec l'ennemi, Pétain
et Laval ont fait du territoire français l'avant-poste occidental
de la guerre hitlérienne. La conséquence en est des bombardements
qui, tout en visant l'occupateur, ravagent les côtes de la France,
dévastent des villes françaises et en déciment la population.

N'oubliez pas que la terreur sévit votre pays, que toute ten-
tative de résistance nationale contre l'usurpation est expiée
par le fusillement de certaines otages innocents.

N'oubliez pas que la police française travaille en commun avec la
gestapo dont les méthodes généralement connues sont l'arbitraire,
l'injustice criante, la plus cynique brutalité.

Rappelez-vous que des ouvriers français qui luttent contre l'oppres-
sion nationale sont jugés par des cours martiales allemandes.

N'oubliez jamais que Pétain et Laval vous ont faits les esclaves
des exploiteurs fascistes.

Rappelez-vous aussi que les ouvriers allemands sont frères auxquels
vous êtes liés par des intérêts communs.

N'oubliez pas que des millions d'ouvriers étrangers sont captivés
en Allemagne, lesquels, appartenant comme vous aux nations opprimées
par le fascisme et forcés de travailler pour fair marcher la mach ine
de guerre hitlérienne, tendent à secouer le joug odieux.

N'oubliez pas que l'U.R.S.S., le pays des ouvriers et de paysans, se
trouve en défense légitime contre l'agresseur fasciste, ennemi mortel
de l'ouvrier.

Soyez conscients qu'occupés dans l'industrie de guerre allemande,
soit que vous y travailliez volontairement, soit qu'on vous y ait
forcés, vous aidez à forger les armes qui, entre les mains d'Hitler
servant à prolonger cette guerre criminelle, à retarder l'heure
de votre délivrance. Le devoir de chacun de vous est donc de faire
tout son possible pour entraver la fabrication donc de faire tout
son possible pour entraver la fabrication en masse de ces armes
meurtrières afin de paralyser la marche de la machine de guerre
de Hitler.

Ouvriers français!
A l'heure actuelle, le régime hitlérien est déjà profondément ébranlé.
La guerre criminelle court irrésistiblement au déchaîle. La destruction
du fascisme, la chute d'Hitler et de ses créatures, des Pétain
et Laval, quis seule peut vous rendre la liberté, est proche. Fra-
ternisez avec les ouvriers allemands, italiens, belges, hollandais,
polonais, tchécoslovaques etc. et avec les prisonniers de guerre.
L'heure décisive venue, ne tardez pas à serrer les rangs et à lutter,
l'arme à la main, côte avec eux tous pour la chute du fascisme pour
la liberté et la fraternité des masses laborieuses de tous les pays
du monde.

Beilage der illegalen Zeitung »Die innere Front« in französischer Sprache (möglicherweise von Eva-Maria
Buch übersetzt)

148

katholischen Ordensschwestern geleitete St. Ursula-Schule schlossen.« (Jahnke 1985, S. 89) Später arbeitete sie mehrere Jahre als Buchhändlerin in dem Antiquariat Gsellius, welches sich in der Mohren- Ecke Friedrichstraße befand und eine Zweigstelle am Hohenzollerndamm hatte. Heute befindet sich das Antiquariat in Zehlendorf. Neben ihrer Berufstätigkeit lernte sie Fremdsprachen im Selbststudium und bereitete sich auf das Dolmetscherexamen vor. »1940 hatte sie sich soweit qualifiziert, daß sie wöchentlich 4 Stunden als Sprachlehrerin an der Auslandswissenschaftlichen Fakultät der damaligen Friedrich-Wilhelms-Universität Berlin tätig war.« (Schoepke 1975, S. 943)

»Für politische und ökonomische Probleme hatte sie sich nie sonderlich interessiert, aber das sie umgebende menschliche Leid, das der Krieg verursachte, ergriff sie tief.« (Deutsche Widerstandskämpfer ... Bd. 1, 1970, S. 169) Nachdem sie als 20jährige über einen Arbeitskollegen, dem wissenschaftlichen Antiquar und KPD-Funktionär Wilhelm Guddorf, mit der Widerstandsgruppe um Harro Schulze-Boysen und Arvid Harnack Verbindung bekommen hatte, unterstützte sie diese bei einzelnen Aktionen. Im wesentlichen übersetzte sie Beiträge für die illegale

Eva-Maria Buch

Zeitung ›Die innere Front‹ und half bei deren Verbreitung. Es kann angenommen werden, daß sie auch aufgrund ihrer späteren Assistentinnentätigkeit am Auslandswissenschaftlichen Institut der Berliner Universität Kontakte zu Harro Schulze-Boysen, der Seminarleiter war, und der Lehrbeauftragten Mildred Harnack, der Frau von Arvid Harnack, hatte.
Am 10. Oktober 1942 wurde sie zusammen mit einer großen Anzahl weiterer Gruppenmitglieder von der Geheimen Staatspolizei verhaftet. Nachdem sie aus der elterlichen Wohnung, in der sie bis zur Verhaftung gewohnt hatte, abgeholt wurde, ist sie wochenlang verhört worden. Die Hauptverhandlung fand erst vom 1. bis 3. Februar 1943 vor dem Reichskriegsgericht statt. Inzwischen waren auch ihre Eltern wiederholten Verhören und Haussuchungen ausgesetzt gewesen.

Inf.   A b s c h r i f t !

D e r   F ü h r e r   Führerhauptquartier, den 21. 7.1943.

An

    den Chef des Oberkommandos der Wehrmacht.

Betr.: Gnadensachen von 17 vom Reichskriegsgericht im
        Strafsachenkomplex "Rote Kapelle" zum Tode und
        zum dauernden Verlust der bürgerlichen Ehrenrechte
        Verurteilten:

        Angestellter Karl B ö h m e , Urteil vom 20.1.1943,
        wegen Vorbereitung zum Hochverrat in Tateinheit mit
        Feindbegünstigung und wegen Beihilfe zur Spionage;

        Fräser Stanislaus W e s o l e k , Urteil vom 10.2.1943,
        wegen Beihilfe zur Vorbereitung eines hochverräterischen
        Unternehmens und zur Spionage;

        Rentner Emil H ü b n e r , Urteil vom 10.2.1943,
        wegen Beihilfe zur Vorbereitung eines hochverräterischen
        Unternehmens und zur Spionage;

        Schriftsteller Adam K u c k h o f f , Urteil vom 3.2.1943,
        wegen Vorbereitung eines hochverräterischen Unternehmens
        und wegen Feindbegünstigung;

        Ehefrau Frieda W e s o l e k , Urteil vom 10.2.1943,
        wegen Beihilfe zur Vorbereitung eines hochverräterischen
        Unternehmens und zur Spionage;

        Studentin Ursula G ö t z e , Urteil vom 18.1.1943,
        wegen Vorbereitung zum Hochverrat und wegen Feindbe-
        günstigung;

        Telefonistin Marie T e r w i e l , Urteil vom 26.1.1943,
        wegen Vorbereitung eines hochverräterischen Unternehmens
        und wegen Feindbegünstigung;

        Tänzerin Oda S c h o t t m ü l l e r , Urteil vom 26.1.1943,
        wegen Beihilfe zur Vorbereitung eines hochverräterischen
        Unternehmens und zur Feindbegünstigung;

        Ehefrau Rose S c h l ö s i n g e r , Urteil vom 20.1.1943,
        wegen Spionage;

        Ehefrau Hilde C o p p i , Urteil vom 20.1.1943,
        wegen Vorbereitung zum Hochverrat in Tateinheit mit
        Feindbegünstigung, Spionage und Rundfunkverbrechen;

        Stenotypistin Klara S c h a b b e l , Urteil vom 30.1.1943,
        wegen Feindbegünstigung;

        Abteilungsleiterin Else I m m e , Urteil vom 30.1.1943,
        wegen Feindbegünstigung;

        wissenschaftliche Assistentin Eva B u c h , Urteil vom 3.2.43,
        wegen Vorbereitung eines hochverräterischen Unternehmens
        und Feindbegünstigung;

        Geschäftsinhaberin Anna K r a u s s , Urteil vom 12.2.1943,
        wegen Zersetzung der Wehrkraft;

                                                Ehefrau

Ablehnung der Begnadigung der zum Tode verurteilten Eva-Maria Buch und anderen

Sie wurden sogar aus ihrer Wohnung verwiesen (siehe Schoepke 1975, S. 945). Der genauen Inhalt der Anklageschrift kannte Eva-Maria Buch nicht (vgl. Höhne 1970, S. 221). Die Anklage gegen sie wurde wegen ›Vorbereitung eines hochverräterischen Unternehmens und Feindbegünstigung‹ erhoben. »Als Beweismaterial diente ein von ihr ins Französische übersetzter Artikel für einen Aufruf ihrer Gruppe an die ausländischen Zwangsarbeiter in den Rüstungsbetrieben. Die Arbeiter sollten immer daran denken, daß es ihre eigenen Angehörigen seien, die von den durch sie gefertigten Bomben zerrissen würden.« (Leber 1963, S. 128) Eva-Maria Buch wurde am 3. Februar 1943 zum Tode verurteilt. Sie verbrachte ihre Haftzeit im Frauengefängnis in der Barnimstraße. Im Gefängnis schrieb sie einen Brief an die Eltern, der hinausgeschmuggelt werden konnte:

»Den 12. 4. 43

Meine liebsten goldenen beiden,
gestern schrieb ich Euch einen längeren Brief, den wieder, wie üblich, viele unerwünschte Augen lesen werden. Heut nun ein paar eilige Zeilen ganz unter uns, die Ihr mit keiner Silbe je erwähnen dürft. In den nächsten Tagen voraussichtlich schon wird jemand bei Euch anrufen, um Euch ein bissel von mir zu berichten und sich gleichzeitig einen Gruß und sonstiges an mich auftragen zu lassen. Ihr könnt da so offen reden, wie es die bei

aller Ungefährlichkeit am Telefon doch in jedem Fall gebotene Vorsicht erlaubt. Dieser Mensch ist gut und lieb zu mir. Könnt Ihr Euch vorstellen, was das in dieser Lage bedeutet? Papale, ich habe eine Bitte an Dich. Sie hat Zeichentalent und große Lust, es auszubilden, nur haben ihre wirtschaftlichen Nöte bisher nicht erlaubt, ihrer Neigung zu folgen. Sei so lieb und hilf ihr ein wenig, sprich mit ihr und gib Unterricht, wenn Ihr beide, Du und sie, von Eurer knappen Zeit hin und wieder ein Stündchen erübrigen könnt. Sie hat ja auch einen Beruf, der ihre Kraft und Zeit stark beansprucht.

Meine lieben, lieben beiden. Ich glaube, Ihr macht Euch keine Vorstellungen davon, was ich für eine peinigende Sehnsucht nach Euch habe, wie es mich quält und drückt, Euch Kummer zu machen, wie scheußlich es ist, nicht reden und schreiben zu dürfen, wie es einem das Herz diktieren möchte, was ich mir für bittere Vorwürfe mache beim Gedanken an Euch. Aber meine Lieben, dafür wird es um so schöner werden, will ich alles an Euch gutmachen, wenn wir diese Leidensstation erst überwunden haben. Und wir werdens schaffen, vertraut darauf.«

(aus: Wiegand 1961)

Die Begnadigung von Frau Buch wurde durch Hitler persönlich abgelehnt. Es ist ein weiterer Brief an ihre Eltern erhalten, den sie am Tage ihrer Hinrichtung schrieb:

»Berlin-Plötzensee, den 5. August 1943

Meine liebsten beiden, geliebte Eltern!

Ich habe mich so sehr gefreut über Euren Brief, den ich gestern noch erhielt, den allerletzten Gruß von Euch. Nun heißt es tapfer sein. Wir müssen uns jetzt trennen. Meine beiden, Ihr, daß ich Euch diesen ärgsten Kummer nicht ersparen konnte! Aber es ist doch alles gut so, wie es kam. Es war so ein unseliger Zwiespalt in mir, das Erleben der letzten Monate brachte die Lösung. Nun ist alles Ruhe und Freude. Meine Gedanken waren schließlich wieder ganz bei Euch. Eure Treue hat mich tief gerührt. Tausend Dank dafür und für alle Liebe, die Ihr mir gabt. Ich war sehr, sehr froh in der letzten Zeit. Verzeiht mir, Mamale, mein Vaterle. So vieles muß nun auf immer unausgesprochen bleiben, ich muß tief in Eurer Schuld bleiben und hätte doch gern noch wiedergutgemacht. Aber gelt, wir gehören zusammen, und ich bleibe immer in Eurer Mitte. –

So lieb hab' ich Euch, so lieb und möchte Euch küssen und streicheln und trösten. Grüßt mir alle lieben Menschen! Auf ein frohes Wiedersehen im anderen Leben. Wartet ab in Geduld, bis auch Ihr gerufen werdet.

Bis zum letzten Atemzuge

Eure Putte«

(Biernat/Kraushaar 1972, S. 77)

Am 5. August 1943 wurde das Todesurteil im Zuchthaus Plötzensee an der 22jährigen jungen Frau vollstreckt.

Erwin Gehrts

Geburtsdatum: 18. April 1890
Lichtenrade, Uhlandstraße 41 a
Todesdatum: 10. Februar 1943

Der am 18. April 1890 in Hamburg geborene Erwin Gehrts quittierte im November 1918 seinen Dienst als Flieger bei der Luftwaffe. Eine Zeit lang gab er als Hauslehrer Unterricht, bevor er Journalist wurde. Bis 1932 arbeitete er als Chefredakteur des ›Generalanzeigers für Oberhausen, Sterkrode, Osterfeld und das nordwestliche Industriegebiet‹, bevor er nach Berlin ging und Redakteur der christlich-sozialen Zeitung ›Tägliche Rundschau‹ wurde. Als Teilnehmer von Dis-

Familie Gehrts 1932

kussionsrunden der politisch-kulturellen Zeitschrift ›Der Gegner‹ lernte er bereits 1928 Harro Schulze-Boysen kennen, mit dessen Widerstandsgruppe er 1935 Kontakt aufnahm. Erwin Gehrts wohnte mit seiner Familie in Lichtenrade, erst in der Beethovenstraße 9 (1934), dann in der Uhlandstraße 43 (1936) und zuletzt in der Uhlandstraße 41 a.

Nachdem Erwin Gehrts 1935 als Hauptmann wieder in den Dienst der Luftwaffe eingetreten war, stieg er bis zum Range eines Obersten auf. Im Reichsluftfahrtministerium war er zunächst Leiter der Abteilung für Fernaufklärung und übernahm später die Vorschriften- und Lehrmittelabteilung. 1938 wurde er Mitarbeiter des Generals der Luftwaffe beim Oberbefehlshaber des Heeres. Ein Jahr darauf war er Sachbearbeiter beim Inspekteur der Ausbildungsflieger und schließlich Gruppenleiter beim Chef des Ausbildungswesens. Hier war er für Verschluß-und Geheime Kommandosachen zuständig.

Seit 1935 hatte der NS-Gegner Gehrts Verbindung zu der Schulze-Boysen/Harnack-Organisation, las deren Schriften und soll ihnen militärische Informationen gegeben haben. Am 10. Oktober 1942 wurde er von der Geheimen Staatspolizei festgenommen und am 10. Januar 1943 wurde vor dem Reichskriegsgericht gegen ihn verhandelt. Seine Frau berichtete später: »Die Verhandlung vor dem Reichskriegsgericht gegen meinen Mann dauerte 12 Stunden, obgleich der Verteidiger die Zeit auf höchstens 2 Stunden mir gegenüber festgesetzt hatte … Mein Mann hat mir nach dem Urteil, als ich ihn einige Male noch sehen konnte, u. a. auch zugeflüstert, daß er ›restlos ausgepackt‹ hätte, daß er die ganze Korruption des Systems aufgerollt hätte und Haltung und Handlungen der SS vorgehalten hätte mit Informationen, die nur ganz geheim waren und von denen mein Mann wußte. Auf Grund dieser Einstellung und der Belastung durch die Verbindung mit Schulze-Boysen konnte selbstverständlich nur das Todesurteil die Folge sein; mein

Mann hat das Urteil sehr gefaßt aufgenommen und ging, wie immer im Leben, konsequent seinen Weg.« (nach: Lehmann 1948, S. 77)

Er wurde zum Tode verurteilt. In der Zeit zwischen der Verurteilung und Hinrichtung war er im Wehrmachtsuntersuchungsgefängnis in der Lehrter Straße untergebracht. Trotz aller Bemühungen gelang es seiner Frau nicht, sein Leben zu retten. Sie durfte ihn nach der Urteilsverkündung besuchen: »Ich habe meinen Mann nach dem Urteil am 10. Januar 1943 noch dreimal besuchen können, so daß wir alle persönlichen Dinge bis zum letzten regeln und besprechen konnten, er hat ebenfalls von seinen Kindern Abschied nehmen können, die einige Male diesen schweren Weg mit mir gingen, und die Kinder waren neben der Sorge um mich persönlich und meine Existenz seine größte Sorge, weil er mit ganzer Seele Familienvater war ...« (a.a.O.) Am 10. Februar 1943 wurde Erwin Gehrts im Zuchthaus Plötzensee hingerichtet.

Kurz vor der Hinrichtung schrieb er zwei Abschiedsbriefe an seine Kinder: Einen an den siebzehneinhalbjährigen Sohn Hans-Erwin der sechs Monate später als Arbeitsdienstmann (Reichsarbeitsdienst) im DRK-Krankenhaus Posen an den Folgen einer Ohrenoperation starb. Man hatte dem schwer Erkrankten mehrere Wochen die Behandlung durch einen Facharzt verweigert. Den zweiten Brief schrieb er an seine zwölfeinhalbjährige Tochter.

Nachgetragen werden kann, daß die Tochter des Ermordeten, Barbara Gehrts, ihre Kindheitserinnerungen an das »Dritte Reich« literarisch in einem lesenswerten Jugendbuch aufgearbeitet hat. (Gehrts 1986)

Erwin Gehrts als Major um 1940

Abschrift des Briefes von Erwin Gehrts an seinen Sohn:

»Berlin Plötzensee, den 10. Febr. 1943

Für Hans-Erwin Gehrts

Mein innig geliebter, guter Strups, mein lieber Hans-Erwin. Nun wird das Buch meines Lebens geschlossen. Es ist der letzte Brief. Ich weiß, wie erschütternd schwer Dich der Schlag trifft, und das um so mehr, da Ihr alle daheim den Hoffnungswimpel so hoch gehißt hattet!

Ich danke Dir für alle Deine große Liebe, die Du mir gegeben. Ich bin stolz auf Dich und danke Gott, daß er mir so einen Jungen mit solchen Gaben und vor allem einen so anständigen vortrefflichen, ehrlichen Charakter gab. Halte, mein Junge, den Kopf hoch; bleibe aufrecht, standhaft. Vor allem halte Gott im Herzen! Und dann bitte ich Dich: sei unserer lieben guten Mutti in dieser schweren Prüfung ein Trost und eine Stütze. Mutti hat Dich zwar nicht unter dem Herzen getragen, aber sie trug Dich von der ersten Stunde Deines Lebens im Herzen mit einer seltenen Liebe und Verantwortung. Sie ist ein großer guter Mensch!

Ich sehe immer Deine großen, reinen Augen vor mir; wir Männer sind unter uns nicht so voll offener Zärtlichkeiten; aber ich habe Dich geliebt mit der ganzen heißen Liebe meines Vaterherzens; und ich habe all Deine tiefe Liebe zu mir trotz Deiner edlen Zurückgezogenheit gespürt. Du sollst wissen, daß ich auch weiterhin auf Dich baue und weiß, Du wirst Deinen Weg machen.

Gott schütze Dich in den schweren Stunden nach unserer Trennung. Gott schütze Dich im Kriege.

Werde auch ein guter, ehrlicher, reiner Mann, der allzeit Achtung vor der Frau hat.

Halte Deinen Vater trotz aller Schuld in Ehren!

Du bist der Träger unseres Familiennamens! Halte das Banner hoch!

Ich umarme Dich ganz fest und ganz stark! Ich bin immer um Dich!

Ich reiche Dir die Hand ganz, ganz fest!

Dein Dich innigliebender Vater.«

(Privatbesitz Gehrts)

Abschrift des Briefes von Erwin Gehrts an seine Tochter:

»Berlin-Plötzensee, den 10. Febr. 1943

Frau Bärbel Gehrts
Meine innig geliebte, liebe Bärbel!
Nun ist Dein liebes Vatachen doch von Dir gegangen. Ich habe Dich in all den Wochen der Trennung ganzen Herzens umfangen; ich habe viel mit Dir gesprochen, oft an unsere freudvollen Stunden gedacht. Ich fühle noch oft Deine lieben Küsse; ich sehe Dich auch jetzt so ganz vor mir.
Ich bin ganz stolz auf Dich, und bitte Dich herzinniglich, ein ehrlicher, guter, braver und lieber Mensch auch weiterhin zu bleiben. Vor allem behalt unsere so schwer geprüfte Mutti ganz lieb; sie braucht in ihrem Leben so viel Wärme, so viel Liebe nach dieser schweren Prüfung.
Ich wünsche Dir für Dein Leben viel Liebe von guten und liebevollen Menschen; sorge vor allem für Deine Gesundheit, das ist sehr wichtig für Dich!
Nicht die Schule ist das höchste; das Wertvollste bist Du als Mensch mit einem guten, liebevollen Herzen!
Gott schütze Dich und trage Dich in diesen schweren Jahren Deines Lebens.
Ich schließe Dich ganzen Herzens in meine Fürbitte, mein letztes Gebet mit ein; denn ich habe Dich im Leben auf meinem Herzen getragen, Dich, Hans-Erwin und Mutti; ich danke Dir für Deine Liebe, die ich immer gespürt habe. Du bist ein guter Mensch mit vielen, guten Anlagen! Gott gab dir ein Pfund – wie es in der Bibel heißt – mit dem Du wuchern sollst, d. h. mit dem Du viel gutes tun sollst.
Einen letzten Kuß in ganzer Vaterliebe und Herzinnigkeit! Und nun, mein liebes Pulachen, Gott befohlen!
Halte mich trotz des tragischen Todes in Ehren all Dein Leben lang!
Ich drücke Deine Hand in Dankbarkeit für alle heißen Gebete für mich!
Dein Dich innigliebender Vater.
Behalte Gott immer in Deinem Herzen!«
(Privatbesitz Gehrts)

Verfolgung bis in das letzte Kriegsjahr

Der nationalsozialistische Terror gegen Gegner des Regimes setzte sich bis zur – von den Alliierten geforderten – ›bedingungslosen Kapitulation‹ fort, unabhängig, ob ein aktueller Grund für die Verfolgung vorlag oder nicht. »Nach dem 20. August 1944 wurden auf Befehl des Reichsführers SS die ehemaligen Reichs- und Landtagsabgeordneten, Stadtverordneten, Partei-und Gewerkschaftssekretär der KPD, SPD und Zentrumspartei und andere Personen, deren Einstellung zum Regime zweifelhaft war, in Gefängnisse und Konzentrationslager eingeliefert. Viele von ihnen waren bereits früher einmal für kürzere oder längere Zeit inhaftiert gewesen. Mit der ›Aktion Gewitter‹ sollte nicht nur jeder weitere Umsturzversuch im Keim erstickt und ein eventueller vorzeitiger Kriegsabbruch verhindert, sondern auch die politische Elite aus der Zeit vor 1933, die potentielle Führungsschicht für ein demokratisches Deutschland nach Hitler, ausgeschaltet und damit das Reich unregierbar gemacht werden.« (Buchstab u. a. 1986 S. 259) Noch vor dieser Massenverhaftung wurde der ehemalige Tempelhofer Stadtrat Friedrich Küter seiner Freiheit beraubt. Er wurde kurz vor Kriegsende umgebracht.

Friedrich Küter

Geburtsdatum: 19. Mai 1879
Mariendorf, Dorfstraße 2
Todesdatum: Verschollen

Friedrich Küter wurde am 19. Mai 1879 in Berlin-Stralau geboren. Nachdem er im Anschluß an den Volksschulbesuch erst die kaufmännische Laufbahn eingeschlagen hatte, ging er nach dem ersten Weltkrieg, an dem er als Soldat teilnahm, in die bezirkliche Verwaltung. Seit 1900 war er SPD-Mitglied. Zwischenzeitlich gehörte er zur USPD und schloß sich später wieder der SPD an. Als Bezirksverordneter der 1917 gegründeten Unabhängigen Sozialdemokratischen Partei Deutschlands wurde er am 20. Juni 1920 in die erste Bezirksversammlung Tempelhofs gewählt, und am 23. November 1920 wurde er der erste Bezirksverordnetenvorsteher von Tempelhof. Er amtierte bis zum 23. Februar 1921, bevor er zwei Tage später unbesoldeter Stadtrat des Tempelhofer Bezirksamtes wurde. Mit seinen Kollegen wurde er von dem Berliner Oberbürgermeister Gustav Böß am 18. März 1921 persönlich in das Amt eingeführt. Nach der Auflösung und Neuwahl der Bezirksversammlung am 16. Oktober 1921 wurde er am 23. Januar 1922 ebenso im Amt bestätigt, wie am 20. Januar 1926 nach der Neuwahl vom 25. Oktober 1925. Sein Amtssitz war in dem alten Mariendorfer Rathaus an der Kaiser- Ecke Rathausstraße. Heute befindet sich dort das Gebäude der Abteilung Gesundheit des Bezirksamtes Tempelhof. Bei seiner Tätigkeit als unbesoldeter Stadtrat in Tempelhof galt sein besonderes Interesse dem bezirklichen Gartenbau, deshalb ist ihm die Entstehung des Volksparks Mariendorf zu verdanken. Dieser entstand Anfang der dreißiger Jahre im Rahmen von Arbeitsbeschaffungsmaßnahmen und wurde im Juni 1931 eingeweiht.
Friedrich Küter war seit 1898 mit der Berlinerin Anna Lücke verheiratet und hatte drei Töchter, die 1897, 1902 und 1909 zur Welt kamen. 1912 zog die Familie Küter vom Schlesischen Bahnhof (heute: Ost-Bahnhof) nach Mariendorf in die Dorfstraße 2 (heute Alt-Mariendorf 53)

Bei der Bezirksverordnetenwahl vom 12. März 1933 kandidierte Friedrich Küter auf Platz 3 des sozialdemokratischen Wahlvorschlags. Er konnte sein Mandat jedoch nicht mehr ausüben. Nach der faschistischen Machtübernahme 1933 verlor er seine Ämter. Er war hauptberuflich im Bezirksamt Kreuzberg als Oberinspektor tätig. Am 20. März 1933 meldete die Tempelhof-Mariendorfer Zeitung seine Beurlaubung. Offiziell schied er erst mit dem 7. Juni 1933 als unbesoldeter Stadtrat aus dem Tempelhofer Bezirksamt aus und wurde durch einen faschistischen Staatskommissar ersetzt.

Friedrich Küter

Im April 1944 wurde er festgenommen, aber kurz darauf wieder freigelassen, weil ihm nichts nachgewiesen werden konnte. Er hatte seinen 65. Geburtstag im Polizeipräsidium am Alexanderplatz verbringen müssen. Bereits einen Tag nach seiner Freilassung wurde er auf Grund einer Denunziation wieder abgeholt und in das Konzentrationslager Sachsenhausen verschleppt. Von dort aus durfte er einen Brief an seine Frau Anna Küter schreiben, den die Postzensurstelle des Konzentrationslagers Sachsenhausen passieren ließ:

S. 20.8.44

Der Tag der Entlassung kann jetzt noch nicht angegeben werden. Besuche im Lager sind verboten. Anfragen sind zwecklos.

Auszug aus der Lagerordnung:

Jeder Häftling darf im Monat 2 Briefe oder Postkarten empfangen und absenden. Eingehende Briefe dürfen nicht mehr als 4 Seiten à 15 Zeilen enthalten und müssen übersichtlich und gut lesbar sein. Geldsendungen sind nur durch Postanweisung zulässig, deren Abschnitt nur Vor-, Zuname, Geburtstag, Häftlingsnummer trägt, jedoch keinerlei Mitteilungen. Geld, Fotos und Bildereinlagen in Briefen sind verboten. Die Annahme von Postsendungen, die den gestellten Anforderungen nicht entsprechen, wird verweigert. Unübersichtliche, schlecht lesbare Briefe werden vernichtet. Im Lager kann alles gekauft werden. Nationalsozialistische Zeitungen sind zugelassen, müssen aber vom Häftling selbst im Konzentrationslager bestellt werden. Lebensmittelpakete dürfen zu jeder Zeit und in jeder Menge empfangen werden.

Der Lagerkommandant

Meine Lieben! [illegible]

[illegible]

1) [illegible]

2) [illegible]

3) [illegible]

4) [illegible]

5) [illegible] 3 [illegible]

6) [illegible]

7) [illegible]

8) [illegible]

9) [illegible]

10) [illegible]

11) [illegible]

12) [illegible]

[illegible]

»Meine Lieben!
Wenn Ihr mir keine Rückfahrkarte nach Mariendorf besorgen könnt, dann schickt mir in einem alten derben
Leinenbeutel (und meinem Rucksack)
   1) den starken Lederriemen vom Luftschutzgepäck (als Leibriemen),
   2) ein paar derbe Fußlappen,
   3) Braune Stopfwolle u. Nadel dazu,
   4) Nähnadel und Zwirn,
   5) Rasierapparat, 3 Klingen, alten Pinsel,
   6) ein altes, derbes, dunkles Sporthemd,
   7) einen Trinkbecher (Soldatenbecher),
   8) Hansaplast (breit)
   9) etwas Waschseife (keine Rasierseife),
  10) eine halbe Unterhose
  11) halbharte Zahnbürste u. Zahncreme
  12) alte Pantoffel
Ein recht baldiges Wiedersehen wünscht sich Euer Opa (?), der Euch alle herzlich grüßt.«
(Brief aus Privatbesitz von Schulz)
Im Konzentrationslager konnte ihn eine Tochter besuchen:
»Es fand kein Verfahren gegen ihn statt, sondern er wurde in sogenannte ›Schutzhaft‹ genommen.
Ich fuhr jeden Sonnabend mit dem Zug nach Oranienburg und ging dann zu Fuß weiter zum KZ.
Ich gab dort immer ein Paket mit Lebensmitteln für ihn ab. Als ich das letzte Mal 1945 hinfuhr,
wurde mir gesagt, mein Vater sei nach Bergen-Belsen transportiert worden. Danach habe ich nie
mehr etwas von ihm gehört.« (zitiert nach: Ackermann/Szepansky, S. 24 f.)
Über sein weiteres Schicksal ist nichts bekannt. Es muß angenommen werden, daß er bei einem
der sogenannten Todestransporte starb und die Befreiung des Konzentrationslagers Bergen-Belsen durch die britische Armee am 15. April 1945 nicht mehr erlebte.
An Friedrich Küter erinnert in Mariendorf die kleine Küterstraße zwischen der Kaiser- und Prin-
zenstraße, ein Gedenkstein im Volkspark Mariendorf und das neue Dienstgebäude der
Abteilung Sozialwesen des Bezirksamtes in der Strelitzstraße.
(Für diesen Text wurde auf Recherchen von Dr. Stefan Krautschick zurückgegriffen.)

Christliche NS-Gegner

Der Widerstand gegen den Nationalsozialismus wurde in erster Linie von Männern
und Frauen sowie Jugendlichen aus der Arbeiterbewegung getragen. Trotzdem ist
der Widerstand aus konservativen und militärischen Kreisen bei weitem bekannter. Er
muß daher nicht so ausführlich dargestellt werden. Zu würdigen ist er aber ebenfalls.
»Christliche Demokraten, die im Unterschiied zu den Kommunisten und auch zu den
Sozialdemokraten durch ihre parteipolitische Entwicklung nicht auf Untergrundarbeit
vorbereitet waren und auch nicht ansatzweise eine illegale Organisation aufbauen
konnten, hielten untereinander Kontakt unter dem Deckmantel freundschaftlicher
Beziehungen ehemaliger Partei- und Verbandsmitglieder oder kirchlicher Hilfsorgani-
sationen und Vereine. In der Form geselliger Zusammenkünfte in kleinen Gruppen,
Skatabenden, Kaffeekränzchen, Wanderungen oder Vorträgen konnten sie oft jahrelang zusammentreffen, um Meinungen auszutauschen und sich gegenseitig in ihrer

Gedenkstein für Friedrich Küter im Volkspark Mariendorf

Abwehrhaltung zu bestärken – wenn auch von der Gestapo mit Mißtrauen beobachtet.« (Buchstab u. a. 1986, S. 140) Auf Neu-Tempelhof bezogen ist aus dem Bereich der katholischen Arbeiterbewegung bekannt geworden: Im Haus von Albert Voß, dem ehemaligen Reichsjugendführer der christlichen Gewerkschaften (Eschwegering 7) traf sich ein Freundeskreis um den ehemaligen Reichstagsabgeordneten der Deutschen Zentrumspartei Jakob Kaiser (1888 bis 1961), der 1934 nach Berlin übergesiedelt war. Die Gruppe suchte Kontakt zu ehemaligen SPD-Mitgliedern und diskutierte über die Möglichkeit einer Einheitsgewerkschaft nach dem Ende des Dritten Reiches. »Albert Voß befaßte sich in der Zeit des Widerstandes eingehend mit dem geistigen und organisatorischen Hintergrund der zukünftigen Arbeiterbewegung.« (Wehr 1984, S. 1) Nachdem Jakob Kaiser bereits 1938 wegen ›Hoch-und Landesverrats‹ sieben Monate lang inhaftiert war, wurde er nach dem 20. Juni 1944 steckbrieflich gesucht. Um nicht entdeckt zu werden, versteckte er sich unter anderem im Hause von Albert Voß.

Die konservativen NS-Gegner hatten einen großen Einfluß auf die Berliner Nachkriegspolitik. »Albert Voß war ein überragender christlicher Arbeiterführer, der aus seinem Bekenntnis zur katholischen Soziallehre heraus auch nach dem Krieg politischen Einfluß auf die Gestaltung unserer demokratischen Gesellschaft nahm. Er war der erste Kreisvorsitzende der CDU Tempelhof.« (ebenda) Auf dem ersten Landesparteitag der CDU Berlins wurde er einer der ersten Vorsitzenden. Der während der NS-Zeit in seinem Hause versteckte Jakob Kaiser war einer der Mitbegründer der CDU Deutschlands. 1945 wohnte er einige Monate in Lichtenrade im Waldweg (heute Franziusweg).

Die Juden in Tempelhof und ihre Verfolgung

Jüdische Bevölkerung vor 1933

Als die nationalsozialistische Bewegung 1933 die Macht übernahm, lebten in dem Berliner Verwaltungsbezirk Tempelhof nach den Ergebnissen der Volkszählung von 1933 genau 2 322 Menschen jüdischen Glaubens (Grüne Post vom 14. April 1935, nach: Sellenthin 1959, S. 72). Die meisten von ihnen wohnten im Ortsteil Tempelhof, insbesondere in Neu-Tempelhof, aber vereinzelt auch in den anderen Bezirksteilen. Über das Alltagsleben, die Herkunft, den Einfluß und die soziale Lage der jüdischen Bevölkerung läßt sich sehr wenig aussagen, da sie mehr oder weniger unauffällig und

Blick auf Neu-Tempelhof (rechts die Eerliner Straße, heute Tempelhofer Damm) um 1930

integriert hier lebte. »Betrachtet man die Lage der Berliner Juden innerhalb der gesell-schaftlichen und wirtschaftlichen Struktur der Stadt, so kann man feststellen, daß es auch in der Weimarer Republk noch immer kaum ein jüdisches Proletariat gab. Der überwiegende Teil gehörte vielmehr dem Mittelstand, besonders dem kleingewerbli-chen, sowie den freien und akademischen Berufen an und orientierte sich politisch am Liberalismus nationaler Prägung und fand seine Publikationsorgane in liberalen Zeitungen wie dem Berliner Tageblatt oder der Vossischen Zeitung. Viele Eerliner Juden hatten als Freiwillige am Ersten Weltkrieg teilgenommen und waren nun über-zeugte Republikaner. In Wirtschaft, Presse, Wissenschaft, Kunst und Politik wirkten sie entscheidend mit an der Entwicklung der Stadt zum unumstrittenen Zentrum Deutschlands. Trotz wachsender antisemitischer Angriffe, die aus der deutschen Kriegsniederlage, Inflation und Weltwirtschaftskrise Kapital zu schlagen vermochten, fühlten sie sich sicher unter der neuen Verfassung.« (Jersch-Wenzel/Jersch 1987, S. 31)

Soweit es sich um gläubige Juden handelte, wurden die Feiertage und Rituale meist in den Synagogen im Berliner Zentrum begangen, wo auch das jüdische Gemeinde- und Vereinsleben stattfand. Neben einem umfangreichen jüdischen Schulwesen, neben Waisenhäusern, Erziehungsanstalten und Kinderhorten gab es dort eine Reihe von Altersheimen, das Jüdische Krankenhaus sowie zahlreiche kulturelle Einrichtun-

Ephraim Pinczower (Reproduktion nach einem Gemälde von Julius Rosenbaum)

gen, wie ein Museum und Bibliotheken. Die großen öffentlichen und kleineren privaten Synagogen befanden sich auch meist in den Innenstadtbezirken. Anfang 1933 gab es vierzig Synagogen in Berlin, am Ende des Jahres waren es nur noch neunzehn.

In den anderen Bezirken gab es lediglich kleinere Vereine, wie den Religionsverein Tempelhof: »Der Zweck des Vereins ist, den jüdischen Einwohnern Tempelhofs Gelegenheit zum Gottesdienst am Freitagabend, Sonnabendmorgen und an den Feiertagen zu geben.« (Jüdisches Adressbuch 1931, S. 86) Die Geschäftsstelle dieses Vereins war am Hohenzollernkorso 2, in der heutigen Manfred-von-Richthofen-Straße 4. Daneben gab es eine weitere Privatsynagoge: »Die ›Jüdische Vereinigung Tempelhof-Marienfelde‹ hatte nur eine kleine Mitgliederzahl. Ihre Betstätte befand sich in Tempelhof, Berliner Straße 53 (heute: Tempelhofer Damm 138, ksch). Sie war 1910 gegründet worden. Vorsteher war Dr. E(phraim) Pinczower, bekannter Arzt, Besitzer einer bedeutenden Judaica-Sammlung.« (Sinasohn 1971, S. 71) Dr. Pinczower (1873-1930) ließ sich 1907 als praktischer Arzt in Tempelhof nieder. Er engagierte sich sehr für die zionistische Bewegung, was sich auch darin niederschlug, daß sich im Parterre seines Wohnhauses der oben genannte Gebetssaal befand. 1908 heiratete er Paula Kuno. Nach der ärztlichen Tätigkeit in Militärlazaretten während des ersten Weltkrieges nahm er seine Tätigkeit als Arzt in Tempelhof wieder auf. In den zwanziger Jahren entstand eine private Sammlung von Büchern, die sein Haus zu einem Treffpunkt jüdischer Wissenschaftler machte. Nachdem ihn 1929 im Anschluß an eine Grippe ein schweres Herzleiden befiel, starb er am 12. März 1930. Er wurde auf dem Jüdischen Friedhof in Weißensee begraben. Zwölf Jahre später wurde seine Frau Paula Pinczower nach Auschwitz deportiert und dort ermordet (siehe Pinczower 1971).

Im Todesjahr von Ephraim Pinczower existierte ebenfalls in Neu-Tempelhof, Berliner Straße 5, die Redaktion der S.G.V.-Post, dem Organ der Sozial-Geselligen-Vereinigung deutsch-jüdischer Berufstätiger (s. Wegweiser ... 1987, S. 226). Auf dem Grundstück am heutigen Tempelhofer Damm 10 ist keine Bebauung mehr vorhanden.

»Die Israelitische Religionsvereinigung Neu-Tempelhof« hatte ihren Sitz in der Mussehlstraße 22. Es fanden nur am Sabbat und an den Festtagen Andachten statt. Die Subvention der Jüdischen Gemeinde war für 1937 mit 3 115 Mark festgesetzt. Als Rabbiner amtierte Herr Jaretzki s. A. Er stammte aus Posen, wo sein Vater Kultusbeamter war, hatte das Rabbinerseminar in Berlin besucht und war akademischer Religionslehrer, ein wahrhaft bescheidener, anspruchloser Mann, der seinen Ge-

In diesem Haus in der Berliner Straße 53 (heute: Tempelhofer Damm 138) befand sich die Praxis von Dr. Ephraim Pinczower sowie die Privatsynagoge der »Jüdischen Vereinigung Tempelhof-Marienfelde«.

meindemitgliedern stets und gern zur Verfügung stand. Er ist mit seiner Gattin – die Ehe war kinderlos – nach dem Osten deportiert worden und ein Opfer der Naziverfolgung geworden.

Als Vorsteher dieser Gemeinde wird Moritz Cohn genannt.« (Sinasohn 1971, S. 71) Es handelt sich hierbei um den Kaufmann Moritz Cohn, der am Hohenzollernkorso 2 (heute Manfred-von-Richthofen-Straße 4) wohnte. Neben Moritz Cohn, der um 1937 in die USA auswanderte, gehörte der heute in Tel Aviv lebende Karl Eppenstein zu den

Die private Synagoge in der Mussehlstraße von innen

Mitbegründern, der auch nach dessen Weggang den Vorsitz übernahm. Herr Eppenstein arbeitete bis zur ›Arisierung‹ in dem Konfektionsgeschäft seines Schwiegervaters in der Belle-Alliance-Straße 105 bzw. 101/102, am heutigen Mehringdamm. Die Schwiegereltern Jacob und Gertrud Asch, die bis Mitte 1939 am Kaiserkorso 5 (heute Kleineweg 5) wohnten, wurden nach seinen Informationen am 13. Januar 1942 nach Riga deportiert und dort umgebracht. Karl Eppenstein wohnte bis Oktober 1938 im Haus Schulenburgring 2, in dem auch die Familie Grunwald bis zur Deportation lebte. Auf das Los der Grunwalds wird später ausführlicher eingegangen. Bereits jetzt soll auf die spätere Bedeutung des Hauses Schulenburgring 2 hingewiesen werden: Am 2. Mai 1945 wurde in dem Haus die Kapitulationsurkunde für Berlin unterzeichnet. Darauf ist später zurückzukommen.

Im Haus Mussehlstraße 22 befanden sich 1937 neben der privaten Synagoge auch eine Zweigstelle der Bibliothek der Jüdischen Gemeinde, wo Montag- und Donnerstag-Abend von 7 bis 8 Uhr Bücher entliehen werden konnten und eine weitere Zweigstelle der Jüdischen Winterhilfe (siehe: Das Jahr 1937, S. 67 und 70).

Der zu Unrecht weitgehend unbekannt gebliebene jüdische Sport mit dem ›Jüdischen Turnverein Bar Kochba‹ war 1926/27 für kurze Zeit in Mariendorf beheimatet, nachdem 1926 von einem Gelände in Friedrichsfelde dorthin umgezogen werden mußte. »Ein altes Fußballfeld in Mariendorf wurde gepachtet und in großenteils eigener Arbeit eine 300 m Aschenbahn errichtet.« (Atlasz 1977, S. 61) Der Platz in der Markgrafenstraße hatte eine gedeckte Zuschauertribüne, Umkleideräume, Duschen und sogar ein geräumiges Restaurant. Direkt hinter dem Sportplatz befand sich das

»Arisiert«: Seebad Mariendorf und Ullstein Verlag (im Hintergrund)

bekannte Seebad Mariendorf (Zugang von der Burggrafenstraße, heute Ullsteinstraße), das sich bis 1933 in jüdischem Besitz befand und ›arisiert‹ wurde. Auf dem ›Bar Kochba‹-Sportplatz fanden auch Veranstaltungen anderer jüdischer Organisationen statt. So wurde am Sonntag, dem 26. Juli 1927, das zweite interne Sportfest der jüdischen Jungfront im Reichsbund jüdischer Frontsoldaten mit zahlreichen Teilnehmern aus Berlin und dem Reich durchgeführt. Kurz darauf zeigte sich aber, daß wegen der hohen Unterhaltungskosten der Sportplatz eine »Fehlinvestition« (a.a.O., S. 65) war und der jüdische Sport Berlins zum wiederholten Male eine Sportanlage verlor, bis er 1931/32 endlich auf dem Sportplatz Grunewald eine Bleibe fand, die jedoch nach dem Novemberpogrom 1938 beschlagnahmt wurde.

Im Jahr der nationalsozialistischen Machtübernahme 1933 erschien ein ›Jüdischer Führer durch Berlin‹, in dem sich einige Fingerzeige auf das jüdische Kultur- und Geschäftsleben finden lassen. Der Kulturbund Deutscher Juden im Berliner Theater, der verschiedene Veranstaltungen – Schauspiel, Oper, Vorträge – für seine Mitglieder anbot, hatte zwei Zahlstellen im Bezirk. Sie befanden sich in der Berliner Straße 152 bei Wilhelm Schmalz (heute: Tempelhofer Damm 139) und in der ›Drogerie zum Flughafen‹, Berliner Straße 15. Was aus den dort 1933 tätigen Menschen geworden ist, ist ebensowenig bekannt wie der Lebensweg von Martin Cohn, der in der Dreibundstraße 2 (heute: Dudenstraße 4) eine Bügelanstalt, chemische Reinigung und Reparatur-Werkstätte – ›Tempelhofer Express‹ – betrieb. Außer einer Anzeige ist auch über das Modehaus Neu-Tempelhof Max Samelsohn, Hohenzollernkorso 2 (heute: Manfred-von-Richthofen-Straße 4) nichts weiter bekannt. Auch von den vielen anderen Menschen mosaischen Glaubens – so lautete die Bezeichnung in der Sprache der Verwaltung – ist außer den Eintragungen in Adreßbüchern nichts überliefert.

In den verschiedenen Ortsteilen des Verwaltungsbezirks Tempelhof waren vor 1933 die jüdischen Haushalte unterschiedlich verteilt, wie sich aus dem erhalten gebliebenen Jüdischen Adreßbuch von 1929 ergibt. Der überwiegende Teil der Jüdinnen und Juden wohnte in Tempelhof, insbesondere in Neu-Tempelhof. Nur vereinzelt finden sich Adressen in Mariendorf, Lichtenrade und ganz selten in Marienfelde.

Um zu verdeutlichen, an wie vielen Orten die jüdische Bevölkerung in Tempelhof wohnte, wird ein Auszug aus dem ›Jüdischen Adreßbuch für Groß-Berlin‹ (Ausgabe 1929/30) dokumentiert. Dieses Adreßwerk wurde im Dezember 1929 zum ersten Mal herausgegeben. Darüber hinaus existiert nur noch eine in Einzelexemplaren vorhandene Ausgabe von 1931. Das Verzeichnis der jüdischen Einwohner Berlins wurde zwar von der Redaktion so vollständig wie möglich zusammengestellt, da aber kein amtliches Material zur Verfügung stand, können Lücken bestehen. Die Beschränkung auf die selbständigen aufgelisteten Haushalte bedeutet, daß die gegebenenfalls dazugehörigen Familienmitglieder hinzugerechnet werden müssen. Zusätzlich zu den über 400 genannten Haushaltsvorständen sollte die doppelte bis dreifache Anzahl von Bewohnern bzw. Bewohnerinnen durch das Hinzurechnen der übrigen Familienmitglieder angenommen werden. Insofern ist plausibel, daß vor der nationalsozialistischen Machtübernahme tatsächlich über 2 000 Menschen jüdischen Glaubens ihre Heimat im Bezirk Tempelhof hatten. Zu berücksichtigen ist auch noch, daß in dem Adreßbuch nur die ›Glaubensjuden‹ enthalten sind, da die aus dem Judentum ausgeschiedenen Menschen der Adreßbuchredaktion sicherlich nicht immer bekannt waren. Allerdings machten die Nationalsozialisten keinen Unterschied zwischen den ›Glaubensjuden‹ und den Konvertierten, für sie spielte es keine Rolle, ob sich die Menschen zum jüdischen Glauben bekannten.

Die Namen und Adressen stehen auch für Beziehungen, die diese Menschen zu ihrer Nachbarschaft hatten. Diese Kontakte gab es trotz Antisemitismus vor und nach 1933. Erst im ›Dritten Reich‹ wurden die Nachbarschaften gewaltsam zerschlagen und die jüdische Bevölkerung mehr und mehr isoliert. Viele Menschen zogen sich von ihnen zurück, weil sie Angst hatten. Die für uns heute geschichtlichen Ereignisse der dreißiger und vierziger Jahre liefen nicht anonym ab. Es wurde in der Regel geduldet, daß die Juden öffentlich beschimpft und gequält wurden. Auch die Deportationen in die Vernichtungslager waren kein Geheimnis geblieben. Nur das Erinnern heute kann dazu beitragen, die ›dunkle‹ Geschichte aufzuarbeiten. Dazu gehört der Rückblick, wo in Tempelhof und Mariendorf, in Marienfelde und Lichtenrade jüdische Menschen gelebt haben.

Auszug aus dem ›Jüdischen Adressbuch für Groß-Berlin‹ (Ausgabe 1929/30)

Marie Abelmann	Tempelhof	Hohenzollernkorso 69 b. Zarek
Johanna Abraham Gesch.-Inh.	Mariendorf	Chausseestr. 30
Norbert Abrahamsohn Kaufmann	Tempelhof	Burgherrenstr. 8
Dr. Siegbert Adler Bankbeamter	Tempelhof	Hohenzollernkorso 41
Carl Altgenug Vertreter	Tempelhof	Schulenburgring 5, v. I
Samuel Angel Kaufmann	Mariendorf	Blumenweg 25
Oskar Ansbach Vertreter	Tempelhof	Preußenring 11
Louis Arendsberg Bankier	Tempelhof	Hohenzollernkorso 5, v. II
Laura Arndt Putzmacherin	Tempelhof	Berliner Str. 61, v. IV
Dr. Siegfried Arndt Landrichter	Tempelhof	Kanzlerweg 3
Dr. Hans Aron Gesch.-Führer	Tempelhof	Hohenzollernkorso 66, v. IV
Leo Asch Kaufmann	Tempelhof	Hohenzollernkorso 29 b
Paul Asch Kaufmann	Tempelhof	Kanzlerweg 30
Rudolf Ascher Kaufmann	Tempelhof	Hohenzollernkorso 11, v. V
Rifat Avigdor Ingenieur	Mariendorf	Blumenweg 25

Victoria Avigdor	Mariendorf	Kurfürstenstr. 2/3
Georg Baer	Tempelhof	Dreibundstr. 43, v. III
Alexander Bajan	Tempelhof	Hohenzollernkorso 12 a
Moritz Barczinski	Tempelhof	Adolf-Scheidt-Platz 11
Friederike Bathe	Mariendorf	Chausseestr. 290
James Baumgarten	Tempelhof	Kaiserkorso 4
Max Baumgarten	Tempelhof	Berliner Str. 25
Ludwig Beck	Tempelhof	Braunschweiger Ring 67
Samuel Becker	Mariendorf	Chausseestr. 279
Emanuel Behr Kaufmann	Tempelhof	Berliner Str. 129
Georg Bein	Tempelhof	Schöneburgstr. 19
Siegfried Bein	Tempelhof	Kanzlerweg 2
Dr. Arthur Beiser	Tempelhof	Berliner Str. 33 a
Alfred Berg Landgerichtsrat	Tempelhof	Berliner Str. 37
Arnold Berger	Tempelhof	Hohenzollernkorso 15
Dr. med. dent. Edmund Berger	Tempelhof	Hohenzollernkorso 9
Elkon Berger	Tempelhof	Hohenzollernkorso 9
Selma Berger	Tempelhof	Werderstr. 3
Adolf Berlowitz	Tempelhof	Braunschweiger Ring 63
Elias Bernstein Kaufmann	Mariendorf	Bergstr. 15
Mylias Bernstein	Tempelhof	Berliner Str. 25
Siegfried Bernstein Architekt	Tempelhof	Friedrich-Karl-Str. 111

Kurt Besser Kaufmann	Tempelhof	Berliner Str. 29
Frieda Biber	Mariendorf	Schützenstr. 25
Kurt Bieber Kaufmann	Tempelhof	Berliner Str. 23
Leo Bitzunsky	Tempelhof	Mussehlstr. 24
Hugo Blumenreich Kaufmann	Tempelhof	Hohenzollernkorso 12 a
Erich Blumenthal Kaufmann	Tempelhof	Kaiserin-Augusta-Str. 61
Bruno Boas	Tempelhof	Hohenzollernkorso 11
Henny Boas	Tempelhof	Götzstr. 2
Hermann Boas Kaufmann	Tempelhof	Götzstr. 2
Frieda Brandt	Neu-Tempelhof	Berliner Str. 4
Adolf Bratter Chefredakteur	Tempelhof	Burgherrenstr. 11
D. Bravo Kaufmann	Tempelhof	Hohenzollernkorso 11
Samuel Brenner Kaufmann	Tempelhof	Hohenzollernkorso 2
Gertrud Brotzen	Tempelhof	Mussehlstr. 25
Erna Budzinski	Tempelhof	Parkstr. 1 a
Max Caro Redakteur	Neu-Tempelhof	Berliner Str. 33 a
Anna Chajes	Tempelhof	Berliner Str. 28
Max Chraplewsky Kaufmann	Lichtenrade	Bahnhofstr. 16
Siegfried Cohen-Cunow	Tempelhof	Theodorstr. 3

Alfred Cohn Kaufmann	Mariendorf	Chausseestr. 35
Moritz Cohn Kaufmann	Tempelhof	Hohenzollernkorso 2
Rudolf Cohn Kaufmann	Tempelhof	Hohenzollernkorso 69
Dr. Walter Cohn Arzt	Tempelhof	Berliner Str. 29
Willi Cohn Kaufmann	Tempelhof	Bundesring 18
Georg Crohn Kaufmann	Tempelhof	Schulenburgring 127
Alfred Dallmann Kaufmann	Tempelhof	Kaiserkorso 99 a
Frieda Dallmann	Tempelhof	Kaiserkorso 99 a
Eugen Danielson	Tempelhof	Kaiserin-Augusta-Str. 61
Karl Danziger Kaufmann	Tempelhof	Braunschweiger Ring 64
Richard Davidson Kaufmann	Mariendorf	Königstr. 29
Siegfried Dessauer Schauspieler	Tempelhof	Hohenzollernkorso 9
Bertha Dluzewski	Tempelhof	Germaniastr. 152
Julius Dobriner	Tempelhof	Berliner Str. 132
Karl Dombrowsky Kaufmann	Tempelhof	Albrechtstr. 41
Martha Dorneth	Tempelhof	Berliner Str. 35
Siegmund Ehrlich Kaufmann	Tempelhof	Kaiserkorso 3
Wilhelm Ehrlich	Mariendorf	Schöneberger Str. 96

Leo Einhorn	Tempelhof	Kaiserkorso 80
Siegfried Eisenhardt Kaufmann	Tempelhof	Hohenzollernkorso Nr. 38 a
Julius Elbau Redakteur	Tempelhof	Burgherrenstr. 11
Edmund Elend Kaufmann	Tempelhof	Berliner Str. 126
Karl Eppenstein Kaufmann	Tempelhof	Berliner Str. 37
Ernst Erstling	Tempelhof	Neue Str. 7/8
Frau Ewald	Tempelhof	Stollbergstr. 8 a
Hermann Falk Kaufmann	Tempelhof	Hohenzollernkorso 11
Julius Falk	Tempelhof	Kaiserkorso 67
Moritz Faller Kaufmann	Neu-Tempelhof	Wittelsbacherkorso, Haus 5
Arno Feibusch Kaufmann	Tempelhof	Hohenzollernkorso 12
Dr. Ernst Feilchenfeld Facharzt für Hautleiden	Tempelhof	Berliner Str. 24
Heinrich Feldheim Kaufmann	Tempelhof	Albrechtstr. 55
Dr. Emanuel Felheim Chemiker	Lichtenrade	Paetschstr. 30
Alfred Fenichel Kaufmann	Tempelhof	Thüringer Ring 22
Dr. Alfons Finkelstein Fabrikdirektor	Tempelhof	Parkstr. 10
Hermann Finn Kaufmann	Tempelhof	Braunschweiger Ring 78

Jacob Fischer	Tempelhof	Schulenburgring 5
Max Fischer Bankvorsteher	Tempelhof	Wiesenerstr. 49
Dr.-Ing. Desidor Fleisch- hacker, Chemiker	Tempelhof	Komturstr. 19/20
Jean Fliess Kaufmann	Tempelhof	Borussiastr. 19
Karl Fliess Eigentümer	Tempelhof	Wiesenerstr. 19
Eduard Frank Kaufmann	Tempelhof	Schulenburgring 5
Walter Frank Kaufmann	Tempelhof	Kaiserkorso 154
Richard Freudenfels Kaufmann	Lichtenrade	Hilbertstr. 2
Siegfried Freudenheim Kaufmann	Tempelhof	Hohenzollernkorso 8
Olivar Freund Diplomingenieur	Tempelhof	Theodor-Francke-Str. 6
Paul Freund Kaufmann	Tempelhof	Theodor-Francke-Str. 4
Erich Frey Bankbeamter	Tempelhof	Dreibundstr. 43
Kurt Frey Kaufmann	Tempelhof	Parkstr. 8
Johanna Friedemann	Tempelhof	Werderstr. 22
Dr. Walter Friedland Arzt	Tempelhof	Hohenzollernkorso 40 b
Erwin Friedländer Kaufmann	Tempelhof	Braunschweiger Ring 82
Max Friedländer Kaufmann	Tempelhof	Schulenburgring 5

Benno Fürst Verkehrsreklame	Tempelhof	Berliner Str. 132
Dr. Hugo Fürth Rechtsanwalt	Tempelhof	Berliner Str. 3
Julius Gelbstein Kaufmann	Tempelhof	Berliner Str. 36
Hermann Gerson Kaufmann	Tempelhof	Schulenburgring 5
Leopold Gerson Fabrikant	Tempelhof	Hohenzollernkorso 5
Selma Gerson	Tempelhof	Berliner Str. 28 a
Siegfried Gerson	Tempelhof	Berliner Str. 20
Gertrud Gliksmann	Mariendorf	Kurfürstenstr. 10
Richard Glogauer Rechtsanwalt	Tempelhof	Berliner Str. 5
Hugo Glücksmann	Tempelhof	Dorfstr. 19/20
Richard Goldmann Kaufmann	Tempelhof	Berliner Str. 2
Walter Goldmann Kaufmann	Tempelhof	Berliner Str. 24 a
Leo Goldschmidt Kaufmann	Tempelhof	Hohenzollernkorso 67
Siegfried Goldschmidt Kaufmann	Tempelhof	Louise-Henriette-Str. 5
Werner Goldschmidt	Tempelhof	Hohenzollernkorso 67
Hermann Golluber Kaufmann	Tempelhof	Kaiserkorso 151
Elias Gontschar Schneider	Mariendorf	Lankwitzer Str. 5
Elisabeth Gorden	Tempelhof	Dreibundstr. 44

Lippmann Gorzelanczyk	Tempelhof	Burgherrenstr. 9
Eugen Gottschalk Kaufmann	Tempelhof	Dreibundstr. 45
Max Gottschalk	Tempelhof	Berliner Str. 2
Frau Rechtsanwalt Paul Graff	Tempelhof	Burgherrenstr. 3
Alex Grodzinski Fabrikdirektor	Tempelhof	Viktoriastr. 4
Leo Grossmann Chemiker	Mariendorf	Dorfstr. 36
Hermann Gruenbaum Subdir.	Tempelhof	Ottokarstr. 1
Alice Grünberg	Tempelhof	Albrechtstr. 40
Margarete Grünberg	Tempelhof	Manteuffelstr. 15
Willy Grünberg Kaufmann	Tempelhof	Berliner Str. 30
Nelly Grünthal	Tempelhof	Dreibundstr. 44
Arthur Grunwald Kaufmann	Tempelhof	Schulenburgring 2
Paul Grunwald Kaufmann	Tempelhof	Hohenzollernkorso 67
Max Gumpert Kaufmann	Tempelhof	Berliner Str. 17
Heinz Gutmann	Tempelhof	Hohenzollernkorso 7
Siegmund Gutmann	Tempelhof	Hohenzollernkorso 7
Erwin Guttmann	Tempelhof	Kaiserkorso 155
Felix Guttmann Kaufmann	Tempelhof	Kaiserkorso 155
Heinz Guttmann	Tempelhof	Kaiserkorso 155
Erwin Haas	Tempelhof	Kaiser-Wilhelm-Str. 6
Jacques Haas Architekt	Tempelhof	Kaiser-Wilhelm-Str. 6

S. Haase Kaufmann	Tempelhof	Hohenzollernkorso 70
Kurt Hartmann Bankbeamter	Tempelhof	Braunschweiger Ring 8
Albert Häutemann	Tempelhof	Burgherrenstr. 11
Bruno Hecht	Tempelhof	Kaiserkorso 4
Edgar Hecht	Tempelhof	Kaiserkorso 4
Erna Hecht	Tempelhof	Kaiserkorso 4
Helene Heinemann	Tempelhof	Dorfstr. 36
Heitmann	Tempelhof	Kaiserkorso Nr. 152
Gustav Helft Kaufmann	Tempelhof	Mussehlstr. 24
Otto Henschel Kaufmann	Tempelhof	Hohenzollernkorso 1
Malwine Hepner	Tempelhof	Paradestr. 3
Karl Hermann	Tempelhof	Schulenburgring 2
Max Hermann	Tempelhof	Kaiserkorso 154
Jac. Herper Kaufmann	Tempelhof	Hohenzollernkorso 14
Ludwig Herrmann	Neu-Tempelhof	Schulenburgring 2
Julius Herz Kaufmann	Tempelhof	Hohenzollernkorso 66
William Herz Kaufmann	Tempelhof	Braunschweiger Ring 77
Alexander Herzfeld	Tempelhof	Bundesring 50
Robert Hess Kaufmann	Tempelhof	Kaiserkorso 2
Dr. Felix Hirschberg Arzt	Tempelhof	Burgherrenstr. 7

Leo Hirschel Kaufmann	Tempelhof	Braunschweiger Ring 74
Dorothea Hirschfeld	Tempelhof	Hohenzollernkorso 32
Paula Hirschfeld Studienrätin	Tempelhof	Hohenzollernkorso 32
Leo Hoffmann	Tempelhof	Ottokarstr. 14
Simon Hoffmann Kaufmann	Tempelhof	Dorfstr. 25
Günther Holz	Tempelhof	Hohenzollernkorso 7
Jac. Hönig Fabrikant	Mariendorf	Kurfürstenstr. 52
Charlotte Hummelet	Tempelhof	Berliner Str. 17
Harry Ilsberg Kaufmann	Tempelhof	Berliner Str. 38
Frau Alfred Irmer Gastwirtin	Mariendorf	Chausseestr. 232
Hugo Isenthal	Tempelhof	Friedrich-Wilhelm-Str. 32
Dr. Ernst Israel	Tempelhof	Berliner Str. 6
Isidor Jablonski Kaufmann	Tempelhof	Kaiserkorso 151
Alfred Jacobi Kaufmann	Tempelhof	Blumenthalstr. 15/16
Fritz Jacobsohn	Tempelhof	Viktoriastr. 7
Kurt Jacobsohn	Tempelhof	Kaiserkorso 152
Martin Jacobsohn Kaufmann	Tempelhof	Berliner Str. 32
Dr. Moritz Jacobsohn Arzt	Marienfelde	Bismarckstr. 33
Bernhard Jacobsohn Kaufmann	Tempelhof	Kaiserkorso 152

Friedrich Jacoby Kaufmann	Tempelhof	Berliner Str. 25
Margarethe Jacoby	Tempelhof	Berliner Str. 25
Paul Jarecki	Tempelhof	Kaiserkorso 4
Alfred Joelsohn Kaufmann	Tempelhof	Berliner Str. 25
Siegmund Jonas Kaufmann	Tempelhof	Hohenzollernkorso 2
Martin Jonass Kaufmann	Tempelhof	Albrechtstr. 40
Paul Junkermann	Tempelhof	Reinhardstr. 1
Selma Kabaker	Tempelhof	Berliner Str. 28 a
Siegfried Kahn Syndikus	Tempelhof	Albrechtstr. 103
Bruno Kallmann Kaufmann	Tempelhof	Dreibundstr. 43
Georg Kallmann Kaufmann	Tempelhof	Kaiserkorso 151
Georg Kamnitzer Kaufmann	Tempelhof	Burgherrenstr. 7
Gertrud Kanter	Tempelhof	Richnowstr. 2
Alfred Katz Kaufmann	Tempelhof	Berliner Str. 30
Else Katz	Tempelhof	Hohenzollernkorso 38
Hans Katz Händler	Tempelhof	Schulenburgring 67
Heinrch Katz Vertreter	Tempelhof	Kaiserkorso 3
Hilde Katz	Tempelhof	Kaiserkorso 3

Bruno Kaufmann Kaufmann	Tempelhof	Schulenburgring 2
Louis Kaufmann Kaufmann	Neu-Tempelhof	Schulenburgring 130
Siegmund Kaufmann Kaufmann	Tempelhof	Schulenburgring 2
Otto Kisch Fabrikant	Tempelhof	Hohenzollernkorso 2
Gustav Kiwit Prokurist	Tempelhof	Friedrich-Franz-Str. 15
Harry Klein Kaufmann	Tempelhof	Kaiserkorso 127
Josef Klein Kaufmann	Mariendorf	Rathausstr. 39
Johanna Kleindienst	Tempelhof	Preußenring 40
James Kleinert Kaufmann	Tempelhof	Kaiserkorso 1
Siegfried Klopstock Kaufmann	Tempelhof	Borussiastr. 59
Arthur Knopf Kaufmann	Tempelhof	Hohenzollernkorso 8
Alexander Kochmann Kaufmann	Tempelhof	Schulenburgring 128
Richard Kochmann Direktor	Tempelhof	Berliner Str. 152
Leopold Königsberger Kaufmann	Mariendorf	Chausseestr. 29
Artur Fritz Koppel	Tempelhof	Berliner Str. 5
Walter Kornik	Tempelhof	Schöneberger Str. 25
Hellmuth Kropf Kaufmann	Tempelhof	Ottokarstr. 11

Frida Kruse	Tempelhof	Schwanheimer Str. 14
Selma Ksinski	Mariendorf	Chausseestr. 22
Adolf Lambert Direktor	Tempelhof	Dreibundstr. 45
John Landau Kaufmann	Tempelhof	Albrechtstr. 117
Dr. med. Erich Landsberg Arzt	Tempelhof	Hohenzollernkorso 69
Bernhard Leidert Kaufmann	Tempelhof	Kaiserin-Augusta-Str. 11
Josef Leisersohn Kaufmann	Tempelhof	Friedrich-Franz-Str. 16
Hermann Leitner Kaufmann	Mariendorf	Chausseestr. 14
Ludwig Leopold	Tempelhof	Kaiserkorso 3
Helene Leroi	Tempelhof	Berliner Str. 16
Ludwig Levi	Tempelhof	Hohenzollernkorso 1
Paul Levinger Fabrikant	Tempelhof	Hohenzollernkorso 2
Arthur Levy Kaufmann	Tempelhof	Kaiserkorso 153
Georg Levy Kaufmann	Tempelhof	Borussiastr. 19
Georg Levy	Mariendorf	Schöneberger Str. 89
Heinrch Levy Kaufmann	Tempelhof	Kaiserkorso 2
Julius Levy Kaufmann	Tempelhof	Kaiserkorso 153
Elli Lewandowsky	Tempelhof	Berliner Str. 33 b

Bruno Lewin Kaufmann	Tempelhof	Hohenzollernkorso 15
Dr. Kurt Lewin	Tempelhof	Wittelsbacherstr. 111
Maria Lewin	Tempelhof	Hohenzollernkorso 54 a
Moritz Lewin Kaufmann	Tempelhof	Burgherrenstr. 2
Richard Lewin	Tempelhof	Hohenzollernkorso 8
Walter Lewin	Tempelhof	Wiesenerstr. 59
Sally Lewinski Kaufmann	Tempelhof	Wiesenerstr. 33
Arthur Lewinsohn Buchdruckerei	Tempelhof	Hohenzollernkorso 66
Adolf Lewissohn	Tempelhof	Burggrafenstr. 3
Hugo Liebenthal Herrenschneider	Tempelhof	Kaiserkorso 151
Max Liebert Fabrikant	Tempelhof	Hohenzollernkorso 70
Camilla Liese	Tempelhof	Dreibundstr. 44
Samuel Lilienthal Kaufmann	Tempelhof	Burgherrenstr. 8
Arnold Lion Kaufmann	Tempelhof	Bundesring 35
Kurt Lisser Reklameinstitut	Tempelhof	Hohenzollernkorso 67
Dr. Gustav Loebenstein	Tempelhof	Thüringer Ring 3
Gustav Loeffler	Tempelhof	Berliner Str. 116
Margot Loeffler	Tempelhof	Berliner Str. 116
Dr. Erich Loening Druckereitechniker	Neu-Tempelhof	Berliner Str. 20

Dr. Ernst Loewe Rechtsanwalt und Notar	Neu-Tempelhof	Schulenburgring 126
Ernst Loewe Angestellter	Marienfelde	Emilienstr. 7
Ernst Löwenstein Kaufmann	Tempelhof	Albrechtstr. 40
Isi Löwenstein Kaufmann	Neu-Tempelhof	Kaiserkorso 4
Ludwig Löwenstein Kaufmann	Tempelhof	Sachsenring 3
Paul Löwenstein Prokurist	Tempelhof	Wolframstr. 41
Adolf Loewenthal Kaufmann	Tempelhof	Berliner Str. 5
Jacob Loewenthal Kaufmann	Tempelhof	Kaiserkorso 60
Willy Loewenthal Bankbeamter	Tempelhof	Kaiserkorso 151
Frau Adolf Lücking	Tempelhof	Rohdestr. 18
Erwin Lustig Kaufmann	Tempelhof	Hohenzollernkorso 1
Johanna Maass Dipl.-Handelslehrerin	Lichtenrade	Waldweg 19
Hugo Mandelbaum Kaufmann	Tempelhof	Burgherrenstr. 10
Karl Mandowsky Kaufmann	Tempelhof	Wolframstr. 60
Heinz Ulrich Mannheim	Tempelhof	Berliner Str. 17
Alfred Marchand	Lichtenrade	Grimmstr. 2
Arnold Marcus Apotheker	Mariendorf	Kurfürstenstr. 96

Dr. jur. Elly Marcuse	Marienfelde	Kiepertstr. 1
Cläre Margraf	Tempelhof	Albrechtstr. 97
Paul Mark Fabrikant	Tempelhof	Burgherrenstr. 7
Hans Markus	Tempelhof	Berliner Str. 30
Friederike Martwich	Mariendorf	Chausseestr. 59
Aurelie Marx	Tempelhof	Hohenzollernkorso 7
Dr. Walter May Zahnarzt	Tempelhof	Borussiastr. 19
Conrad Menchau Kaufmann	Tempelhof	Hohenzollernkorso 12 a
Emil Mendel Direktor	Tempelhof	Hohenzollernkorso 60 a
Oskar Mendelsohn Kaufmann	Tempelhof	Hohenzollernkorso 8
Alfred Meyer	Tempelhof	Burgherrenstr. 4
Alfred Meyer Kaufmann	Neu-Tempelhof	Berliner Str. 34 a
Erich Meyer Kaufmann	Tempelhof	Germaniastr. 134
Ferdinand Meyer	Mariendorf	Chausseestr. 62
Julius Meyer Kaufmann	Tempelhof	Berliner Str. 3
Hugo Meyerstein Fabrikdirektor	Tempelhof	Berliner Str. 19
Hugo Mosler Kaufmann	Tempelhof	Schulenburgring 127
Willi Mühlrad Filmlaborant	Lichtenrade	Berliner Str. 62

Adolf Müller	Tempelhof	Hohenzollernkorso
Else Müller	Mariendorf	Chausseestr. 14
Henri Müller	Tempelhof	Hohenzollernkorso 7
Dr. Samuel Siegfried Münz Zahnarzt	Tempelhof	Albrechtstr. 39
Hans Nauen	Tempelhof	Kaiserin-Augusta-Str. 6
Nathan Nauen Kaufmann	Tempelhof	Kaiserin-Augusta-Str. 71
Rose Lotte Nauen	Tempelhof	Kaiserin-Augusta-Str. 61
Dr. Ernst Neimann	Tempelhof	Kaiserkorso 88
Alexander Neisser Kaufmann	Tempelhof	Schöneberger Str. 8/9
Otto Nekerus	Mariendorf	Strelitzstr. 3
Lucie Nell	Tempelhof	Schulenburgring 127
Alfred Neuberg Kaufmann	Tempelhof	Kaiserkorso 151
Käte Neumann	Tempelhof	Burgherrenstr. 7
Charlotte Neustadt	Tempelhof	Kaiserkorso 151
Jacob Nußbaum Kaufmann	Tempelhof	Schönburgstr. 11
Herbert Otto Oliven	Tempelhof	Parkstr. 2
Adolf Orbach Kaufmann	Tempelhof	Hohenzollernkorso 8
Mowscha Ormann	Tempelhof	Dorfstr. 19/20
Siegfried Panthauer Kaufmann	Tempelhof	Kaiserkorso 90
Eugen Perlstein Kaufmann	Tempelhof	Burgherrenstr. 9

Richard Philipp Kaufmann	Tempelhof	Ringbahnstr. 52
Gertrud Philippsohn	Tempelhof	Blumenthalstr. 23
Dr. med. Ephraim Pinczower parkt. Arzt	Tempelhof	Berliner Str. 53
Ernst Pinner Rechtsanwalt	Lichtenrade	Waldweg 36
Natali Plattring Kaufmann	Marienfelde	Kirchstr. 84
Heimann Podolski Konfektionär	Tempelhof	Berliner Str. 130
Michaelis Podolski Kaufmann	Tempelhof	Dorfstr. 41
Siegbert Podolski	Tempelhof	Berliner Str. 130
Elsa Pracht	Tempelhof	Schulenburgring 24
Hermann Preses Kaufmann	Tempelhof	Berliner Str. 28 a
Eugen Priluker Kaufmann	Tempelhof	Braunschweiger Ring 71
Dr. phil. Arthur Putzrath	Tempelhof	Wittelsbacherkorso 111
Ferdinand Rahmer Bankbeamter	Tempelhof	Arnulfstr. 119
Curt Rector Kaufmann	Tempelhof	Berliner Str. 37
Leo Reißner Kaufmann	Tempelhof	Hohenzollernkorso 68
Franziska Restin	Tempelhof	Friedrich-Wilhelm-Str. 64
Dr. Kurt Richter	Tempelhof	Kaiserin-Augusta-Str. 18
Heinrich Robert Kaufmann	Neu-Tempelhof	Hohenzollernkorso 68

Aron Rosanis Kaufmann	Tempelhof	Hohenzollernkorso 65
Albert Rosenbaum Kaufmann	Tempelhof	Mussehlstr. 22
Dr. med. Erich Rosenbaum Ohrenarzt	Tempelhof	Sachsenring 101
Alex Rosenberg	Tempelhof	Dreibundstr. 44
Bruno Rosenberg Ingenieur	Lichtenrade	Hilbertstr. 30
Erich Rosenberg Kaufmann	Tempelhof	Braunschweiger Ring 64
Hermann Rosenberg Kaufmann	Tempelhof	Hohenzollernkorso 12 a
Nikolaus Rosenberg	Tempelhof	Teilestr. 5
Robert Rosenstock Kaufmann	Tempelhof	Sachsenring 92
Eduard Rosenthal Bücherrevisor	Tempelhof	Moltkestr. 12
Elsa Rosenthal	Tempelhof	Moltkestr. 6
Albert Rothenburg Kaufmann	Tempelhof	Kaiserkorso 151
Dr. Gertrud Rothgiesser Kinderärztin	Tempelhof	Paradestr. 35
Siegbert Saberski Kaufmann	Tempelhof	Kaiserkorso 4
Richard Sachs Kaufmann	Tempelhof	Schulenburgring 126
Adolf Sadger	Tempelhof	Kaiserkorso 155
Felix Salinger	Tempelhof	Schulenburgring 2
Willi Salkow Kaufmann	Neu-Tempelhof	Hohenzollernkorso 65

David Salmonson	Mariendorf	Königstr. 20
Tina Salomon	Tempelhof	Berliner Str. 33
Dr. Wolff Salomon Rechtsanwalt	Tempelhof	Kaiserkorso 4
Georg Salomonis Kaufmann	Tempelhof	Dallwitzstr. 5
Max Samelsohn Geschäftsinhaber	Tempelhof	Burgherrenstr. 4
Fanny Samson Buchhalterin	Tempelhof	Berliner Str. 55
Viktor Sand Kaufmann	Tempelhof	Berliner Str. 30
Adolf Sandberg Kaufmann	Tempelhof	Kaiserkorso 151
Hans Sarnowski	Tempelhof	Dorfstr. 10
Ludwig Schatz Dipl.-Ing.	Marienfelde	Daimlerstr. 7/8
Moritz Scheer Kaufmann	Tempelhof	Berliner Str. 22 a
Eduard Schendel Kaufmann	Tempelhof	Kaiserkorso 1
Georg Schiller Kaufmann	Neu-Tempelhof	Braunschweiger Ring 69
Friedrich Schlesinger Kaufmann	Tempelhof	Braunschweiger Ring 77
Wilhelm Schmalz Kaufmann	Tempelhof	Berliner Str. 152
Hedwig Schreiber	Tempelhof	Kaiserkorso 4
Friedrich Schulmeister Kaufmann	Tempelhof	Burgherrenstr. 3

Moritz Schulmeister Kaufmann	Tempelhof	Hohenzollernkorso 7
Frieda Schulze	Tempelhof	Paradestr. 7
Dr. Alfred Schwarz	Tempelhof	Berliner Str. 62
Julius Schwarz Kaufmann	Tempelhof	Kaiserkorso 3
Heinrich Schwarzschild Kaufmann	Lichtenrade	Grenzweg 1
Paul Schwerin Reg.-Baumstr. a. D.	Tempelhof	Hohenzollernkorso 36 b
Arthur Schweriner Syndikus	Tempelhof	Berliner Str. 5
Arthur Seehof	Tempelhof	Sachsenring 101
Samuel Sessler Grundbuchamtsleiter a. D.	Tempelhof	Kaiserkorso 154
Louis Silbermann Kaufmann	Tempelhof	Hohenzollernkorso 9
Fritz Simonson Kaufmann	Tempelhof	Albrechtstr. 98
Bruno Sittenfeld Schlosser	Lichtenrade	Leopoldstr. 12
Paul Sittner Kaufmann	Tempelhof	Hohenzollernkorso 11
Ilonso Skurnik Kaufmann	Tempelhof	Schulenburgring 2
Albert Sommerfeld Färbereibesitzer	Tempelhof	Hohenzollernkorso 70
Jaan Speyer Regisseur	Tempelhof	Burgherrenstr. 10
Louis Spiegel Kaufmann	Tempelhof	Wittelsbacherkorso 15

Semi Spiro	Tempelhof	Kaiser-Wilhelm-Str. 32/36
Kurt Spitzer Amtsgerichtsrat	Tempelhof	Sachsenring 14
Otto Stapel	Tempelhof	Manteuffelstr. 57 a
Isi Starzycki	Tempelhof	Prühßstr. 13
Leo Starzycki	Mariendorf	Bergstr. 13
Fanny Steinschneider	Tempelhof	Schulenburgring 126
Frieda Stengel	Tempelhof	Berliner Str. 25
Alfred Stern Stadtsekret.	Tempelhof	Germaniastr. 152
Martin Sternfeld Kaufmann	Tempelhof	Hohenzollernkorso 6
Tilla Stindt	Tempelhof	Kaiserkorso 151
Albert Stolzmann	Tempelhof	Schulenburgring 126
Albert Strauss	Tempelhof	Schulenburgring 127
Franz Strauss Kaufmann	Tempelhof	Dreibundstr. 45
Isidor Süna Kaufmann	Tempelhof	Hohenzollernkorso 69
Dr. Alexander Süsskind Kaufmann	Tempelhof	Mussehlstr. 23
Isidor Süsskind Kaufmann	Tempelhof	Mussehlstr. 23
Leopold Süsskind Kaufmann	Tempelhof	Blumenthalstr. 5/6
Dr. Hans Tarnowsky Rechtsanwalt	Tempelhof	Dorfstr. 10
Martha Tarnowsky	Tempelhof	Schulenburgring 126
Gertrud Thiele	Tempelhof	Paradestr. 55

Minna Tietzner	Tempelhof	Kaiserkorso 151
Wolf Torozczyk	Tempelhof	Berliner Str. 78
Lucie Tuch	Tempelhof	Dreibundstr. 45
Dr. med. Oskar Ury prakt. Arzt	Tempelhof	Berliner Str. 56
Emma Vandsburger	Tempelhof	Berliner Str. 48
Anny Volz	Tempelhof	Dreibundstr. 43
Carl Wagner	Tempelhof	Berliner Str. 20 I
Joseph Wagner	Tempelhof	Werderstr. 11
Arno Waldmann Ingenieur	Tempelhof	Hohenzollernkorso 15
Josef Wegner Kaufmann	Tempelhof	Wiesenerstr. 35
Adolf Weil Kaufmann	Tempelhof	Burgherrenstr. 4
Ada Weinberg	Tempelhof	Berliner Str. 33 a
Alice Weinberg	Tempelhof	Berliner Str. 33 a
Dr. phil. Valentin Weiss	Tempelhof	Hohenzollernkorso 12 a
Fritz Weisz	Mariendorf	Rathausstr. 77
Dora Werner Modistin	Tempelhof	Hohenzollernkorso 16
Helene Werner	Marienfelde	Fritz-Werner-Str. 66/67
Lutz Werner	Tempelhof	Hohenzollernkorso 68
Recha Wilczek	Tempelhof	Burgherrenstr. 9
Willi Wolf Agent	Tempelhof	Dorfstr. 23
Charlotte Wolff	Tempelhof	Dreibundstr. 44

Eugen Wolff Agent	Tempelhof	Preußenring 57
Margot Wolff	Tempelhof	Berliner Str. 29
Dr. Wilhelm Wolff	Tempelhof	Dreibundstr. 44
Max Wolfram Lederhandlung	Tempelhof	Schulenburgring 22
Paul Wolfram Dipl.-Ing.	Tempelhof	Hohenzollernkorso 42 f
Leo Wolfsfeld Kaufmann	Tempelhof	Burgherrenstr. 9
Erwin Wollenberg	Tempelhof	Berliner Str. 34 a
Abraham Zacum	Tempelhof	Albrechtstr. 123
Dr. med. Paul Zegla prakt. Arzt	Tempelhof	Schulenburgring 128
Dr. Max Zirker Rechtsanwalt	Tempelhof	Dreibundstr. 45
Heinrich Zuckermann Kistenfabrik	Tempelhof	Burgherrenstr. 7
Benno Zweig Kaufmann	Tempelhof	Deutscher Ring 9

Aus mehreren Gründen – Zu- und Wegzug nach der Drucklegung, Schreibfehler oder fehlende Informationen – bestehen geringfügige Differenzen zu den Angaben im Berliner Adreßbuch und zu den später erfolgten Angaben von überlebenden Angehörigen der im Gedenkbuch gewürdigten ermordeten Personen, deren Lebensgeschichten in diesem Abschnitt dokumentiert werden.

Die Lebensverhältnisse zwischen der jüdischen und nichtjüdischen Bevölkerung Tempelhofs unterschieden sich nicht wesentlich. Wenn eine Familie zum Beispiel nach Neu-Tempelhof gezogen war, dann lag dies wohl in der Regel an der relativ innenstadtnahen und verkehrsgünstigen Lage dieser Siedlung. Hier wohnten ›gutbürgerliche‹ Familien mit Kindern oft in eigenen Ein- oder Zweifamilienhäusern in ruhiger Wohnlage. Man wußte zwar oft, wenn gegenüber oder um die Ecke eine jüdische Familie wohnte, aber da man meist unter sich blieb, war das auch schon alles.

Die jüdischen Bürgerinnen und Bürger, die Opfer des Shoah wurden, wie das hebräische Wort für Vernichtung lautet, sind in dem ›Gedenkbuch für die Opfer des Nationalsozialismus aus dem Bezirk Tempelhof‹ an herausragender Stelle zu würdigen. Aber leider ist es noch nicht möglich, eine umfassende Darstellung der Judenverfolgung in Tempelhof zu liefern. Es gelang nur in sehr wenigen Fällen, überlebende Angehörige zu finden. Seit 1945 sind über vier Jahrzehnte verstrichen, in denen viele Zeitzeugen gestorben sind. Bei einigen Verfolgten ergaben sich so nur sehr wenige Anhaltspunkte. Für eine über beispielhafte Schicksale hinausgehende Spurensicherung ist deshalb eine weitergehende Untersuchung erforderlich. Beim derzeitigen Stand der Nachforschungen kann nur eine Zwischenbilanz über die Tempelhofer Opfer des Holocaust vorgelegt werden.

Im folgenden soll in ungefährer chronologischer Reihenfolge (vergleiche Eschwege 1979, Reitlinger 1961, Scheffler 1964, Schönberner 1960 und Wirth 1971) auf die Auswirkung der Judenverfolgung für die in Tempelhof wohnende jüdische Bevölkerung eingegangen werden. Die aufgezeigten individuellen Leidenswege können als exemplarisch gelten.

Frühe Auswanderungen nach der ›Machtergreifung‹

Der nationalsozialistische Antisemitismus in Berlin entstand nicht erst 1933. »Schon zu Beginn der zwanziger Jahre wurden Juden am Kurfürstendamm von Nationalsozialisten oder ihren Vorläufern tätlich angegriffen.« (Metzger/Dunker 1986, S. 152). Aufsehenerregende Ausschreitungen gab es auch am Tag der Verfassungsfeier, dem 9. August 1925, als es zu erneuten Übergriffen kam. »Wenige Tage später, Mitte August 1925, wurde ein Mitglied des ›Reichsbundes jüdischer Frontsoldaten‹ auf dem Kurfürstendamm von etwa 20 Angehörigen einer völkischen Organisation angespuckt und beschimpft.« (ebenda) Das brutalste Pogrom vor der NS-Zeit fand am 12. September 1931 statt. »Die jüdischen Bürger Berlins hatten an diesem Abend in den Synagogen ihr Neujahrsfest gefeiert. Als viele Juden aus der Synagoge in der Fasanenstraße zum Kurfürstendamm kamen, mischten sich über 1 500 Nationalsozialisten unter die Passanten, brüllten Sprechchöre wie ›Juda verrecke! Deutschland erwache!‹ und verprügelten ›jüdisch aussehende Personen‹.« (a.a.O., S. 155 f.) In ›jüdischen Lokalen‹ wurden Gäste mißhandelt und das Mobiliar demoliert. (Vossische Zeitung vom 15. September 1931)
Die soziale und politische Entwicklung 1933 wurde unter der jüdischen Bevölkerung Berlins unterschiedlich gewertet und hatte unterschiedliche Folgen. Viele jüdische Gläubige aus den Dörfern und kleinen Städten sahen dort ihr Leben bedroht und flüchteten in die Anonymität einer Großstadt wie Berlin, wo sich auch das jüdische Zentrum des Reiches befand.
Sofort nach der nationalsozialistischen Machtübernahme wurde am 1. Februar 1933 der Reichstag aufgelöst. Der bis zu den März-Wahlen dauernde Wahlkampf hatte deutliche antisemitische Züge, die sich nun ungehemmt entfalteten. Nach dem Reichstagsbrand am 27. Februar ist das Büro des ›Central-Vereins deutscher Staatsbürger jüdischen Glaubens e. V.‹ (C. V.), welcher seit 1893 bestand, überfallen worden. Die Geschäftsstelle war in Berlin W 15, Emser Straße 42. 1926 befand sie sich noch in der Lindenstraße 13. Zu dieser Zeit war der Tempelhofer Artur Schweriner, Neu-Tempelhof, Berliner Straße 5 (heute: Tempelhofer Damm 10), stellvertretender Syndikus des Central-Vereins und gleichzeitig Syndikus des Berliner Landesverban-

des. Else Schweriner, offensichtlich seine Gattin, leitete die Neu-Tempelhofer Frauen-Gruppe des C. V., wie der Vereinsname abgekürzt wurde. Dessen Zweck war: »Sammlung der deutschen Staatsbürger jüdischen Glaubens ohne Unterschied der religiösen und politischen Richtung, um sie in der tatkräftigen Wahrung ihrer staatsbürgerlichen und gesellschaftlichen Gleichstellung sowie in der unbeirrbaren Pflege deutscher Gesinnung zu bestärken.« (Jüdisches Jahrbuch 1926, S. 190) Der C. V. repräsentierte die Mehrheit des eher assimilierten deutschen Judentums, während die zionische Richtung nicht so große Bedeutung hatte.

Mit der ›Reichstagsbrandverordnung‹ – offiziell: Verordnung zum Schutz von Volk und Staat – wurden die bürgerlichen Rechte und Freiheiten aufgegeben und der Ausnahmezustand verkündet. Bereits am 11. März 1933 demolierten Faschisten in Braunschweig zwei Warenhäuser, die in jüdischem Besitz waren. Im gleichen Monat wurden im Berliner Scheunenviertel, welches überwiegend von ›Ost-Juden‹ bewohnt war, mehrere Razzien durchgeführt.

Der erste Höhepunkt der Judenverfolgung nach der Machtübernahme kündigte sich in Berlin unter anderem durch die Beendigung der Anstellungsverträge jüdischer Ärzte und Ärztinnen in Berliner Krankenhäusern (17. März 1933), durch das Ermächtigungsgesetz (23. März) und insbesondere durch die Veröffentlichung eines 11-Punkte-Programms zum Boykott jüdischer Geschäfte an. Am gleichen Tage, als dies veröffentlicht wurde (29. März), wurde die Bildung von ›Aktionskomitees zum Judenboykott‹ angeordnet. Der Höhepunkt der Judenhetze war der 1. April 1933: ›Nicht-arische‹ Geschäfte, Anwaltskanzleien und Arztpraxen wurden boykottiert. Begründet wurde die Boykottaktion mit der negativen Berichterstattung über die nationalsozialistische Machtübernahme in der ausländischen Presse, die als vom ›internationalen Judentum‹ lanciert angesehen wurde. Schritt für Schritt wurde der Lebensraum der jüdischen Bevölkerung eingeschränkt. Drei Tage später, am 4. April 1933, wurde mit dem Schächtverbot offiziell das rituelle Schlachten untersagt. Damit war das religiös bestimmte Alltagsleben in den jüdischen Familien erheblich eingeschränkt. Selbst die Sportausübung blieb nicht ausgespart. Bereits am 4. April 1933 – drei Tage vor der Einführung des ›Arierparagraphen‹ im Berufsbeamtengesetz – verbot der Boxverband den Juden die Teilnahme an Wettkämpfen. Diese Aufzählung ließe sich mit weiteren Sportverbänden fortsetzen. Ende Dezember 1933 beschlossen auch die Berliner Sportvereine, den ›Arierparagraphen‹ einzuführen.

Seit dem 7. April 1933 durften keine jüdischen Kommunalbeamten und -beamtinnen mehr im Amt sein. Ausgenommen waren die Frontkämpfer des ersten Weltkrieges. Jüdische Krankenschwestern und jüdisches Hauspersonal durften nicht mehr in ›arischen‹ Institutionen und Haushalten arbeiten. In öffentlichen Bücherverbrennungen wurden am 10. Mai 1933 auch die Werke von jüdischen Autoren vernichtet.

Am 6. Juli 1933 wurde die Zahl der jüdischen Schülerinnen und Schüler an den Schulen auf eineinhalb Prozent beschränkt, ebenso wie die Zahl der Studierenden an den Universitäten. Die Liste der antijüdischen Maßnahmen muß aus Platzgründen unvollständig bleiben.

Manche Tempelhofer waren offensichtlich durch die ›neue Zeit‹ so sehr aufgehetzt, daß sie vermeintliche Konkurrenten oder eine mißliebige Bürgerin wüst beschimpften. So ist zum Beispiel überliefert, daß ein in Neu-Tempelhof lebender Mann eine ebenfalls aus der Siedlung stammende Frau mit den Worten »Dich alte jüdische Sau bringe ich um!« mit einem harten Gegenstand am Kopf verletzte. Der Vorwurf, jüdisch

zu sein, wurde auch gerüchteweise gegen die Tempelhof-Mariendorfer Zeitung auf-
gebracht, was am 12./13. Mai 1934 zu folgender Veröffentlichung führte:

„Der Süden" ist ein arisches Unternehmen!

Warnung!

Ein neuer Vorfall, der sich dieser Tage zutrug, zwingt uns zu folgender öffentlichen Erklärung:

Die Gerüchte, „Der Süden" sei ein jüdisches Unternehmen, werden in Tempelhof und in Mariendorf jetzt wieder verbreitet. Dazu muß einmal mit aller Deutlichkeit folgendes gesagt werden:

Im Jahre 1902 wurde die „Mariendorfer Zeitung" und im Jahre 1904 die „Tempelhofer Zeitung" von Hermann Wegner, dem Vater des jetzigen Verlegers und Schriftleiters, gegründet. Seit dem 1. Juli 1926 erscheinen beide Zeitungen unter dem einheitlichen Titel „Tempelhof-Mariendorfer Zeitung Der Süden".

Bis Ende des Jahres 1921 blieb „Der Süden" Eigentum der Familie Wegner.

Am 1. Januar 1922 ging der Zeitungsverlag mit der Druckerei unter der handelsgerichtlich eingetragenen Firma „Hermann Wegner u. Co." in nichtarischem Besitz über.

Der Sohn des Begründers, Erich Wegner, erwarb aber zum 1. Januar 1934 diese „Tempelhof-Mariendorfer Zeitung Der Süden", die älteste Ortszeitung im 13. Bezirk, in Familienbesitz zurück. Schriftleitung und Verlag sind rein deutsch. Jüdisches Kapital ist ausgeschaltet.

Herr Erich Wegner, der Herausgeber der „Tempelhof-Mariendorfer Zeitung Der Süden", dessen Ehefrau, Mutter und Tochter sind Volksgenossen und haben den zuständigen Stellen ihre rein arische Abstammung bis zum Jahre 1633 einwandfrei durch behördliche Urkunden nachgewiesen.

Gegen Verbreiter des Gerüchts, die „Tempelhof-Mariendorfer Zeitung Der Süden" ist ein jüdisches Unternehmen, oder gegen die verleumderische Verbreitung der wissentlich falschen Behauptung, die Familienmitglieder des Hauses Wegner seien Juden, wird, sofort nach Bekanntwerden eines derartigen Falles, unnachsichtlich strafrechtlich vorgegangen.

Erich Wegner,
Herausgeber der
Tempelhof-Mariendorfer Zeitung Der Süden.

———

Trotz aller einschränkenden und terroristischen Maßnahmen des NS-Regimes hoffte ein großer Teil des deutschen Judentums immer noch, daß es bald wieder zu einer gewissen Beruhigung kommen würde. Viele sahen wohl auch keine Möglichkeiten, sich dem Terror zu entziehen. Jüdische Geschäftsleute mit Auslandskontakten hatten wahrscheinlich am ehesten eine Perspektive, sich der Diskriminierung im deutschen Reich durch die Emigration zu entziehen.

Die Chancen für eine Auswanderung waren sehr unterschiedlich. Bekannte Hochschullehrer wie Kurt Lewin (Wittelsbacherstraße 111) und Karl Korsch (Wiesenerstraße 60) waren ›besser dran‹ als andere. Der Professor für Philosophie und Psychologie Dr. Kurt Lewin hatte 1932 eine halbjährige Gastprofessur an der amerikanischen Stanford University erhalten. »Der Rückweg von dort im Januar 1933 führte ihn über Gastaufenthalte und Besuche bei seinen Schülern in Japan und der Sowjetunion in ein Deutschland, in dem Hitler die Macht übernommen hatte. Kurt Lewin, der davon unterwegs erfuhr, erkannte sofort, daß für ihn als Juden und als Wissenschaftler in einem Nazistaat keine Lebensmöglichkeit bestand und bemühte sich umgehend um eine Anstellung in den USA. Als die angesehene Cornell University ihm im Sommer 1933 eine befristete Professur anbot, gab er noch im August seine ohnehin bescheidene Stellung in Berlin auf und verließ Deutschland.« (Graumann 1981, S. 10 f.) Der sozialistische Theoretiker und ehemalige thüringische Justizminister (1923) Dr. Karl Korsch wurde im Juli 1933 aus dem Universitätsdienst entlassen und emigrierte über Dänemark und Großbritannien in die Vereinigten Staaten. Dort wurde er 1943 in New Orleans Professor für Soziologie.

Gegenüber diesen Akademikern mit internationalen Verbindungen hatte es beispielsweise eine Hausfrau viel schwerer, ins Ausland zu kommen. Aber eine Frau, die nie berufstätig war und ›nur‹ den Haushalt versorgte, hatte immer noch größere Möglichkeiten als ihr Mann, wenn er Kaufmann oder Vertreter war. »Sie konnte als Hausangestellte auswandern, sich einordnen und, wenn sie Glück hatte, sogar in einem Jahr oder zwei vielleicht ihren Mann ›anfordern‹.« (Adler-Rudel 1974, S. 73) Oft war es aber vergeblich, aus Deutschland zu entkommen. Dies spiegelt sich in den Informationsblättern der Reichsvertretung der Juden in Deutschland (1933/34) wieder: »... Vor einer Einwanderung nach Südwestafrika wird gewarnt ...« – »Die Aussichten für eine Beschäftigung deutschen Kinderpflegepersonals in Holland werden als ungünstig bezeichnet.« – »Die Nachricht über die Zulassung von 200 Ärzten und Rechtsanwälten (in Ägypten), die vor einigen Wochen durch die Presse ging, war falsch ...« – »Verschärfung der Einwanderungsbestimmungen in Mexiko.« – »Die wirtschaftliche Lage in Argentinien wird ganz allgemein als ungünstig bezeichnet ... Am schwierigsten ist, wie überall, die Lage für Angehörige der freien Berufe ...« (Adler-Rudel 1974, S. 73 f.) Leider sollte sich bei den in die Niederlande, nach Belgien und Frankreich ausgewanderten Tempelhofern und Tempelhoferinnen zeigen, daß sie nicht weit genug geflüchtet waren.

Im Gegensatz zu den im Deutschen Reich so gut wie ausgebliebenen Abwehrreaktionen der nicht-jüdischen Bevölkerung war die Situation in den Niederlanden anders. Als auch dort nach dem Einmarsch deutscher Soldaten die zwangsweise Kennzeichnung durch den Judenstern eingeführt wurde, »erschienen viele Nichtjuden auf den Straßen mit dem Judenstern und wurden dafür mit sechs Wochen Gefängnis bestraft.« (Grossmann 1957, S. 168) Vorher, im Februar 1941, war als Vergeltung für den Tod eines holländischen Nazis bei einer Schlägerei das jüdische Viertel von

Amsterdam von den Deutschen brutal heimgesucht worden.«»Dieser brutale Akt wurde von den Holländern spontan durch einen Generalstreik beantwortet, der den deutschen Besatzungsbehörden große Sorgen machte.« (a.a.O., S. 181 f.)

Die Deportation von Juden aus dem holländischen Konzentrationslager Westerbork – der ›Sammelstation für die Gaskammern von Auschwitz« (Reitlinger 1961, S. 377) – hatten im Juli 1942 begonnen. »Das war die Zeit, wo die Holländer ihren größten und riskantesten Beitrag zur Humanität gaben, indem sie Juden versteckten, sie über Jahre ernährten. Viele Holländer, die es taten, starben für ihr heldenmutiges Menschentum.« (Grossmann 1957, S. 182) In diesem Zusammenhang sei auf das bekannte ›Tagebuch der Anne Frank‹ verwiesen.

Während die Juden, die sich bis zum Sommer 1933 zur Auflösung von Geschäft und Wohnung entschlossen hatten, noch relativ günstige Veräußerungsbedingungen hatten, änderte sich dies nach dem Erlaß des Gesetzes über die Einziehung volks- und staatsfeindlichen Vermögens (14. 7. 1933), auf dessen Grundlage der NS-Staat bis zum Erlaß spezieller Gesetze jüdischen Besitz enteignen konnte. Am gleichen Tage trat das Gesetz über den Widerruf von Einbürgerungen und die Aberkennung der deutschen Staatsangehörigkeit in Kraft, welches sich in erster Linie gegen die nach 1918 eingebürgerten Juden aus den früheren deutschen Ostgebieten richtete. Diese hatten nach der Abtretung der Gebiete an Polen für Deutschland votiert und waren hierher gekommen.

Am 20. Januar 1934 wurde das Gesetz zur Ordnung der nationalen Arbeit erlassen, welches eine Nichtanerkennung jüdischer Betriebsleiter als ›Betriebsführer‹ und die Ausschaltung von Juden aus leitenden Wirtschaftsstellungen zur Folge hatte.

Im folgenden werden die Lebensgeschichten von jüdischen Familien aus Tempelhof wiedergegeben, die früh ins Ausland emigrierten, aber später von den Nazis inhaftiert und ermordet wurden.

Max Liebert

Geburtsdatum: 30. Oktober 1874
Tempelhof, Hohenzollernkorso 70
Todesdatum: 21. Mai 1943

Am 30. Oktober 1874 wurde Max Liebert im westpreußischen Graudenz geboren. Er war mit der 1881 in Berlin geborenen Käte Liebert, geborene Lewinsohn (siehe dort), verheiratet. Am 22. Juli 1903 kam in Königsberg ihr Sohn Werner Liebert (siehe dort) zur Welt und am 5. Oktober 1907 in Berlin die Tochter Ilse.

Nach der Übersiedlung nach Berlin hatte Max Liebert bereits 1906 das drei Jahre zuvor gegründete Lederwarenunternehmen von Lessmann Moset übernommen. Es wurde unter dem Namen L. Moset Nachf. als Bronzewarenfabrik weitergeführt. Der Firmensitz befand sich in der Kreuzberger Ritterstraße.

Max Liebert nahm am ersten Weltkrieg teil.

Am Hohenzollernkorso 70 (heute: Manfred-von-Richthofen-Straße 9) bewohnte die Familie Liebert eine Sechs-Zimmer-Wohnung. Sie mußte am 25. August 1933 aufgegeben werden, als Max Liebert mit seiner Familie in die Niederlande auswanderte. Kurze Zeit vorher war der Betrieb bereits dorthin verlagert worden.

Im Haus Manfred-von-Richthofen-Straße 5 wohnte bis zu ihrer Auswanderung 1933 die Familie Liebert. Damals lautete die Benennung noch Hohenzollernkorso 70

In den Niederlanden betätigte sich Max Liebert zusammen mit seinem Sohn Werner als Fabrikant von Beleuchtungskörpern. Nach der Besetzung der Niederlande wurde Max und Werner Liebert im März 1942 das Geschäft weggenommen.

Max Liebert verbrachte – zusammen mit seiner Frau Käte – die Zeit bis zur Deportation in dem katholischen Krankenhaus ›Sint Elisabeth‹ in Almelo. Am 9. April 1943 wurden sie von dort in das Konzentrationslager Westerbork (Niederlande) deportiert, denn an diesem Tage sollte Almelo ›judenfrei‹ sein. Am 18. Mai 1943 wurden Max und Käte Liebert in das KZ Sobibor im besetzten Polen weiterdeportiert. Dort wurden sie am 21. Mai 1943 unter bisher unbekannten Umständen ermordet.

Käte Liebert, geborene Lewinsohn

Geburtsdatum: 9. März 1882
Tempelhof, Hohenzollernkorso 70
Todesdatum: 21. Mai 1943

Die Berlinerin Käte Liebert wurde am 9. März 1882 geboren. Sie war mit Max Liebert (siehe dort) verheiratet. Der Ehe entstammen zwei Kinder. Der 1903 geborene Werner Liebert (siehe dort) wurde wie seine Eltern ermordet. Nur der Tochter Ilse, geboren 1907, gelang es zu überleben. Sie hatte 1934 im Exil den aus Göttingen stammenden Fritz Kaufmann geheiratet und lebte mit ihm etwa zweieinhalb Jahre untergetaucht in den Niederlanden, ehe sie am 5. April 1945 befreit wurden.
Die Familie von Käte Liebert wohnte in Berlin bis zu ihrer Auswanderung im August 1933 in Tempelhof, Hohenzollernkorso 70, der heutigen Manfred-von-Richthofen-Straße 9. In der niederländischen Stadt Almelo lebte die Familie Liebert im Hause Parkweg 51. Die Tochter Ilse verließ nach der Heirat etwa 1937/38 das Elternhaus. Der Sohn Werner blieb dort wohnen, bis er aufgerufen wurde, sich in einem Arbeitslager zu melden. Bevor er untertauchte, brachte er seine kranken Eltern in einem katholischen Krankenhaus unter. Dort konnten sie aber nur bis zum 9. April 1943 bleiben. An diesem Tag wurden sie in das KZ Westerbork deportiert. Am 13. Mai 1943 wurde die Deportation fortgesetzt in das KZ Sobibor. Am 21. Mai 1943 wurden Käte und Max Liebert dort ermordet.

Werner Liebert

Geburtsdatum: 22. Juli 1903
Tempelhof, Hohenzollernkorso 70
Todesdatum: (8. Mai 1945)

Werner Liebert wurde am 22. Juli 1903 in Königsberg als Sohn von Max und Käte Liebert (siehe dort) geboren. Nach dem Besuch des Reformrealgymnasiums in der Kaiserin-Augusta-Straße 19-20 (heute befindet sich dort die Askanische Oberschule) studierte er an der Berliner Handelshochschule. Er schloß dort als Diplom-Kaufmann ab und arbeitete in der Bronzewarenfabrik seines Vaters. Er war vornehmlich mit dem Entwurf von Modellen beschäftigt und bereiste als Vertreter das In- und Ausland, unter anderem die Niederlande. Aus diesem Grunde schlug er nach der nationalsozialistischen Machtübernahme und der darauf folgenden Behinderung jüdischer Unternehmen vor, den Familienbetrieb in die holländische Stadt Almelo zu verlagern. Es gelang sogar, Fabrik-und Büroausstattung in Sicherheit zu bringen.
Bis zur Auswanderung im August 1933 wohnte er zusammen mit seinen Eltern und seiner Schwester Ilse, die als einziges Familienmitglied überlebte, in einer großen Wohnung am Hohenzollernkorso 70 (heute Manfred-von-Richthofen-Straße 9).
Nach der Besetzung der Niederlande durch Deutschland konnte der Betrieb in Almelo nur noch kurze Zeit aufrechterhalten bleiben. Während sein Vater aus dem Unternehmen ausscheiden mußte, durfte Werner Liebert unter einem deutschen Treuhänder weiterarbeiten. Aber aufgrund der sich verschärfenden Judenverfolgung in Holland war auch er gezwungen worden, den ehemaligen Familienbetrieb zu verlassen.

Um sich einem aufgezwungenen Dienst in einem Arbeitslager zu entziehen, tauchte er unter. Vorher brachte er seine Eltern – vorläufig – in Sicherheit. Ihm gelang es aber ebenso wenig wie seinen im April 1943 deportierten Eltern, sich der Verhaftung zu entziehen. Am 7. September 1943 ist er von dem KZ Westerbork aus in das Konzentrationslager Auschwitz deportiert worden. Nach Informationen des niederländischen Roten Kreuzes ist Werner Liebert vermutlich am 8. Oktober 1943 (beziehungsweise am 1. April 1944) in Auschwitz ermordet worden. Als offizieller Todestag wird der 8. Mai 1945 angenommen.

Hermann Rosenberg

Geburtsdatum: 16. Oktober 1886
Tempelhof, Kaiserkorso 152
Todesdatum: 23. Juli 1943

Am 16. Oktober 1886 wurde Hermann Rosenberg in Rodewald bei Nymburg (Hannover) geboren. Er besuchte ein Gymnasium und wandte sich einer kaufmännischen Laufbahn im Exporthandel zu.

Nach seiner Übersiedlung nach Antwerpen in Belgien heiratete er dort am 29. März 1910 Isabella Brandon. Aus der Ehe von Hermann und Isabella Rosenberg (siehe dort) entstammen zwei Söhne und eine Tochter. Am 3. Februar 1911 wurde Joseph und am 23. August 1912 Salomon Rosenberg geboren. Sie leben heute beide unter dem Namen Joseph Ross beziehungsweise Salomon Razi in Israel. Ihre am 6. Januar 1914 in Amsterdam zur Welt gekommene Schwester Rebecca Elisabeth Herz, geborene Rosenberg, lebt in den USA.

Im Jahre 1926 übersiedelte die Familie Rosenberg nach Berlin. Zuletzt bewohnte sie eine Drei-Zimmer-Wohnung am Kaiserkorso 152 (heute: Kleineweg 152). Alle Kinder besuchten höhere Schulen. Der Sohn Joseph studierte Medizin.

Hermann Rosenberg war als Vertreter für Firmen tätig, die Hotels mit Gebrauchsgegenständen, wie zum Beispiel Tafelsilber, belieferten. Nach dem ›Judenboykott‹ vom 1. April 1933 verschlechterte sich seine berufliche Situation plötzlich sehr stark. Unter dem Druck von nationalsozialistischen Betriebszellen wollte das Personal der großen Hotels keine Geschäfte mehr mit einem jüdischen Vertreter abschließen. Auf Grund der sich verschlechternden Lebenssituation entschloß sich deshalb die Familie Rosenberg bereits im April 1933 zur Auswanderung. Hermann Rosenberg konnte vor der Emigration noch bis Mitte September 1933 bei seinem Bruder Louis Rosenberg, der Miteigentümer einer Metallwarenfabrik war, als Vertreter arbeiten.

Hermann und Isabella Rosenberg hielten sich ab Herbst 1933 in Amsterdam auf. Seit dem 2. Mai 1942 waren sie dort gezwungen, den ›Judenstern‹ zu tragen, bis sie am 20. April 1943 in das KZ Westerbork deportiert wurden. Nach einer Transportliste dieses Lagers wurden beide am 20. Juli 1943 in das Konzentrationslager Sobibor weiterdeportiert. Seitdem gibt es kein Lebenszeichen mehr von ihnen. Es muß davon ausgegangen werden, daß sie ermordet wurden. Für den 23. Juli 1943 wurden sie für tot erklärt.

Isabella Rosenberg, geborene Brandon

Geburtsdatum: 4. Juni 1888
Tempelhof, Kaiserkorso 152
Todesdatum: 23. Juli 1943

Isabella Brandon wurde am 4. Juni 1888 als Kind einer bekannten jüdischen portugiesischen Familie in Amsterdam geboren. Ihre Familie war seit dem 16. Jahrhundert in Antwerpen ansässig, und viele Familienmitglieder wohnten in Amsterdam. Am 29. März 1910 heiratete sie in Antwerpen den aus Deutschland zugewanderten Kaufmann Hermann Rosenberg. Zusammen mit den 1911 und 1912 geborenen Söhnen Joseph und Salomon und der 1914 zur Welt gekommenen Rebecca Elisabeth siedelte die Familie 1926 nach Berlin um. Sie wohnte in einer Drei-Zimmer-Wohnung am Kaiserkorso 152 (heute Kleineweg 152), bis die Familie aufgrund der antijüdischen Maßnahmen des nationalsozialistischen Deutschlands in Berlin keine Lebensmöglichkeit mehr sah. Isabella Rosenberg zog mit ihrem Mann im Herbst 1933 nach Amsterdam. Ihr Sohn Joseph mußte das Medizinstudium aufgeben und ging in seine Geburtsstadt Antwerpen zurück. Er lebt heute wie sein jüngerer Bruder in Israel, während die Tochter in den USA wohnt.
Die Eheleute Rosenberg konnten in den Niederlanden nicht überleben. Am 20. April 1943 wurden sie in das KZ Westerbork deportiert. Ihr Leidensweg wurde am 20. Juli 1943 fortgesetzt, als sie in das Konzentrationslager Sobibor weiterdeportiert und dort ermordet wurden. Als offizielles Todesdatum wurde der 23. Juli 1943 festgesetzt.

William Herz

Geburtsdatum: 11. Januar 1898
Tempelhof, Braunschweiger Ring 127
Todesdatum: 29. Februar 1944

Am 11. Januar 1898 wurde William Herz in Aachen geboren und besuchte dort erst die Volks-schule und dann das Gymnasium. In Berlin setzte er seinen Schulbesuch bis zum Abitur fort. Das begonnene Jurastudium in Heidelberg mußte er unterbrechen, als er im ersten Weltkrieg einge-zogen wurde. Er diente auf einem Unterseeboot der deutschen Marine, welches in Helgoland sta-tioniert war. William Herz wurde mit dem Eisernen Kreuz geehrt. Nach dem Krieg trat er in das Geschäft seines Vaters ein, der einen Großhandel für Kleiderkonfektion hatte. Die Firma hieß Salomon Herz & Sohn. Anschließend war er im Ullstein-Verlag tätig, bevor er sich mit der Ver-wertung der Papierabfälle dieses Verlages selbständig machte.
Nach der nationalsozialistischen Machtübernahme und dem ›Judenboykott‹ entschloß er sich, mit seiner Familie auszuwandern. Der Betrieb, der offiziell seiner Frau Hanna Herz (siehe dort) gehörte, konnte am 18. Juli 1933 veräußert werden.
Seit dem Jahre 1921 war er mit Hanna Herz verheiratet. Zur Familie gehörte die am 6. Dezem-ber 1924 geborene Tochter Sylvia. Sie wohnten ursprünglich in einem Haus am Braunschweiger Ring Nr. 77 und später in einer Neubauwohnung am Braunschweiger Ring 127 (heute Heppner-straße 127). Im September 1933 mußte die Tempelhofer Wohnung verlassen werden, als die Familie nach Belgien emigrierte.
In Brüssel gründete William Herz eine Kartonagen-Fabrik. Da die belgische Regierung die

Arbeitserlaubnis zurücknahm, mußte das Unternehmen aufgegeben werden. Mit der damals achtjährigen Tochter zogen Herr und Frau Herz über Luxemburg in die Niederlande. In Ymuiden bei Haarlem betrieb William Herz eine Fischräucherei, die eine für den europäischen Markt bestimmte Produktion betrieb. Auf sie mußte im Mai 1940 verzichtet werden, nachdem die deutsche Wehrmacht in die Niederlande einmarschiert war.

Aufgrund der 11. Durchführungsverordnung zum Staatsbürgergesetz vom 25. November 1941 waren alle Familienmitglieder staatenlos geworden. Seit dem 2. Mai 1942 mußten sie in Holland den ›Judenstern‹ tragen.

Als William Herz und seine Frau Hanna im Herbst 1942 in ein KZ im besetzten Polen deportiert werden sollten, gingen sie in die Illegalität. Seit dem 16. August 1942 lebten sie im Norden der Niederlande. Bei einer Razzia der Geheimen Staatspolizei in Friesland wurden sie eineinhalb Jahre später gefaßt. Nach Informationen des Niederländischen Roten Kreuzes sind William und Hanna Herz bei einem Transport in das KZ Westerbork erschossen worden. Wie ihre überlebende Tochter Sylvia Herz später erfuhr, hatte ihr Vater versucht, die Mutter vor Schikanen eines Soldaten zu schützen. Hanna Herz, die nur schwer gehen konnte, war von diesem gestoßen worden. Bei dieser Gelegenheit sollen beide durch Kopfschuß ermordet und in einen Kanal geworfen worden sein.

Am 30. Januar 1944 wurden die Leichen aufgefunden und durch die Gemeinde Sneek begraben. Als Todesdatum wurde der 29. Februar 1944 festgestellt.

Hanna Herz, geborene Guttmann

Geburtsdatum: 25. Mai 1895
Tempelhof, Braunschweiger Ring 127
Todesdatum: 29. Februar 1944

Die am 25. Mai 1895 in Berlin geborene Hanna Guttmann war seit 1921 mit dem Kaufmann William Herz (siehe dort) verheiratet. Ihre Tochter Sylvia wurde am 6. Dezember 1924 in Berlin geboren.

Seit August 1930 war ihr Mann Prokurist der Berliner Papiergesellschaft Herz & Ritzau. Eine Gesellschafterin dieses Unternehmens war Hanna Herz. Nachdem sie 1932 alleinige Gesellschafterin wurde, erfolgte die Umbenennung der Firma in Berliner Papiergesellschaft Herz & Co., die später von Hanna Herz als Alleininhaberin weitergeführt wurde. Aufgrund der beabsichtigten Auswanderung wurde der Betrieb im Juli 1933 veräußert.

Als Hanna Herz im September 1933 mit Mann und Tochter emigrierte, mußte nicht nur die Wohnung am Braunschweiger Ring 127 (heute Hoeppnerstraße 127) aufgegeben werden, sondern auch das Dienstmädchen, welches im Haushalt wohnte, verlor ihren Arbeitsplatz.

Die Tochter Sylvia konnte aufgrund der fluchtbedingten Ortswechsel nicht regelmäßig eine Schule besuchen. Von 1931 bis 1933 hatte sie in Berlin die Volksschule besucht. Erst 1934 konnte sie – nur für kurze Zeit – in Brüssel eine allgemeinbildende Schule besuchen. Erst im Ymuiden ging sie wieder regelmäßig – für zwei Jahre – zur Volksschule. In Haarlem war sie drei Jahre und in Hilversum ein Jahr auf einem Lyzeum. Ab 1941 war ihr dies als Jüdin von den deutschen Besatzungsbehörden verboten worden. Kurz nach dem Beginn einer Lehre als Kinderfotografin gab sie diese am 16. August 1942 auf, dem Tag, an dem ihre Eltern nach Polen deportiert werden sollten. Die Familie Herz lebte fortan im Untergrund. Ihr letzter holländischer Wohnsitz war in Amersfoort, Langestraat 54.

Bei einer Razzia wurde Hanna Herz zusammen mit ihrem Mann gefaßt. Sie sollten in das Konzentrationslager Westerbork verschleppt werden. Bei Frau Herz zeigten sich Schwierigkeiten beim Gehen. Deshalb wurde sie von einem Soldaten gestoßen. Als ihr Mann sie vor dieser Schikane schützen wollte, wurden beide erschossen. Am 30. Januar 1944 wurden beide tot aufgefunden. Aufgrund von Ermittlungen des niederländischen Roten Kreuzes wurde als Todesdatum der 29. Februar 1944 festgesetzt.

Die Tochter Sylvia lebte bis zur Befreiung bei sechszehn verschiedenen holländischen Familien in der Illegalität. Über England und die Tschechoslowakei wanderte sie nach Israel aus. Als sie das Grab ihrer Eltern zehn Jahre später besuchte, wurde dort gemeinsam mit der niederländischen Gemeinde ein Grabstein aufgestellt. Die Tochter von William und Hanna Herz lebt heute mit ihrer Familie in Denver (Colorado) in den Vereinigten Staaten von Amerika.

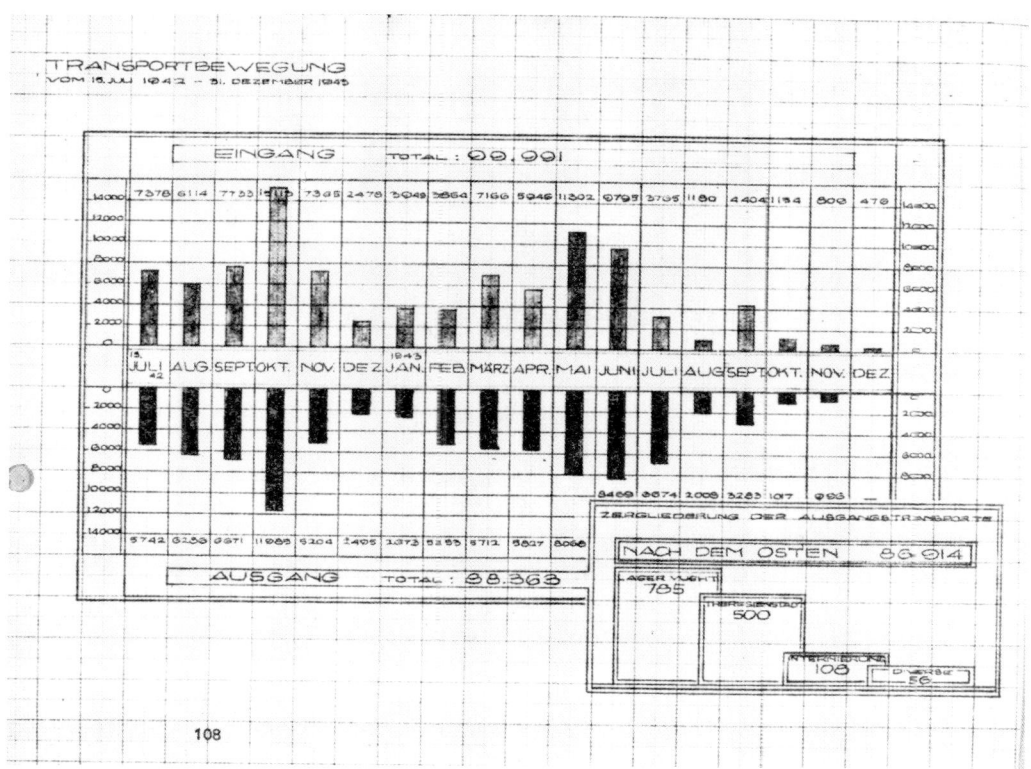

Transportstatistik des niederländischen Sammellagers für Juden in Westerbork, für den Zeitraum vom 15. Juli 1942 bis 31. Dezember 1943

Marianne Cohn

Geburtsdatum: 17. September 1922
Mariendorf, Chausseestraße 35
Todesdatum: 8. Juli 1944

Marianne Cohn kam am 17. September 1922 in Mannheim als Tochter des Kaufmanns Alfred Cohn und dessen Ehefrau Margarete, geborene Radt, zur Welt. Die Eltern waren seit dem 22. März 1921 verheiratet. Ihre Schwester Lisa wurde am 19. April 1924 wie sie in Mannheim geboren. Die Familie bewohnte in der Mariendorfer Chausseestraße 35 (heute: Mariendorfer Damm 76) eine Vier-Zimmer-Wohnung mit Garten.

Marianne Cohn

Seit dem 6. Lebensjahr ging Marianne Cohn in eine Tempelhofer Volksschule. Vom Oktober 1932 bis zur Auswanderung der Familie besuchte sie das Mariendorfer Gymnasium (Deutsche Oberschule und Lyceum mit Frauenschule) in der Ringstraße 104-106 (heute: Dag-Hammarskjöld-Oberschule). Sie verließ ihre Schule ›wegen Verlegung des elterlichen Wohnsitzes nach dem Auslande‹, wie es in ihrem Abgangszeugnis vom 28. März 1934 heißt.

In der Zwischenzeit wurde die Familie offensichtlich zum Umzug gezwungen, denn bis zur Auswanderung im Frühjahr 1934 wohnten die Cohns am Wulfilaufer 52 bei Godelmann zur Untermiete.

Ihr Vater, Alfred Cohn, war bis 1931 bei der Vereinigung deutscher Pumpenfabriken Borsig-Hall G.m.b.H. beschäftigt gewesen, bevor er als leitender Angestellter zur Maschinenfabrik und Eisengießerei C. Henry Hall, Nachfolger Carl Eichler, wechselte. Dort war er Miteigentümer. Nachdem der jüdische Inhaber bereits 1933 ins Konzentrationslager Oranienburg verschleppt

Deutsche Oberschule und Lyzeum mit Frauenschule
in Berlin-Mariendorf, Ringstraße 104-106

Abgangszeugnis.

Marianne Löhr

Tochter des *Kaufmanns Herrn Alfred Löhr* zu *Berlin-Tempelhof*,
~~g~~ oren den *14. September* 1922 zu *Mannheim* *jüd. Religion*,
hat der Anstalt *ein* Jahre seit *Ostern* 1933 der Klasse *Sexta* angehört.
Sie ist durch Konferenzbeschluß vom *20. März* 1934 nach Klasse *Quinta* ~~versetzt~~
worden und verläßt die Anstalt, ~~um~~ *wegen Verlegung des elterlichen Wohnsitzes nach Mannheim*

Religion *(außerhalb der Anstalt)*		*sehr gut*	Chemie	
Deutsch	mündlich /	*gut*	Naturgeschichte Biologie	*gut*
	schriftlich			
Französisch	mündlich /	*gut*	Nadelarbeit	*gut*
	schriftlich			
Englisch	mündlich /		Zeichnen	*gut*
	schriftlich			
Lateinisch	mündlich		Musik	*sehr gut*
	schriftlich			
~~...~~dlich	mündlich		Leibesübungen	*genügend*
	schriftlich			
Geschichte	/		Kurzschrift	
Erdkunde		*gut*		
Rechnen Mathematik	mündlich /	*gut*		
	schriftlich			
Physik	/		Handschrift	*genügend*

Bemerkungen: *Verhalten in der Schule: sehr gut*
Beteiligung am Unterricht: rege

Urteile für die Leistungen: 1 = sehr gut; 2 = gut; 3 = genügend; 4 = mangelhaft; 5 = nicht genügend.

Berlin-*Mariendorf*, den *25. März* 1934.

[Unterschrift]
Ober-Studiendirektor.

[Unterschrift]
Klassenleiterin
Vorstehende

Abschrift
~~Übersetzung~~
beglaubigt
Rechtsanwalt Dr. Ch. Rosenberg
Paris

Dordruck für Lyzeen und Studienanstalten.

Schw. H. 37. Din A 4.
Mat. 11087. ● 5000. 10. 33.

wurde, ist Herrn Cohn nahegelegt worden, Deutschland zu verlassen, da ihm das gleiche Schicksal drohen würde.

Am 31. März 1934 wurde die Wohnung aufgegeben. Nachdem bereits beim ersten Umzug große Teile der wertvollen Wohnungseinrichtung zu Spottpreisen verschleudert werden mußten, wurde wegen der Auswanderung auch noch der Rest aufgegeben. Marianne Cohn mußte ebenso wie ihre Schwester Lisa die Schule verlassen, als die Familie nach Paris emigrierte. Noch im April 1934 fuhren sie weiter nach Barcelona. Dort ging Marianne Cohn weiter zur Schule, bis die Familie 1938 wegen des spanischen Bürgerkrieges wieder nach Frankreich zurück mußte.

Nach dem Einmarsch der deutschen Wehrmacht in Frankreich im Mai/Juni 1940 wurde ihr Vater zunächst in Vilmalar interniert. Im Mai 1940 kam er nach Gurs, wo er bis zum 16. Mai 1941 festgehalten wurde. Aus Gesundheitsgründen wurde er entlassen, aber schon am 22. Februar 1942 von der Geheimen Staatspolizei erneut inhaftiert. Er kam in das Lager Septfonds (Tarn et Garonne). Schwerkrank wurde er wenig später am 8. April entlassen.

Um den Juden-Razzien der Nazis zu entgehen, mußte die Familie fortan unter falschem Namen leben, bis Frankreich im August 1944 befreit wurde. In der Zwischenzeit lebten Vater, Mutter und Schwester von den kleinen Einkünften Marianne Cohns.

Seit März 1943 war sie als Kinderfürsorgerin bei der zionistischen Jugendorganisation Mouvement des Jeunesse Sionistes tätig. Sie gehörte auch einer jüdischen Widerstandsbewegung an, die in Zusammenarbeit mit der zionistischen Jugendbewegung sowie der jüdischen Pfadfinderorganisation Service Social des Jeunes jüdischen Kindern half, aus dem Machtbereich der Deutschen zu entkommen. Von der Deportation bedrohte jüdische Kinder wurden in Sammeltransporten über die Schweizer Grenze gebracht.

Am 30. Mai 1944 wurde Marianne Cohn bei einem dieser Transporte in der Nähe von Annemasse von der Gestapo verhaftet und zusammen mit den Kindern in das Gefängnis Pax in Annemasse gebracht. Sie nutzte eine Gelegenheit zur Flucht nicht, weil sie die ihr anvertrauten Kinder nicht verlassen wollte. Über die Zeit bis Anfang Juli 1944 ist nichts bekannt. Am 8. Juli 1944 wurde sie in Ville la Grande (Haute Savoie) von der Gestapo erschossen. Die Leiche war verstümmelt worden und wurde am Ortsausgang von Annemasse vergraben. Der entstellte Leichnam von Marianne Cohn wurde erst zehn Tage nach der Befreiung Frankreichs aufgefunden.

Für ihre Widerstandstätigkeit wurde sie am 7. November 1945 posthum geehrt und ihr von der Militärregierung das Kriegskreuz mit silbernem Stern verliehen.

Nach dem Tode der Tochter mußte die Familie von dem geringen Verdienst ihrer Mutter Margarete Cohn leben, die halbtags als Bibliothekarin arbeitete. Die Eheleute Cohn wohnten in einem jüdischen Heim in Moissac, bevor sie 1952 nach La Versine (bei Paris) umzogen. Der bereits infolge der körperlichen Strapazen und Aufregungen aufgrund der Internierungen und der Illegalität schlechte Gesundheitszustand von Alfred Cohn hatte sich nach einem Zusammenbruch nach der Ermordung der Tochter nie mehr verbessert. Am 21. Januar 1954 starb er in St. Maximin (Oise).

Die Schwester von Marianne Cohn, Lisa Souris, lebt unter dem Namen ihres Mannes Souris in Paris.

Nachzutragen ist, daß in Annemasse eine Schule und in Ville-la-Grande eine Straße nach Marianne Cohn benannt wurden. Auch in der israelischen Gedenkstätte Yad Vashem wurde ein Garten nach ihr benannt.

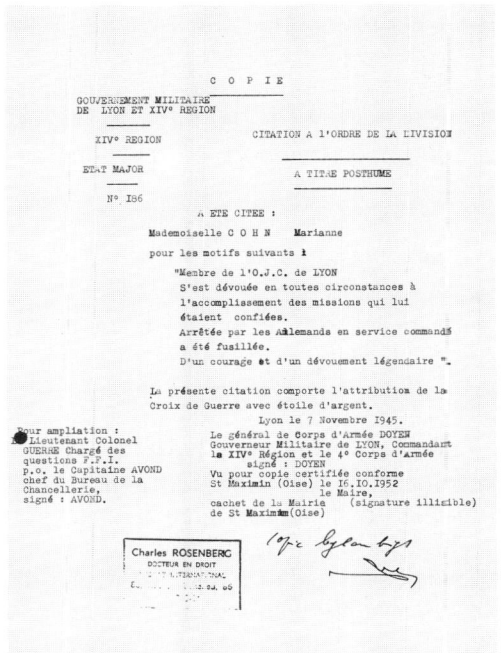

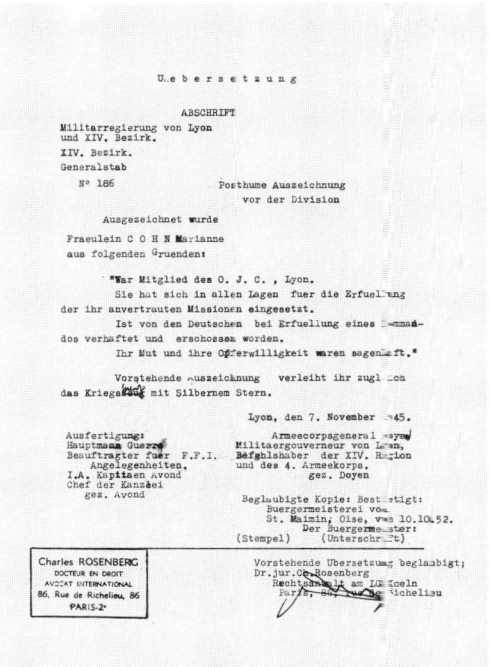

Rettung von jüdischen Kindern aus dem besetzten Frankreich

Im besetzten Frankreich gab es verschiedene Organisationen, die es übernommen hatten, verfolgte jüdische Kinder vor der Geheimen Staatspolizei zu retten. »Die Rettungsaktionen erforderten ein beträchtliches Maß an Organisationskunst. Die Kinder mußten erstens mit falschen Ausweispapieren und Lebensmittelkarten versehen werden. Dann mußten Unterkünfte für sie gefunden werden, wo die Gestapo sie nicht so leicht aufspüren konnte. Ein illegales Kontaktsystem mußte für die Kinder hergestellt werden, wenn sie in privaten Familien oder Institutionen untergebracht waren. Sie mußten beobachtet werden, um schnell woanders untergebracht zu werden, wenn Gefahr drohte, und von Zeit zu Zeit mußten sie neue Ausweispapiere erhalten. Ferner mußte für ihre Unterkunft monatlich gezahlt werden.

Die Arbeit wurde hauptsächlich von Frauen und Mädchen getan; denn sie konnten sich freier bewegen, ohne Verdacht zu erregen, und waren weniger ausgesetzt, festgehalten und verhört zu werden.« (Grossmann 1957, S. 241)

Im Jahre 1944 wurden unglücklicherweise viele Kinderrettungsaktionen vereitelt, so auch bei Lyon, wie berichtet wurde: »Die Gestapo kam mit Lastwagen um 8 Uhr morgens ... Sie umstellten die Kinder, die noch beim Frühstück saßen, und luden sie auf die Lastwagen, ohne ihnen Zeit zu lassen, das Mahl zu beenden. Die Kinder fingen an zu singen. Sie wurden geschlagen, damit sie ruhig wurden. Sie wurden nach Lyon zur Untersuchung gebracht. Die nichtjüdischen Kinder wurden nach Hause geschickt. Die 38 jüdischen Kinder verschwanden einfach. Die französische Polizei sagte, sie wurden von der Gestapo ermordet. Die hatte gehört, daß eine Gruppe von Kindern durch Giftinjektionen ermordet wurde, aber die Leichen wurden nie gefunden.« (Grossmann 1957, S. 243) Wahrscheinlich wurden diese entdeckten Kindern zuerst in das Sammellager Drancy – Vorort von Paris – gebracht, bevor sie nach Auschwitz deportiert wurden. Es muß leider auch angenommen werden, daß auf eine ähnliche Weise die Kindergruppe von Marianne Cohn umgekommen ist. Wahrscheinlich wurden die Kinder am 31. Juli 1944 nach Auschwitz deportiert und dort sofort in den Gaskammern ermordet (siehe Klarsfeld 1977, S. 230).

Zwischen ›Judenboykott‹ 1933 und Novemberpogrom 1938

Zur Illustration der judenfeindlichen Propaganda im Jahre 1933 möge ein von Hans-Werner Fabarius aufgespürter Artikel aus dem Blatt ›Berlin-Marienfelder Haus und Garten‹ dienen:

»Deutsche Volksgenossen von Marienfelde!

Die Ortsgruppe Marienfelde der National-Sozialistischen Deutschen Arbeiter-Partei hat als Abwehrmaßnahme gegen die von dem internationalen Judentum in ausländischen Zeitungen gegen unser Deutsches Vaterland entfesselte Hetze zum Boykott der hiesigen jüdischen Geschäfte, Ärzte und Rechtsanwälte aufgerufen. Es handelt sich dabei um eine berechtigte Abwehr gegen die ausländische, jüdische Greuelpropaganda und die im Ausland in Scene gesetzte Boykottbewegung gegen deutsche Waren, durch die deutsche Arbeiter um Lohn und Brot gebracht werden sollen. Der verjudete Kommunismus Sowjetrußlands glaubt, auf diese Weise die in Deutschland verlorene Position zurückerobern zu können. Jeder deutschbewußte Staatsbürger 1. Durchführungsverordnung zum ›Blutschutzgesetz‹ wurde die Eheschließung zwi-

wird die Nationalsozialisten in diesem Abwehrkampf unterstützen! Kein Deutscher kauft von Sonnabend vormittags, 10 Uhr ab, bei einem Juden auch nur noch eine Stecknadel! Kein deutscher Mann, keine deutsche Frau läßt sich von einem jüdischen Arzt behandeln oder konsultiert jüdische Rechtsanwälte. In diesem Kampf wird die National-Sozialistische Deutsche Arbeiter-Partei nicht allein stehen; sie wird unterstützt von allen nationalen Parteien und Verbänden, von allen denen, die noch einen Funken deutschen Ehrgefühls und vaterländischer Gesinnung in sich tragen.
Alle sich zu einem aufrechten Deutschtum und zur nationalen Regierung bekennenden Marienfelder Bürger demonstrieren am Sonnabend, dem 1. April 1933, nachmittags 6 Uhr, in der Kiepert-Straße (am Wochenmarkt) mit den National-Sozialisten für ein freies Deutschtum gegen die Greuel-Propaganda des internationalen Judentums und für die eingeleiteten Abwehrmaßnahmen. – Es spricht der Ortsgruppenleiter der NSDAP, Herr Nieft. Alles, was in Marienfelde deutsch denkt und fühlt, nimmt an dieser Demonstration teil. Fahnen mitbringen!« (Haus und Garten, nach Fabarius 1984, S. 68)

Die sich seit dem ›Judenboykott‹ am 1. April 1933 immer mehr verschärfende Verfolgung führte am 18. August 1934 unter anderem auch zur Einschränkung der Zahl der ›nichtarischen‹ Schüler/innen an den kaufmännischen und gewerblichen Schulen. »Am 23. April 1935 mußten alle jüdischen Kinder an den deutschen Schulen und auch an den Schulen der Stadt Berlin abgehen. So befahl es ein Gesetz. Es wurden nun jüdische Privatschulen errichtet, auf denen zu einem großen Teil ein vorzüglicher Unterricht und eine gute Instruktion vermittelt wurden.« (Sellenthin 1959, S. 76) Dies lag sicherlich auch daran, daß die qualifizierten jüdischen Lehrkräfte, die aus ihren bisherigen Schulen verjagt wurden im jüdischen Schulwesen eine neue Aufgabe erblickten.
Im Sommer 1935 tauchten vor Geschäften und Restaurants immer mehr ›Juden unerwünscht‹-Schilder auf. Am 15. September 1935 tagte der entmachtete Reichstag in Nürnberg, der Stadt der Reichsparteitage. In einer Sondersitzung im Rahmen des Reichsparteitages ›beschloß‹ der Reichstag die berüchtigten Nürnberger Gesetze, mit denen die jüdische Bevölkerung des Deutschen Reiches geächtet und entrechtet wurde. Es wurden das Reichsbürgergesetz und das ›Gesetz zum Schutze des deutschen Blutes und der deutschen Ehre‹ erlassen. Damit waren jüdischen Bürgerinnen und Bürgern die staatsbürgerlichen Rechte entzogen: Mit der 1. Durchführungsverordnung zum Reichsbürgergesetz (14.11. 1935) wurde ihnen das Wahlrecht aberkannt. Dieses war seit dem 30.1. 1933 allerdings auch nur noch auf dem Papier vorhanden. Außerdem wurden sie nun auch ›legal‹ aus öffentlichen Ämtern ausgeschlossen. Die letzten jüdischen Beamten – Weltkriegsteilnehmer – verloren ihre Stellungen. Nachdem bereits seit dem 21. Mai 1935 die ›arische Abstammung‹ als Voraussetzung für den Heeresdienst im Wehrgesetz festgelegt wurde, waren nun auch noch die letzten Hoffnungen vieler jüdischer Männer auf eine anständige Behandlung entschwunden. Für viele jüdische Soldaten, die am ersten Weltkrieg teilgenommen hatten, gehörte dies zu ihrer gesellschaftlichen Emanzipation. Der hohe Rang des ›Ehrendienstes am deutschen Volke‹ wird auch heute noch von manchen überlebenden Angehörigen betont. In der NS-Zeit lieferte der Status des Frontsoldaten oft ein Argument, daß sie doch ›gute Deutsche‹ seien und keine ›Volksschädlinge‹. Viele Juden mußten es mit ihrem Leben bezahlen, wenn sie den Glauben an die staatliche Fürsorge für sie als ehemalige Frontsoldaten nicht verloren hatten. Mit der

schen ›arischen‹ und ›nicht-arischen‹ Frauen und Männern ebenso verboten wie Ehen zwischen Juden und ›Mischlingen‹. Es wurde auch die Beschäftigung ›arischer‹ Hausangestellter verboten, was auch Tempelhofer Familien betraf.

Nach dem Erlaß der 2. Durchführungsverordnung zum Reichsbürgergesetz erhielten jüdische Notare, Ärzte, Professoren und Lehrer im Staatsdienst Berufsverbot.

Zur Zeit der Olympischen Sommerspiele in der ›Dritten-Reichs-Hauptstadt‹ Berlin wurden vorübergehend die antisemitischen Schilder entfernt und die Judenverfolgung vorübergehend eingestellt. Aber bereits im Herbst 1936 wurde die terroristische Schraube wieder angezogen: Seit dem 15. Oktober hatten jüdische Lehrer/innen Berufsverbot. Davon waren vorher schon andere Berufsgruppen, wie Steuerberater und Apotheker betroffen.

Auch bei Sarotti wurde eine jüdische Angestellte entlassen, wie die Sopade-Berichte im März 1937 meldeten: »In dem Fabrikationsbetrieb der Sarotti A.-G., Berlin-Tempelhof, ist kürzlich von der Betriebszelle ein neuer Vorstoß gegen die noch im Betrieb tätigen jüdischen Angestellten durchgeführt worden. Die Betriebsleitung hat diesem Ersuchen nachgegeben und eine etwa vierzigjährige, seit rund zwanzig Jahren im Betrieb tätige jüdische Angestellte entlassen. Die Arbeitskameraden aus der entsprechenden Abteilung haben für die Entlassene unter sich eine Geldsammlung durchgeführt, von der die Betriebsleitung Kenntnis erhielt. Auf Betreiben der NSBO wurden alle Geldgeber geschlossen aus der DAF ausgestoßen. Ihre Einsprüche wurden erst anerkannt, nachdem sie einen gleich großen Betrag dem WHW (Winterhilfswerk, ksch) spendeten und den der jüdischen Entlassenen gegebenen Betrag zurückforderten. Danach sind sie wieder geschlossen in die DAF aufgenommen worden. Dieser Kuhhandel hat über die käufliche Ehre der DAF große Heiterkeit verursacht. Politische Schlußfolgerungen sind an diesen Vorfall aber nur bei einem kleinen Teil der Belegschaft geknüpft worden.« (Sopade 1937, S. 337 f.)

»Am 30. Mai 1937 durchraste eine neue Verhaftungswelle die Stadt Berlin. Sogar aus Cafés und Restaurants wurden jüdische Menschen herausgezerrt und in die KZ's verschleppt. Die Nürnberger Gesetzgebung vom September 1935 zeitigte ihre grausame Anwendung. 1937 wurden über 2 000 Juden in Berlin teilweise wahllos verhaftet, einmal an einem einzigen Tage 397 Menschen.« (Sellenthin 1959, S. 77) Nach einem Erlaß vom 22. April 1938 gegen die ›Tarnung‹ jüdischer Betriebe und einer Verordnung über die Anmeldung jüdischen Vermögens über 5 000 Reichsmark wurde die Vorbereitung des NS-Staates zur Ausschaltung der Juden aus dem deutschen Wirtschaftsleben noch deutlicher. Zugleich wollten die Behörden einen genauen Überblick über die Vermögensverhältnisse der jüdischen Bevölkerung erhalten. Mit dem Erlaß der 3. Durchführungsverordnung zum Reichsbürgergesetz (14. 6. 1938) wurde zudem die Registrierung und Kennzeichnung aller jüdischen Gewerbebetriebe vorgeschrieben.

Einen Tag später wurde die ›Juni-Aktion‹, auch ›Asozialen-Aktion‹ genannt, durchgeführt. Alle ›vorbestraften‹ Juden und Jüdinnen, einschließlich der wegen Verkehrsvergehen und ähnlichem Belangten, wurden verhaftet und in Konzentrationslager eingewiesen. Die meisten kamen in das KZ Sachsenhausen im Norden von Berlin. Der Zweck der ›Juni-Aktion‹ war, den Auswanderungsdruck zu erhöhen.

Im Juni 1938 wurden auch bei den Finanzämtern und Polizeirevieren Listen vermögender Juden angelegt. Einige Wochen später – am 23. Juli – wurde der ab dem

1. Januar 1939 geltende Kennkartenzwang für Juden bekanntgegeben. Zwei Tage darauf wurde veröffentlicht, daß die Approbationen der jüdischen Ärzte zum 30. September 1939 erlöschen sollten: Berufsverbot.

Über den Terror gegen jüdische Geschäftsleute war auch der Exil-SPD ein Bericht zugegangen, den sie im Juli 1938 weitergab: »Der Jude Glückmann hatte in Berlin-Tempelhof, Dorfstr. Ecke Reinhardtstr. ein Weiß- und Wirkwarengeschäft betrieben. Dem Zuge vieler seiner Glaubensgenossen folgend, beabsichtigte er in Kürze Deutschland zu verlassen. Er tat, was jeder Geschäftsmann an seiner Stelle auch tun würde, er räumte sein Geschäft und kündigte einen Warenausverkauf an, der am 20. Mai stattfinden sollte. Am 20. Mai stellte Glückmann fest, daß man das Pflaster der Straße vor seinem Laden mit weißer Ölfarbe beschrieben hatte: die üblichen Hetzparolen gegen den Kauf bei Juden. Große Pfeile zeigten auf die Ladentür. Schon in den ersten Morgenstunden stauten sich die Menschen vor dem Laden, um die Wirkung zu beobachten. Es fanden sich auch bald Leute, die Arbeiterfrauen vor dem Betreten des Ladens ›warnten‹, da ›kein Deutscher bei einem Juden zu kaufen hat‹. Im Verlauf des Tages trafen dann auch die Vertreter der antisemitischen Asphaltpresse ein, die von den Kunden photographische Aufnahmen machten. Dies widerwärtige Theater dauerte noch am 21. Mai und den folgenden Tagen an, bis Glückmann seinen Laden schloß« (Sopade 1938, S. 758 f.)

Im Sommer 1938 erfolgte eine der diskriminierendsten Maßnahmen gegen die verfolgten Juden: Am 17. August wurde mit dem Erlaß der 2. Durchführungsverordnung zum Gesetz über die Änderung der Familien- und Vornamen festgelegt, daß für alle Juden bzw. Jüdinnen, die andere als die im amtlichen Verzeichnis der jüdischen Vornamen festgelegten Namen trugen, die Zwangsvornamen ›Sara‹ und ›Israel‹ ab 1. Januar 1939 vorgeschrieben waren. Vier Tage nach der am 1. Oktober 1938 durchgeführten Annektion von Teilen der Tschechoslowakei wurde die Einziehung der Reisepässe von Juden beschlossen. Die Neuausstellung sollte nur noch in Ausnahmefällen mit dem Aufdruck ›J‹ für Jude erfolgen.
Am Ende des Monats Oktober 1938 führte die ›Polen-Aktion‹, mit der etwa 15 000 in Deutschland wohnende frühere polnische Juden – sie hatten nach dem Versailler Friedensvertrag 1918 für das Deutsche Reich votiert – über die Grenze nach Polen abgeschoben werden sollten, zu weiteren sehr verhängnisvollen Folgen. Der junge Jude Herschel Grynspan, dessen Eltern von dieser Aktion betroffen waren, erschoß am 7. November 1938 ein Mitglied der deutschen Botschaft in Paris. Der Tod von Ernst vom Rath diente als Vorwand für organisierte Pogrome in den Tagen zwischen dem 9. und 11. November 1938, die verharmlosend als ›Reichskristallnacht‹ bezeichnet werden. In dieser Zeit ging bei weitem nicht nur Kristallglas zu Bruch, als jüdische Geschäfte demoliert wurden: In Deutschland wurden 91 Menschen ermordet. Ungefähr 12 000 Berliner Juden wurden in das KZ Sachsenhausen verschleppt und viele von ihnen dort ermordet. Mit dieser erneuten Verhaftungswelle sollte der Auswanderungsdruck weiter verstärkt werden. »In Berlin wurden neun von den zwölf verbliebenen Synagogen verbrannt und jeder jüdische Laden zerstört« (Sellenthin 1959, S. 82).

Der November-Terror veranlaßte den Berliner Arzt Dr. Moritz Jacobsohn, sich und seine Familie ins Ausland zu retten. Der 1880 geborene Jacobsohn hatte zuerst das Rabbinat studiert, sich dann aber für die Medizin entschieden. Bereits vor dem ersten

Weltkrieg ließ er sich in Marienfelde nieder. »Zuerst hatte er die Adresse Berliner Str. 7 (Marienfelder Allee) Ecke Emilienstr. (zerstört). 1919 erwarb er das alte Landhaus Berliner Str. 3/4 (später Praxis Waldeyer). Von dort machte er Krankenbesuche per Fahrrad, später mit dem Motorrad und dann per Auto. Er kam auch zu den ärmsten Familien in die Stadtrandsiedlungen.« (Fabarius 1987, S. 10) In einem Brief seiner Tochter Hannah Jacobsohn aus dem Jahre 1986 beschreibt diese den 1961 in den USA Verstorbenen: »Mein Vater war nicht nur ein guter Arzt, sondern auch ein Mensch, dem es egal war, welche Religion ein Mensch hat. Hauptsache, er war gut. Er versorgte das Kloster vom guten Hirten, dessen Leiter jeden Freitag Gast in unserem Hause war und an Diskussionen teilnahm. Da in meinem Elternhaus immer viele Akademiker waren, war es nie langweilig.

Außerdem war mein Vater Werkarzt bei Daimler-Benz. Oft hat er mittellose Patienten umsonst behandelt. Mein Elternhaus war immer offen für die, die nichts hatten. Jeder Bettler bekam Geld und von der Köchin etwas zu essen.« (ebenda)

Bei Moritz Jacobsohn wurde, zumindest 1937, auch jüdischer Religionsunterricht erteilt. Jeden Freitagnachmittag lehrte dort eine Frau Freund unentgeltlich. (siehe: Das

Haus von Moritz Jacobsohn (um 1940), Wagemannstraße / Ecke Berliner Straße (heute Belßstraße / Ecke Marienfelder Allee)

Jahr 1937, S. 65) Jüdische Religion wurde zu der Zeit auch noch im Tempelhofer Charlotten-Lyceum am Deutschen Ring 4 (heute: Bäumerplan) durch N. Schimmelmann gegeben.

Es gibt Berichte, daß Moritz Jacobsohn bei Krankenbesuchen überfallen wurde. Die schrecklichen Novembertage taten dann sicherlich das ihre, um die Familie Jacobsohn zur Flucht zu zwingen. Nach dreißig Jahren in Marienfelde wanderte sie über die Schweiz und Kuba in die Vereinigten Staaten von Amerika aus, wo es ihr allerdings erst nach einer längeren Odyssee gelang, in New York wieder zusammenzukommen.

Faschistischer Logik entsprechend sollten die Geschädigten auch noch selbst für den Schaden aufkommen. Auf dem Verordnungswege (12.11.1938) wurden sie für eine ›Sühneleistung‹ wegen des Todes des Pariser Botschaftsangehörigen und für die ›Wiederherstellung des Straßenbildes‹ herangezogen, womit die Bezahlung der ihnen zugefügten Schäden gemeint war. Außerdem wurden die jüdischen Geschäfte und Betriebe geschlossen und der Besuch von Theatern, Konzerten, Kinos usw. verboten. Seit dem 15. November war den jüdischen Schülerinnen und Schülern der Besuch der öffentlichen Schulen endgültig verboten worden. Die Bewegungsfreiheit wurde eingeschränkt – ›Judenbann‹ im Regierungsviertel – und die Zwangsveräußerung jüdischer Gewerbebetriebe angeordnet.

Für Juden, die sich mit Auswanderungsabsichten trugen, wurde deren Realisierung immer schwieriger. Bereits am 1. März 1938 hatten die niederländischen Behörden bekanntgegeben: »Alle Flüchtlinge werden ... als ›unerwünschte Ausländer‹ behandelt. Als Flüchtling gilt jede Person, die aus dem Zwang der Umstände ihr Heimat- oder Gastland verlassen hat ... Flüchtlingen ist es grundsätzlich verboten, zum Zwecke der Niederlassung in Holland die Grenze zu überschreiten ... Die Polizeibehörden sind verpflichtet, der Aufspürung von Flüchtlingen besondere Aufmerksamkeit zu widmen ...« Im gleichen Jahr gab es in den Informationsblättern der Reichsvertretung der Juden in Deutschland ähnliche Meldungen: »Visumzwang für England« – »Einwanderungssperre für Juden nach Ecuador« – »Wesentliche Erschwerung der Einwanderung nach Uruguay« – »Für Brasilien ... besteht ... praktisch keine Möglichkeit der Einwanderung für Juden aus Deutschland« – es mußte auch »nachdrücklich vor einer Auswanderung nach Luxemburg gewarnt« werden. (Zitate nach: Adler-Rudel 1974, S. 74) Trotz dieser zunehmenden Schließung der Fluchtwege gelang es einigen Juden zu entkommen, bevor die Niederlande die Grenzen ganz geschlossen hatten (19.11.1939) und Belgien die Einwanderung für jüdische Flüchtlinge beschränkte. Zu den letzten, die in das vermeintlich sichere Belgien flüchten konnten, gehörte die Tempelhofer Familie Wolfram, auf die im folgenden eingegangen wird.

Paul Wolfram

Geburtsdatum: 14. Mai 1881
Tempelhof, Hohenzollernkorso 42 f
Todesdatum: (9. Mai 1945)

Paul Wolfram stammt aus Westpreußen, wo er am 14. Mai 1881 in Jastrow geboren wurde. Nach dem Besuch der höheren Schule studierte er an einer technischen Hochschule und schloß sein Studium als Diplom-Ingenieur ab. Am 18. Mai 1919 heiratete er in Königsberg die damalige Medizinstudentin Erna Grumach, die am 3. Dezember 1894 geboren wurde.

Die Eheleute Wolfram kamen 1925 nach Berlin. Am 6. Januar 1926 kam ihr Sohn Peter Klaus Wolfram zur Welt. Die Familie wohnte in Berlin anfangs in Schmargendorf. Laut dem Jüdischen Adreßbuch von 1929 wohnten sie in dieser Zeit am Hohenzollernkorso 42 f (seit 1936: Manfred-von-Richthofen-Straße 169).

Von 1927 an war Paul Wolfram als Konstrukteur tätig und arbeitete bei der AEG bis 1937 als Oberingenieur. 1937 zog die Familie wieder nach Schmargendorf. Bis zum Februar 1938 wohnte sie in Warmbrunner Straße 33.

In der Manfred-von-Richthofen-Straße 169 (früher Hohenzollernkorso 42 f) wohnte Paul Wolfram mit seiner Familie bis 1937

Dann entschlossen sie sich, nach Belgien auszuwandern. Nach der Zahlung von erheblichen Beträgen für die Judenvermögensabgabe und die Reichsfluchtsteuer durfte die Familie Wolfram nach Antwerpen ziehen. Dort konnten sie aber nur bis zum 10. Mai 1940 frei leben. Nach dem Einmarsch der deutschen Wehrmacht in Belgien wurde Paul Wolfram als Deutscher von belgischen Behörden interniert, ohne Rücksicht auf seine Vertreibung aus Deutschland. Er wurde später in ein französisches Straflager deportiert. Seiner Frau und seinem Sohn gelang die Flucht nach England. Dort lebten sie bis 1948 und wanderten anschließend nach Australien aus.

Bis zum 14. November 1940 wurde Paul Wolfram im Camp du Vernet festgehalten. Danach durchlief er verschiedene andere Lager der deutschen Besatzungsmacht. Am 21. Februar 1943 kam er in das Konzentrationslager Gurs. Dort blieb er nur kurze Zeit, bis er in das Sammellager Drancy bei Paris gebracht wurde. Von dort aus wurde Paul Wolfram am 4. März 1943 in den Osten deportiert. Er kam in das Konzentrationslager Lublin-Majdanek. Seitdem gibt es kein Lebenszeichen mehr von ihm, so daß er zum 9. Mai 1945 für tot erklärt wurde. Das Fehlen des Todesdatums von Paul Wolfram ist wie in ähnlichen Fällen auch ein Indiz für die Menschenverachtung der Nazis. Das Opfer galt den SS-Bewachern so wenig, daß oft nicht einmal sein Tod vermerkt wurde.

Seine Schwestern Selma Wolfram (siehe dort) und Meta Rosenberg, geborene Wolfram, erlitten das gleiche Schicksal wie ihr Bruder. Meta Rosenberg wurde wahrscheinlich zusammen mit ihrer Schwester nach Theresienstadt deportiert und dort ermordet.

Die Deportationen in das Altersghetto Theresienstadt

Die von den Nazis als ›Endlösung der Judenfrage‹ bezeichnete Ermordung von Menschen jüdischen Glaubens konnte nicht unbemerkt bleiben. Der Ermordung vorausgegangen waren die Verdrängung vom Arbeitsplatz, aus der Wohnung und die zunehmende Entrechtung, Enteignung, Isolierung, Entwürdigung und Demütigung. Ein wesentlicher Schritt zur Erfassung und Ausgrenzung war die Volkszählung vom 16. Juni 1933. »In dieser Zählung wurden – wie in früheren Zählungen auch – die Glaubensjuden ermittelt und nach der Staatszugehörigkeit gefragt. Daneben gab es eine Sonderzählung für Juden und eine für Ausländer, detaillierter als für den Rest der Bevölkerung.« (Aly/Roth 1984, S. 55) Da mit den Angaben dieser Volkszählung noch nicht der assimilierte Teil der jüdischen Bevölkerung erfaßt werden konnte, mußte das statistische Instrumentarium vervollkommnet werden. Die aus der jüdischen Glaubensgemeinschaft Ausgetretenen wurden mit Hilfe von Bibliothekaren, Standesbeamten und Kirchenbediensteten erfaßt. »In gemeinsamer Arbeit mit Beauftragten der Bewegung haben damals Bibliothekare die Lebensläufe der Doktoranden anhand der Dissertationen überprüft, ferner Kürschners Gelehrtenlexikon, Gothaische Hofkalender, jüdische Lexika und sonstige Nachschlagewerke durchgearbeitet und verzettelt. Dieser Gemeinschaftsarbeit war es mit zu danken daß bereits 1933 halbwegs brauchbare Vorarbeiten für die Ausmerzung jüdischer Schriftsteller, Schriftleiter und Professoren vorhanden waren.« So die Formulierungen im Zentralblatt für Bibliothekswesen 1938 (S. 407). Seit 1933 hatten zudem die Standesbeamten ihre Unterlagen nach ›Judentaufen‹ und ›Mischehen‹ durchgesehen und gemeldet. Ebenso wurden die Taufbücher der Berliner evangelischen Kirchengemeinden aus dem 19. Jahrhundert ausgewertet. Nach der nächsten Volkszählung vom 17. Mai 1939 wurde eine ›Kartei der Reichsangehörigen nichtdeutscher Volkszugehörigkeit (Volkstumskartei)‹ angefertigt. »Die einzelne Karte enthält den Namen (auch Mädchennamen), die Vornamen, die Wohnung (auch Kreis und Gemeinde), das Geschlecht, den Geburtstag und die Angaben des Gezählten betr. Religion, Muttersprache, Volkszugehörigkeit, Beruf, bei Haushaltungsvorständen die Zahl ihrer im Haushalt lebenden Kinder unter 14 Jahren und eine Erklärung (ja oder nein, ob eine Bodenfläche bewirtschaftet wird.« (Rundschreiben des Reichsinnenministeriums vom 10. 12. 1942) »Am Ende des Jahres 1939 waren alle als jüdisch klassifizierten Bürger erfaßt und mehrfach registriert, desgleichen diejenigen, die teilweise jüdischer Abstammung und mit einem Juden verheiratet waren. Lebensalter, Beruf, Einkommen, Wohnsitz, weitere Familienmitglieder, Fruchtbarkeit, Bild, Fingerabdruck, Handschrift waren in einer Weise erfaßt, die einerseits ausweglos und andererseits sauber und korrekt erschien.« (Aly/Roth 1984, S. 75)
Bereits am 30. April 1939 wurde durch das Gesetz über Mietverhältnisse mit Juden die Zusammenlegung jüdischer Familien in ›Judenhäusern‹ vorbereitet und der Räumungsschutz aufgehoben. Zwei Monate später verringerten sich die Auswanderungschancen weiter, als die britische Regierung die Einreise von jüdischen Flüchtlingen in ihr damaliges Mandatsgebiet Palästina – heute der Staat Israel – untersagte. Der deutsche Überfall auf Polen am 1. September 1939 war nicht nur der Beginn des zweiten Weltkrieges, sondern bedeutete für die jüdische Bevölkerung eine weitere Verschlechterung der Auswanderungschancen. Die Staaten, die dem Deutschen Reich den Krieg erklärten, wie zum Beispiel am 3. September 1939 Großbritannien

und Frankreich, fielen als Einwanderungsländer seit diesem Zeitpunkt aus. Hiervon betroffen war beispielsweise auch die Tempelhoferin Lilly Lewandowski, die wegen des Krieges nicht mehr auswandern konnte. Auf ihre Lebensgeschichte wird noch eingegangen.

Das Leben der jüdischen Bevölkerung in Tempelhof, ebenso wie in den anderen Berliner Bezirken, wurde immer weiter eingeengt. Seit dem Kriegsbeginn galten Ausgangsbeschränkungen: Im Sommer Sperre ab 21.00 Uhr, im Winter ab 20.00 Uhr. Am 12. September 1939 wurde darüber hinaus eine Einkaufsbeschränkung für bestimmte Geschäfte eingeführt. Elf Tage später wurden die Rundfunkgeräte beschlagnahmt (23. 9. 1939).

Im Januar 1940 wurden alle Juden und Jüdinnen zwischen 16 und 55 Jahren in Arbeitskommandos gezwungen. In den Betrieben wurden sie oft unmenschlich behandelt.»So durften sie innerhalb der Fabrikgelände nicht einmal die Bürgersteige betreten und wurden wie Tiere vom Tor der Betriebe abgeholt und an die Arbeitsplätze getrieben. Dadurch, daß man ihnen keine Milch und andere notwendigen Lebensmittel gewährte, erlitten sie bei gesundheitsschädlichen Arbeiten, wie etwa durch Kohlenstaub, schwere Schäden.« (Sellenthin 1959, S. 82)

Im Oktober 1939 begannen die Deportationen aus den besetzten Ländern Österreich und Tschechoslowakei nach Polen, welches nach der Besetzung ›Generalgouvernement‹ genannt wurde. Dort wurde in Wloclawek die erste Kennzeichnung in Form des gelben Davidsterns eingeführt. Im Februar 1940 sind die ersten Juden aus dem Deutschen Reich deportiert worden. Die Verantwortung für die in der Amtssprache ›Aussiedlungen‹ genannten Deportationen hatte das ›Judenreferat‹ des Reichssicherheitshauptamtes. Die Durchführung lag bei deren nachgeordneter Behörde, der Staatspolizeileitstelle Berlin. Hier existierte eine umfassende ›Judenkartei‹, auf deren Basis die Transportlisten zusammengestellt wurden. Diese Unterlagen sind weitgehend vernichtet worden. Erhalten blieben aber die Akten der früheren Behörde des Oberfinanzpräsidenten Berlin-Brandenburg. Von dieser Dienststelle wurde das Vermögen der emigrierten, deportierten und sich selbst getöteten Juden und Jüdinnen verwaltet. (Aus den noch vorhandenen Akten ließen sich einige Informationen über das Schicksal der jüdischen Bevölkerung Tempelhofs entnehmen.)

Gerüchte über die Deportationen entstanden in Berlin schon vor dem Beginn derselben. Am 29. März 1940 wurden sie noch durch das Auswärtige Amt dementiert (siehe Reitlinger 1961, S. 596). Eineinhalb Jahre später wurden sie Wirklichkeit. Am 18. Oktober 1941 ging der erste Eisenbahntransport von Berlin in das ab Dezember 1939 eingerichtete und seit Mai 1940 bestehende erste Ghetto in Lodz, welches auf deutsch Litzmannstadt genannt wurde.

Die Reichsvereinigung der Juden in Deutschland mußte Hilfsdienste bei der Deportation leisten. Entstanden war dieser Verband ursprünglich als Reichsvertretung der deutschen Juden im Jahre 1933. Er wurde 1938 nach dem Novemberpogrom umgewandelt.»Anstelle des ›Reichsverbandes der Juden in Deutschland‹, dessen Tätigkeit zumindest von einem Restbestand an Unabhängigkeit und Beschlußfreiheit gekennzeichnet war, setzten die nationalsozialistischen Behörden eine Zwangsorganisation, die ›Reichsvereinigung der Juden in Deutschland‹, die in völliger Abhängigkeit vom Willen der deutschen Instanzen zu arbeiten hatte.« (Adler-Rudel 1974, S. 18)

Die erzwungene Unterstützung durch jüdische Organisationen hatte unterschiedliche Formen. »Im Zuge der Verschärfung der jüdischen Lebensverhältnisse zwang die Gestapo die Reichsvereinigung, allen jüdischen Wohnraum zu registrieren, Wohnungszusammenlegungen durchzuführen und regelmäßig Bevölkerungszählungen vorzunehmen.« (Scheffler 1964, S. 43) Zu den Hilfsdiensten gehörte auch die Einrichtung von Sammellagern – meist in Synagogen – und die Versorgung der zu Deportierenden sowie sogar die Zusammenstellung der Transportlisten nach den Gestapo-Weisungen. Die relativ einflußlose Reichsvereinigung wurde »in der ersten Hälfte des Jahres 1943 nach und nach aufgelöst.« (a.a.O., S. 46) Die Angestellten wurden ebenfalls deportiert.

Die Festnahme der für die Deportation bestimmten jüdischen Menschen spielte sich im allgemeinen wie folgt oder ähnlich ab: »Die polizeilichen Einsätze zur Erfüllung des ›Solls‹ für die Deportationen wurden in den Wochen vor den Festnahmetagen organisatorisch vorbereitet. Dies geschah durch die für die Judenangelegenheiten zuständigen Abteilungsleiter und Referenten. Vorher hatten der Chef (der Berliner Staatspolizeileitstelle, ksch) und sein Vertreter die geplanten Maßnahmen geprüft und in der Dienstbesprechung gebilligt ...
Der modus operandi der Stapoleitstelle bei ihrer Jagd auf die Berliner Juden war verschiedenartig. Eindringen in die Wohnungen der Opfer, Razzien in Betrieben, auf Straßen und Plätzen, Vorladungen und überfallartige Aktionen; die Mithilfe der jüdischen Gemeindebeamten wurde in brutalster Weise erzwungen. Bürokratische, von Brutalität zeugende Maßnahmen dienten der Vorbereitung der Ausrottung . .
In der ersten Deportationszeit wurden die Juden zu ihrer ›Aussiedlung‹ von der Staatspolizei zu einer bestimmten Sammelstelle vorgeladen. Als die vorgeladenen Opfer binnen kurzer Frist nicht mehr erschienen, weil sie hellhörig geworden waren und untertauchten, entwarf die Stapoleitstelle strategische Pläne für Aktionen zum Einfangen der Juden. Da hierfür die Beamten des Stapo-Judenreferats allein nicht ausreichten, wurden auch andere Stapobeamte zu den Aktionen zugeteilt, ferner Beamte der Staatspolizei, der Kriminalpolizei und der uniformierten Schutzpolizei. Die Aktionen wurden im allgemeinen nach fünf oder sechs Uhr abends begonnen und dauerten oft bis zehn Uhr, manchmal bis Mitternacht. Die Beamten wurden auf dem Hof des Polizeipräsidiums am Alexanderplatz oder beim Judenreferat in der Burgstraße zusammengezogen. Dort wurden die Befehle für die Judenjagd ausgegeben. In jede Wohnung wurde ein Gestapobeamter oder ein Kriminalbeamter zusammen mit einem Schutzpolizeibeamten geschickt; sie hatten die ›Abholzettel‹ mit den Wohnungsadressen bei sich. Dann verteilten sich die einzelnen Gruppen netzartig über die ganze Stadt, meist unauffällig mit der Straßenbahn, U-Bahn oder S-Bahn ..
Das Verhalten der Beamten erstreckte sich von den gemeinsten Beschimpfungen, Mißhandlungen und Diebstählen bis zu Anstand, kleineren Hilfeleistungen und Mitgefühl für die Opfer.« (Kempner 1970, S. 197 ff.)

Acht Monate nach dem Beginn der großen Ost-Transporte, deren Höhepunkt die Deportationen in das Konzentrationslager Auschwitz waren, begannen am 6. Juni 1942 die sogenannten Alterstransporte in das Ghetto Theresienstadt. »Auf ihrem Wege ins Ghetto wurden Juden von sauberer Bürokratie begleitet: gewogen, gemessen, gepackt, verfrachtet, verschickt laut Karteikarte.« Diese Feststellung eines Theresienstädters spricht wohl für sich (in: Steinhauser 1987). Das Ghetto von Theresienstadt wurde gern als Vorzugsghetto dargestellt, was aber nicht stimmte. »Diese angebliche Vorzugsbehandlung kam auch in der Form des Vermögensraubes zum Ausdruck. Jeder einzelne wurde gezwungen, einen ›Heimeinkaufsvertrag‹ laut Formular zu unterschreiben, durch welchen die Reichsvereinigung der Juden in Deutschland sich verpflichtete, dem Vertragspartner auf Lebenszeit Heimunterkunft, Verpflegung usw. zu gewähren, wogegen der Vertragspartner der Reichsvereinigung sein ganzes Vermögen überträgt.« (Ball-Kaduri 1973, S. 207) Tatsächlich bemächtigte sich das Reichssicherheitshauptamt dieser Summen. In Theresienstadt, einem Ort mit früher 7 000 Menschen, wurden 50 000 Jüdinnen und Juden zusammengepfercht. Die Gefühle der getäuschten Ankommenden lassen sich nur schwer beschreiben. »Viele, denen durch den Abschluß eines Heimeinkaufsvertrages ein eigenes Zimmer zugesichert worden war, brachen zusammen, als sie die Quartiere in Riesensälen mit Dreistockbetten erblickten.« (Moser 1987, S. 1. 17)

Viele jüdische Männer und Frauen wohnten in Häusern und Wohnungen, deren Ghettosituation auch in der Nachbarschaft bekannt war, wenn dort von ›Judenhäusern‹ bzw. ›Judenwohnungen‹ die Rede war. In Neu-Tempelhof befanden sich unter anderem solche ›Judenwohnungen‹ in den Häusern Burgherrenstraße 9, Leonhardyweg 22, Wiesenerstraße 33 sowie in der Boelckestraße 109. Dort lebte Johanna Casper mit ihrem Mann Joseph bis zu ihrer Deportation nach Theresienstadt. Auf ihre Lebensgeschichte und die weiterer nach Theresienstadt bzw. Riga verschleppter Menschen wird im folgenden genauer eingegangen. Sie wohnten alle früher in Tempelhof. Ihrer wird in dem Gedenkbuch für die Opfer des Nationalsozialismus gedacht.

Johanna Casper, geborene Rothmann

Geburtsdatum: 16. Mai 1878
Tempelhof, Kaiserkorso 5
Todesdatum: (31. Dezember 1945)

Die am 16. Mai 1878 im ostpreußischen Ludwikowo (heute: Polen) geborene Johanna Rothmann heiratete 1901 den selbständigen Schneider Joseph Casper. Ihr Ehemann wurde am 15. Oktober 1876 in Mieczkowo (Posen) geboren. Am 19. März 1903 kam die Tochter Erna Rosa Casper in Berlin zur Welt. Der am 25. November 1904 geborene Sohn Herbert Casper starb am 8. Januar 1932 in Tempelhof.
Johanna Casper war Geschäftspartnerin ihres Mannes, mit dem sie einen gutgehenden Herstellungs- und Großhandelsbetrieb für Damenmäntel und Kostüme führte. Das Geschäft befand sich unter dem Namen Casper & Co. G.m.b.H. in Berlin SW 19, Mohrenstraße 37 a. Seit dem ›Judenboykott‹ vom 1. April 1933 war auch hier der Umsatz ständig zurückgegangen. Nach dem November 1938 sank er soweit, daß am 21. April 1939 die Liquidation des Konfektionsgeschäfts angemeldet werden mußte. Nach der erzwungenen Verschleuderung des noch vorhandenen Warenlagers und der Betriebsausstattung wurde am 4. April 1940 der Betrieb geschlossen und am 3. Mai 1940 aus dem Handelsregister gestrichen. Damit waren Johanna und Joseph Casper ihrer Existenz beraubt. Dazu kam noch, daß sie 1942 ein ihnen gemeinsam gehörendes Mietshaus, in dessen Besitz sie über dreißig Jahre waren, ›verkaufen‹ mußten.

Parallel mit dem erzwungenen geschäftlichen Niedergang ging die Verschlechterung der Wohnverhältnisse einher. Die Familie Casper bewohnte ursprünglich eine Fünfeinhalb-Zimmer-Wohnung in Tempelhof, Kaiserkorso 5, bis sie von dort ausgewiesen wurde und in eine erheblich kleinere Wohnung in einem ›Judenhaus‹ in der Manfred-von-Richthofen-Straße 125 umziehen

Ursprünglich wohnte Johanna Casper mit ihrer Familie in einer Wohnung des Kaiserkorso 5 (Aufnahme von 1987)

mußte. Aus der dortigen Zwei-Zimmer-Wohnung wurden die Eheleute ebenfalls vertrieben und bezogen ein noch kleineres Quartier in der Boelckestraße 109. Johanna Casper mußte sich in einer dort befindlichen ›Judenwohnung‹ ein Zimmer mit ihrem Mann teilen. Da kaum Einrichtungsgegenstände mitgenommen werden konnten, mußten sie das meiste zu Schleuderpreisen ›verkaufen‹.

Seit 1940 trugen sich die Eheleute Casper mit Auswanderungsabsichten. Als Voraussetzung dafür mußten sie eine sogenannte Reichsfluchtsteuer an das Finanzamt Tempelhof zahlen. Außerdem mußte eine Judenvermögensabgabe entrichtet werden. Die Eheleute zahlten darüber hinaus noch Beiträge für einen ›Heimeinkaufsvertrag‹ bei der Zwangs-Reichsvereinigung der Juden in Deutschland ein, mit welchen sie ihre Altersversorgung absichern wollten.

Wie alle anderen jüdischen Menschen auch mußte Johanna Casper, ebenso wie ihr Mann, seit dem 19. September 1941 den ›Judenstern‹ tragen.

Am 7. September 1942 begann die Deportation der Eheleute Casper. Sie mußten ihr Zimmer in der Boelckestraße 109 verlassen und sich im Sammellager in der Großen Hamburger Straße einfinden. Nach einer Woche wurden sie am 14. September 1942 mit dem 2. großen Alterstransport, der insgesamt eintausend Personen umfaßte, in das Ghetto Theresienstadt gebracht. Nachforschungen in Theresienstadt haben ergeben, daß Johanna Casper dort ermordet wurde. Am 26. Mai 1944 wurde sie im Krematorium verbrannt. Als offizielles Todesdatum wurde der 31. Dezember 1945 festgelegt.

Joseph Casper konnte die Befreiung von Theresienstadt erleben. Er wanderte in die USA aus. Er starb im Mai 1957 als schwerkranker Mann in New York. Dort lebte auch die Tochter Erna Rosa Casper.

Selma Wolfram

Geburtsdatum: 28. November 1872
Tempelhof, Manfred-von-Richthofen-Straße 169
Todesdatum: (31. Dezember 1945)

Selma Wolfram wurde am 28. November 1872 in Jastrow geboren, ebenso wie ihre Schwester Meta und ihr Bruder Paul Wolfram (siehe dort). Alle drei Geschwister überlebten den Holocaust nicht.

Frau Wolfram war als Lehrerin tätig, soweit bekannt zuletzt als Konrektorin der Jüdischen Mittelschule für Mädchen. Sie wohnte in der Manfred-von-Richthofen-Straße. Um 1937 zog sie innerhalb der Straße um in das Haus Nr. 169. In diesem Haus wohnte ihr Bruder Paul Wolfram. Dort lebte sie bis 1940, als sie in das Haus Manfred-von-Richthofen-Straße 160 einzog. Dort lebte sie bis zu ihrer Deportation.

Am 31. August 1943 wurde sie mit dem 53. Alterstransport nach Theresienstadt verschleppt. Nach ihrer Ermordung wurde sie dort am 28. April 1943 im Krematorium verbrannt. Als offizielles Todesdatum wurde der 31. Dezember 1945 festgelegt.

Bis zu ihrer Deportation 1943 lebte Selma Wolfram in der Manfred-von-Richthofen-Straße 160

Josef Leisersohn

Geburtsdatum: 22. April 1876
Tempelhof, Friedrich-Franz-Straße 16
Todesdatum: (9. Mai 1945)

Josef Leisersohn wurde am 22. April 1876 in Weißenhöhe (Kreis Wirsitz) geboren. Von Beruf war er Glaser. Er nahm als Soldat am ersten Weltkrieg teil und wurde verwundet. Als Folge einer Gasvergiftung verlor er ein Auge und konnte nicht mehr in seinem alten Beruf arbeiten. Der Kriegsinvalide bezog er eine Pension. Seit Kriegsende war er als Kaufmann tätig.

Zusammen mit seiner Frau Hannchen, geborene Abraham (siehe dort), wohnte Josef Leisersohn seit 1918 in Tempelhof, Friedrich-Franz-Straße 16. Aus der Ehe entstammen zwei Kinder. Der am 14. November 1919 geborene Sohn Gert Leisersohn (siehe dort) wurde 1941 deportiert und überlebte nicht. Die am 30. Mai 1926 in Berlin geborene Traute kam als Dreizehnjährige am 11. Juli 1939 mit einem Kindertransport nach Newcastle in England. Sie hatte von 1932 an nur wenige Jahre eine Tempelhofer Volksschule besuchen dürfen. 1937 wurde sie von ihrer Schule verwiesen. Anschließend besuchte sie bis zu ihrer Auswanderung die jüdische Schule in der Auguststraße. Erst 1939 konnte sie in England die Schulausbildung fortsetzen. Sie wurde anschließend als Kinderpflegerin ausgebildet. Heute lebt sie in London.

Josef und Hannchen Leisersohn konnten nicht auswandern, da sie kein Visum erhielten. Sie lebten vom 1. April 1941 bis zu ihrer Deportation in der Lichtenrader Roonstraße 41 zur Untermiete bei Dr. Wolff. Seit der Deportation ihres Sohnes Gert am 27. November 1941 lebten sie dort allein.

Josef und Hannchen Leisersohn

Am 31. August 1942 wurden die Eheleute Leisersohn mit dem 53. Alterstransport, der ingesamt einhundert Personen umfaßte, in das Ghetto Theresienstadt deportiert. Nach Unterlagen des Internationalen Suchdienstes ist Josef Leisersohn im Januar 1944 in Theresienstadt umgebracht worden. Am 24. Januar 1944 wurde die Leiche im dortigen Krematorium verbrannt. Als offizieller Todestag wurde der 9. Mai 1945 festgelegt.
Die Schwestern von Josef Leisersohn, Rebekka und Rosa Leisersohn, wurden ebenfalls nach

Theresienstadt deportiert und dort ermordet. Rebekka Leisersohn wurde am 5. Dezember 1877 geboren und ihre Schwester am 1. September 1882. Als sie 1942 aus ihrer Wohnung in der Tempelhofer Werderstraße 4 abgeholt wurden, waren sie 65 und 60 Jahre alt. Über ihr Schicksal ist noch nichts weiteres bekannt.

Rebekka Leisersohn (Schwester von Josef Leisersohn)   *Rosa Leisersohn (Schwester von Josef Leisersohn)*

Hannchen Leisersohn, geborene Abraham

Geburtsdatum: 13. November 1883
Tempelhof, Friedrich-Franz-Straße 16
Todesdatum: Verschollen

Am 13. November 1883 wurde Hannchen Abraham in Posen geboren. Sie heiratete den Glaser Josef Leisersohn (siehe dort) und hatte mit ihm zwei Kinder. Ihr Sohn Gert Leisersohn (siehe dort) wurde 1919 in Berlin geboren. Er überlebte nicht. Die Tochter Traute kam 1926 ebenfalls in Berlin zur Welt. Nachdem sie als Jüdin ihre Tempelhofer Schule verlassen mußte, gelang es, sie mit einem Kindertransport nach Newcastle in England in Sicherheit zu bringen. Traute Bank, geborene Leisersohn, lebt heute in London.
Die Eheleute Leisersohn wohnten bereits vor 1914 in Berlin. Seit 1918 befand sich ihre Wohnung in der Friedrich-Franz-Straße 16 in Tempelhof. Als die Familie in eine kleinere Wohnung gezwungen wurde, mußte sie am 1. April 1942 nach Lichtenrade ziehen und wohnte dort in der Roonstraße 41 bei Dr. Wolff zur Untermiete. Bis zur Deportation ihres Sohnes Gert am 27. November 1941 wohnte dieser dort mit den Eltern zusammen. Da Hannchen und Josef Leisersohn kein Visum erhielten, durften sie nicht auswandern.

Traute Leisersohn

Von ihrer Lichtenrader Wohnung aus wurde Hannchen Leisersohn zusammen mit ihrem Ehemann am 31. August 1942 mit dem 53. Alterstransport nach Theresienstadt deportiert. Sie konnte ihren Mann, der im Januar 1944 ermordet wurde, nur kurze Zeit überleben. Am 16. Mai 1944 wurde sie in das Konzentrationslager Auschwitz gebracht. Seitdem gilt sie als verschollen.

Gert Leisersohn

Geburtsdatum: 14. November 1919
Tempelhof, Friedrich-Franz-Straße 16
Todesdatum: 30. November 1941

Gert Leisersohn wurde am 14. November 1919 in Berlin als Sohn von Josef Leisersohn (siehe dort) und dessen Ehefrau Hannchen, geborene Abraham (siehe dort) geboren. Er wohnte mit seinen Eltern in der Friedrich-Franz-Straße 16. Seine Schwester Traute, die 1926 geboren wurde, überlebte als einziges Familienmitglied, da sie 1939 mit einem Kindertransport nach England kam. Gert Leisersohn hatte nicht das Glück, einem solchen Kindertransport zugeteilt zu werden, da er dafür schon zu alt war.

Nach dem Abitur am Askanischen Gymnasium erlernte er den Beruf des Bäckers und war anschließend als Bäcker und Konditor tätig. In der Zeit vor seiner Deportation wurde er zu Zwangsarbeit als Transportarbeiter verpflichtet.

Gert Leisersohn

Gert Leisersohn und Jachaiwet Bank

Zusammen mit seiner am 26. Oktober 1919 in Rußland geborenen Verlobten Jachaiweth Bank, über die bisher wenig bekannt ist, wurde er am 27. November 1941 mit dem 7. Ost-Transport nach Riga deportiert. Seitdem gibt es von ihm kein Lebenszeichen mehr. Als Todestag wird der 30. November 1941 vermutet.

Artur Grunwald

Geburtsdatum: 18. Juli 1889
Tempelhof, Schulenburgring 2
Todesdatum: (8. Mai 1945)

Der am 18. Juli 1889 im oberschlesischen Myslowitz bei Kattowitz geborene Artur Grunwald war als selbständiger Handelsvertreter in der Textilbranche tätig.
Er nahm als freiwilliger Frontsoldat am ersten Weltkrieg teil und erhielt das Eiserne Kreuz II. Klasse sowie die Ungarische Tapferkeitsmedaille und die Österreichische Verdienstmedaille für seinen Einsatz. Er war schwer kriegsgeschädigt. Der rechte Oberarm war durch einen Granatsplitter zerschmettert worden. Artur Grunwald konnte die rechte Hand nicht mehr bewegen und mußte ständig eine Schiene tragen.
Er war mit Rosa Grunwald, geborene Friedländer (siehe dort), verheiratet und hatte zwei Söhne: Carl Grunwald (siehe dort) starb in Buchenwald, während sein älterer Sohn Fritz heute unter dem Namen Frederick Greenwood in den USA lebt.

Nach dem ›Judenboykott‹ 1933 verlor Artur Grunwald seine Vertretungen. Anschließend war er in einer schlechter bezahlten Stellung im Restaurant Mokadero in der Friedrichstraße beschäftigt. Dort wurde er wegen der Arisierung ebenfalls entlassen und arbeitete bis zu dessen Auflösung beim Jüdischen Kulturbund als Portier und danach bis zu seiner Deportation bei der Jüdischen Gemeinde.

Mit seiner Frau und seinen beiden Söhnen lebte er seit 1919 in einer Zweieinhalb-Zimmer-Wohnung in Tempelhof, Schulenburgring 2. Am 8. März 1943 wurden er und seine Frau von der Geheimen Staatspolizei abgeholt und die Wohnung versiegelt.

Am 17. März 1943 sind Artur und Rosa Grunwald mit dem 4. großen Alterstransport nach Theresienstadt deportiert worden. Am 18. Dezember 1943 wurden beide in das Konzentrationslager Auschwitz überstellt. Dieser Transport gilt als Todestransport, da weniger als 10 % der Deportierten überlebten. Die Eheleute Grunwald gelten als verschollen. Offiziell wurde die Todesfeststellung Artur Grunwalds auf den 8. Mai 1945 datiert.

Rosa Grunwald, geborene Friedländer

Geburtsdatum: 31. Oktober 1886
Tempelhof, Schulenburgring 2
Todesdatum: (8. Mai 1945)

Die am 31. Oktober 1886 im oberschlesischen Beuthen geborene Rosa Friedländer arbeitete bis zu ihrer Heirat als Privatsekretärin. Sie heiratete den Kaufmann Artur Grunwald (siehe dort), mit dem sie zwei Söhne hatte. Der 1927 geborene Carl Grunwald (siehe dort) wurde in Buchenwald ermordet. Als einziger Überlebender wohnt der ältere Sohn Fritz unter dem Namen Frederick Greenwood in den USA.

Die Familie Grunwald wohnte in Neu-Tempelhof im Haus Schulenburgring 2. Seit dem 19. September 1941 mußten die Familienmitglieder den ›Judenstern‹ tragen. Am 8. März 1943 erschien die Gestapo bei den Eheleuten und brachte sie in ein Sammellager. Mit dem 4. großen Alterstransport wurde sie am 17. März 1943 zusammen mit ihrem Ehemann und 1 157 weiteren Leidensgenossinnen und -genossen in das Ghetto Theresienstadt deportiert. Mit einem sogenannten Todestransport wurde sie von dort am 18. Dezember 1943 nach Auschwitz überstellt. Seitdem gilt sie als verschollen. Die Todeserklärung wurde auf den 8. Mai 1945 datiert.

Carl Grunwald

Geburtsdatum: 18. April 1927
Tempelhof, Schulenburgring 2
Todesdatum: 23. März 1945

Am 18. April 1927 wurde Carl Grunwald in Berlin als Sohn des Kaufmanns Artur Grunwald (siehe dort) und der Sekretärin Rosa Grunwald (siehe dort) geboren. Er besuchte die 12. Volksschule in Tempelhof, Wittelsbacherkorso 58 (seit 1936: Boelckestraße), bis er wegen seiner jüdischen Abstammung vom Besuch dieser Schule ausgeschlossen wurde. Sein älterer Bruder Fritz – heute: Frederick Greenwood – ging bis 1934 auf das Askanische Gymnasium, welches er ebenfalls verlassen mußte. Erst längere Zeit danach erhielt Carl Grunwald an einer Schule der Jüdischen Gemeinde wieder Unterricht. Zeitweise war er als Tischler tätig.
Nachdem seine Eltern am 8. März 1943 ›abgeholt‹ wurden, ist Carl Grunwald von Melchior Gehrt, dem Hausmeister des Hauses Schulenburgring 2, in dem er mit seinen Eltern gewohnt hatte, versteckt und verpflegt worden. Beschützt und mit Lebensmittelkarten versorgt wurde er auch von einem Ehepaar, welches ein kleines Lebensmittelgeschäft in der Burghereinstraße besaß.
Am 17. Mai 1943 wurde der sechzehnjährige Carl Grunwald aber trotzdem deportiert. Er kam mit dem 87. Alterstransport nach Theresienstadt, wohin seine Eltern bereits gebracht worden waren. Am 18. Dezember 1943 wurde er im gleichen Transport mit den Eltern nach Auschwitz gebracht. Im Gegensatz zu seinen dort ermordeten Eltern wurde er in das Konzentrationslager Groß-Rosen weitertransportiert. Von dort aus wurde er am 10. Februar 1945 in das Konzentrationslager Buchenwald eingeliefert. Dort ist er – offiziell genannte Todesursache: beiderseitige Lungenentzündung – am 23. März 1945 um 10.45 Uhr gestorben. Die Befreiung von Buchenwald durch die US-Armee am 11. April 1945 konnte der Siebzehnjährige nicht mehr erleben.

Georg Schiller

Geburtsdatum: 4. Juni 1895
Tempelhof, Braunschweiger Ring 69
Todesdatum: (8. Mai 1945)

Georg Schiller lebte seit seiner Geburt am 4. Juni 1895 in Berlin. Er besuchte in Moabit die Volksschule und die 4. Realschule. Von 1911 bis 1914 absolvierte er eine Lehre als Textilkaufmann. In seinem Ausbildungsbetrieb war er anschließend als Angestellter tätig. Von 1916 an war er Soldat und nach dem Krieg bis 1927 bei einer Rohproduktenfirma als Prokurist tätig. Anschließend machte er sich selbständig.
Im gleichen Jahre heiratete er die nichtjüdische Lucie Schoof. Am 2. November 1928 kam ihr Sohn Gerhard Schiller zur Welt. Die Eheleute bewohnten seit 1927 eine Zweieinhalb-Zimmer-Wohnung am Braunschweiger Ring 69 (heute: Hoeppnerstraße 69). Dort wohnte die Familie bis 1936, als Juden abgesprochen wurde, in einer Neubauwohnung wohnen zu dürfen. Ebenfalls in

Von 1927 bis 1936 wohnte Georg Schiller in dem Haus Braunschweiger Ring 69 (heute Hoeppnerstraße 69), als Juden abgesprochen wurde, in einer Neubauwohnung wohnen zu dürfen

diesem Jahr ließen sich die Eheleute als Folge eines privaten Zerwürfnisses scheiden. Sie vertrugen sich aber bald wieder und waren seither eng mit sich und ihrem Sohn verbunden.

Nach der Wohnungskündigung zog Georg Schiller zu seiner Mutter Pauline Schiller, welche in Moabit als Meisterin eine langeingesessene Glaserei führte. Dieses Geschäft mit daranhängender Wohnung wurde bei der sogenannten ›Reichskristallnacht‹ 1938 zerstört. Georg Schiller zog danach mit seiner Mutter und seinem Sohn in eine Kochstube nach Wilmersdorf. In den frühen Morgenstunden des 1. März 1943 wurde seine Mutter aus diesem Zimmer ›abgeholt‹ und deportiert. Man hat nie wieder von ihr gehört.

Georg Schiller hatte sich seit 1933 nur noch beschränkt geschäftlich betätigen dürfen. Nach einem Umschulungskurs zu den für Juden zugelassenen Tätigkeiten des Tapezierers und Sattlers wurde er zu Zwangsarbeiten auf diesem Gebiet verpflichtet.

Nach der Deportation seiner Mutter im März 1943 lebten Vater und Sohn illegal bei seiner geschiedenen Frau Lucie Schiller in Potsdam. Im März 1944 wurde dann auch Georg Schiller bei einer Razzia in Wilmersdorf verhaftet und am 10. März 1944 mit dem 103. Alterstransport nach Theresienstadt deportiert. Bei seinem Sohn Gerhard meldete er sich noch bis Oktober 1944. Nachforschungen ergaben, daß er Anfang Oktober 1944 mit einem sogenannten Arbeitstransport nach Auschwitz gebracht wurde. Seitdem gibt es von ihm kein Lebenszeichen mehr. Er wurde für den 8. Mai 1945 für tot erklärt.

Sein Sohn Gerhard, der überleben konnte, wurde im Lager Zerbst (bei Dessau) als gerade Sech-

Georg Schiller (um 1934)

zehnjähriger zu schwersten Arbeiten bei Hungerrationen gezwungen. Am 13. April 1945 gelang ihm die Flucht. Bis zum Einmarsch der Sowjetarmee lebte er versteckt. Von 1946 an holte er sein Abitur nach und studierte. Er lebt heute in Berlin.

›Endlösung‹ in Auschwitz

Während die Deportationen in das Ghetto von Theresienstadt als einem Vorzeige-
ghetto den Eindruck erwecken sollten, es handele sich dort um ein großes Altersheim,
galten Konzentrationslager wie Majdanek und vor allem Auschwitz als Todeslager.
Der Nazi-Jargon ›Vernichtung durch Arbeit‹ bedeutete, daß die dort festgehaltenen
Menschen sich buchstäblich zu Tode arbeiten sollten. Der erste Berliner Transport
nach Auschwitz ging am 11. Juli 1942 ab. Dies war bereits der 17. Ost-Transport aus
Berlin. Die Transporte 1 bis 16 gingen zwischen dem 18. Oktober 1941 und dem
26. Juni 1942 nach Lodz, Minsk, Kowno, Riga und Twarnici im besetzten Polen und der
besetzten Sowjetunion. Bis zum Ende der Deportationen der Berliner Juden wurden
nach den Transportlisten der Geheimen Staatspolizei fast alle anschließenden Transporte nach Auschwitz geleitet. Hiervon waren auch viele Tempelhofer/innen betroffen.
Bevor sie aus ihren Wohnungen abgeholt wurden, war ihnen bereits fast alles verboten worden, was zum menschlichen Dasein gehört: Am 21. Dezember 1941 wurde
ihnen sogar verboten, öffentliche Telefonzellen zu benutzen.
Am 26. März 1942 wurde bekanntgegeben, daß jüdische Wohnungen mit einem gelben Davidstern gekennzeichnet werden mußten. Wenige Tage später wurde
angeordnet, daß auch keine öffentlichen Verkehrsmittel mehr benutzt werden durften
(24. 4. 1942) und kurze Zeit darauf wiederum (15. 5. 1942) wurde auch noch das Halten
von Haustieren untersagt. Im Juni 1942 mußten alle elektrischen und optischen
Geräte, Fahrräder, Schreibmaschinen und Schallplatten abgeliefert werden. Zum
1. Juli wurden alle jüdischen Schulen geschlossen. Anfang Dezember 1942 erfolgte
eine neue Massenverhaftung.
Die von der ›Abwanderung‹ in den Tod betroffenen jüdischen Menschen erhielten
Schreiben wie das folgende:

»JÜDISCHE KULTUSVEREINIGUNG ZU BERLIN EV.   Berlin N 4, den 18. 9. 42

Herrn/Frau/Fräulein
Transport-Nr.:
Betr.: Abwanderung
Ihre Abwanderung ins Protektorat ist für den Do. 24. 9. 42 behördlich angeordnet worden. Diese Anordnung gilt für Sie und Ihre Ehefrau, soweit Sie zur Abgabe der Ver-
mögenserklärung aufgefordert sind.
Das mitzunehmende Handgepäck setzt sich zusammen aus Reise- und Handgepäck.
Als Reisegepäck darf lediglich ein Coupekoffer und ein Rucksack, der höchstens von
der Hüfte bis zur Schulter reicht, mitgenommen werden. Da die Mitnahme des Reise-
gepäcks bei der Abholung aus Ihrer Wohnung nicht möglich ist, ist es am So. 20. 9. in
der Zeit von 9 bis 13 Uhr in der unterstrichenen Bezirksstelle der Kleiderkammer
abzuliefern:

  I. Mitte: Auguststraße 17
 II. Süden: Thielschufer 10-16
III. Norden: Eberswalder Straße 26
IV. Südwest: Münchener Straße 37
 V. Charlottenburg: Pestalozzistraße 14-15

Das Handgepäck darf nur aus einem Stück bestehen, enthaltend:
Nachtzeug, eine Decke, Eßgefäß, Löffel, Trinkbecher und Lebensmittel.
Das gesamte mitzunehmende Gepäck darf nicht mehr als 50 kg wiegen! Wer sich nicht an diese Bestimmungen hält, muß mit dem Verlust seines Gepäcks rechnen. Am Mo. 21. 9. ab 8 Uhr wird Ihre Wohnung durch einen Beamten versiegelt werden. Sie müssen sich zu diesem Zeitpunkt bereithalten. Wohnungs- und Zimmerschlüssel sind dem Beamten auszuhändigen. Sie selbst werden dann mit einem von uns bestellten Wagen nach der Sammelunterkunft Große Hamburger Straße 26 gebracht werden. Etwa vorhandene Sparkassenbücher und Banksparbücher etc., Wertpapiere, soweit sie nicht bei einem Bankunternehmen aufbewahrt werden, Hypothekenpfandbriefe, Bankbelege usw., kurz alle Hinweise, die über Ihr Vermögen Aufschluß geben, und etwa vorhandene Tresorschlüssel sind in einem festen unverschlossenen, aber verschließbaren Umschlag in der Sammelunterkunft Große Hamburger Straße 26 abzuliefern. Auf dem Umschlag sind Ihr Name, Ihre Anschrift sowie Transport-Nummer genau anzugeben.
Für die Verpflegung in der Sammelunterkunft und während der Bahnfahrt wird von uns gesorgt werden. Jedoch sollen die im Haushalt befindlichen Lebensmittel, insbesondere Abendbrotstullen, im Handgepäck mitgebracht werden.
In der Sammelunterkunft und während der Bahnfahrt stehen Krankenbehandler und Pflegepersonal zur Verfügung. Eine Verabreichung etwa erforderlicher Medikamente findet ausschließlich durch das Sanitätspersonal statt. Absendung schriftlicher oder mündlicher Benachrichtigungen sowie die Erteilung von Aufträgen an die Helfer des Durchgangsheimes sind verboten. In der Anlage ist ein Merkblatt beigefügt, das alle zu beachtenden Anweisungen enthält. Wir bitten Sie herzlich, diese Anweisungen genauestens zu beachten und die Transportvorbereitungen in Ruhe und Besonnenheit zu treffen.
Unsere von der Abwanderung betroffenen Mitglieder müssen sich bewußt sein daß sie durch ihr persönliches Verhalten und die ordnungsgemäße Erfüllung aller Anweisungen zur reibungslosen Abwicklung des Transports beitragen können. Es ist selbstverständlich, daß wir, soweit dies zugelassen ist, alles tun werden, um unseren Gemeindemitgliedern beizustehen und ihnen jede mögliche Hilfe zu leisten.

Jüdische Kultusvereinigung zu Berlin e. V.
Der Vorstand«

(zitiert nach Scheffler 1964, S. 79) Von den Transporten in die Vernichtungslager waren auch viele Tempelhofer und Tempelhoferinnen betroffen:

Richard Davidsohn

Geburtsdatum: 6. März 1873
Mariendorf, Königstraße 29
Todesdatum: (8. Mai 1945)

Der am 6. März 1873 in Preußisch Stargard geborene Richard Davidsohn war seit dem 4. Oktober 1925 mit Gerti Davidsohn, geborene Tann (siehe dort), verheiratet. Sie hatten zusammen drei Kinder. Martin Davidsohn, geboren 1903, kam 1929 bei einem Unfall ums Leben. Die Söhne Helmut (geboren 1907) und Egon (geboren 1910) wanderten nach Südafrika aus. Helmut Davidsohn starb dort 1944, während Egon Davidsohn als einziger Überlebender der Familie heute in Port Elisabeth wohnt.

Richard Davidsohn war als Bekleidungskaufmann zunächst Angestellter, bevor er ein Zehlendorfer Geschäft übernahm, um sich selbständig zu machen. Von 1929 bis 1938 bewohnte die Familie Davidsohn eine Drei- bis Vierzimmerwohnung in der Königstraße 29. Im gleichen Hause befand sich auch ein neues, gemeinsam mit der Ehefrau betriebenes Unternehmen, ein Volksbekleidungsgeschäft. Es handelte sich um einen Laden mit zwei Schaufenstern, deren Front und Eingang sich in der Chausseestraße (heute Mariendorfer Damm) befanden, so daß als Anschrift Chausseestraße 32 galt. Der Familienbetrieb befand sich in guter Lage, so daß mehrere Angestellte beschäfigt werden konnten.

Ungefähr 1934 wurde die Familie gezwungen, in eine kleinere Wohnung in die Kurfürstenstraße 65 umzuziehen. Das Geschäft konnte auch noch nach dem ›Judenboykott‹ 1933 aufrechterhalten bleiben. Trotz der Beschränkung der Erwerbstätigkeit aufgrund der ›Nürnberger Gesetze‹ bestand es nach den vorliegenden Informationen offensichtlich bis Anfang der 40er Jahre, mußte dann aber aufgegeben werden. Das Warenlager und die Außenstände gingen verloren. Zusätzlich zu der Einschränkung seiner Erwerbstätigkeit mußte Herr Davidsohn wie alle anderen Juden auch seit dem 19. September 1941 den ›Judenstern‹ tragen.

Inzwischen waren die beiden Söhne nach Südafrika ausgewandert.

Richard Davidsohn wurde am 19. Januar 1942 zusammen mit seiner Frau und 577 weiteren Jüdinnen und Juden mit dem 9. Ost-Transport nach Riga deportiert. Beide gelten seitdem als verschollen und wurden mit dem Datum 8. Mai 1945 für tot erklärt.

Gerti Davidsohn, geborene Tann

Geburtsdatum: 7. Juni 1885
Mariendorf, Königstraße 29
Todesdatum: (8. Mai 1945)

Die am 7. Juni 1885 in Berlin geborene Gerti Tann heiratete Richard Davidsohn (siehe dort). Sie hatten drei Söhne: Der am 10. November 1903 geborene Martin Davidsohn wurde Bankbeamter. Er starb am 13. September 1929 bei einem Eisenbahnunfall. 1907 kam Helmut Davidsohn zur Welt. Er wanderte nach Südafrika aus, wo er am 23. Januar 1944 an Entkräftung starb. Am 29. September 1910 wurde der dritte Sohn Egon geboren, der als einziges Familienmitglied überlebte. Er lebt in Port Elisabeth in Südafrika.

Gemeinsam mit ihrem Mann betrieb Gerti Davidson ein Volksbekleidungsgeschäft in Mariendorfs bester Lage, in der Chausseestraße 32 Ecke Königstraße 29. (Die Chausseestraße wurde 1949 in Mariendorfer Damm umbenannt.)

Am 19. Januar 1942 wurde Gerti Davidsohn gemeinsam mit ihrem Ehemann Richard mit dem 9. Ost-Transport nach Riga deportiert. Seitdem gibt es kein Lebenszeichen mehr von ihr, so daß sie für den 8. Mai 1945 für tot erklärt wurde.

Lilly Lewandowski

Geburtsdatum: 25. Dezember 1889
Tempelhof, Berliner Straße 33 b
Todesdatum: (8. Mai 1945)

Lilly Lewandowski wurde am 25. Dezember 1889 in Santomischl in der damaligen Provinz Posen geboren. Ihr Vater war der Kantor Max Lewandowski. Er starb am 20. Oktober 1920 in Posen. Die Mutter Marie Lewandowski, geborene Silberstein, starb am 5. Dezember 1939 in Berlin und wurde auf dem Jüdischen Friedhof in Weißensee begraben.

Bis zum 12. Lebensjahr besuchte Lilly Lewandowski eine Volksschule und anschließend das Knethesche Lyceum in Posen. Nach der Handelsschule wurde sie bei einer Posener Getreidefirma eingestellt, wo sie sich zur Prokuristin emporarbeitete. Nachdem als Folge des ersten Weltkrieges Posen an Polen fiel, übersiedelte sie mit der Getreidefirma Georg Bernhardt nach Berlin. Als deren Eigentümer starb und die Firma aufgelöst wurde, war sie kurze Zeit in der Getreidefirma Hugo Mettek & Co. tätig, bevor sie bei Sigismund Marcus eintrat, wo sie wieder Prokura erhielt. Auch diese Firma wurde nach dem Tode des Chefs aufgelöst. Frau Lewandowski ging als Einkäuferin zu Butter-Nordstern, bevor sie sich 1931 als Handelsvertreterin in der Lebensmittelbranche selbständig machte.

Nach dem ,Judenboykott‹ im April 1933 und den daran anschließenden zunehmenden Behinderungen ihrer beruflichen Tätigkeit ging das Geschäft mehr und mehr zurück. Nach dem Pogrom am 9. November 1938 gab sie es ganz auf.

In dem Haus Berliner Straße 33 b (heute: Tempelhofer Damm 84) lebte Lilly Lewandowski mit ihrer Mutter

Lilly Lewandowski wohnte zusammen mit ihrer Mutter in Tempelhof, Berliner Straße 33 b (heute Tempelhofer Damm 84). Aus Rücksicht auf die hochbetagte Marie Lewandowski versuchte sie nicht auszuwandern. Als die Mutter im Dezember 1939 starb, hatte sich eine mögliche Auswanderung nach Palästina wegen des Krieges zerschlagen. Bis zu ihrer Deportation blieb Lilly Lewandowski in ihrer alten Wohnung.

Am 28. März 1942 wurde sie mit dem 11. Ost-Transport in das Konzentrationslager Twarnici bei Lublin deportiert. Seitdem ist sie verschollen. Offiziell wurde sie für den 8. Mai 1945 für tot erklärt.

Ihr am 21. November 1886 geborener Bruder Hugo Lewandowski überlebte die nationalsozialistische Zeit ebenfalls nicht. Er wurde am 15. Januar 1943 im KZ Mauthausen ermordet. Nur ihre Schwester Irma Simon, geborene Lewandowski, die am 10. April 1894 in Santomischl geboren wurde, konnte überleben. Sie war rechtzeitig nach Palästina ausgewandert.

Erich Cohn

Geburtsdatum: 29. März 1879
Tempelhof, Manfred-von-Richthofen-Straße 79
Todesdatum: 15. Dezember 1942

Der am 29. März 1879 in Landsberg an der Warthe geborene Erich Cohn stammte aus einer alt eingesessenen Familie und besuchte in seiner Geburtsstadt das Gymnasium. Nach beendeter Schulzeit absolvierte er in Hamburg eine kaufmännische Lehre und anschließend in Lausitz eine Fachschule für Weberei und Textilien. Um 1900 trat er in das Großhandelsgeschäft seines Vaters ein, welches er später gemeinsam mit seinem Bruder Arthur Cohn übernahm. Bei der

Erich Cohn

›Arisierung‹ mußte das Landsberger Geschäft für ein ›Butterbrot‹ veräußert werden. Während des ersten Weltkrieges war er aktiver Soldat und wurde mit dem Eisernen Kreuz ausgezeichnet. Der 1919 geborene Sohn Harry starb bereits 1929. Nachdem seine am 11. Juni 1914 geborene Tochter Anne bereits 1935 nach Palästina ausgewandert war, mußte Erich Cohn seine Auswanderungsabsichten dort hin wegen des Krieges aufgeben. Im Jahre 1941 übersiedelte er mit seiner Frau Hertha Cohn (siehe dort) nach Berlin-Tempelhof, wo er in der Manfred-von-Richthofen-Straße 79 wohnte. Sie mußten dort zur Untermiete leben, was auf eine ›Judenwohnung‹ schließen läßt. Ihre Vermieterin Martha Karpe wurde im Oktober 1942 im Alter von 69 Jahren nach Theresienstadt deportiert und dort am 9. Januar 1943 ermordet.

Am 9. Dezember 1942 wurde Erich Cohn zusammen mit seiner Frau mit dem 24. Ost-Transport nach Auschwitz deportiert. Seitdem ist von dem damals 63jährigen Mann kein Lebenszeichen mehr vorhanden. Als das Datum seines Todes wurde der 15. Dezember 1942 – eine Woche nach der Deportation – festgesetzt.

Die Tochter Anne Schönblum, geborene Cohn, lebt heute in Haifa.

In dem Haus Manfred-von-Richthofen-Straße 79 lebten Erich und Hertha Cohn bis zu ihrer Deportation 1942

Hertha Cohn, geborene Toller

Geburtsdatum: 8. November 1889
Tempelhof, Manfred-von-Richthofen-Straße 79
Todesdatum: 15. Dezember 1942

Hertha Toller kam am 8. November 1889 in Samotschin in der Provinz Posen zur Welt. Sie war mit dem in Landsberg an der Warthe als Kaufmann tätigen Erich Cohn (siehe dort) verheiratet. Der Ehe enstammten zwei Kinder. Der 1919 geborene Sohn Harry starb 1929. 1914 wurde in Landsberg ihre Tochter Anne geboren. Sie zog schon 1931 nach Berlin. 1935 emigrierte die Tochter im Rahmen der Jugendalijah – wie die jüdische Auswanderungsorganisation genannt wurde – nach Palästina, was ihr als einziges Familienmitglied das Leben rettete.

Als Schwester des bekannten sozialistischen Dichters und Schriftstellers Ernst Toller war Hertha Cohn der nationalsozialistischen Verfolgung besonders ausgesetzt. 1941 übersiedelte Hertha Cohn gemeinsam mit ihrem Mann Erich nach Berlin. Beide wohnten in der Manfred-von-Richthofen-Straße 79 bei Martha Karpe zur Untermiete, bis sie am 9. Dezember 1942 mit dem 24. Ost-

Hertha Cohn

Transport nach Auschwitz deportiert wurden. Es muß angenommen werden, daß sie wenige Tage nach der Ankunft in dem Todeslager ermordet wurde. Sie ist – ebenso wie ihr Mann Erich Cohn – für den 15. Dezember 1942 für tot erklärt worden.

Horst Fenichel

Geburtsdatum: 15. April 1918
Tempelhof, Boelckestraße 107
Todesdatum: Verschollen

Der am 15. April 1918 in Berlin geborene Horst Fenichel besuchte in Neu-Tempelhof die Volks-schule und das Gymnasium. Er konnte dieses aber wegen der Judenverfolgung nicht bis zum Abi-tur besuchen. Nach einer kurzen beruflichen Ausbildung in der Schweiz trat er als Fourniturist – Spezialist für Uhren-Ersatzteile – in das Geschäft seines Vaters Leon Fenichel (1885–1941) ein. Leon Fenichel betrieb seit 1909 in Berlin einen Groß- und Exporthandel mit Uhren, Fournituren und Schmuck. Ursprünglich befanden sich die Geschäftsräume in der Lützowstraße 15. Bis 1938 war der Sitz der Leon Fenichel G.m.b.H. am Spittelmarkt, in Berlin C 2, Niederwallstraße 25.

In der Boelckestraße 107 lebte die Familie Fenickel bis zu ihrer Deportation im Dezember 1942.

Leon Fenichel war seit 1913 mit Else Fenichel, geborene Adolph (1891–1938), verheiratet. Neben Horst Fenichel entstammt dieser Ehe die am 23. Februar 1914 geborene Schwester Ingeborg Petranker, geborene Fenichel. In dem Familienunternehmen arbeitete sie wie auch ihr Mann Baruch Petranker mit. Dieser übernahm 1937 die Geschäftsführung. Zu den etwa zehn Angestell-ten gehörte auch Ilse Herschkowitz, die als Sekretärin tätig war. Sie wurde später die Ehefrau von Horst Fenichel.
Der Ehe von Horst und Ilse Fenichel (siehe dort) entstammen ein Sohn und eine Tochter. 1940 wurde Joel Fenichel (siehe dort) und ein Jahr später Judis Fenichel (siehe dort) geboren. Die Fami-lie wohnte in einem Einfamilienhaus in Tempelhof, Boelckestraße 107.

Erst infolge des ›Judenboykotts‹ von 1933 und verstärkt nach dem Novemberpogrom 1938 sank der Umsatz der Leon Fenichel G.m.b.H. Horst Fenichel, der 1939 als Gesellschafter für seine verstorbene Mutter in die Firma eingetreten war, konnte nur noch mit seinem Vater die Liquidierung abwickeln, die ihnen wegen der ›Arisierung‹ aufgezwungen wurde. Veranlaßt wurde dies von der Wirtschaftsgruppe für Außenhandel und der Deutschen Arbeitsfront, die großes Interesse an dem gutgehenden Unternehmen hatten.

Die 1940 erzwungene Liquidation der Gesellschaft mußte nach der Aufgabe des Geschäftssitzes im Berliner Zentrum im Wohnhaus der Fenichels in der Boelckestraße abgewickelt werden. Aus Aufregung und Gram über den Verlust seines Unternehmens starb der kranke Vater Leon Fenichel am 8. März 1941. Er wurde am 12. März auf dem Friedhof der Jüdischen Gemeinde in Weißensee beigesetzt.

Zu diesem Zeitpunkt befanden sich die Schwester von Horst Fenichel und sein Schwager nicht mehr in Deutschland. Sie waren vor der Liquidation in das damals japanisch besetzte China ausgewandert. Ingeborg und Baruch Petranker lebten mit Kind bis 1945 im Ghetto von Shanghai, bevor sie in die USA zogen, wo sie noch heute leben.

Es war Ingeborg Petranker gelungen, eine Aufenthaltserlaubnis für ihren Bruder Horst zu besorgen. Da dieser aber in der Zwischenzeit geheiratet hatte und zweifacher Vater geworden war, mußte er in Berlin bleiben.

Am 14. Dezember 1942 wurde Horst Fenichel mit seiner Familie mit dem 25. Ost-Transport nach Auschwitz deportiert. Über den weiteren Leidensweg ist nichts bekannt. Nach den Unterlagen des Internationalen Suchdienstes ist Horst Fenichel Ende Januar 1943 in Riga ermordet worden.

Ilse Fenichel, geborene Herschkowitz

Geburtsdatum: 15. Februar 1919
Tempelhof, Boelckestraße 107
Todesdatum: Verschollen

Die am 15. Februar 1919 in Prerau geborene Ilse Herschkowitz arbeitete als Sekretärin bei der Firma Leon Fenichel G.m.b.H. Sie heiratete den Sohn des Firmengründers, Horst Fenichel, und hatte mit ihm zwei Kinder.

Am 13. März 1940 wurde in Berlin ihr Sohn Joel geboren, dem am 1. August 1941 ebenfalls in Berlin die Tochter Judis folgte. Die Familie wohnte in der Boelckestraße 107.

Am 14. Dezember 1942 wurde Ilse Fenichel zusammen mit ihrem Mann und ihren Kindern deportiert. Der 25. Ost-Transport ging nach den offiziellen Deportationslisten nach Auschwitz. Der Tod von Ilse Fenichel ist nach den vorliegenden Informationen für Ende Januar 1943 in Riga festgestellt worden.

Joel Fenichel

Geburtsdatum: 13. März 1940
Tempelhof, Boelckestraße 107
Todesdatum: Verschollen

Joel Fenichel wurde am 13. März 1940 in Berlin als Sohn von Horst und Ilse Fenichel (siehe dort) geboren. Im Alter von zweieinhalb Jahren wurde er mit seinen Eltern und seiner jüngeren Schwester Judis mit dem 25. Ost-Transport nach Auschwitz deportiert und ist nach den Informationen des Internationalen Suchdienstes Ende Januar 1943 in Riga getötet worden. Er wurde wahrscheinlich zusammen mit den Eltern und seiner Schwester ermordet.

Judis Fenichel

Geburtsdatum: 1. August 1941
Tempelhof, Boelckestraße 107
Todesdatum: Verschollen

Die am 1. August 1941 in Berlin als Tochter von Horst und Ilse Fenichel (siehe dort) geborene Judis Fenichel wurde als Kleinkind mit ihren Eltern und ihrem Bruder Joel (siehe dort) mit dem 25. Ost-Transport nach Auschwitz deportiert. Sie ist wahrscheinlich zusammen mit ihren Eltern und dem Bruder im Januar 1943 in Riga umgebracht worden.

Berlin wird ›judenfrei‹ erklärt

Regelmäßig rollten die Eisenbahnwaggons nach Theresienstadt und Auschwitz, nach Riga und Lodz und in viele andere Orte im Osten, bis Berlin am 19. Mai 1943 für ›judenfrei‹ erklärt wurde. Bis zu diesem Zeitpunkt waren auch – soweit bisher bekannt – die letzten jüdischen Bürger und Bürgerinnen aus Tempelhof deportiert worden. Zu hnen gehörte eine Familie, deren überlebende Angehörige sich leider vor kurzem entschließen mußte, ihre Einwilligung zur Veröffentlichung der Lebensgeschichte ihrer von den Nazis ermordeten Familienangehörigen zurückzuziehen. Die Aufarbeitung der Vergangenheit hatte bei ihr zu einer schweren Krankheit geführt, so daß sie von ihrer ursprünglichen Zusage zurücktrat. Hier wird die Tragik deutlich, welche noch heute bei den Überlebenden zu schwerwiegenden Folgen führen kann. Aus diesem Grunde wird im folgenden nur anonym auf die Geschichte dieser Familie eingegangen.
Der 1881 in Pommern geborene jüdische Mann war seit 1908 mit einer aus der Provinz Posen stammenden Jüdin verheiratet. Von 1912 an wohnten die Eheleute in Tempelhof. Sie hatten mehrere Töchter. Nur eine von ihnen überlebte, weil sie 1939 – ein halbes Jahr vor dem Kriegsanfang – nach England auswandern konnte. Nach dem Novemberpogrom 1938 wurde der Familienvater völlig aus seinem Erwerbsbereich verdrängt und mußte Zwangsarbeit leisten. Vor der Deportation sind erhebliche Sum-

men für die Judenvermögensabgabe gezahlt worden. Die wertvolle Wohnungseinrichtung mußte zurückgelassen werden. 1943 wurde das Ehepaar zusammen mit einer bei ihnen lebenden Tochter nach Auschwitz deportiert. Seitdem sind alle verschollen.

Die Juden, die in kriegswirtschaftlich wichtigen Fabriken arbeiteten, waren bis Ende 1942 von den Deportationen ausgenommen. Anfang 1943 wurde auf sie als Arbeitskräfte verzichtet, und sie wurden für den Abtransport in die Vernichtungslager freigegeben. »Während frühere Deportationen meist auf Grund von Namenslisten und nach vorheriger Mitteilung an die Betroffenen erfolgten, fand die große Aktion, die am 27. Februar begann und unter dem Namen ›Fabrik-Aktion‹ bekannt geworden ist, ohne vorherige Mitteilung statt. Die Menschen wurden aus den Fabriken herausgeholt und sofort in die Sammellager gebracht.« (Ball-Kaduri 1973, S. 208)

Berlin war im Mai 1943 nicht ›judenfrei‹ in dem Sinne, daß keine jüdische Person mehr in der Stadt weilte. Bis in das Frühjahr 1945 verließen kleine Transporte Berlin, der letzte am 27. März 1945 mit 19 Personen nach Theresienstadt. Insgesamt wurden 50 535 jüdische Menschen zwischen 1933 und 1945 aus Berlin deportiert.

Mit dem Eingehen auf einzelne Schicksale von verfolgten Juden und Jüdinnen aus Tempelhof sollte gezeigt werden, daß die unvorstellbare Zahl von Millionen Ermordeter keine anonyme Masse ist, sondern sich aus einer Vielzahl von individuellen Lebensgeschichten zusammensetzt. Von diesen wurden – sozusagen stellvertretend – einige Leidensgeschichten dokumentiert. Diese Opfer sollen ebensowenig vergessen werden wie die vielen unbekannten Toten.

Zur jüdischen Einstellung zum Tod und zur Bestattung der Toten gehört, daß die Familienmitglieder beisammen beerdigt werden. Eine weitere Tradition besagt, daß die jüdischen Grabmäler für ewige Zeiten den in ihnen bestatteten Toten gehören und nicht angetastet werden dürfen. Das Judentum gebietet es, immer den ganzen Leichnam zu bestatten, eine Einäscherung ist verboten, und auch eine Autopsie ist im allgemeinen nicht erlaubt. Für die überlebenden Angehörigen ist es unvergleichlich schmerzlich, Toter zu gedenken, die keine Grabstätte haben und deren Todesdatum oft ungewiß ist. Die ermordeten Tempelhofer Juden und Jüdinnen haben keinen Grabstein, der an sie erinnert und an dem ihrer gedacht werden kann.

Auch nach einem halben Jahrhundert gehört die Erinnerung an das dunkelste Kapitel der deutschen Geschichte zu den noch immer nicht bewältigten Aufgaben. »Nur wenn die Bereitschaft vorhanden ist, sich mit dieser Vergangenheit auseinanderzusetzen, besteht die Hoffnung, das moralische Ansehen unseres Volkes, nicht nur in der Welt, sondern vor allem auch vor uns selbst wieder herzustellen.« (Scheffler 1964, S. 5)

Untergetaucht und versteckt

Vereinzelt gab es auch in Tempelhof Menschen, die den verfolgten Juden und Jüdinnen geholfen haben, wie der frühere Kohlenträger Willi F. aus Marienfelde: »Ich arbeitete im Jahr 1940 bei dem Kohlenhändler R., Chausseestraße (Mariendorf). Ich hatte den Kunden Kohlen zu bringen. R. war ein Erznazi und ein Ausbeuter obendrein. Stets hatten wir beide kleine Zusammenstöße.

Die Nazis richteten bis zur ›Endlösung‹, d. h. der Vernichtung der Juden, sogenannte

Judenwohnungen ein. Sie waren mit einem großen gelben Stern gekennzeichnet. Mehrere Familien mußten dort auf engstem Raum zusammen wohnen. In der Markgrafenstraße (Mariendorf) war eine solche Wohnung. Das Kohlengeschäft meines Chefs war ganz in der Nähe. Hin und wieder lud ich auf eigene Rechnung einen Kasten Kohlen bei den Juden ab. Sie hatten weder Geld noch die Erlaubnis, Kohlen zu kaufen. Eines Tages sagte mein Boß: ›Det will ick dir sagen, die Lieferung an die Juden hört uff!‹ Ich antwortete: ›Du hast immer dein Geld jekriegt! Wat ich mit meine Kohlen mach, is' meine Sache!‹« (Ackermann/Szepansky, S. 23) Viele so couragierte Men-

In ihrer Wohnung im Hause Berliner Straße 24 a (heute Tempelhofer Damm 56) versteckte Elisabeth Abegg in der Nazi-Zeit zahlreiche Juden und Jüdinnen.

schen gab es in Tempelhof, Mariendorf, Marienfelde und Lichtenrade sicherlich nicht. Wieviele Jüdinnen und Juden aus Tempelhof untertauchen und überleben konnten, ist unbekannt. »Das illegale Leben in Berlin war außerordentlich schwer, nicht nur wegen der Beschaffung von Lebensmitteln, sondern namentlich wegen der Übernachtungen.« (Ball-Kaduri 1973, S. 237) Viele dieser Untergetauchten – als J-Boote bezeichnet – wurden gefaßt und deportiert. Um die illegal Lebenden zu finden, wurden ›Greifer‹ und ›Spitzel‹ eingesetzt. »Sie standen im Dienste der Gestapo und versuchten, mit Menschen auf der Straße ins Gespräch zu kommen, die sie für illegal lebende Juden hielten, zeigten sich selbst als Juden, so daß mit ihnen offen gesprochen wurde, und teilten dann alles, was sie erfahren hatten, der Gestapo mit.« (Ball-Kaduri 1973, S. 234) Aber trotz der ständigen Bedrohungen gelang es vereinzelt, jüdische Menschen zu verstecken und ihnen zur Flucht zu verhelfen.

Die nach einem Buch von Kurt R. Grossmann ›Die unbesungenen Helden‹ als solche bezeichneten hilfsbereiten Menschen gab es auch in Tempelhof. Etwa zehn von ihnen wurden bisher öffentlich geehrt.

Zu den Unterschlupfmöglichkeiten gehörte die Wohnung der am 3. März 1882 geborenen Dr. Elisabeth Abegg in der Berliner Straße 24 a, heute Tempelhofer Damm 56. Sie war als Studienrätin an einer Tempelhofer Schule tätig, bis sie erst versetzt und dann entlassen wurde. In ihrer Dreieinhalb-Zimmer-Wohnung lebte sie mit ihrer Schwester Julie Abegg und der hochbetagten bettlägerigen Mutter. In dem Haus sollen ein Amtswalter der NSDAP, zwei Frauen der Nationalsozialistischen Ortsgruppe und weitere Parteigenossen gewohnt haben, von denen sie wegen Nichtflaggens der Hakenkreuzfahne verwarnt wurde. Zwischen 1943 und 1945 gelang es den Schwestern Abegg, viele untergetauchte Jüdinnen und Juden in ihrer Wohnung zu verstecken, ihnen andere illegale Quartiere zu beschaffen und sie mit Lebensmitteln bzw. Lebensmittelkarten, Kleidung und vor allem Trost zu versorgen. Dr. Elisabeth Abegg wurde 1957 mit dem Bundesverdienstkreuz ausgezeichnet. Ebenso wertvoll war ihr sicherlich die Festschrift, die ihr am 3. März 1957 zum 75. Geburtstag von ihrem Freundeskreis, dem sie das Leben gerettet hatte, überreicht wurde. Die Broschüre enthält zahlreiche Berichte von Menschen, denen sie geholfen hatte. Zu den Geretteten gehörten auch drei jüdische Kinder im Alter von fünf, sieben und zehn Jahren, wie die ehemalige Leiterin der Kindertagesstätte der Jüdischen Gemeinde (1934 bis 1942) berichtet: »Wieviel gefahrvoller war es, ›getauchte Kinder‹ unterzubringen als Erwachsene! Kinder, denen man das Lügen beibringen mußte, und in einem Alter, wo sie eigentlich Wahrheit und Lüge noch nicht unterscheiden konnten. Ständig lebte man in der Angst, daß unsere Kinder sich ausfragen ließen und aus Furcht oder Unwissenheit uns alle gefährdeten. Die Kinder mußten einen falschen Namen und ein anderes Geburtsdatum lernen. Sie mußten sich Geschichten über nie gehabte Krankheiten merken, weil sie nirgends in die Schule gehen durften und zeitweise keine Milchkarten hatten, was sehr verdächtig war.« (Lieselotte Pereles, in: Freundeskreis 1957, S. 8) Dr. Elisabeth Abegg, die Mitglied der religiösen Gesellschaft der Freunde (Quäker) war, trat mit ihrer Schwester Julie 1945 in die sozialdemokratische Partei ein und arbeitete bis zu ihrer Pensionierung wieder im Schuldienst.

Zwangsarbeit in Tempelhof

Auch im Verwaltungsbezirk Tempelhof wurden in den Kriegsjahren viele Männer und Frauen unter oft unmenschlichen Bedingungen gezwungen, Zwangsarbeit zu leisten. Neben den Außenlagern des KZ Sachsenhausen und verschiedenen Lagertypen für ausländische zivile Zwangsarbeitskräfte und Kriegsgefangene ist hier auch an die seit 1941 bestehende Dienstverpflichtung der in Berlin verbliebenen jüdischen Bevölkerung zu erinnern. Dieser Bereich ist bis heute weitgehend unerforscht und kann auch hier nicht befriedigend behandelt werden. Möglicherweise müssen einige Angaben über die Zwangsarbeit später aufgrund von weitergehenden Forschungsarbeiten revidiert werden. Viele Informationen hierüber, wie allgemein über das ›Dritte Reich‹, beruhen auf – manchmal zufälligen – Funden in Archiven sowie auf Erinnerungen von überlebenden Häftlingen. Nur vereinzelt stammen Informationen aus der Bevölkerung. Von daher sind Irrtümer und Mißverständnisse möglich. Alle Menschen, die genauere Kenntnisse haben, sind aufgefordert, zur Verbesserung der Informationslage beizutragen.

KZ-Außenlager

Im Gegensatz zu den oft kleinen Gruppen von jüdischen Frauen und Männern, die zwangsverpflichtet in verschiedenen Betrieben tätig waren, sind die Außenlager des Konzentrationslagers Sachsenhausen in Berlin und auch in Tempelhof nicht zu übersehen gewesen.

Das seit 1936 zur Unterbringung der wachsenden Zahl von Häftlingen bestehende Konzentrationslager Sachsenhausen im Norden von Berlin – etwa 30 km entfernt – gehörte mit Dachau (bei München), Neuengamme (bei Hamburg) und Buchenwald (bei Weimar) zu den großen Stamm-Konzentrationslagern des ›Dritten Reiches‹. Es wurden – nicht nur in Berlin – größere Außenlager und kleinere Außenkommandos errichtet, vor allem um die zur Arbeit gezwungenen Häftlinge möglichst nah an die Arbeitsplätze zu holen. »Aus den Unterlagen im Archiv der Mahn-und Gedenkstätte Sachsenhausen in der DDR geht hervor, daß dieses KZ über ca. 100 Außenlager bzw. kleinere Außenkommandos verfügte, die sich fast über das gesamte Reichsgebiet bzw. die besetzten Länder verteilten, ihre Standorte reichten von Kiev im Osten bis Paderborn im Westen und Landshut im Süden!« (Venske 1984, S. 187) Während es in den ersten Kriegsjahren zunächst nur Außenkommandos gab, die als kleine Gruppen von Häftlingen täglich vom Stammlager zu den Einsatzorten hin und zurück befördert wurden, sind diese Kommandos später fest installiert worden. Als die Gruppen so angewachsen waren, daß der tägliche Transport nicht mehr als sinnvoll angesehen wurde, plante man seit 1942 die Errichtung von Außenlagern. Das erste Außenlager des KZ Sachsenhausen in Berlin befand sich seit dem Sommer 1942 in der Wismarer Straße Ecke Ortlerweg in Lichterfelde. Möglicherweise bestand dieses Lager schon früher, »von Januar 1941 bis November 1944« (Seeger/Zimmermann 1985, S. 76). Relativ sicher kann angenommen werden, wann das erste Außenlager von Sachsenhausen im Verwaltungsbezirk Tempelhof entstand: in Marienfelde befand sich vom Sommer 1943 bis zur Zerstörung durch einen Luftangriff im August 1944 ein solches

Lager. Es lag an der ehemaligen Straße 473 (heute Nahmitzer Damm), bis es wegen der Zerstörung nach Lichtenrade verlegt wurde. Die Geschichte dieses Lagers wurde von Mitgliedern der Geschichtswerkstatt Lichtenrade erforscht: »Im August 1943 traf ein erster Transport mit ca. 150 Häftlingen (...) im ehemaligen Zwangsarbeiterlager des Telefunken-Konzerns in Marienfelde ein. Wenig später erfolgte die Ankunft weiterer 400-500 Häftlinge aus Majdanek.« (Dieses und die folgenden Zitate stammen, soweit nicht anders angegeben, aus: VVN 1985, S. 77f.) Die Lagerinsassen mußten meistens kriegsbezogene Arbeiten verrichten. »Die Arbeit der Häftlinge, die in verschiedenen Kommandos zusammengefaßt waren, bestand im Bau von Feuerlöschern, Aufräumungs- und Enttrümmerungsarbeiten nach Bombenangriffen, der Beseitigung von nichtexplodierten Fliegerbomben (›Himmelfahrtskommandos‹), sowie aus Fabrikeinsätzen (...) Verwaltungsmäßig unterstand das Lager Marienfelde bis zum Frühjahr 1944 dem Außenlager Lichterfelde. Für die Verpflegung der Häftlinge war die Stadtverwaltung Berlin (Lagerführer der Stadt Berlin war Wrawonowitz) verantwortlich.« Die Bewachung des Lagers erfolgte durch das Personal des Polizeibataillons Berlin-Spandau.

Da die Häftlinge teilweise zu Straßenarbeiten herangezogen wurden, war Außenkontakt zur Zivilbevölkerung möglich. Das heißt jedoch nicht, daß die Häftlinge hier ein leichtes Leben hatten. Sehr viele der ohnehin durch Hunger und Schwerstarbeit in einem katastrophalen körperlichen Zustand befindlichen Häftlinge starben infolge der Mißhandlungen der SS, obwohl die Bestrafung wegen angeblicher Vergehen meist im Stammlager Sachsenhausen vollzogen wurde. So waren zum Beispiel im Herbst 1943 zwei polnische Häftlinge aus dem Kommando entflohen. Die SS fing sie aber wieder ein, und beide starben in Sachsenhausen durch den Henker. Viele Häftlinge kamen aber auch in die Strafkompanie und wurden dort zu Tode gequält.

Weitere Häftlinge wurden durch die SS ermordet, indem man sie mit 25 Stock-oder Peitschenhieben bestrafte und sie anschließend für mehrere Wochen in Dunkelarrest sperren und hungern ließ ... Um die Häftlinge von Fluchtgedanken abzuschrecken, wurden entflohene und wieder eingefangene Häftlinge vor den Augen aller Lagerinsassen gehängt.«

Als das Außenlager in Marienfelde bei einem Fliegerangriff zerstört wurde, brannten die Baracken aus. Weil sich die Häftlinge vor den Bomben schützen wollten, richtete die Wachmannschaft ein Blutbad an, über das der ehemalige Häftling Henryk Ciermachewski später berichtete: »Am 21. bzw. 22. August 1943 wurde während eines Luftangriffs durch englische Flugzeuge auf Berlin unser Nebenlager stark bombardiert. Durch die Bombenabwürfe standen die Lagergebäude in Flammen. Da die auf dem Gelände des Nebenlagers ausgeschachteten Gräben, die als Schutz gegen Luftangriffe dienen sollten, die Gefangenen nicht genügend schützten, drängten sie in der Panik zum Lagertor, um Schutz außerhalb des Lagerterrains zu suchen. Die Belegschaft des Nebenlagers (gemeint ist die Wachmannschaft, EA) hatte ihre Luftschutzunterstände außerhalb des Geländes des Nebenlagers in der Nähe der Zäune. Während dieses Luftangriffs hielten sich die Mitglieder dieser Belegschaft in diesen Luftschutzbunkern auf. In dem Moment, als sich die Gefangenen zum Lagertor drängten, begannen die Belegschaftsmitglieder des Nebenlagers aus den Luftschutzunterständen, in denen sie sich befanden, in Richtung der Gefangenen zu schießen. Während dieses Luftangriffs kamen ungefähr 36 Gefangene ums Leben, wobei meiner Meinung nach die Mehrheit dieser Gefangenen – über 20 Personen – an den Folgen der Schüsse durch die Belegschaftsmitglieder des Nebenlagers gestorben sind.‹ (in: Ackermann 1984, S. 19 f.)

Nach der Zerstörung des Marienfelder Lagers durch einen Luftangriff im August 1944 wurde das ursprünglich für ein Zwangsarbeiterlager (dazu später mehr) vorgesehene Gelände am heutigen Bornhagenweg – damals befand sich das Gelände zwischen Bayerischer und Würzburger Straße – mit den überlebenden KZ-Insassen belegt. Im Frühjahr 1945 wurden die Häftlinge des Außenlagers Lichtenrade wieder in das KZ Sachsenhausen zurückgebracht.

Da das Schulgebäude der Lichtenrader Ulrich-von-Hutten-Schule nach der Befreiung vom Faschismus als Lazarett verwendet wurde, mußte deren Schulunterricht in den Lagerbaracken erfolgen.

Ein weiteres Außenlager des KZ Sachsenhausen befand sich in den letzten Kriegsjahren in der Großbeerenstraße 54-66 in Mariendorf bei dem Maschinenbaubetrieb Henschel. Dort wurden 1944 etwa 650 weibliche Häftlinge zur Arbeit gezwungen (siehe Demps 1977, S. 18, und Ackermann 1984, S. 19).

In Tempelhof soll sich ein weiteres Außenlager bzw. Außenkommando befunden haben. In der Bessemerstraße waren nur Frauen untergebracht (siehe Sachsenhausenkomitee 1983, S. 296).

Außenlager des KZ Sachsenhausen in Lichtenrade

Zwangsarbeiterlager

Die nationalsozialistische ›Fremdarbeiterpolitik‹ begann unmittelbar nach Kriegsanfang mit der Überführung polnischer Kriegsgefangener nach Deutschland, wo sie überwiegend in der Landwirtschaft die als Soldaten dienenden deutschen Männer ersetzen sollten. Aufgrund des alarmierenden Arbeitskräftemangels im Deutschen Reich wurde die Beschäftigung von zivilen ausländischen Arbeitskräften verstärkt. »Bis Ende Juli 1940 wurden ... etwa 310 000 polnische Zivilarbeiter zur Arbeit nach Deutschland gebracht. Zusammen mit den Kriegsgefangenen, die im Sommer 1940 in den Status von ›Zivilarbeitern‹ überführt wurden und zur Arbeit in Deutschland verpflichtet wurden, arbeiteten ... etwa 700 000 Polen zu dieser Zeit im Deutschen Reich.« (Herbert 1986, S. 126) Diese Polen waren gezwungen, in Lagern zu leben. Neben den polnischen Zwangsarbeitern wurden – vor allem in der Industrie – mit Fortdauer des Krieges auch französische Kriegsgefangene, italienische, belgische und jugoslawische Zivilarbeiter beschäftigt. Nach dem Überfall auf die Sowjetunion am 22. Juli 1941 wurden auch sowjetrussische Zivilarbeiter und Kriegsgefangene im Deutschen Reich zur Arbeit gezwungen.

Der Einsatz von ausländischen Arbeitern und Arbeiterinnen in deutschen Betrieben war durch die dem Faschismus eigentümliche rassistische Hierarchie bestimmt. An oberster Stelle standen die deutschen Arbeitskräfte. Nach ihnen kamen die ›Westarbeiter‹, wobei die französischen Zivilarbeiter vor ihren Kollegen aus Belgien und den Niederlanden rangierten. Auf der nächstniedrigen Stufe folgten die Arbeitskräfte aus den mit Deutschland verbündeten Ländern (Ungarn, Rumänen, Slowenen, Griechen, Serben, Kroaten) und darunter wiederum die Arbeiter aus der Tschechoslowakei und danach die Polen. Ganz unten waren die Sowjetrussen. »Die während des letzten Kriegsjahres vermehrt in der Rüstungsindustrie beschäftigten KZ-Häftlinge bildeten zudem noch eine eigene Kategorie unterhalb dieser rassistischen Stufenleiter, weil sich bei ihrem Arbeitseinsatz auf eine Leistung orientierte Behandlung bis Kriegsende nicht durchsetzte; in der Praxis begannen sich die Unterschiede zwischen der Situation etwa der sowjetischen Arbeitskräfte und der jüdischen KZ-Häftlinge im Chaos der letzten Kriegsphase in manchen Betrieben zu verwischen.« (Herbert 1986, S. 153) Ähnlich wie in den Konzentrationslagern im besonderen, aber auch in der NS-Politik im allgemeinen, gelang es weitgehend, die verschiedenen Gruppen und Nationalitäten gegeneinander auszuspielen. Dies kann unter anderem mit folgenden Dokumenten belegt werden, aus welchen – richtig gelesen – die Denunziation eines französischen Zwangsarbeiters durch einen deutschen ›Gefolgschafter‹ und eines tschechischen Zwangsarbeiters durch seine ›Kameraden‹ hervorgeht. (Privatbesitz Schulz) Leider ist die Arbeit der ausländischen Zwangsarbeiterinnen, die einer doppelten Unterdrückung unterlagen, einmal als Zwangsarbeiterinnen und zum anderen als Frauen, noch weitgehend unerforscht. Deshalb kann auch an dieser Stelle darüber nicht mehr gesagt werden.

Der Anteil der ausländischen Arbeitskräfte, der 1939 noch weniger als 1 % der Gesamtbeschäftigtenzahl ausmachte, stieg bis 1944 von etwa 300 000 auf über sieben Millionen und damit auf etwa 20 %. In einer neuen Untersuchung kommt Ulrich Herbert zu dem Ergebnis: »Der Arbeitseinsatz der Millionen Fremdarbeiter und Kriegsgefangenen während des Zweiten Weltkrieges hatte es dem nationalsozialistischen Deutschland erlaubt, den Krieg weiterzuführen, als seine eigenen Arbeitskraft-

Anlage

zu § 1 Abf. 2 der vorstehenden Polizeiverordnung über die Kenntlichmachung
im Reich eingesetzter Zivilarbeiter und -arbeiterinnen polnischen Volkstums

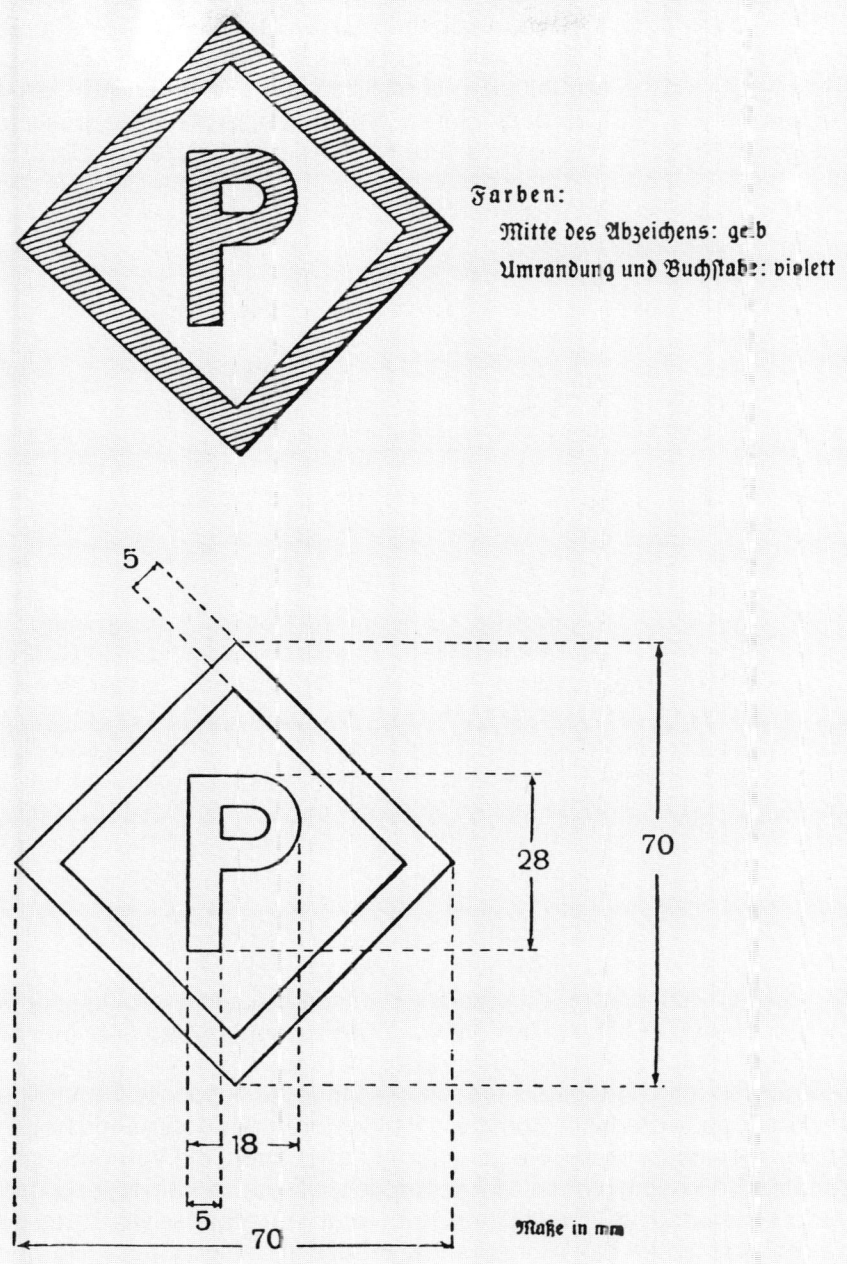

Farben:

Mitte des Abzeichens: gelb
Umrandung und Buchstabe: violett

Maße in mm

Graphik aus dem Reichsgesetzblatt über die gesetzliche genaue Gestaltung des Kennzeichens, das sich polnische Zwangsarbeiter auf die rechte Brustseite ihrer Kleidung aufzunähen hatten (März 1940). Maße und Farben violett auf gelbem Grund) waren genauestens vorgeschrieben. (Aly u. a. 1986)

247

»WESER« FLUGZEUGBAU GESELLSCHAFT M.B.H. BREMEN

•WESER• FLUGZEUGBAU GESELLSCHAFT m.b.H. BERLIN-TEMPELHOF

W E R K
~~KUMMANDEMTUR~~ BERLIN-TEMPELHOF
Ortsgespräche 66 00 15 · Ferngespräche 66 00 16 · Fernschreiber K 1487
Drahtwort für alle Werke: • WESERFLUG•

Hauptverwaltung Bremen
Ortsgespräche 2 11 61 ; Ferngespräche 2 23 75
Fernschreiber K 2441

An das
Polizei-Revier 205

Berlin-Tempelhof
Paradeplatz

Ihr Zeichen	Ihr Schreiben vom	Unser Zeichen	Tag
		Abwb.8/Boe/U	17.6.42

Betreff Beschimpfung und tätliche Bedrohung deutscher Gefolgschafter
durch den französischen Zivilarbeiter Pierre B i h a n ,
geb. 30.3.13 in Angeres.

Auf Veranlassung der Gestapo, Abtlg. IV D 3 (Krim.Kom. Werner)
Berlin C 2, Burgstr. 28, wird hiermit ersucht, den bei uns beschäftigten französischen Zivilarbeiter

Pierre B i h a n , geb. 30.3.13 in Angeres,
wohnh. WFG-Gefolgschaftshaus, Berlin-Wilmersdorf,
Hindenburgstr. 63

festzunehmen und in der genannten Dienststelle einzuliefern.

Heil Hitler!
„Weser" Flugzeugbau Gesellschaft
mit beschränkter haftung
Werk Berlin-Tempelhof
Der Abwehrbeauftragte

ressourcen längst aufgebraucht waren. Ohne Ausländer wäre für Deutschland dieser Krieg spätestens im Sommer 1943 verloren gewesen. Gleichzeitig erlaubte der
Ausländereinsatz es der Regimeführung aber auch, die Versorgungslage der deutschen Bevölkerung bis in die letzte Kriegsphase auf hohem Niveau zu halten und sich
dadurch ebenso die Loyalität der Bevölkerung zu erhalten wie durch den Verzicht auf
den massenhaften Einsatz deutscher Frauen in der Industrie.« (Herbert 1986, S. 144)

In Berlin begann der Einsatz von ausländischen Zwangsarbeitskräften 1938, als
Österreicher und Tschechoslowaken in die Stadt gebracht wurden. »Bereits im Mai

»WESER« FLUGZEUGBAU GESELLSCHAFT M.B.H. **BREMEN**

"Weser" Flugzeugbau Ges. m.b.H., Werk Berlin
Berlin SW 29, Neue Flughafenstraße, Portal 8
Telefon 660015, Apparat 3943 u. 2762

224   **WERK BERLIN**

Berlin SW 29, Postfach 5V
Fernruf: Ortsgespräche 660015 , Ferngespräche 660016
Drahtanschrift: »WESERFLUG« , Fernschreibe O 11487

| Ihr Zeichen | Ihr Schreiben vom | Unser Zeichen Abwb.8/Boe/U/3 | Zuständig für Rückfragen "Boehmer" 3943 | Hamburg 1ᵗ.12.4 |

Betr.: Slow.Gefolgschafter Ondrej **K o p a z** , geb. 18.10.1914 in Prezin.

Auf Grund beil. Anzeige an die Gestapo IV D 3 b gegen den slow. Zivil-
gefolgschafter Ondrej **K o p a z** , geb.18.10.1914 in Prezin, wohnh.
WFG-Gefolgschaftshaus Berlin-Wilmersdorf, Hindenburgstr. 63, wird gebeten, denselben festzunehmen und der genannten Abteilung, z.Hd. von
Herrn **S i n g u h r** , einzuliefern.

Anzeige erfolgt wegen wiederholter Arbeitsverweigerung, Gewalttätig-
keit, Aufwiegelung und Fluchtabsicht.

K. hatte gestern einem Kameraden gegenüber geäußert, daß er heute früh
flüchten will. Aus diesem Grunde ist die sofortige polizeiliche Festnahme unbedingt erforderlich, damit die Flucht vereitelt wird und K.
poliz. Gewahrsam kommt.

Heil Hitler !

"Weser"Flugzeugbau Gesellschaft
mit beschränkter Haftung
Werk Berlin
Der Abwehrbeauftragte

1 Anlage

Polizeirevier 205
Abt.Kriminalpolizei

Berlin-Tempelhof
Paradeplatz

Hauptverwaltung Bremen: POSTFACH: 536.37 , FERNRUF: Ortsgespräche 2 1161 , Ferngespräche 2 2375 , Draht-Anschrift: »WESERFLUG« , Fernschreiber O 24 4148
BANKKONTEN: Bank der Deutschen Arbeit A. G., Bremen; Bank der Deutschen Luftfahrt A. G., Berlin; Bremer Landesbank, Bremen;
Deutsche Bank Bremen; Nordd. Kreditbank A. G. Bremen   POSTSCHECKKONTO: Hamburg 491»

DIN A 5 WFG 7226 10000 10. 42 ⓢ

1939 bestanden 269 Gemeinschaftsunterkünfte, in denen 4239 männliche und
1183 weibliche Arbeitskräfte untergebracht waren.« (Demps 1986, S.11) Im Jahre
1943 befanden sich allein im Verwaltungsbezirk Tempelhof weit über 20 000 ausländische Zwangsarbeiter und -arbeiterinnen im Einsatz. So viele Menschen hier unterzubringen, war sicherlich nicht einfach. Es war aber auch hier »offenbar problemlos
möglich, einer großen Gruppe von ausländischen Arbeitern erheblich sch echtere
Arbeitsbedingungen und ein repressives Sonderrecht zuzumuten, ohne daß dies zu
Aufregung und Empörung in der deutschen Öffentlichkeit führte, ja überhaupt als
Besonderes und Erwähnenswertes wahrgenommen wurde.« (Herbert 1986, S.128)
Diese Einschätzung wird durch Gespräche mit Tempelhofern und Tempelhoferinnen
bestätigt.
Aufgrund von zwei vorliegenden Veröffentlichungen über die Daimler-Benz AG im
Dritten Reich (Pohl u. a. 1986 sowie Schmid 1987) kann etwas über die Situation der
ausländischen Arbeiter/innen im Marienfelder Daimler-Benz-Werk gesagt werden.
Der Anteil der Zwangsbeschäftigten hatte sich dort absolut wie relativ ständig erhöht:

| Gesamtbelegschaft | | davon Ausländer | | Kriegs- |
	davon Frauen		davon Frauen	gefangene
1932 217				
1933 460				
1934 1626.				
1935 2706				
1936 5228				
1937 5328				
1938 5535				
1939 5348	669			
1940 5973	720			190
1941 7412	764	737	124	104
1942 8132	634	2381	634	199
1943 8228	829	2854	485	288
1944 9054	1079	1275	681	
Febr. 1945 8857				

(Quelle: Pohl u. a. 1986, S. 137 f.)

Mit dem gestiegenen Anteil der Zwangsarbeiter/innen wurden auch bei Daimler-Benz die erst aufrüstungs- und dann kriegsbedingten Personalverluste aufgefangen. In einem kritischen Bericht über die Zwangsarbeit bei Daimler-Benz (Schmid 1987, S. 577ff.) wird – bei geringfügig abweichenden Zahlenangaben – festgestellt: »Bei den im Jahre 1941 im Gesamtwerk eingesetzten 700 ausländischen Arbeitskräften handelte es sich vornehmlich um französische Kriegsgefangene und Zivilarbeiter, die über den Bevollmächtigten für das Luftfahrtindustriepersonal beim Reichsluftfahrtministerium bei der Gruppe Arbeitseinsatz des Chefs der deutschen Militärverwaltung in Frankreich angefordert und zugewiesen wurden.« (Schmid 1987, S. 578) In den ersten Monaten des Jahres 1942 kamen sowjetrussische Zwangsarbeiter dazu. Auch die offiziöse Firmengeschichte verschweigt die Zwangsarbeit nicht: »Da die Anwerbung von freiwilligen Kräften nicht ausreichend gelungen war, wurden zusätzlich französische Deportierte und Kriegsgefangene beschäftigt.« (Pohl u. a. 1986, S. 148) Aus einem Bericht des Wehrwirtschaftsoffiziers des Wehrkreiskommandos Berlin – der im Bundesarchiv Koblenz liegt – über die Auswirkungen der Luftangriffe im Dezember 1943 ergibt sich auch ein Hinweis auf die Existenz eines Barackenlagers beim Werksgelände: »Durch Brände seien mehrere Baracken abgebrannt, so daß 300 ›Ostarbeiter‹, 300 ›Westarbeiter‹ und 300 italienische Militärinternierte, die ausschließlich im Werk 40 (Lastwagenproduktion, ksch) arbeiteten, ohne Unterkunft waren.« (nach Schmid 1987, S: 578) Von zwei Zwangsarbeiterlagern in Mariendorf und Marienfelde ist etwas mehr als die Adresse bekannt: »Das Barackenlager in der Ringstraße 44-46 gehörte zum Betrieb Askania (heute Parkplatz der Firma Schindler-Aufzüge . . .). In den Kriegsjahren wurden dort ausländische Arbeiter zur Zwangsarbeit eingesetzt. Sie mußten täglich zehn bis zwölf Stunden bei einer Verpflegung von nur etwa 200 Gramm Brot und einer Wassersuppe schwer arbeiten.

Ein deutscher Askania-Mitarbeiter, der einen Behälter mit Essen in eine der Ausländerbaracken bringen wollte, wurde daran gehindert und der Firmenleitung angezeigt. Er entging einer Meldung an die Gestapo nur, weil er als Spezialist dringend benötigt wurde. ...

Ein weiteres mit Stacheldraht umzäuntes Zwangsarbeiterlager existierte in Marienfelde an der Daimlerstraße, Ecke Benzstraße (heute: Parkplatz der Firma ›Kaffee-Reichelt‹ ...). Dort wurden Fremdarbeiter eingesperrt und für die Kriegsproduktion bei der Firma Fritz Werner AG eingesetzt (...). Wer auffiel oder nicht gehorchte, wurde in eine der Zellen eingesperrt, die an einem unterirdischen Gang unter der Daimlerstraße lagen.

Als die Essenslage sich mit dem Kriegsverlauf weiter verschlechterte, erlaubte im Jahre 1944 die Lagerleitung den ausländischen Zwangsarbeitern, sich selbst zusätzliche Nahrung außerhalb des Lagers zu beschaffen. Dabei trafen sie bei den anliegenden Kleinhaus- und Laubenbewohnern auf unterschiedliche Reaktionen: Während die einen die Hungernden mit Drohungen verjagten, zeigten die anderen Verständnis für deren Notlage und halfen, soweit sie konnten. Der gute Wille zu helfen, reichte aber bald nicht mehr aus. Die Zahl der nach zusätzlicher Nahrung suchenden Zwangsarbeiter wurde ständig größer. Die damals noch unbebauten Flächen bis hin zur Buckow-Marienfelder Chaussee waren nämlich mit weiteren Barackenlagern für Zwangsarbeiter besetzt, die gleichfalls Zusatznahrung suchten, um nicht zu verhungern.« (Ackermann 1984, S. 20 f.)

Die Zwangsarbeiterlager waren auf alle Ortsteile verteilt, wie die – sicherlich noch unvollständige – Liste zeigt.

Zwangsarbeiterlager in Tempelhof

Bezeichnung des Lagers und Anschrift	Eröffnung bzw. früheste Erwähnung	Angaben über den Umfang der Belegung	Betrieb	Bemerkungen
Gemeinschaftslager Alboinstraße 108			Barackenbau GmbH	
Ausländerlager Borussiastraße 45-49		Französische Zwangsarbeiter		
Gemeinschaftslager für ausländische Arbeiter Colditzstraße 27/29		Italienische Zwangsarbeiter	Neue Kühler und Flugzeugteile Fabriken K. Hodermann	Eine Baracke
Ausländerlager Colditzstraße 38		Tschechische Zwangsarbeiter	Fa. Lorenz AG	
Ostarbeiterlager Columbiastraße 9	4. 2. 1943	Russische und polnische Zwangsarbeiter und -arbeiterinnen, ungarische, tschechische und dänische Zwangsarbeiter	Weser Flugzeugbau AG	

Zwangsarbeiterlager in Tempelhof

Bezeichnung des Lagers und Anschrift	Eröffnung bzw. früheste Erwähnung	Angaben über den Umfang der Belegung	Betrieb	Bemerkungen
Ausländerlager Berliner/Ecke Paradestraße		Belgische (und französische?) Zwangsarbeiter	Weser Flugzeugbau AG	
Ausländerlager am Flughafen				Durch Luftangriff am 22.3.1944 beschädigt
Gemeinschaftslager ›Richthofen‹ Flugplatz, Tor 9				
Ausländerlager Germaniastraße 148/149		Tschechische Zwangsarbeiterinnen und -arbeiter	Hüttenwerke Tempelhof GmbH	Auf dem Werksgelände
Ausländerlager Gottlieb-Dunkel-Straße 52		Sowjetische Zwangsarbeiter	Krupp & Drückenmüller GmbH, Eisenhandel	
Ausländerlager Ordensmeisterstraße 39			Fa. Erich Timm, Fabrik für Metallbau	
Wohnlager Ringbahnstraße 16 NBV-Lager			BVG	
Gemeinschaftslager Teilestraße 13/15		Sowjetische Zwangsarbeiterinnen	Sarotti AG	
Ausländerlager Tempelhofer Weg 2	10.3.1943	Niederländische und französische Zwangsarbeiter	Fa. Krupp und Drückenmüller	
Ausländerlager Bessemerstraße 363				
Frauenlager Bessemerstraße				(Frauengefängnis)
Frauenheim Berliner Straße 2 (Tempelhofer Damm) (Portal 2, Kopfbau)		Französische Zwangsarbeiterinnen		
Kriegsgefangenenlager 505 (Flughafen)		Französische Kriegsgefangene		
Gemeinschaftslager (Lilienthalplatz, vor dem Haupteingang des alten Flughafens)			Deutsche Lufthansa	
Ausländerlager Saalburgstraße 2-3				
Gemeinschaftslager Schreiberring/ Boelckestraße 28		Französische und belgische Zwangsarbeiterinnen sowie holländische Zwangsarbeiter		
Unterkunft Gontermannstraße 10-12		Italienische Zwangsarbeiter		

Im Krieg errichtete Holzbaracken, die auf eine Belegung durch Zwangsarbeiter/innen schließen lassen, sind auf Karten des Vermessungsamtes Tempelhof auf folgenden Grundstücken verzeichnet:

Germaniastraße 11				Acht Baracken

Zwangsarbeiterlager in Tempelhof

Bezeichnung des Lagers und Anschrift	Eröffnung bzw. früheste Erwähnung	Angaben über den Umfang der Belegung	Betrieb	Bemerkungen
Germaniastraße 122-123			Roth-Büchner	Sieben Baracken auf Werksgelände
Germaniastraße 106-111				Fünf Baracken

Zwangsarbeiterlager in Mariendorf

Bezeichnung des Lagers und Anschrift	Eröffnung bzw. früheste Erwähnung	Angaben über den Umfang der Belegung	Betrieb	Bemerkungen
Ausländerlager Großbeerenstraße 38/42		Polnische Zwangsarbeiter		
Ausländerlager Großbeerenstraße 174	11. 3. 1944	Sowjetische Zwangsarbeiter	Demag Motorenwerke AG	
Gemeinschaftslager für ausländische Arbeiter Industriestraße 32-34	10. 5. 1944	Französische Zwangsarbeiter	Deutsche Eisenhandel AG, Berlin-Charlottenburg	Drei Baracken
Ausländerlager Kurfürstenstraße 54 (Schulgebäude)	26. 8. 1944	Sowjetische Zwangsarbeiter	Deutsche Reichsbahn	
Askania-Lager Lankwitzer Straße		Niederländische Zwangsarbeiter	Askania AG	
Kriegsgefangenenlager Lankwitzer Straße 48 (heute Gaswerk Mariendorf)	Mai 1941	Französische Kriegsgefangene Sept. 1941 u. a. 71 Personen für Gaswerke AG	U. a. für Berliner Gaswerke AG	Am 8. 5 1941 durch Stalag III D abgenommen
Ausländerlager Markgrafenstraße		Tschechische Zwangsarbeiter		
Barackenlager Rathausstraße 56			Askania AG	Vier Baracken Durch Luftangriff am 23./24. 8. 1943 beschädigt
Gemeinschaftslager für Ausländer Schätzelberge (Berglager) an der Zastrowstraße (heute: Ullsteinstraße)	9. 3. 1943	Italienische Zwangsarbeiter	Fa. Lorenz AG	Durch Luftangriff am 23./24. 8. 1943 beschädigt
Gemeinschaftslager Süd D 3 An der Trabrennbahn		Französische Zwangsarbeiter	Fa. Fritz Werner AG Maschinen- und Werkzeugfabrik und Daimler-Benz AG	23 Baracken
Ausländerlager Zastrowstraße 163 (heute Ullsteinstraße)	16. 1. 1943	Sowjetische Zwangsarbeterinnen und belgische Zwangsarbeter		Durch Luftangriff am 1. 5. 1943 beschädigt
Barackenlager Ringstraße 44-66			Askania AG	
Barackenlager Rathausstraße 32			Askania AG	

Reste eines abgeschossenen britischen Flugzeugs, welches am 15. November 1940 auf das Zwangsarbeiterlager an der Daimlerstraße abgestürzt war. Es gab viele Tote und Verletzte.

Baracken des Zwangsarbeitslagers an der Buckower Chaussee in Marienfelde (Aufnahme aus dem Jahre 1956)

Zwangsarbeiterlager in Mariendorf

Bezeichnung des Lagers und Anschrift	Eröffnung bzw. früheste Erwähnung	Angaben über den Umfang der Belegung	Betrieb	Bemerkungen
Ausländerlager Daimlerstraße 110			Daimler-Benz	Eine Baracke
Ausländerlager Fritz-Werner-Straße				Sieben Baracken
Ausländerlager Fritz-Werner-Straße 70				Fünf Baracken
Gemeinschaftslager Chausseestraße (Mariendorfer Damm) (Nördlich der Rennbahn)			Generalbauinspekteur (GBI)	

Zwangsarbeiterlager in Marienfelde

Bezeichnung des Lagers und Anschrift	Eröffnung bzw. früheste Erwähnung	Angaben über den Umfang der Belegung	Betrieb	Bemerkungen
Gemeinschaftslager für ausländische Arbeiter Albanstraße		Holländische, französische und belgische Zwangsarbeiter	Daimler Benz AG	ca. 30 Baracken für etwa 1000 Personen. Durch Luftangriff am 23./24.8 1943 beschädigt

Diese ehemalige Baracke des Zwangsarbeiterlagers in der Säntisstraße existiert bis heute.

Zwangsarbeiterlager in Marienfelde

Bezeichnung des Lagers und Anschrift	Eröffnung bzw. früheste Erwähnung	Angaben über den Umfang der Belegung	Betrieb	Bemerkungen
Ausländerlager Benzstraße 1		Belgische Zwangs-arbeiter	Daimler Benz AG	
Ausländerlager Buckower Chaussee			Rheinmetall-Borsig	Durch Luft-angriff am 16. 1. 1943 beschädigt
Ausländerlager Daimlerstraße 111 (110?)	18. 3. 1943	Sowjetische und fran-zösische Zwangsarbeiter		
Ausländerlager Daimlerstraße 145		Sowjetische Zwangs-arbeiter	Daimler Benz AG	
AEG-Lager			AEG	
Wohnlager für auswärtige Arbeiter der Reichshauptstadt (Vorlager) Lichtenrader Weg (Motzener Straße)	1939		Stadtverwaltung Berlin u. a. für BVG	Durch Luft-angriff am 23./24.8.1943 beschädigt
Kriegsgefangenenlager Lichtenrader Weg (Motzener Straße)		Französische Kriegsgefangene		Durch Luft-angriff am 16. 1. 1943 beschädigt; 38 Tote
Wohnlager für auswärtige Arbeiter der Reichshaupt-stadt Lichtenrader Weg (Motzener Straße) Lager Mahlow	11. 9. 1943	Französische Zwangs-arbeiter		
Gemeinschaftslager der Eisenbahn Säntisstraße	Nov. 1940		Deutsche Reichsbahn	
Ostarbeiterlager Säntisstraße 100		Sowjetische Zwangs-arbeiter	Daimler Benz AG	Durch Luft-angriffe am 16. 1., 23. 8. u. 2. 12. 1943 beschädigt
Barackenlager Säntisstraße				Durch Luft-angriff am 23./24.8.1943 beschädigt
Arbeitslager	22. 1. 1943	Sowjetische Zwangs-arbeiter		
Wohnlager für auswärtige Arbeiter der Reichshauptstadt			Stadtverwaltung Berlin	Durch Luft-angriff am 16. 1. 1943 beschädigt
Arius-Ausländerlager	8. 1. 1944	Französische Zwangs-arbeiter		
Gemeinschaftslager für ausländische Arbeiter Wagemannstraße (Belßstraße)			Peiner Walzwerk GmbH	

Zwangsarbeiterlager in Lichtenrade

Bezeichnung des Lagers und Anschrift	Eröffnung bzw. früheste Erwähnung	Angaben über den Umfang der Belegung	Betrieb	Bemerkungen
Reichsbahnlager Marienfelder Straße (Barnetstraße)	1941	10. Okt. 1942 u. a. 771 sowjetische, polnische und tschechische Zwangsarbeiter	Reichsbahnbau- direktion Berlin	
RPD-Lager 537 bzw. Gemeinschaftslager für ausländische Arbeiter Roonstraße	24. 8. 1943		Deutsche Reichspost	mindestens 15 Baracken
Gemeinschaftslager für ausländische Arbeiter Steinstraße	22. 5. 1942 eröffnet	22. 5. 1942: 69 tschechische Zwangsarbeiter	Deutsche Reichspost Reichspostdirektion Berlin	Durch Luft- angriff am 29. 12. 1943 zerstört
Ausländerlager Steinstraße 4				Durch Luft- angriff am 24. 3. 1944 beschädigt
Wohnlager für auswärtige Arbeiter der Reichshauptstadt Viktoriastraße 7	1939	1943: 600 Personen	Stadtverwaltung Berlin	
Frauenlager (Straße?)			Daimler-Benz	

(Siehe Demps 1986, S. 108 ff. und Ackermann 1984 S. 20 f.)

Neben den genannten Quellen stammen Ergänzungen der Liste von den Philatelisten Dietrich Behrens und Hans-Ulrich Schulz, die Briefe aus ›Fremdarbeiterlagern‹ besitzen.

Neben den genannten Lagern wurden auch in weiteren Betrieben ausländische Arbeitskräfte eingesetzt, wie in dem Eisenwerk Wanheim in der Attilastraße 61-67 polnische Zwangarbeiter, die dort unter anderem von dem Arbeitersportler Werner Seelenbinder unterstützt wurden. (Siehe Kraushaar 1981, S. 200) Auch bei Steffens & Nölle in Tempelhof waren sowjetrussische Kriegsgefangene beschäftigt, in deren Reihen eine Widerstandsgruppe arbeitete (siehe Kraushaar 1981, S. 201). Außerdem arbeiteten dort zeitweise auch italienische und tschechische Zwangsarbeiter (siehe Ackermann 1984, S. 24). Bei der Lorenz AG gab es eine französische Widerstands- gruppe (siehe Kraushaar 1981, S. 282).

Offen bleiben muß, inwieweit aus den in der Liste genannten Lagern auch Arbeits- kräfte in den oben genannten Betrieben beschäftigt wurden. Hierüber waren bisher keine Angaben zu ermitteln. Sehr viele zur Arbeit gepreßte Franzosen, Polen, aber auch Bulgaren, Holländer oder Dänen wohnten privat bzw. arbeiteten in Bäckereien oder als Hausmädchen, wie zum Beispiel Russinnen. Bei den kleinsten Anlässen wur- den sie wegen Arbeitsverweigerung und wegen angeblichen oder wirklichen politisch abfälligen Äußerungen denunziert und der Staatspolizei ausgeliefert.

Neben den in einigen Lagern untergebrachten Arbeitern und Arbeiterinnen gab es auch auswärts Untergebrachte. So waren Russen, die bei Steffens & Nölle tätig waren, in Rudow, Johannisthaler Chaussee untergebracht. Da die Lager der Weser-

Flugzeugwerke an der Columbiastraße bzw. Berliner Straße offensichtlich nicht ausreichten, waren u. a. Franzosen in Schmargendorf, Hindenburgstraße 62-63 oder in Britz, Jahnstraße 29, untergebracht.

› Himmelfahrtskommandos ‹ für Zwangsarbeiter

Nachdem die alliierten Luftangriffe auf Berlin ab 1943 immer mehr Stadtteile in Schutt und Asche legten und dabei viele Menschen durch die Bombardierungen und durch einstürzende Häuser starben, wurden nach den Angriffen immer häufiger die Zwangsarbeiter zu den Aufräumungsarbeiten in den vom Einsturz bedrohten Ruinen eingesetzt. Der Enttrümmerungseinsatz erfolgte ungeachtet der Gefahren durch Einsturz und detonierende Blindgänger. Bis heute ist unbekannt, wie viele Todesopfer die gefährliche Arbeit unter den Ausländern forderte.

Die Recherchen nach dem Schicksal der Tempelhofer Zwangsarbeiter/innen sind sehr mühselig. Neben den heute noch bestehenden Vorbehalten der Bevölkerung besteht durch den ausgedehnten Datenschutz auch kein Zugriff auf die Listen der Zwangsarbeiter, die sich beim Internationalen Suchdienst in Arolsen befinden. Diese Listen dürfen nur mit Zustimmung der ehemaligen Zwangsarbeiter punktuell eingesehen werden, was sich als Datenschutz zugunsten der damaligen Herrscher und als erhebliche Erschwerung der Geschichtsforschung erweist. Es ist nach so vielen Jahren fast unmöglich, die Adressen ehemaliger Insassen bzw. Insassinnen von ›Fremdarbeiterlagern‹ zu ermitteln und sie für die Forschung zu motivieren.

Vom Umgang mit den Opfern

Die ›vergessenen‹ – oder besser: verdrängten – Opfer des Nationalsozialismus gibt es auch in Tempelhof, wie die Vertreibung der Sinti und Roma zeigt, die mit einem Artikel aus einer bezirklichen Zeitung belegt werden kann.

Ein bunter Transport durch Tempelhof

Ende der Zigeunerherrlichkeit

Die Behörde greift energisch durch — Beschränkte Freizügigkeit

Das war ein bunter Wagenzug, der sich da in den Vormittagsstunden durch die Manteuffelstraße in Tempelhof nach Berlin zu bewegte: mindestens ein Dutzend Zigeunerwohnwagen mit ihrem unbeschreiblich schmutzigen und zerlumpten lebenden Inhalt, magere Pferdchen mit nickenden Köpfen davor, und zur Seite, vorn und hinten Schupobeamte auf Fahrrädern, die darauf achteten, daß nicht etwa einer der fremden Gesellen oder gar eine der schmuddligen Frauen „aus der Reihe" springe und auf Diebesfahrt gehe.

Nikolaus Lenau sang einst: „Drei Zigeuner traf ich einmal —" und umkleidete ihre Figuren und ihr Wesen mit dem Schimmer einer märchenhaften Romantik, die die Herzen unserer Vorväter gefühlvoll in Wallung brachte. Unsere herzenskühlere Zeit mit ihren blanken und konkreten Lebensforderungen hat diesen romantischen Edelrost vom Zigeuner pietätlos abgekratzt, und der Berufsgauner ist darunter hervorgekommen.

Die statistischen Zahlen unserer Polizei und unserer Gerichte erzählen uns eine treffendere Stammeskunde vom Zigeuner als die blühende Phantasie unserer Putztaschwärmer: die Männer sind als Roßtäuscher, Betrüger, Falschspieler, Kuppler, Wechselfallenschwindler und die Weiber als betrügerische Kartenlegerinnen, Gesundbeterinnen, Laden- und Taschendiebinnen und Verbrecherinnen auf sittlichem Gebiete schon längst zu feststehenden Begriffen geworden. Nur haben unsere früheren Regierungssysteme nicht die einzig richtigen Folgerungen aus dieser allgemeinen Erkenntnis gezogen und diese überall umherstreichende Gefahr für das Volk und das Eigentum des einzelnen so gut wie ungeschoren gelassen. Selbst wenn sich einzelne Zigeunerstämme und -Familien mitten im Weichbilde der Reichshauptstadt wahre

Schlachten geliefert hatten, begnügte man sich mit der oberflächlichen Bestrafung der Haupttäter und ließ die übrigen ihr Unwesen weitertreiben. Damit ist jetzt endgültig Schluß gemacht worden: der Aufzug in Tempelhof lehrt es deutlich, daß die Zigeuner jetzt eine härtere und zupackendere Hand zu spüren bekommen.

Von einer Plage befreit

Damit wird nun endlich auch unser Berliner Süden und Südosten von einer Plage befreit, gegen die man früher immer wieder vergeblich die Hilfe der zuständigen Behörden angerufen hatte.

An einigen Stellen in Britz, in Tempelhof hauptsächlich auf dem Brachfelde gegenüber den Ufa-Aufnahmeateliers und an einigen feststehenden Stellen des Ufergeländes am Teltowkanal, in der Nähe des Lankwitzer Hafens auf Mariendorfer Gebiet und in diesem Bezirk selbst, weiter hinaus in Marienfelde und Lichtenrade konnte man jahrelang immer wieder den einen oder anderen Zigeunerstamm ungeniert mit Kind und Kindeskind, mit Sack und Pack lagern und lungern sehn, während die Weiber in den benachbarten Straßenzügen und Häuservierteln auf Raub ausgingen und ein wahrer Schreck der kleinen Geschäftswelt waren.

Schmutzig, von Ungeziefer starrend, schamlos ihre Familienintimitäten vor den Augen aller Welt ausbreitend, unverschämt, aufdringlich, lästig wurden sie trotzdem von den Behörden geduldet und genossen eine unbeschränkte Freizügigkeit, die ihnen gestattete, bei Nacht und Nebel zu verschwinden und irgendwo anders unterzutauchen. Wir sehen mit Freuden, daß dieser Freiheit jetzt ein Ende gemacht worden ist.   Z.

Vertreibung von Sinti und Roma – damals Zigeuner genannt – aus Tempelhof. (Neue Tempelhofer Zeitung vom 8. 8. 1935)

Die Niederlage des NS-Regimes und die Befreiung vom Faschismus bedeutete nicht für alle Opfer die Anerkennung als NS-Verfolgte. Der Umgang mit den Opfern des nationalsozialistischen Terrors ist alles andere als ein Ruhmesblatt der Geschichte. So wurden in dem am 29. Juni 1956 verkündeten Bundesentschädigungsgesetz die Mitglieder der kommunistischen Partei von der Entschädigung ausgeschlossen, wenn sie sich weiterhin zu ihrer politischen Überzeugung bekannten. Analog dazu lautete die Regelung in dem Berliner Gesetz über die Anerkennung und Versorgung der politisch, rassisch oder religiös Verfolgten des Nationalsozialismus. Auch die Wiedergutmachungsleistungen an die verfolgten Juden und Jüdinnen bzw. deren überlebende Angehörige wurden mit teilweise beschämenden Begleitumständen abgewickelt. In manchen Fällen dauerte es mehrere Jahre, bis schwerkranke und oft auch verarmte Menschen wenigstens einige tausend DM erhielten. In manchen Fällen kann etwas überspitzt formuliert sogar von einer zweiten Verfolgung gesprochen werden.

Es gibt aber auch noch sehr viele weitere ausgegrenzte Opfer des Nationalsozialismus, die nicht als entschädigungsberechtigt angesehen werden. Keines der bestehenden Gesetze sieht bisher eine Entschädigung für die Zwangsarbeit von KZ-Insassen und -Insassinnen sowie von Deportierten und Kriegsgefangenen vor. Auf dieses Kapitel kann hier nicht weiter eingegangen werden. Stattdessen soll auf eine Untersuchung von Ferencz (1986) hingewiesen werden. Sie zeigt, mit welchen juristischen Finessen von einigen Konzernen gearbeitet wurde, um die Entschädigungszahlungen abzulehnen oder hinauszuzögern bzw. zu minimieren. Die Wiedergutmachung ist bis heute kein abgeschlossenes Thema.

Die zukünftigen Untersuchungen sollten sich darüber hinausgehend auch auf die ›vergessenen‹ – oder besser: bisher weitgehend ausgegrenzten – Opfer erstrecken: Jugendliche, die wegen ihrer Begeisterung für Swing-Musik in Konzentrationslager kamen; homosexuelle Männer und lesbische Frauen; körperlich und geistig ›Behinderte‹; Frauen, die von Zwangssterilisation und -abtreibung betroffen waren; Prostituierte und Zuhälter sowie Menschen, die als solche angesehen wurden; in Euthanasie-Anstalten eingewiesene Männer und Frauen; Bettler, Obdachlose, ›Arbeitsbummelanten‹, ›Querulanten‹, ›Nörgler‹ und ›Hamsterer‹, Zeugen Jehovas, damals Bibelforscher genannt, und andere Sektenangehörige, Freimaurer, Anthroposophen, Astrologen und Freidenker; befristete Vorbeugehäftlinge, Sicherungsverwahrte, Alkoholiker und ›Psychopathen‹; Kriegsdienstverweigerer, Fahnenflüchtlinge (Deserteure) und Wehrkraftzersetzer; Personen, die wegen ›Heimtücke‹ oder Rundfunkvergehen bestraft wurden, weil sie ausländische Sender hörten, sowie Sinti, Roma und andere ethnische Minderheiten.

Diese Auflistung ist möglicherweise unvollständig und nicht alle Personengruppen lassen sich in Tempelhof, Mariendorf, Marienfelde oder Lichtenrade auffinden. Vergessen werden sollten die Schicksale der genannten Personengruppen nicht, ebenso daß deren Anerkennung als NS-Opfer bisher in der Regel verweigert wurde.

2. Teil

Nationalsozialistischer Zugriff auf Jugendorganisationen und Schule

Der amerikanische Journalist Howard K. Smith war in den Jahren 1940/41 als Korrespondent in Berlin und geht in seinem zuerst 1942 unter dem Titel ›Last Train from Berlin‹ veröffentlichten Bericht auch auf die Berliner Jugend ein. »In der ganzen Zivilbevölkerung ist nur diese eine Gruppe nicht demoralisiert; sie ist rückhaltlos begeistert und kann von allem gar nicht genug kriegen. Dank der vielen Vorteile, die ihr geboten werden, stellt sie immer noch Adolf Hitlers glühendste Gefolgschaft. Ich spreche von der deutschen Jugend, von den kleinen Jungen und Mädchen.‹ (Smith 1982, S. 148) Auch wenn diese Aussagen heute übertrieben klingen mögen oder auch sind, machen sie doch deutlich, welchen Stellenwert das NS-Regime der Jugend beimaß.

Am Beispiel des Zugriffs auf Jugendorganisationen und Schule soll ansatzweise auf ihre Situation eingegangen werden. Auf die bereits 1933 verbotenen Jugendgruppen der Arbeiterbewegung – Sozialistische Arbeiterjugend, Kommunistischer Jugendverband, Sozialistischer Jugendverband, Gewerkschaftsjugend, Jungbanner, Rote Jungfront und andere kleinere Gruppen – kann hier nur hingewiesen werden. Da bisher noch nicht einmal die Nachfolgeorganisationen – soweit vorhanden – in der Lage waren, ihre Verbandsgeschichte zu schreiben, wäre es eine Überforderung, so etwas für Tempelhof zu verlangen. Die zusammengetragenen und hier wiedergegebenen Informationen resultieren teilweise auf zufälligen Funden in Archiven und früheren Recherchen des Verfassers.

Entstehung der NS-Jugendorganisationen

Auf dem Hintergrund der allgemeinen Entwicklung wird im folgenden versucht, auf Spuren der Tempelhofer Jugendpolitik im Nationalsozialismus hinzuweisen, denen weiter nachgegangen werden sollte.

Die Tempelhofer Hitler-Jugend entstand viel später als die NS-Parteiorganisation und die SA. In den Anfangsjahren der nationalsozialistischen Bewegung in Berlin war die Berliner HJ noch »eine Art Jugendabteilung der SA« (s. Klönne 1982, S. 15) und unterstand deren Führung. In den Entstehungsjahren der Berliner Hitler-Jugend kann von eigentlicher Jugendarbeit – verglichen mit den anderen Jugendorganisationen – nicht die Rede sein. Dies wird auch durch die spätere Aussage eines führenden HJ-Theoretikers bestätigt: »Der Kampf um die Macht im Reich ließ die HJ nicht dazu kommen, eine Jugendarbeit in großem Umfange zu gründen. Nur vereinzelt konnten Aufgaben außerhalb der politischen Propaganda und der organisatorischen Planung von ihr in Angriff genommen werden.« (Neeße 1936) Ebenso wie die Berliner NSDAP-Ortsgruppe und SA entwickelte sich auch die HJ sehr langsam. Erst nachdem der neue Gauleiter Goebbels die Reorganisation der Berliner Nazis übernommen hatte, begann auch die Formierung der Berliner Hitler-Jugend, die im Dezember 1926 »erst

150 Mann stark« war (Muchow 1960, S. 106). Aber auch jetzt ließen sich Rückschläge nicht verhindern: »Im Frühjahr 1927 war der gesamte HJ-Gau Berlin-Brandenburg unter Gunther Orsoleck zum Bund Deutscher Arbeiterjugend abgeschwenkt. Es gab keine HJ mehr.« (Brandenburg 1982, S. 116)

Reste aus dieser Jugendgruppe trafen sich im Laufe des Jahres 1927 trotz Verbots der NS-Gruppen monatelang in der Wohnung des Herrn Maschke in der Berliner Straße Ecke Kaiserin-Augusta-Straße und konstituierten sich als Tempelhofer HJ. Die Umtriebe wurden aber nach kurzer Zeit entdeckt und unterbunden. Das gegen den Sektionsleiter und dessen Stellvertreter eingeleitete Strafverfahren wurde auf Grund einer Amnestie niedergeschlagen.

Die Berliner Ortsgruppe der HJ wurde kurz darauf aus dem Bund nationaler Pfadfinder gebildet, nahm aber erst 1928 wieder festere Formen an, als aus dem Zusammenschluß verschiedener kleiner völkischer Jugendgruppen die Berliner »HJ. Deutsche Arbeiter-Jugend« hervorging. »Die HJ. setzte sich damals fast ausschließlich aus Jungarbeitern zusammen, während Schüler nur in sehr geringer Zahl vertreten waren.« (Engelbrechten/Volz 1937, S. 28)

Auch Ende 1930 hatte die Berliner Hitler-Jugend erst 300 bis 400 Mitglieder. Im Januar 1931 wurden 631 gezählt, ein Jahr darauf waren es 799, »dazu kamen 56 Jungen des Deutschen Jungvolks.« (Brandenburg 1982, S. 118)

Ende 1932 – nach Austritt Georg Strassers aus der NSDAP – verließ ein großer Teil des sozialrevolutionären Flügels der Berliner Hitler-Jugend die Organisation und bildete die ›Schwarze Jungmannschaft‹, die sich der ›Schwarzen Front‹ Strassers zuordnete. Ende 1932 gab es »weniger als 1 000 zahlende Hitlerjungen.« (Koch 1981, S. 52) Noch Anfang Januar 1933 waren es mit 4 000 Hitler-Jungen noch relativ wenig, im Vergleich zu den Folgejahren (Ende 1938 waren fast neun Millionen deutsche Jugendliche in der HJ erfaßt, vergl. Klönne 1982, S. 32). Die Zahl von viertausend HJ-Angehörigen war erst »durch die Eingliederung des NS-Schülerbundes in die HJ erreicht worden« (Paul 1980, S. 214).

Ursprünglich war »der NS-Schülerbund auch als Tarnorganisation gedacht. Die Hitlerjungen marschierten in Uniform, sie und ihre Führer, ihre Fahnen und Treffpunkte waren allgemein bekannt. Im Schülerbund aber konnten ›stille, unsichtbare Kämpfer‹ untertauchen, denen der Eintritt in eine ›öffentlich auftretende Kampfgruppe‹ versagt blieb im Widerstand gegen Eltern, Lehrer und Lehrmeister.« (Klose 1982, S. 15)

Die ›Eroberung‹ Tempelhofs und des übrigen Berlin stellte die Nazi-Jugendorganisationen vor schwierige Aufgaben, »weil hier sowohl die sozialistischen und konfessionellen Jugendverbände als auch die Bünde der Jugendbewegung von jeher besonders stark waren. Gegen diese Konkurrenz vermochte die HJ sich nur schwer durchzusetzen. Zudem wurde die HJ von allen staatlichen Maßnahmen gegen die SA und NSDAP immer mitbetroffen.« (Brandenburg 1982, S. 117)

Die Berliner Hitler-Jugend hatte in der sogenannten Kampfzeit viele Dienste für die Bewegung zu erfüllen: »Die Teilnahme an Großkundgebungen, Aufmärschen (...) und Sektionsversammlungen, Saaldienst aller Art, Veranstaltung eigener Sammlungen und Sprechabende, Werbemärsche, Propagandadienst mit Lastwagen und Flugzetteln (Hauspropaganda), die Tätigkeit mit Pinsel, Farb- und Kleistertopf in den ›Mal-‹ und ›Klebekolonnen‹ sowie der tägliche Kleinkampf um den einzelnen Volksgenossen – in den Betrieben arbeitete vor allem die Ende September 1932 aufgezogene Jugend-Betriebszellen-Organisation (NSJB) – füllte die Zeit der Hitlerjungen völlig aus. Auf dem Frontabschnitt der Jugend wurde genauso erbittert und heiß wie auf allen anderen Fronten gekämpft. Eigene Heime besaß die HJ in der Kampfzeit nur in sehr geringer Zahl. Ihre Werbeabende und Zusammenkünfte hielten die Jungen meist in den Lokalen der SA (...) ab; ihr Kampf war ja ohnehin der gleiche.« (Engelbrechten/ Volz 1937, S. 28 f.) So die Sichtweise zeitgenössischer NS-Historiker.

Überfälle der Hitler-Jugend

Die Tempelhofer Hitler-Jugend sprang mit ihren Gegnern brutal um, wie die folgenden in der Kanzlei der bündischen Freischar junger Nation gesammelten Berichte von Überfällen auf Tempelhofer Jungen am 1. Mai 1933 zeigen. Es berichtet als erstes der Schüler Friedel N. aus der Friedrich-Franz-Straße: »Am Montag, den 1. Mai 1933, versammelte sich unser Stamm ›Seeland‹ der Deutschen Freischar am Ringbahnhof Tempelhof, um zur Feier in den Lustgarten zu gehen. Ich selbst kam kurz nach 6 Uhr die Berliner Str. entlang. An der Ecke Dorfstr. standen eine Anzahl Mitglieder der Hitlerjugend, meiner Schätzung nach etwa 15 Mann. Als ich vorbeiging, sagte plötzlich einer von ihnen: ›da ist ja einer von denen!‹ Jetzt stürzten sich 2 ältere Jungen der HJ auf mich und versuchten, mir meinen Schlips abzureißen. Da beide wesentlich älter waren als ich – ich selbst bin 12 Jahre alt –, konnte ich mich gegen 2 Mann nicht erfolgreich zur Wehr setzen. Es gelang ihnen, mir den Schlips wegzunehmen. Einer von der Hitlerjugend sagte: ›Ihr braucht ja die Schlipse nicht mehr, Ihr werdet ja doch bald braune Hemden tragen!‹ Ein anderer sagte dann: ›Laß doch dem Kleinen sein Abzeichen!‹ Sie gaben mir jedoch den Schlips nicht zurück.
Ich selbst ging darauf zu unserem Treffpunkt und wollte dort den Vorfall mitteilen. Ich kam jedoch zu spät, da mich auf dem halben Weg zum Bf. Tempelhof die Hitlerjugend bereits überholte.
Ich habe bis jetzt den Schlips nicht zurückbekommen.«
Während dieser Bericht vor dem Rechtsanwalt und Notar Helmut Herold abgegeben wurde, stammen die folgenden Informationen aus der Feder von Jugendlichen. Der 11jährige Wolfgang A. (Wiesenerstraße) sagte: »Am 1. Mai 1933, morgens 6 Uhr, ging ich mit 2 Kameraden die Berliner Str. hinunter. An der Ecke Berliner Str. und Bayernring stand ein Trupp HJ-Leute. Es kamen 8-10 Mann zu uns und fragten uns, ob wir Pfadfinder wären und nahmen uns das Halstuch und den Halstuchring ab.«
In der Werbergstraße wohnte der 13 Jahre alte Hans E.: »1. Mai, morgens 6 Uhr, Berliner Ecke Borussiastr.: ein Trupp HJ-Leute kam ein ganzes Stück hinter mir her marschiert. Dann wurden 4-5 Mann abkommandiert und nahmen zuerst einem anderen Freischärler und dann mir Halstuch und Ring ab. Sie kamen von hinten, sagten kein Wort, streiften einfach den Halstuchring ab und zogen mir dann das Halstuch über den Kopf.«
Dem ebenfalls 13jährigen Horst K. (Preußenring) passierte folgendes: »Am 1. Mai 1933 ging ich mit noch 2 Kameraden um 6 Uhr die Berliner Str. entlang. Zwischen Hohenzollernkorso und Bayernring stand eine Schar der Hitlerjugend. Ungefähr 8-10 Mann kamen uns entgegengerannt und nahmen mir und einem der beiden anderen die Halstücher fort mit dem Rufe: ›Wißt Ihr denn nicht, was los ist?‹
Am gleichen Tage erlebte der Schüler des Vereinigten Askanischen und Tempelhofer Gymnasiums Arne J. aus Neu-Tempelhof folgendes: »Am Montag, dem 1. Mai 1933,

befand ich mich zusammen mit dem Schüler Hans H. B. aus Neu-Tempelhof, Bayern-ring, in der Untergrundbahnstation Kreuzberg. Ich trug einen Wimpelspeer mit 2 Wim-peln daran von der Gruppe ›Bechelaren‹ des Gaues ›Hansa‹ der Freischar junger Nation bezw. des Großdeutschen Bundes. Wir waren auf dem Weg zum Sammelplatz des Großdeutschen Bundes am Hafenplatz. Es war 5 Minuten nach 6 Uhr.

Vor dem Hause Berliner Str. 2 sammelten sich die Schar 51 und noch andere Mitglie-der der Hitlerjugend. Es kamen plötzlich etwa 3-5 Jungen der Hitlerjugend nach unten in die Untergrundbahn und sagten zu mir, ich möchte doch einmal aus der Sperre herauskommen. Da ich annahm, daß sie von mir eine Auskunft haben wollten, ging ich auf ihre Bitte durch die Sperre zu ihnen hin. Jetzt stürzten sich plötzlich 3 oder 4 Jun-gen der Hitlerjugend, die alle größer und älter waren als ich, auf mich und rissen mich zu Boden. Als ich unten lag, entrissen sie mir den Wimpelspeer. Es war mir noch vor-her gelungen, den einen am Speer befindlichen Wimpel abzureißen, den anderen, den Bechelarenwimpel, konnten sie mit dem Wimpelspeer erbeuten. Ich trug bei die-sem Überfall am linken Knie eine Anzahl blutender Verletzungen davon.

Wie ich später festgestellt habe, waren diejenigen, die den Raubüberfall ausgeführt haben, Mitglieder der Schar 51 der Hitlerjugend. Insbesondere weiß ich dies aus den Erzählungen eines gewissen Andresen, der selbst erzählt hat, daß er bei dem Überfall zugegen war.« (Quelle: Übergriffe der Hitler-Jugend im Frühjahr 1933. Archiv der deutschen Jugendbewegung) Diese Berichte zeigen, wie schon sehr früh auch in Tempelhof versucht wurde, Jugendliche einzuschüchtern, wenn sie nicht auf der Linie der NS-Jugend lagen.

Die Straßenkämpfe, die die Berliner Hitler-Jungen mit ihren politischen Gegnern aus-fochten, waren bereits vor 1933 immer härter und gefährlicher geworden. Sie führten in den Jahren 1927 bis 1933 allein in Berlin zum Tode von insgesamt fünf Hitler-Jun-gen, von denen der 1932 umgekommene Moabiter Herbert Norkus zu einem Märtyrer aufgebaut wurde. Die Ereignisse um den Tod dieses Jugendlichen wurden von Karl Aloys Schenzinger zu dem Erfolgsroman ›Hitlerjunge Quex‹ (Schenzinger 1932) ver-arbeitet. Dieser Roman bildete dann die Grundlage für den gleichnamigen Ufa-Spiel-film, der 1933 fertiggestellt und uraufgeführt wurde. Im Roman und im Film wurde die Kampfzeit der Berliner Hitler-Jugend verherrlicht. Dieser Film wurde auch in Tempel-hofer Kinos gezeigt und von vielen Tempelhofer Jugendlichen angesehen.

Bund Deutscher Mädel

Viel später als die Berliner HJ wurde am 5. Mai 1930 die Berliner Organisation des Bundes Deutscher Mädel als eine der ersten Mädchengruppen der Nazis im Reich gegründet. Im BDM blieben den Mädchen, dem faschistischen Frauen- und Mäd-chenbild entsprechend, von Anfang an vor allem die karitativen Aufgaben, wie Vor-bereitung von Weihnachtsabenden, Arbeit in SA-Küchen, kleine Basteleien für Kinder und das Ausbessern der Wäsche von ledigen SA-Männern vorbehalten. »Das waren Tätigkeiten, die sich von ihren häuslichen Pflichten nur wenig unterschieden und die für die Mädchen wenig reizvoll waren.« (Reese 1981, S. 64)

Die erste BDM-Gruppe in Tempelhof entstand um die Geschwister Weinforth in einer »zentrumsverseuchten Gegend« (Huettchen 1935) in Lichtenrade. Aber auch einige der bürgerlichen Jugendgruppen standen dem Nationalsozialismus nicht fern. So fällt auf, daß vor 1933 die Leiterin der Tempelhofer Mädelgruppe der ›Geusen‹, Brunhilde Anders, nach der Machtübernahme als Führerin des BDM-Untergaus Tempelhof und als Kreisjugendwartin des Bezirksamtes fungierte (Görlitzer 1934, Oberbürgermeister 1936, S. 37). Über die Politik der ›Geusen‹ stellte der bündische Schriftsteller Karl O. Paetel fest, »... unmißverständlich zum Nationalsozialismus haben sich neben den ›Geusen‹ bis 1933 relativ wenige bekannt!« (Paetel 1963, S. 133, Fußnote 74)

Die faschistische Mädchenorganisation hatte weit geringere Bedeutung als die eigentliche Hitler-Jugend, von der sie nur eine Unterorganisation war. So zählte der gesamte Berliner BDM-Gau im Februar 1932 ganze 134 Mädchen als Mitglieder. Ein halbes Jahr später jedoch gelang es bereits, 2 000 Mädchen zu mobilisieren, die am 30. Oktober 1932 auf dem SA-Sportplatz in Lichtenrade zum Appell antraten. Das Gelände befand sich in dem Gebiet zwischen der Maffei-, Kaiser-Friedrich- und Elisabethstraße an der südlichen Stadtgrenze Berlins (vgl. Engelbrechten/Volz 1937, S. 30 und 184).

Bürgerliche Jugendgruppen

In Tempelhof, Mariendorf, Marienfelde und Lichtenrade gab es vor 1933 eine große Anzahl von konfessionellen, politischen und bündischen Jugendgruppen, von denen eine Auswahl genannt werden soll: Bund proletarischer Jungwanderer, Bund der Kaufmannsjugend im Deutschnationalen Handlungsgehilfen-Verband, Bund der Reichspfadfinder, Deutsche Freischar, Jungsturm, Deutsche Jugendkraft (katholischer Sportverband), Evangelischer Verein junger Männer, Evangelischer Jungmänner-Verein, Sonntagsschule Mariendorf, Evangelische Jungmannschaft ›Paul Gerhardt‹, Evangelische Jugendschar, Evangelischer Jungmädchenbund, Freischar Junger Nation, Die Geusen, Jugendbund für entschiedenes Christentum, Jungmädchenverein Tempelhof, Jugendgruppe der Marianischen Jungfrauen-Kongregation, Jugendbund der Berliner Stadtmission, Katholischer Jugendbund werktätiger Mädchen Deutschlands (Jugendgruppe des Theresienvereins), Katholischer Jugendverein, Staatsbürgerliche Jugend, Bund für freie Körperschulung, Berliner Jungturnerschaft, Christliche Pfadfinderschaft Deutschlands, Siedlung ›Die Tempelritter‹ (geleitet von dem späteren Kreisjugendpfleger Erwin Luck), Deutscher Pfadfinderbund, Guttempler-Wehrloge ›Trotz alledem‹, Jugendvereinigung Süd-West, Sport- und Wandergruppe des Volkshochschulheims, Wanderverein ›Frisch-Grün‹, Pfadfinder, Tempelhofer Wanderverein und Verein für das Deutschtum im Ausland zum Beispiel an der 5. Volksschule am Alarichplatz. Die einzelnen Gruppen hatten jeweils zwischen etwa 20 bis manchmal 100 jugendliche Mitglieder. (Polizeipräsidium 1931/32)

Daneben hatte der Bund deutscher Pfadfinderinnen e. V. in Tempelhof, Kaiser-Wilhelm-Straße 59 seine Deutschland-Zentrale; ein »reiner Mädchenbund auf völkischer Grundlage« (Fischer 1933, S. 11), der 2 000 Mädchen im Deutschen Reich erfaßte. Auch der Bund der Reichspfadfinder war »eine an Mitgliederzahl kleine, aber relativ aktive bündische Gruppe« (Schneider 1974, S. 453), die in Berlin verbreitet war. Die Mitglieder gingen 1932 in andere Pfadfinderorganisationen, mußten dort allerdings ab 1933 »dieselben Repressalien erdulden wie alle anderen Bünde, die nicht mit der Hitlerjugend gleichgeschaltet wurden« (ebenda, S. 454).

Die Tempelhofer Gruppen der Deutschen Freischar zählten zu einem der größten

Jungenbünde der bürgerlichen deutschen Jugendbewegung, dem zum Beispiel der Jungenschaftsführer ›tusk‹ (Eberhard Koebel) entstammte, auf dessen Schicksal im Zusammenhang mit dem Columbia-Haus kurz hingewiesen wurde. Die Deutsche Freischar ging im März 1933 in dem Großdeutschen Bund auf, der kurz darauf in die Hitler-Jugend überführt wurde.

Aus den im Archiv der deutschen Jugendbewegung lagernden Materialien ergibt sich, daß im Herbst 1932 eine Tempelhofer und eine Mariendorf-Südender Gruppe der Deutschen Freischar existierte. Beide nahmen am 23. Oktober 1932 an einem ›überbündischen Geländespiel‹ in Berlin und Umgebung teil, wobei auf »bedeutsame Gäste«, vor allem Vertreter der Wehrmacht hingewiesen wurde. In dem Tempelhofer Heim in der Dorfstraße 33 a (heute: Alt-Tempelhof) war auch der Treffpunkt von Mädchengruppen der Deutschen Freischar. Diese Gruppen waren sehr klein, so erfaßte die Gruppe Mariendorf-Südende im Mai 1932 ›3 Mädel, 6 Jungmädel, 4 Küken und 5 Unaufgenommene‹ im Alter zwischen 13 und 18 Jahren. In der Tempelhofer Gruppe von Charlotte Löwenheim waren 5 Mädel (Durchschnittsalter 19 Jahre), 4 Jungmädel (13 Jahre) und 7 Küken (12 Jahre). In einem Bericht über die einzelnen Berliner Mädchengruppen aus der gleichen Zeit wurde festgehalten:
»Gruppe Mariendorf Südende.
Die ›Ma-Ender‹ haben zwei Gefolgschaften, die zur Sonnenwende selbständige Gruppen werden. Die Gruppe treibt Auslese, hat gute und tüchtige Mädel. Sie hat Krisenzeiten durch Führerinnenwechsel und Zusammenstöße mit der Hitlerjugend hinter sich, doch ist sie innerlich zu gesund, um diese Hindernisse nicht zu überwinden. Es wird Sport getrieben. Beide Gefolgschaften sind über Pfingsten getrennt auf Fahrt . . . Gruppe Tempelhof.
Die Gruppe war früher bedeutend stärker, es ist in letzter Zeit ziemlich gesiebt worden. Die Mädel sind an sich gut brauchbar, die ältere Führerin, die schon jahrelang an der Spitze der Gruppe steht, ist tüchtig und zuverlässig. Es fehlt jedoch oft ein notwendiges Formgefühl, sodaß die Gruppe innerlich über bestimmte Grenzen nicht hinauskommt. – Themen: Arbeiterdichtung, Religion, Deutsche Geschichte, Erziehungsfragen.«
Die Tempelhofer Wehrloge des Deutschen Guttemplerordens war Bestandteil der Abstinenzbewegung in der Weimarer Republik. Als sich die Leiter dieser Gruppen dem Dritten Reich zur Verfügung stellten, taten sie es mit folgender Begründung: »Die in Berlin am 2. Mai 1933 versammelten Leiter der Wehrlogengaue im Deutschen Guttemplerorden geben ihrer Freude darüber Ausdruck, daß der Kanzler des Deutschen Reiches persönlich die Rauschgifte ablehnt, und daß damit der gesamten deutschen Jugend zum ersten Male von führender Stelle aus ein leuchtendes Beispiel verantwortungsbewußter Lebensführung gegeben wird.« (nach: Kindt 1974, S. 903)
Noch nicht angesprochen sind in dieser Liste die weiteren Jugendgruppen der Parteien, Gewerkschaften und Sportvereine.

Die ersten Verbote der nicht-nationalsozialistischen Gruppen

Auf Grund des Alleinvertretungsanspruchs der NS-Jugendorganisation mußten konsequenterweise alle legalen und illegalen Versuche unternommen werden, diesen Anspruch durchzusetzen. Die konkurrierenden Gruppen mußten entweder ausgeschaltet oder übernommen werden. Der damals führende nationalsozialistische Jugendpolitiker Baldur von Schirach formulierte dies so: »Wie die NSDAP nunmehr die einzige Partei ist, muß die HJ die einzige Jugendorganisation sein.« (Schirach 1936, S. 69) Am 5. April 1933 wurden in der Alsenstraße Nr. 10 in NW 40 – heute Berlin-Mitte – die Geschäftsräume des Reichsausschusses der Deutschen Jugendverbände in einem Handstreich unter der Leitung von Carl Nabersberg (Obergebietsführer der HJ und stellvertretender Reichsjugendführer) durch 50 Angehörige der Berliner Hitler-Jugend gestürmt. Der Reichsjugendführer der NSDAP und Jugendführer des Dritten Reiches Baldur von Schirach übernahm sofort die Leitung des Reichsausschusses. Mit Wirkung vom 24. April 1933 wurden die jüdischen und sozialistischen Jugendverbände ausgeschlossen. Kurze Zeit später wurden die politischen Jugendorganisationen zusammen mit ihren Erwachsenenorganisationen bzw. Parteien aufgelöst oder verboten. Dies betraf in Tempelhof in der Hauptsache die Sozialistische Arbeiterjugend (SAJ) der Sozialdemokratie. Die SAJ sollte nach einem Verbotsantrag der NSDAP-Reichstagsfraktion im Mai 1932 bereits schon früher verboten werden (Eberts 1981, S. 153). Die Jugendorganisation der Kommunistischen Partei, der Kommunistische Jugendverband Deutschland (KJVD) war schon im Februar 1933 nach dem Reichstagsbrand faktisch verboten worden. Über die Tempelhofer Gruppen des kommunistischen Jugendverbandes ist wenig bekannt.

Im Gegensatz zur ausgeprägten politischen Gegnerschaft der Arbeiterjugendbewegung und der weltanschaulichen Distanzierung von Teilen der katholischen Jugendorganisationen war bei der evangelischen Jugend und den bündischen Gruppen ebenso wie bei der Turnerjugend bzw. der Sportjugend eine weit verbreitete Zustimmung zum neuen ›nationalen Staat‹ und dessen Jugendorganisation festzustellen. Nach der Gleichschaltung der meisten Jugendverbände (vergl. Klönne 1982 S. 15 ff.) ordnete der am 17. Juni 1933 zum »Jugendführer des deutschen Reiches« ernannte bisherige NS-Studentenführer Baldur von Schirach am 22. Juni die Konstituierung des »Deutschen Jugendführerrates« an, in den von ihm je ein Vertreter der evangelischen und katholischen Jugend, der Wehrverbandsjugend, der berufsständischen Jugend und der Sportjugend berufen wurde.

Übernahme der Sportjugend

Die vollständige Eingliederung der Tempelhofer Turn- und Sportjugend in die HJ zog sich noch bis 1936 hin. Der Vertrag zwischen dem Reichsbund für Leibesübungen und der Reichsjugendführung von 1934 legte fest, den nicht-wettkampfmäßigen Sport in der HJ und den Wettkampfsport in den Vereinen anzusiedeln. »Untersagt wurden jedoch Heimabende, Wanderungen, kulturelle Veranstaltungen, Elternabende – somit alles, was im Rahmen eines sportlichen Jugenderziehungsprogramms einfach unentbehrlich ist.« (Mengden 1950, S. 94) Nach einem weiteren Abkommen vom 28. Juli 1936 wurde von der HJ auch der Wettkampfsport in eigene Regie genommen. (vergl. Rüdiger 1983, S. 75) Die Vereine verpflichteten sich, die Jugendarbeit nur durch ›Volksgenossen‹ durchführen zu lassen, die aus der HJ stammten oder in diese übernommen werden konnten. Damit hatte die HJ ab 1936 das sportliche Betätigungsmonopol.

Neben den bisher angesprochenen Sportvereinen gab es auch in Tempelhof noch den Kirchensport. »Da die konfessionellen Sportorganisationen, die katholische Deutsche Jugendkraft (DJK) und das evangelische ›Eichenkreuz‹ offenbar keine akute Gefahr für die neue Führung darstellten, wurde deren Arbeit zunächst erschwert, bis man ihnen am 23. Juli 1935 jede sportliche Betätigung verbot und sie dann in die Hitlerjugend eingegliedert wurden.« (Ueberhorst 1983, S.103)

Eingliederung der evangelischen Jugend

Ab Sommer 1933 war jegliche Doppelmitgliedschaft zwischen der Hitler-Jugend und einem anderen Jugendverband endgültig verboten. Diese Regelung betraf besonders die konfessionellen Gruppen Tempelhofs. Sie durften nur noch rein kirchliche

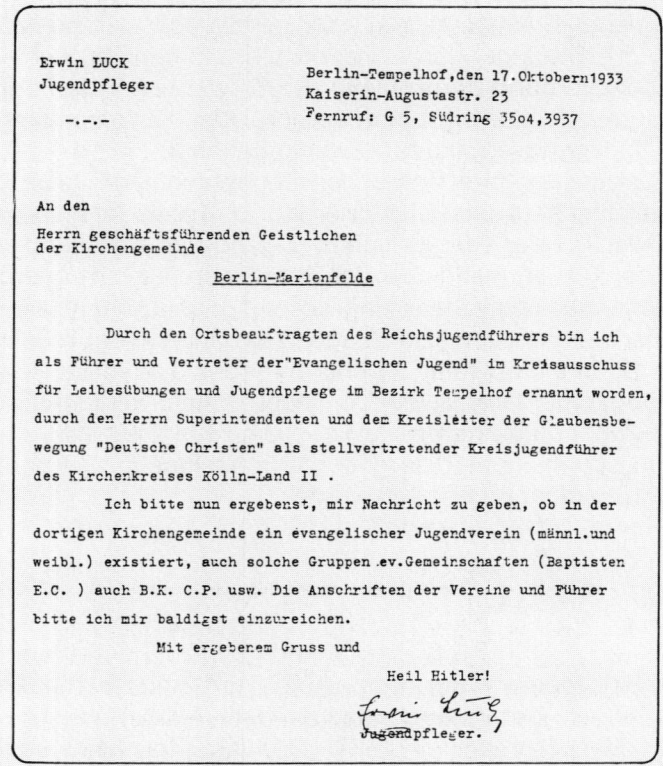

Aufgaben erfüllen. Selbst jede sportliche oder geländesportliche Betätigung wurde den konfessionellen Bünden verboten, desgleichen das Singen nichtreligiöser Lieder.

Im Dezember 1933 wurden die evangelischen Jugendorganisationen gegen ihren Willen auf Grund eines Vertrages zwischen dem Reichsbischof und dem Reichsjugendführer »unter arglistiger Täuschung der Vertreter des Evangelischen Jugendwerks« (Röhm-Thierfelder 1981, S. 22) in die Hitler-Jugend eingegliedert. Der Eingliederungsvertrag vom 19. Dezember 1933 kam aber erst nach langem Tauziehen innerhalb der evangelischen Kirche zustande. Trotzdem darf nicht verschwiegen werden, daß sich die evangelische Jugend weitgehend mit dem NS-Staat identifizierte und sich anfangs aus dem politischen Geschehen herausgehalten hatte.

Bereits im Oktober 1933 stellte sich der Tempelhofer Jugendpfleger Erwin Luck in einem Schreiben an die Gemeindpfarrer als ernannter Führer der Tempelhofer evangelischen Jugend vor und erkundigte sich bei den Gemeinden nach der Existenz von kirchlichen Jugendgruppen wie Bibel-Kreisen und Christlicher Pfadfinderschaft.

Katholische Jugend

Die katholischen Jugendorganisationen Tempelhofs wurden aufgrund des noch bestehenden Konkordats (Vertrag zwischen Kirche und Staat über die Aufgaben der katholischen Kirche) erst 1937 verboten.

Jüdische Jugendgruppen

Bisher wissen wir nur vereinzelt etwas über die Mitgliedschaft von Tempelhofer Jungen und Mädchen in jüdischen Jugendorganisationen. Diese wurden offiziell erst nach den Ausschreitungen am 9. November 1938 verboten, mit Ausnahme des Pfadfinderbundes Hashomer Hazair, über den die Auswanderung von jungen Juden organisiert wurde. »Die jüdischen Jugendbünde Deutschlands unter der Naziherrschaft konnten bis zu den Novemberpogromen des Jahres 1938 ihre Arbeit, einschließlich der in den Hachscharah-Zentren der ›Jugend-Alijah‹, verhältnismäßig ungehindert fortsetzen.« (Schwersenz/Wolf 1969, S. 27)

Völkische und nationale Jugend

Die dem Nationalsozialismus nahestehenden Jugendgruppen der deutsch-nationalen und völkischen Richtung aus Tempelhof führten nach der Machtübernahme 1933 nur noch wenige Monate ein Eigenleben, bevor sie in die Hitler-Jugend überführt wurden. In dieser Zeit, am 20. Mai 1933, veranstaltete der ›Kampftrupp Marienfelde‹ des ›Kampfringes junger Deutschnationaler‹ eine Kundgebung mit einer damals üblichen Fahnenweihe. Diese Veranstaltung machte deutlich, wie nahe diese Gruppe der Hitler-Jugend stand. »Als Einleitung fand in der Kiepertstraße ein Platzkonzert statt, wodurch eine große Menschenmenge angelockt wurde. Die schmucken, grünen Uniformen der Kampfstaffel und die weißen Blusen der deutschnationalen Mädchengruppe boten ein buntes Bild.« Bei dem anschließenden Werbemarsch durch Marienfelde zu Lierses Festsälen wurden die Deutschnationalen vom Kriegerverein und der Freiwilligen Feuerwehr begleitet, die ihre Fahnen ebenso vorantrugen wie der Landbund und der Reiterverein. »Nach einigen flotten Märschen und der Begrüßungsansprache wurde eine deutschnationale Kükengruppe gegründet, in der 11- bis 14jährige Mädchen nationaler Eltern sich zusammengefunden haben.« Bevor die Veranstaltung zum gemütlichen Teil überging, wurde noch durch den obersten Kampfringführer von Groß-Berlin Dr. Sauer ein ›Bekenntnis zur nationalen Regierung‹ abgegeben und die Fahne des Marienfelder Kampftrupps enthüllt, auf welche sich die Truppmitglieder verpflichteten (Tempelhof-Mariendorfer Zeitung vom 8. Juni 1933).

Totale Erfasssung (fast) aller Jugendlichen

Aufgrund der politischen Entwicklung ab 1933 wurde die Zahl der Mitglieder in den NS-Jugendorganisationen Hitler-Jugend, Deutsches Jungvolk, Bund Deutscher Mädel und Jungmädel immer höher. Neben dem starken Zugang von vorher in anderen Verbänden organisierten Jugendlichen war »außerdem auch ein starker Zustrom von bisher keiner Organisation angehörenden Jugendlichen zu verzeichnen« (Klönne 1957, S. 13).

Pimpfe beim Aufbau eines Zeltes auf dem Tempelhofer Feld (Juni 1934)

Die gesamte Erfassung der deutschen Jugend in der Staatsjugendorganisation wurde mit dem Gesetz über die Hitler-Jugend vom 1. Dezember 1936 vorläufig abgeschlossen, in dem die HJ neben Elternhaus und Schule als dritte Erziehungsinstanz institutionalisiert wurde. Der Schlußstrich unter die totale Erfassung der deutschen Jugendlichen wurde 1939 mit zwei Durchführungsverordnungen zum Hitler-Jugend-Gesetz von 1936 gezogen. In der ersten Durchführungsverordnung wurde noch einmal betont, »daß die gesamte Erziehung der Jugend außerhalb von Schule und Elternhaus ausschließlich Sache der HJ sei« (Hellfeld/Klönne 1985, S. 98). Mit der zweiten Durchführungsverordnung wurde für alle 10- bis 18jährigen Jungen und Mädchen die Jugenddienstpflicht eingeführt, die neben Arbeitsdienst- und Wehrdienstpflicht trat. Nach 1939 war es fast unmöglich, nicht Mitglied der NS-Jugendorganisation zu sein, aber vereinzelt gelang es Jugendlichen, nicht in die HJ bzw. in den BDM eintreten zu müssen. Das Bild der hundertprozentigen Erfassung der deutschen Jugend in der HJ trügt, wie die in den letzten Jahren veröffentlichten Untersuchungsergebnisse über oppositionelle Bestrebungen unter Jugendlichen zeigen.

Neuformierung der NS-Jugendgruppen

Am 1. Juli 1933 erfolgte eine grundlegende Neuformierung von HJ und BDM. Danach gliederte sich die HJ als Gesamtverband folgendermaßen: Das Deutsche Jungvolk in der Hitler-Jugend (DJ) erfaßte die Jungen von 10 bis 14 Jahren, die sogenannten Pimpfe. Die eigentliche Hitler-Jugend (HJ) organisierte die Jungen von 14 bis 18 Jahren. Bei den Jungmädeln in der Hitler-Jugend (JM) waren die Mädchen von 10 bis 14 Jahren. Der Bund Deutscher Mädel der HJ (BDM) umfaßte die Mädchen und jungen Frauen von 14 bis 21 Jahren. Seit Januar 1938 wurden die 17- bis 21jährigen jungen Frauen im BDM-Werk ›Glaube und Schönheit‹ erfaßt.

In Berlin bildeten je zwei Verwaltungsbezirke, zum Beispiel Tempelhof und Steglitz, immer einen Bereich, der bei der HJ Bann, beim BDM Untergau, beim Jungvolk Jungbann (mit einer I vor der Bann-Nummer) und bei den Jungmädeln JM-Untergau genannt wurde.

Tempelhofer Jugendgruppen der NSDAP

Die Tempelhofer NS-Jugendorganisation firmierte anfangs als HJ-Bann 279 unter der Leitung des Unterbannführers Otto Hamann (Manteuffelstraße 38). Der Führer der Kinderorganisation Jungbann I/279 Willy Hahn stammte nicht aus Tempelhof, sondern war Charlottenburger. Die Tempelhofer Gefolgschaft I/III der Berliner Hitler-Jugend wurde im Jahr der Machtübernahme durch den Gefolgschaftsführer Bönsch geleitet. Zu dieser Gefolgschaft gehörten mehrere Gruppen, so die Schar III (Scharführer Altenhof) und die Schar IV (Scharführer Rolf Werner). Außerdem bestand noch ein Hitler-Jungen-Orchester welches Karlheinz Tillack dirigierte.

In der Vorweihnachtszeit 1933 wurde von der Tempelhofer HJ ein ›lustiger Abend‹ im Festsaal des Askanischen Gymnasiums in Neu-Tempelhof (Wittelsbacherkorso 60, seit 1936: Boelckestraße) veranstaltet. »Die HJ. gab ihren außenstehenden Freunden diesmal Gelegenheit, sie in einer ganz anderen Welt zu sehen; nicht auf dem Marsch durch die Straßen oder bei Übungen, sondern als Laienspieler auf den ›Brettern, die die Welt bedeuten‹. Der Umstand mag wohl dazu beigetragen haben, daß der Abend ausverkauft war und wiederholt werden muß, um allen zu ermöglichen, die netten, humorvollen Stunden mitzuerleben.« (Tempelhof-Mariendorfer Zeitung vom 11. Dezember 1933) Während einerseits auch heute durchaus nachvollzogen werden kann, wenn der Berichterstatter Hubertus Petersen die kulturelle Arbeit der HJ betont, so bleibt einem doch heute eher das Lachen im Halse stecken, wenn der ›Schauspieler‹ Schwarzer wegen seiner Darstellung des ›schachernden Juden‹ gelobt wird.

Der gleiche Hubertus Petersen berichtete am 9. März 1934 über den Besuch eines Jugendfunktionärs: »Schon zum zweiten Male, seit der Neu-Einteilung der Berliner Hitler-Jugend in 5 Oberbanne, weilte der Führer der Berliner Hitler-Jugend, Erich Jahn, im Bann 279.

Am vergangenen Sonnabend galt sein Besuch dem Unterbann I/279, der eine feierliche Fahnenweihe für einige Gefolgschafts- und Scharfahnen im Park der Siedlung ›Lindenhof‹, Tempelhof (richtig: Schöneberg, ksch), veranstaltete. Als erster ergriff Bannführer Hamann das Wort. Er ermahnte seine Jungen zur Treue und zur wackeren Arbeit so lange, bis jeder deutsche Junge in seinem ganzen Tun nationalsozialistisch

denke und handele. Diese Aufgabe zu erfüllen, sei unsere Pflicht, die wir nicht für uns, sondern für unser Reich erfüllen: denn ›nicht für uns, sondern alles für Deutschland‹ sei unser Losungswort. Unter diesen machtvollen Worten entfachte er das Feuer. Dann ergriff Erich Jahn das Wort. Er verglich den Hitlerjungen mit dem vor ihm aufgerichteten Feuer. So wie die Flamme glühend gen Himmel steigt, so möge in uns die Flamme, des Glaubens Brand, glühen: ein Brand, der nie erlöschen darf, der einmal geschürt, nur mit dem Tode des Jungen vergeht. Darauf schritt der Gebietsführer zum Weiheakt. Er weihte die neuen Fahnen mit der in Potsdam verliehenen Bannfahne. Nach der Rede des Gebietsführers ergriff als Vertreter der PO., Pg. Meyer, das Wort, indem er dem Gedanken der Verbundenheit der Hitler-Jugend und der Politischen Organisation Ausdruck gab. Zum Abschluß dieser eindrucksvollen Feier erklang das Lied der Hitler-Jugend ›Unsere Fahne flattert uns voran‹.
Wie ein Bekenntnis erklangen die Worte ›und die Fahne ist mir mehr als der Tod‹ in der Nacht.« (Tempelhof-Mariendorfer Zeitung vom 9. März 1934, Beilage 29)
Das angesprochene Lied stammte von Baldur von Schirach, dem Reichsjugendführer der Nazis. Es hatte folgenden Wortlaut, der an Deutlichkeit über die Unmenschlichkeit der Jugendpolitik der NSDAP nichts offen läßt: Für viele Hitler-Jungen – auch aus Tempelhof – sollte die ›Fahne‹ tatsächlich das Leben kosten.

»Vorwärts, vorwärts schmettern die hellen Fanfaren,
vorwärts, vorwärts, Jugend kennt keine Gefahren.
Deutschland, du wirst leuchtend stehen,
mögen wir auch untergehen.
Vorwärts, vorwärts schmettern die hellen Fanfaren,
vorwärts, vorwärts, Jugend kennt keine Gefahren,
ist das Ziel auch noch so hoch,
Jugend zwingt es doch.

Unsere Fahne flattert uns voran,
in die Zukunft ziehn wir Mann für Mann;
wir marschieren für Hitler durch Nacht und durch Not
mit der Fahne der Jugend für Freiheit und Brot.
Unsere Fahne flattert uns voran.
Unsere Fahne ist die neue Zeit,
unsere Fahne führt uns in die Ewigkeit.
Ja, die Fahne ist mehr als der Tod!

Jugend, Jugend, wir sind der Zukunft Soldaten,
Jugend, Jugend, Träger der kommenden Taten.
Ja, durch unsere Fäuste fällt,
was sich uns entgegenstellt.
Jugend, Jugend, wir sind der Zukunft Soldaten,
Jugend, Jugend, Träger der kommenden Taten.
Führer Dir gehören wir, wir Kameraden, Dir!«

Ein paar Jahre später (1936) gehörten die Tempelhofer Mitglieder der NS-Jugend zum HJ-Bann 200 bzw. BDM-Untergau 200 usw., deren Führung sich in Steglitz,

272

Rathaus Mariendorf vor der Zerstörung

Albrechtstraße 88 (HJ) bzw. Lankwitz, Kaiser-Wilhelm-Straße 135 a (BDM) befand. Zur Tempelhofer Hitler-Jugend gehörte auch die Marienfelder Gefolgschaft 12/200.

Die staatlichen Schulen arbeiteten mit der zur Staatsjugend erhobenen HJ in der Regel gut zusammen, wie ein Beispiel aus der Askanischen Schule zeigt. Als am 31. Januar 1942 der Führer des HJ-Bannes 200 fünfzig Hitlerjungen für eine Veranstaltung der Reichsjugendführung stellen sollte, wurden diese anstandslos durch die Schulleitung beurlaubt: »Ich bitte, das unvermeidbare verspätete Eintreffen dieser Jungen zu entschuldigen.« (Mitteilungsbuch 1941–1943, S. 64) Inhaltlich wird über die Veranstaltung nichts ausgesagt, aber es kann angenommen werden, daß es sich um eine der sich jährlich wiederholenden Feiern der ›Machtergreifung‹ gehandelt hat. Die Jungen mußten geschlossen vom Kaiserdamm, wo sich der Sitz der Reichsjugendführung befand, zur Schule zurückmarschieren. Dies dauerte eben seine Zeit.

Die Übernahme von Angehörigen der Kinderorganisation des Deutschen Jungvolks (DJ) in die HJ war quasi ein Staatsakt, zu dem die jeweilige Ortsgruppe der NSDAP einlud. So findet sich am 19. März 1942 im Mitteilungsbuch der Askanischen Schule folgende Eintragung des Schulleiters: »Einladung der NSDAP an das Kollegium.

An diesem Sonntag, 22. 3. 1942 vormittags 9.00 Uhr findet in der Aula der Luise-Henriette-Schule die feierliche Aufnahme des D.J. in die H.J. statt. Der Ortsgruppenleiter von Neu-Tempelhof lädt hierzu das Kollegium ein.

Ich nehme in doppelter Eigenschaft (Schulleiter, Schulungsleiter) an der Feier teil. Herr Koll. Ulrich wirkt bei der Feier mit.

Wer vom Kollegium nimmt teil?« (Mitteilungsbuch 1941–1943, S. 79) Nur zwei Lehrer hatten sich eingetragen, offensichtlich wurde diese Feier von den übrigen Lehrkräften nicht geschätzt.

Das zerstörte Rathaus Mariendorf 1943

In Tempelhof, Mariendorf, Marienfelde und Lichtenrade gab es verschiedene NS-Mädchengruppen. In der Tempelhofer Ortsgruppe der NSDAP Attila existierte die BDM-Gruppe der Führerin Ruth Fellmann (Blumenthalstraße 3). Die Sprechstunde der BDM-Führerin war um 1934 jeden Dienstagabend von 20 bis 22 Uhr im Lokal von Meyer, Kaiser-Wilhelm-Straße 31. In Mariendorf wurde eine Mädelgruppe von Cora Lamprecht (Rathaus Mariendorf, Kaiserstraße 125) und eine Jungmädelgruppe von Renate Winkelhausen (gleiche Adresse) geleitet (1935). Die BDM-Scharen Lichtenrade bzw. Marienfelde wurden von Inge Graeff (Seydlitzstraße 29) bzw. Lotti Neldner (Boyrodstraße 60) geführt (1934). Die Lichtenrader BDM-Schar bestand aus mehreren kleinen Gruppen, die Mädelschaften bzw. Jungmädelschaften genannt wurden. Deren Treffpunkte waren u. a. in einem Gebäude der NS-Frauenschaft und in einem Altersheim. Auch die Lichtenrader Jungmädel mußten an den Großkundgebungen der Nazizeit teilnehmen, sei es an jedem 1. Mai, zur Olympiade 1936 und an viele anderen Veranstaltungen mehr. Eine Ehemalige erinnert sich 1987: »Also freiwillig, ich weiß nicht, ob man da immer richtig freiwillig hingegangen ist, ob das freiwillig war. Also am 1. Mai hat mich keiner gezwungen. Und nachher bin ich auch nicht mehr hingegangen. Das war dreimal, daß ich das mitmachte. Ich kann es gar nicht mehr so entscheiden. Ob das wirklich gezwungen war oder ob man es besser gemacht hat, damit man keinen Ärger kriegt oder ob das tatsächlich auch Begeisterung war. Ich fürchte schon fast, es war das Letztere. Daß es einfach schön war.« (Interview H. D.)
Die Lichtenrader Hitlerjungen und BDM-Mädchen konnten sich auch im ›Tanneneck‹ in der Kaiser-Wilhelm-Straße treffen, wo sich ein Jugendheim des Bezirksamtes befand. Insgesamt gab es im Verwaltungsbezirk Tempelhof für die bezirklichen NS-Jugendgruppen folgende Treffpunkte (1936):
Jugendheim Tempelhof, Braunschweiger Ring,
Jugendheim Tempelhof, Deutscher Ring (Charlotten-Lyzeum),
Jugendheim Tempelhof, Götzstraße,
Jugendheim Tempelhof, Stolbergstraße 5 (Baracke)
Jugendheim Tempelhof, Manteuffelstraße 66 (1. Volksschule),
Jugendheim Tempelhof, Werderstraße 7,
Jugendheim Mariendorf, Chausseestraße 290 a,
Jugendheim Mariendorf, Kaiserstraße 125 (Rathaus)
Jugendheim Mariendorf, Kaiserstraße 17 (Eckener Oberrealschule),
Jugendheim Mariendorf, Königstraße 32 (7. Volksschule),
Jugendheim Marienfelde, Dorfstraße,
Jugendheim Marienfelde, Berliner Straße 1/2 (10. Volksschule)
Jugendheim Lichtenrade, Dorfstraße,
Jugendheim Lichtenrade, Kaiser-Wilhelm-Straße 29

Schule unter dem Hakenkreuz

Die nationalsozialistische Pädagogik zeichnet sich unter anderem dadurch aus, daß Erziehung in einem vorher unbekannten Ausmaß geplant wurde. Inhaltlich setzten sich autoritäre und antidemokratische Traditionen aus der Zeit des Kaiserreiches wieder durch. Insofern kann nur begrenzt von einer eigenständigen Pädagogik im Nationalsozialismus gesprochen werden. Direkt nach der Machtübernahme erließen die Unterrichtsverwaltungen Anordnungen über die lehrplanmäßige Gestaltung der schulischen Erziehung, um die Kinder und Jugendlichen in den totalitären Staat zu integrieren. Die wesentlichen Elemente der politischen Erziehung der nationalsozialistischen Schule wurden: Erziehung zum Rassen-und Nationalbewußtsein, zur Wehrhaftigkeit, zum Dienst für den NS-Staat und dessen Führer.

Die Anfangszeit des Faschismus war auch geprägt durch Säuberungsaktionen gegen demokratische Lehrer/innen bzw. das deutliche Hervortreten nationalsozialistischer Lehrkräfte und Schulleiter. Jüdische Kinder und Jugendliche und Lehrer/innen – die eine Minderheit darstellten – wurden aus den öffentlichen Schulen gedrängt, während die nationalsozialistischen Jugendorganisationen gefördert wurden bzw. werden mußten. Manche Schulen meldeten schnell und stolz die Anteile ihrer Hitler-Jugend-Mitgliedschaften. Charakteristisch war auch die häufige Präsenz von Uniformen sowohl bei Schülerschaft als auch bei Lehrern.

Die NS-Erziehung sollte auch nach 1945 weiter wirken: »Wer zur Gefolgschaft erzogen wurde, wem Ehrfurcht vor, Begeisterung und Treue für Führer und großdeutsches Vaterland als grundlegende emotionale Werte mit dem gewaltigen Aufwand des nationalsozialistischen Erziehungssystems ›einverleibt‹ wurden, der wird sich nur schwer öffnen können für eine Grundhaltung, die Kritik zum aufklärerischen Prinzip erhebt.« (Rossmeissl 1985, S.183).

Widerstand gab es allenfalls vereinzelt, viele Lehrer/innen gingen eher in die ›innere Emigration‹, wie dies nach 1945 genannt wurde. Wer nicht in das nationalsozialistische Bild paßte, mußte oft ins Ausland emigrieren, was sowohl die Lehrkräfte als auch die Schüler/innen betraf, was die dokumentierten Lebensgeschichten zeigten.

Auf die Tempelhofer Schulen in der Zeit des Dritten Reiches wird im folgenden nur ausschnitthaft eingegangen, wobei der Schwerpunkt auf die höheren Schulen gelegt wurde. Dies zum einen, weil die von der Verfolgung betroffenen und in diesem Band behandelten Personen eher die Oberschulen besuchten. Zum anderen ist hier die Materiallage viel besser als bei den Volksschulen (heute Grund- und Hauptschulen), über die sehr wenig Informationen vorhanden sind. Die höheren Schulen hatten schon vor 1933 auch in Tempelhof nur geringe Anteile an jüdischen Schülern und Schülerinnen, worauf aber bei der antisemitischen Politik keine Rücksicht genommen wurde.

Deutsche Oberschule und Lyceum mit Frauenschule

Die ›Deutsche Oberschule und Lyceum mit Frauenschule‹ in der Mariendorfer Ringstraße 4-6 konnte die 1922 geborene Jüdin Marianne Cohn nur von Oktober 1932 bis zum März 1934 besuchen, da es ihre Eltern für sicherer hielten, in die Niederlande auszuwandern, um sich so der Verfolgung zu entziehen. Wir wissen nicht, ob auch der Alltag an dieser Schule die Emigrationsentscheidung beeinflußt hat. Das Mädchen war 1934 gerade 11 Jahre alt. Aber es ist anzunehmen, daß sie sich als junge Jüdin nicht sonderlich wohl gefühlt hatte. Die Lehrkräfte dort waren nur vereinzelt nicht im Nationalsozialistischen Lehrerbund (NSLB), der keine Zwangsorganisation war. Von dem Lehrkörper mit 38 Personen – laut den im Juni 1935 veröffentlichten Angaben – waren mit den Studienräten Bruno Danicke, Dr. Friedrich Matthaesius, Dr. Martin Ohmann und der Studienrätin Dr. Ilse Neumann nur 10 % nicht Mitglied der nationalsozialistischen Lehrerorganisation. Auf der anderen Seite standen ihnen nicht nur der

Die Schultüte als Bekenntnis (1933)

kommissarische Schulleiter Paul Angermann (Oberstudiendirektor), sondern auch die Lehrerinnen Ruth Koehler, Gertrud Hauschild, Eva Hörig, Charlotte Menschel und D. Ritter bereits als Mitglieder der NSDAP gegenüber, wenn das von dem nationalsozialistischen Schulsenator Dr. Hans Meinshausen herausgegebene Erzieherverzeichnis stimmt (Meinshausen 1935). Das Lyceum ist nach 1945 in die Eckener-Oberschule integriert worden.

Eckener-Schule

An der Eckener Schule gab es bereits ein Jahr vor der nationalsozialistischen Machtübernahme Jugendliche, die wohl erahnten, in welche Richtung die politische Entwicklung gehen würde. Während am 10. Juni 1932 das 25jährige Bestehen der Schule

Das Gebäude der Eckener-Schule vor 1933

gefeiert wurde, demonstrierten einige Schüler ihre ›zukunftsweisende Geisteshaltung‹: »Vormittags während der Feier in der Aula hissen Schüler, die den Schlüssel zum Turm entwendet haben, auf dem Turm der Schule die Hakenkreuzfahne.« (nach: 75 Jahre Eckener Oberschule, S. 99) Über eine Bestrafung ist nichts bekannt. Andererseits gab es an dieser Schule aber auch einen anderen Schüler mit Mut (Archiv Eckener-Schule):

»8. März 1933.

Dem Provinzial Schulkollegium

Berlin

berichte ich gehorsamst folgendes.

Der Prüfungsausschuss der Eckener Oberrealschule für die Abiturienten der Ol rg fasste vor Beginn der heutigen Reifeprüfung folgenden Beschluss;

Der Abiturient Heinz R. hat als Prüfungsaufsatz ein Machwerk geliefert, das – vom Fachlehrer mit nicht genügend bezeichnet – eine Persiflage der jetzigen Regierung und des Herrn Reichskanzlers in solch beleidigender und verletzender Weise darstellt, dass der Prüfungsausschuss R. einstweilen von der mündlichen Prüfung zurückgestellt hat. Wir bitten das Provinzial Schulkollegium gehorsamst um eine Entscheidung, was mit R. geschehen soll.

Wir sind der Ansicht, dass ein Schüler, der derartiges schreibt, die Reife einer höheren deutschen Lehranstalt nicht erhalten kann.

I. A.
gez. Dr. Burhenne,
Direktor.«

(Stempel)

Über diesen Vorfall schrieb der Schüler 1946:

»An die
Eckener-Oberschule für Jungen
Berlin-Mariendorf,
Kaiserstr.

Betrifft meinen Ausschluß von der Schule im März 1933

Im Zuge einer Überprüfung durch die Militärregierung bin ich veranlaßt, weitere Beweise zu erbringen, daß mein Ausschluß am Tage vor der mündlichen Abiturprüfung tatsächlich auf einen politischen Grund zurückzuführen ist. Eine dementsprechende Erklärung des Hauptschulamtes, gez. von Dr. Wildangel-Dönch, liegt bereits vor. Ich benötige jedoch nunmehr eidesstattliche Erklärungen, in welchen der Vorgang nochmals klargestellt wird. Meine damaligen Lehrer waren die Herren: Dr. Burhenne, Dr. Falkenstein, Dr. Gladow, Heilmann, Dr. Kleiner, Dr. Matthäi, Dr. Petzold, Rohr, Ruhoff, Dr. Sternberg, Dr. Volkwein.

Weitere Lehrer der Schule, an welche ich mich noch erinnern kann, waren die Herren: Dr. Thürnau, Schöniger, Schulz.

Unter Berücksichtigung der berufsentscheidenden Bedeutung und die mir dadurch entstandenen großen persönlichen Nachteile bitte ich die Schule, mir nunmehr behilflich zu sein, indem die Ihrerseits erreichbaren Herren veranlaßt werden, die von mir der Militärregierung vorzuweisenden eidesstattlichen Erklärungen abzugeben. Ferner bitte ich, mir die bekannten Adressen nicht mehr dort beamteter Herren aus dem gleichen Grunde mitzuteilen.

Ich betone ausdrücklich, daß ich nicht die Absicht habe, jetzt gegen die Herren, die damals mein Unglück verursachten, vorzugehen; gerade in diesem Zusammenhange erscheint mir die ganze politische Schuldfrage weniger persönlich, als historisch bedingt. Ich benötige die erbetenen Erklärungen ausschließlich gegenüber der Militärregierung.

Hochachtungsvoll«

Auch seine Lehrer bestätigten den Vorfall später:

»Ich entsinne mich, daß im März 1933 der damalige Abiturient der Eckener-Schule, Heinz R., aus politischen Gründen von der mündlichen Prüfung zurückgestellt wurde. Es handelte sich dabei meiner Erinnerung nach um den deutschen Aufsatz, der von dem Fachlehrer Dr. M., der später Pg. wurde, beanstandet wurde. Für die Zurückstellung des Heinz R. von der mündlichen Prüfung setzte sich besonders der inzwischen verstorbene Pg. Dr. D. ein. Herr Heinz R. ist im Recht, wenn er behauptet, daß seine Zurückweisung von der mündlichen Reifeprüfung nur aus politischen Gründen erfolgt ist.«

»Als Teilnehmer der Abiturientenkonferenz der OI rg, März 1933, erkläre ich zum Fall des damaligen Schülers R.: R. hatte in seinem Abituraufsatz eine geistreiche Persiflage des damaligen Reichskanzlers Hitler gebracht. Sein Deutschlehrer Dr. M. hatte, ohne dies recht zu bemerken, die Arbeit als gut oder noch besser beurteilt. In der Besprechung brachte nun Dr. D., fanatischer Pg., seine Empörung über eine derartige Verhöhnung zum Ausdruck und verlangte, daß R. als unreif von der Abiturientenprüfung zurückgestellt würde. Der Direktor und der größte Teil der Prüfungskommission, ängstlich geworden, beschloß entsprechend. Dr. M., damals noch nicht Pg., trat sofort in den NS-Lehrerbund ein und bald in die Partei, um seine Stellung nicht zu verlieren.« (75 Jahre Eckener-Schule, S. 100)

Askanische Oberschule

Da für mehrere jüdische Schüler die Askanische Schule eine Rolle spielte, soll auf sie exemplarisch ausführlicher eingegangen werden. Dies wird durch eine Chronik erleichtert, die zu deren 100jährigem Bestehen zusammengestellt wurde (Przeradzki 1984).

Am Askanischen Gymnasium ist nach 1933 eine starke Polarisierung zwischen den Parteigenossen der NSDAP und den Nichtnazis im Lehrkörper feststellbar. Von den 33 Lehrkräften des Jahres 1935 waren sieben Parteimitglied. Nachdem Dr. Hausmann am 21. April 1933 als Schulleiter wegen seiner demokratischen Gesinnung ebenso beurlaubt worden war wie der Studienrat Wolf, dauerte es fast drei Wochen, bis sein Nachfolger den Dienst antrat. »Kommissarischer Leiter wurde am 10. 5. 1933 Studienrat Dr. Heinrich Nagel, der später zum Oberstudiendirektor ernannt wurde und die Schule bis zum August 1938 leitete.« (Przeradski 1984, S. 59) Es ist nicht bekannt, ob Dr. Nagel im Mai 1933 schon Pg war. Zwei Jahre später war er ebenso Mitglied der Partei wie die Studienräte Adolf Bolte, Paul Grunske, Dr. Richard Herzhoff, Franz Jurkuhn, Bruno Rein und der Studienassessor Dr. Kurt Kohs. Mit den NSLB-Mitgliedern – die nicht gleichzeitig in der NSDAP waren (58 %) – waren fast vier Fünftel der Lehrkräfte nationalsozialistisch organisiert, ohne daß sie sich deswegen besonders hervorgetan haben müssen. Aber Mitläufer oder Opportunisten dürfen sie wohl genannt werden. Vergessen werden sollen nicht die ›Standhaften‹, die – aus welchem Grund auch immer – sich nicht in die NS-Organisationen einbinden ließen: Dr. Heinrich Kluge, Dr. Paul Uhlig, Professor Dr. Busse, Professor Harmbruch, Dr. Pfeiffer und Professor Dr. Suhle. Bei Dr. Carl Liederwald widersprechen sich die Angaben, ob er im NSLB war oder nicht (vgl. Meinshausen 1935, S. 199 und S. 420).

Alle Lehrer, die das ›Protektorat‹ über einen der Vereine der Schule hatten, waren im NSLB organisiert. Der Studienrat Dr. Schmidt führte den Ruderverein ›Askania‹ und der Oberschullehrer den Schülerturnverein. Eine nicht unwichtige Rolle für die Kriegsvorbereitung spielte ein schulischer Ableger eines überregionalen Verbandes. Schon in der Weimarer Republik war der ›Verein für das Deutschtum im Ausland‹ (VDA) von großer Bedeutung. Dessen Schulgruppe wurde von dem Studienrat Flügel – ab Schuljahr 1936/37 von dem Parteigenossen Bolte – geführt. Der VDA bestand seit 1920 an vielen Schulen und gehörte zu den nationalistisch orientierten Organisationen, die zu ›volksdeutschem Denken‹ erzogen und damit eine deutliche Verwandtschaft zu nationalsozialistischem Gedankengut aufwiesen.

Abgesehen von den möglicherweise üblichen Personalveränderungen aufgrund von Pensionierungen, Neueinstellungen und Versetzungen sind bei der Durchsicht der Schuljahresberichte die Veränderungen bei den Religionslehrern bemerkenswert. Während in der Askanischen Schule der Kaplan Ratte in den Schuljahren zwischen 1933/34 und 1939/40 regelmäßig als Lehrkraft für den katholischen Religionsunterricht auftaucht, gab es anscheinend keine protestantische Lehrkraft. Jüdischer Religionsunterricht wurde in geringem Umfange erteilt, und zwar im Schuljahr 1933/34 von dem Rabbiner Dr. Gescheit und 1935/36 von dem Rabbiner Kantorowsky, während im Schuljahr 1936/37 kein jüdischer Religionsunterricht mehr erteilt wurde und kein Rabbiner mehr aufgeführt ist. Dies ist ein Indiz dafür, daß die Schule nunmehr ›judenrein‹ war.

In dem von Schulleiter Dr. Nagel erstellten Bericht über das Schuljahr 1933/34 finden wir auf Seite 31 Hinweise nicht nur auf die Feier anläßlich des 1. Mai 1933, sondern bereits sehr früh auch einen Fingerzeig auf einen ›Märtyrer der Bewegung‹: »Am 27. Mai gedachten wir des heldenmütigen Vorkämpfers der nationalen Freiheitsbewegung Albert Leo Schlageter in einer Feier in der Aula.« Einige Jahre später sollte es in Tempelhof sogar eine ›Leo-Schlageter-Schule‹ geben, die nach dem Krieg in die Askanische Schule integriert wurde. Darauf wird später eingegangen.

Neben den politisch bedingten personellen Veränderungen in der Schulleitung wurden die gemeinsamen schulischen und außerschulischen Veranstaltungen bestimmend für den NS-Schulalltag. Am Sonnabend, den 24. Juni 1933, fand im Preußen-Stadion ein ›Tag der Jugend‹ statt, welcher bereits am Vortage in der Tempelhof-Mariendorfer Zeitung angekündigt wurde:

»Auf Anordnung des Reichssportkommissars findet morgen, Sonnabend, in allen deutschen Städten das ›Fest der Jugend‹ statt. Die Tempelhofer Schulen und Jugendbünde veranstalten auf dem Preußenplatz (Tempelhofer Feld, am Steuerhäuschen) ein Sportfest mit anschließender Sonnenwendfeier. Von 9 bis 13 Uhr finden Dreikämpfe sämtlicher Tempelhofer Schulen statt. 15.45 Uhr treten die Schulen und Vereine am Bahnhof Tempelhof – Nordrand der Baracken Spitze Berliner Straße – an, 16 Uhr Abmarsch des Festzuges zum Preußensportplatz. Um 19.10 Uhr erfolgt der Einmarsch des Jungvolks Tempelhof und Kreuzberg und 20.30 Uhr der Einmarsch des Singkreises Tempelhof und sämtlicher Jugendbünde zum Volksliedsingen. Der Aufmarsch zur Sonnenwendfeier beginnt um 21 Uhr. Die Feuerrede wird Schulrat Mertens halten. Zu der Nachmittagsveranstaltung sind alle Schüler vom 11. Lebensjahre an, Vereinsmitglieder, Eltern und Angehörige eingeladen. Der Eintritt ist frei. Die Musik stellt der Musikzug der Standarte 8. Festabzeichen zum Preise von 10 Pf. sind am Eingang des Sportplatzes erhältlich.« Im Mitteilungsblatt der Askanischen Schule ordnete der neue Direktor an: »Antreten bereits 2.45 Uhr auf dem Schulhof, und zwar nach Klassen, Gruppen zu 6 Mann, alle Jungen möglichst in Schülermütze ... Klassenleiter bei ihren Klassen, Referendare an der Spitze. Von 3–3.45 Uhr Marsch durch Neutempelhof. Eintreffen 3.45 am Ringbahnhof. Die Musik stellt die Standarte der SA ... Das Fest der Jugend ist von höchster Stelle angesetzter Dienst, dem sich niemand entziehen kann. Ich bitte die Herren Klassenleiter, beim Antreten festzustellen, wer fehlt, und mir Mitteilung zu machen.« (nach: Przeradski 1984, S. 59)

Die Teilnahme von Hitler-Jungen am Reichsparteitag der NSDAP in Nürnberg galt bereits in der Kampfzeit als etwas besonderes. Schon 1929 nahmen Jugendliche aus Berlin an der Veranstaltung teil. »Die Berliner HJ wirkte als Vorbild durch ihren Adolf-Hitler-Marsch: Sie war von Berlin nach Nürnberg marschiert – fast 500 Kilometer.« (Koch 1981, S. 41) Von der HJ-Generation des Jahres 1933 nahmen 28 Jungen des Askanischen Gymnasiums mit Erlaubnis der Schulleitung daran teil, wie stolz festgestellt werden konnte. Eines weiteren (bereits genannten), diesmal jugendlichen und aus Berlin stammenden ›Märtyrers der Bewegung‹ gedachten die Schüler im Herbst 1933: »Am 25. Oktober besuchte die Schule geschlossen das Lichtspieltheater ›Kurfürst‹ in Tempelhof zur Aufführung des Films ›Hitlerjunge Quex‹« (Bericht ... 1933/34, S. 33).
Die Teilnahme an den öffentlichen Veranstaltungen des NS-Regimes war in den Jahren ab 1933 für die Angehörigen der Hitlerjugend und des Deutschen Jungvolks immer mit gemeinsamen Märschen zu bzw. Treffen bei den Versammlungsorten verbunden. Nur der kleine Teil der Nichtmitglieder blieb jeweils in der Schule, mußte aber die jeweiligen Rundfunkübertragungen anhören.
Ein paar Monate später findet sich in dem Mitteilungsbuch der Askanischen Schule im Zusammenhang mit dem Beginn des ersten Winterhilfswerks im November 1933 folgende Eintragung: »Es wird ein Schild in Form des Abzeichens der Hitlerjugend in den nächsten Tagen benagelt werden. Jede Klasse stellt einen Schüler, der den ersten Nagel vor der in der Aula versammelten Schülerschaft einschlägt, Benagelung des Schildes durch die Klassen. Die Nägel werden durch die Hitlerjugend verkauft. Mindestpreis 5 oder 10 Pf.« (Mitteilungsbuch zum 8.11.33, zitiert nach Przeradzki 1984, S. 59)

Wie in den anderen Schulen des Verwaltungsbezirks Tempelhof trat auch hier an die Stelle des täglichen ›Guten Morgen!‹ der ›Deutsche Gruß‹, der im Januar 1934 sogar per Schulordnung geregelt wurde: »Lehrer und Schüler erweisen einander innerhalb und außerhalb der Schule den deutschen Gruß (Hitlergruß).
Der Lehrer tritt zu Beginn jeder Unterrichtsstunde vor die stehende Klasse, grüßt als erster durch Erheben des rechten Armes und die Worte ›Heil Hitler‹; die Klasse erwidert den Gruß durch Erheben des rechten Armes und die Worte ›Heil Hitler‹. Der Lehrer beendet die Schulstunde, nachdem sich die Schüler erhoben haben, durch Erheben des rechten Armes und die Worte ›Heil Hitler‹; die Schüler antworten in gleicher Weise. Sonst grüßen die Schüler die Mitglieder des Lehrkörpers im Schulbereich nur durch Erheben des rechten Armes in angemessener Haltung.
Wo bisher der katholische Religionsunterricht mit dem Wechselspruch ›Gelobt sei Jesus Christus‹ ›In Ewigkeit. Amen‹ begonnen und beendet wurde, ist der deutsche

Gruß zu Beginn der Stunde vor, am Ende der Stunde nach dem Wechselspruch zu erweisen.

Den nicht arischen Schülern ist es freigestellt, ob sie den deutschen Gruß erweisen oder nicht.

Zum Beginn der Schule nach allen Ferien und zum Schulschluß vor allen Ferien hat eine Flaggenehrung vor der gesamten Schülerschaft durch Hissen bzw. Niederholen der Reichsfahnen unter dem Singen einer Strophe des Deutschland-und des Horst-Wessel-Liedes stattzufinden.« (Mitteilungsbuch zum 6.1.1934, zitiert nach Przeradzki 1984, S. 60)

Zum Oktober 1934 wurde der ›Staatsjugendtag‹ eingeführt, der unter anderem auch deutlich zeigte, wer in der Hitlerjugend und im Jungvolk war und wer nicht. »Die Schüler von Sexta bis Untertertia, die dem Jungvolk angehörten, hatten jeden Sonnabend zur Ausübung ihres Dienstes unterrichtsfrei. Die anderen Jungen erhielten an diesem Tage zwei Stunden nationalpolitischen Unterricht, je eine Stunde Leibesübungen, Musik oder Werken. Der Unterricht in den anderen Fächern mußte auf die übrigen fünf Tage verteilt werden. Anfang Januar 1937 wurde diese Einrichtung wieder aufgehoben.« (Przeradzki, S. 61) Die Gleichschaltung der Schule kam mit der Vereidigung der Lehrer, auch der Assessoren und der Referendare, an erster Stelle natürlich des Schulleiters, auf den ›größten Führer aller Zeiten‹ Adolf Hitler zum Abschluß.

Die Schulgemeinde stimmte auch nach dem Wechsel in der Schulleitung zu dem Oberstudienrat Blohmer am Anfang des Schuljahres 1938/39 nach der Annextion der Tschechoslowakei in den gängigen Tenor ein: »Mit stolzer Freude hörten wir am 18. März (1938, ksch) die Übertragung der Proklamation des Führers über die Errichtung des Protektorats in Böhmen und Mähren und die so erzielte endgültige Lösung des tschechischen Problems. Der weitere Unterricht an diesem Tage fiel aus und ebenso am 20. März, dem Tage der Rückkehr des Führers (wohl aus der besetzten ČSSR, ksch). Schon zwei Tage später am, 22. März, gab uns Reichsminister Dr. Goebbels in einer kurzen Proklamation die Rückkehr des Memellandes ins Reich bekannt. Am 30. März hielt Herr Leutnant Berenbruch vom Flakregiment 22 vor den Schülern der Klassen 5 bis 7 einen Vortrag über den Offiziersnachwuchs der Luftwaffe. Am 31. März (1939, ksch) schloß dann dieses inhaltsreiche Schuljahr.« (Bericht ...1938/39, S. 37 f.)

Diesem ›inhaltsreichen Schuljahr‹ schlossen sich noch inhaltsreichere an: Viele Unterrichtsstunden fielen nicht nur wegen NS-Veranstaltungen, sondern – besonders nach Kriegsbeginn – wegen zum Wehrdienst eingezogener Lehrkräfte und wegen Fliegeralarme aus. Die überbeanspruchten Lehrer wurden häufiger krank, und auch die regelmäßig stattfindenden Luftschutzübungen sowie die häufig wiederkehrenden Sammelaktionen für Altmaterial und alles mögliche andere trugen dazu bei, daß von einem geregelten Schulunterricht nicht mehr die Rede sein konnte. Bald wurde vom ›Heldentod‹ eines ehemaligen Schülers gesprochen: »Günter W., abgegangen am 24. 6. 38 aus 8 g, ist als Gefreiter am 14. 4. 1941 bei Sollum bei der Abwehr eines feindlichen Tieffliegerangriffs gefallen.« (Mitteilungsbuch 1941–1943 der Askanischen Schule, S. 16) Diese Meldung sollte nicht die einzige bleiben, die die Lehrer über ihre ehemaligen Schüler erhielten. Bereits am 9., 11. und 14. Juli 1941 mußten weitere Tote gemeldet werden. Diese Liste setzte sich bis Kriegsende fort.

Leo-Schlageter-Schule

Das Tempelhofer Real-Gymnasium mit Oberrealschule in der Kaiserin-Augusta-Straße 19-20 ist 1945 mit der Askanischen Schule vereinigt worden und hat ihr sozusagen das Schulgebäude überlassen. In dem Reformrealgymnasium waren 1935 ein Viertel des Lehrpersonals Parteigenossen, allen voran der Schulleiter, Friedrich Franz Stier, gefolgt von Carl Baumgarten, Dr. Bruno Dauch (Leiter der VDA-Schulgruppe), Johannes Elstermann, Hans Schmidt, Willy Abs – er wurde Vertrauenslehrer der Hitler-Jugend – sowie den Lehrern Dr. Franz Wolff (Pg seit 1. 5. 33), Stephan und Schambach (siehe Meinshausen 1935). In dieser Schule hatten auch Hitler-Jugend und Deutsches Jungvolk viel Erfolg, wie eine Eintragung des Schulleiters und Parteigenossen Stier im Jahresbericht 1935/36 beweist. »Die Bereitwilligkeit der Jugend

Postkarte der Leo-Schlageter-Schule (Neue Tempelhofer Zeitung vom 22. 4. 1936)

zum Dritten Reich zeigte sich an der Mitarbeit in der HJ und im Deutschen Jungvolk. Der Prozentsatz der dort organisierten Schüler ist im Schuljahr 1935/36 von 70 % auf 85 % gestiegen. Es ist also in diesem Schuljahr fast gelungen, die 90 %-Grenze zu erreichen und die Jungvolkfahne über unserer Schule flattern zu lassen. Es ist bedauerlich, daß die Mitglieder der Deutschen Turnerschaft meist nicht die Zeit haben, außer dieser noch dem DJ anzugehören, und daß sich die katholischen Schüler zurückhalten ...
Die Haltung der Schüler war gut. Äußerlich wird sie durch die stramme und harte Erziehung in HJ. und DJ. günstig beeinflußt, aber auch innerlich ist die Bereitschaft zur Arbeit nicht durch diese Verbände geringer geworden. Nur ist die Zeit der Jungen ja sehr in Anspruch genommen. Es bedarf aller Aufmerksamkeit der Schule, daß sie zu ihrem Recht kommt und andererseits die Jungen nicht überlastet werden. Namentlich die Jungvolkführer haben viel Dienst. Es ist deshalb vom Direktor angeordnet, daß

alle Jungvolkführer, die in Gefahr sind, sitzen zu bleiben, im Herbst oder Weihnachten auf ein Vierteljahr vom Dienst zu beurlauben sind.« (Jahresbericht ... 1935/36 S. 1 und S. 3)

Ein Jahr später waren im März 1937 93 % der 547 Schüler in den NS-Jugendorganisationen (507), bei manchen Klassen sogar 100 %. Daneben waren nur 25 Schüler unorganisiert (5 %). Außerdem waren noch über zwei Drittel (202) zusätzlich in der Schulgruppe des Vereins für das Deutschtum im Ausland oder vereinzelt in einem Turn-oder Sportverein (20). (Quelle: Mitteilungsbuch 1936-1942 ..., S. 30)

Die Überbeanspruchung der Schuljugend für ›Führer und Vaterland‹ führte in dieser wie in anderen Schulen zu Konflikten zwischen Schule, Jugendorganisationen und Elternhaus.

Während 1935 noch über ein Drittel der Lehrkräfte (13 von 36) weder in der NSDAP noch im NSLB waren, dürfte dies am 3. Juni 1938 nicht mehr so gewesen sein, als das Reformgymnasium in eine Oberschule für Jungen umgewandelt wurde und den Namen ›Leo-Schlageter-Schule‹ erhielt. Der Namensgeber hatte sich 1923 im Ruhrgebiet, welches von Frankreich besetzt war, an Anschlägen gegen die Besatzungsmacht beteiligt und war deshalb zum Tode verurteilt worden. Nach seinem Tode wurde er zu einem Märtyrer hochstilisiert, vergleichbar mit dem Kult um Horst Wessel und Herbert Norkus.

Das Bezirkssportfest am 20 Juni 1938 auf dem Boelcke-Sportplatz hat die Schüler vermutlich mehr interessiert als die vielen Flaggenehrungen, die auch an dieser Schule üblich waren. Halbmast geflaggt wurde zum Beispiel am 17. November 1938, einer Woche nach dem Judenpogrom, wie der Oberstudiendirektor und Parteigenosse Dr. Walter Köditz in der Chronik in seinem Bericht über das Schuljahr 1938/39 festhielt: »11.45-12.45 Gedenkstunden für den von Judenhand in Paris ermordeten Gesandtschaftsrat Ernst vom Rath. Der Direktor spricht.«

Auch nachdem das Schulgebäude am 21. Januar 1942 geräumt werden mußte, damit dort ein Reservelazarett eingerichtet werden konnte, wurde betont, daß die Schüler selbstverständlich weiterhin die Leo-Schlageter-Schule besuchen würden und nicht etwa die Eckener-Schule, in die der Unterricht verlegt wurde. Die Schulausbildung unter den Kriegsbedingungen mußte allerdings mehr und mehr eingeschränkt werden. Auch hier wurden viele Lehrer Soldaten, ebenso die abgehenden Schüler. Bereits 1939 waren zwei Schüler eingezogen worden, »sie erhielten wegen ihrer Einziehung, wie auch ihre zahlreichen Nachfolger in den späteren Monaten und Jahren, kurz vor der Ablegung des Abiturs den Reifevermerk ohne besondere Prüfung. Einer der beiden ersten Eingezogenen, Horst Stegemann, fand bereits ein halbes Jahr später am 17. Mai 1940 als Oberschütze bei La Capelle an der Westfront den Tod.« (Przeradzki 1984, S. 86 f.)

Anfang der vierziger Jahre kam der Krieg mehr und mehr in das Deutsche Reich zurück: »Der erste Fliegeralarm während der Unterrichtszeit wurde am 16. 1. 42 von 12 bis 13 Uhr erlebt. Jetzt mußte das so oft geprobte ›Verhalten bei Fliegeralarm‹ im Ernstfall angewendet werden.

Schon in den Jahren vor Kriegsbeginn waren die Dienstkräfte in der Schule zur Organisation des Luftschutzes herangezogen worden. Jetzt war der Ernstfall eingetreten. Im Gebäude mußte ständig, auch nachts und während der Ferien, eine Luftschutzwache Dienst tun, für die ein eigenes Wachzimmer zur Verfügung stand. Seit Juni 1941 wurden zur Entlastung des Kollegiums regelmäßig 2 oder 3 zuverlässige Schüler zur

Luftschutzwache herangezogen. Die Schüler versahen den Dienst gern, da sie für jede Wache 1,50 RM bzw. 3,00 RM für die Doppelwache als Vergütung erhielten.« (Przeradzki 1984, S. 89)

Kinderlandverschickungen

Tausende von Berliner Kindern und Jugendlichen waren in den letzten Kriegsjahren nicht mehr in ihrer Heimatstadt, sondern hielten sich in von Bomben unbedrohten Gebieten auf. Insgesamt waren etwa fünf Millionen deutsche Kinder und Jugendliche im Laufe des Krieges aus den Großstädten evakuiert worden. Sie lebten teilweise jahrelang in Schullandheimen, Jugendherbergen, Zeltlagern, Pensionen und anderen Einrichtungen der sogenannten ›Erweiterten Kinderlandverschickung‹. Mit diesem Begriff sollte von Seiten der Nazis verdeutlicht werden, daß es sich lediglich um eine Ausweitung schon vorher bestehender Erholungsmaßnahmen handelte. Damit wurde versucht, die Evakuierungen, die durch die in den letzten Kriegsjahren zunehmenden Bombenabwürfe erforderlich wurden, herunterzuspielen.

Nach 1933 waren die NS-Jugendorganisationen neben der NS-Volkswohlfahrt und den Schulen Hauptträger der Verschickungs- bzw. später der Evakuierungsmaßnahmen. Die Kinderlandverschickung (KLV) war damit eine Institution des Deutschen Reiches und Bestandteil der Sozialarbeit von Hitler-Jugend und Bund Deutscher Mädel. Die ersten Kinder-Sonderzüge verließen Berlin im Oktober 1940 in Richtung solcher Gebiete, die nicht vom Kriege bedroht waren und deshalb auch im Volksmund als »Reichsluftschutzkeller« bezeichnet wurden. Um einen Einblick in eine solche Maßnahme zu geben, wird im folgenden ein ›Bericht über die erweiterte Kinderlandverschickung nach der Ordensburg Krössinsee und Zinnowitz (30. November 1940 – 7. September 1941)‹ wiedergegeben, den ein Lehrer der Eckener-Schule geschrieben hat:

»Am 30. November 1940 traf der Transport in Stärke von 112 Jungen der Klassen 1-4 auf der Ordensburg Krössinsee ein. Durch Zu- und Abgänge schwankte die Stärke und betrug am 15. Mai 1941 98 Jungen. An Lehrkräften gingen mit Studienrat Dr. Matthaei als Lagerleiter, die Studienräte Ciriack, Heilmann, Dr. Liennet und die Stud. Assin. Kuprat. Im Januar 41 kehrte Dr. Liennet nach Berlin zurück, am 24. Mai 41 die Herren Dr. Matthaei und Ciriack, während als Ablösung die Herren Dr. Brandes von der Askanischen Schule als Lagerleiter und Dr. Liennet eintrafen.

In Krössinsee waren außer der Eckener-Schule noch vertreten die Ulrich-von-Hutten-Schule, die Wrangel-Schule, die Lilienthal-Schule und Klasse 1 der Friesen-Schule. Mit der Gesamtlagerleitung war Studienrat Schneider von der Ulrich-von-Hutten-Schule beauftragt worden. Für die außerschulische Betreuung standen HJ-Führer in genügender Anzahl zur Verfügung.

Die Schüler waren in langgestreckten, erdgeschössigen Häusern untergebracht, ungefähr 80 in jedem Hause; belegt waren 8 Häuser.

Die Verpflegung entsprach erst, nachdem Studienrat Ciriack vom Lagerleiter mit ihrer Beaufsichtigung beauftragt war, den Anforderungen.

Die handwerklichen Betriebe (Wäscherei, Schuhmacher- und Schneiderwerkstatt) standen dem Lager zur Verfügung; für die Ausbesserung der Wäsche sorgte die NS-Frauenschaft aus Falkenburg.

Für die gesundheitliche Betreuung war von der Militärbehörde der Burgarzt Dr. Hussel freigegeben worden, der von einer Anzahl Schwestern unterstützt wurde.

Leider konnte das Entstehen und Umsichgreifen einer Scharlachepidemie nicht verhindert werden; von Weihnachten bis Anfang Mai erkrankten über 100 Jungen an Scharlach, wodurch der Unterricht erhebliche Störungen erlitt. Auch sonst ließ der Gesundheitszustand viel zu wünschen übrig.

Für den Unterricht standen den Klassen Seminarräume der Burg zur Verfügung, auch Karten für Geschichte und Erdkunde waren freigegeben. Desgleichen konnte ein Schmalfilmapparat für Unterrichtszwecke benutzt werden. Für die Leibesübungen waren mehrere Sportplätze und eine Turnhalle vorhanden.

Bis zu den Osterferien wurden am Vormittag 4 Unterrichtsstunden gegeben, an 4 Nachmittagen wurden zweistündige Arbeitsstunden abgehalten. Nach den Osterferien kam zu den 4 Unterrichtsstunden noch eine Arbeitsstunde am Vormittag hinzu, während nachmittags nur an 3 Tagen 2 volle Stunden hindurch Schularbeiten gemacht wurden und die übrigen Nachmittage der HJ zur Verfügung standen.

Filmvorführungen und andere Veranstaltungen sorgten für Abwechslung im Lagerleben; mehrere Wanderungen an Vormittagen konnten trotz der ungünstigen Witterung durchgeführt werden.

Am 14. Mai 41 erfolgte die Verlegung der Eckenerschule nach Zinnowitz. Die Klassen 1-2 wurden im Hotel Glienberg, Waldstr. 14, die Klassen 3 und 4 im Haus Felicitas, Waldstr. 22, untergebracht. Die Klassenleiter wohnten in den Häusern, in denen ihre Klassen lagen. Die Unterbringung zu 2-5 Jungen in einem Zimmer sagte ihnen mehr zu als die Massenunterbringung auf der Ordensburg. Auch sonst empfanden sie die größere Freiheit als wohltuend. Die Verpflegung war z. T. besser als in Krössinsee; die Heimeltern waren mit allen Kräften bemüht, den Jungen es so angenehm wie möglich zu machen. Die Besorgung der Wäsche, die Instandsetzung der Schuhe u. a. war anfangs schwierig.

Der Unterricht wurde weiter in der gleichen Weise gehandhabt wie in Krössinsee. Als Beauftragter des NSLB für die in Zinnowitz untergebrachten 20 KLV-Lager wurde Studienrat Dr. Brandes ernannt, dem auch noch die Lager in Zerpin unterstanden.

Für die Eckener-Schule waren zunächst folgende Lehrkräfte tätig: Studienrat Dr. Brandes mit den Lehrbefähigungen Religion, Geschichte I, Deutsch II, Studienrat Dr. Liennet mit Religion I, Geschichte I, Griechisch II, Studienrat Heilmann mit Musik I. Stud. Assin. Kuprat mit Deutsch I, Englisch I, Französisch II. Etwas später glückte es dem Lagerleiter, Herrn Studienrat Dr. Rauscher von der Friesen-Schule mit den Lehrbefähigungen in Mathematik I, Physik I und angewandte Mathematik zu gewinnen, so daß außer Biologie und Erdkunde in allen anderen Fächern der Unterricht von Fachlehrern erteilt werden konnte.

Die Arbeit in der Schule und im Lager verlief mit allen Herren in bestem Einvernehmen (in Glienberg wurde Stud. Rat. Dr. Liennet als Unterlagerleiter eingesetzt).

Die Anzahl der Schüler betrug am 24. 5. im Hause Felicitas 41, im Hause Glienberg 47, zusammen also 88 Schüler, am 16. 7. im Hause Felicitas 43, in Glienberg 47, zusammen 90 Schüler.

Im ganzen wurden in der Woche (einschl. der Arbeitsstunden) 38 Stunden gegeben. Als am 24. Juni die Ferien begannen, war die Forderung des Lehrplanes erfüllt. Wo das gesteckte Ziel nicht geschafft war, lag es daran, daß in diesen Fächern der Unterricht eine zeitlang geruht hatte, in Latein z. B. 1/2 Jahr. Klasse 1 erreichte das Ziel in sämtlichen Fächern, Klasse 2 wie 1 bis auf Biologie, Klasse 3 wie 1 bis auf Latein und Biologie, Klasse 4 wie 1 bis auf Mathematik und Biologie. Am 18. August waren die Ferien beendet, und seitdem war wieder regelrechter Unterricht nur mit dem Unterschied, daß jede Klasse eine Stufe weitergeführt wurde und die Lehrer infolgedessen das Stoffgebiet von den Klassen 2-5 durchnehmen mußten.

Die Unterbringung war gut; die Jungen wohnten in schönen Zimmern zu 3 bis 5 Mann, nur in einem Falle stieg die Zahl auf 6.

Die Verpflegung in Felicitas war von Anfang an gut und hat sich gleichbleibend gehalten. In Glienberg war die Verpflegung nur ausreichend, manchmal schlechter, so daß der Wirtsfrau häufig Vorhaltungen gemacht werden mußten.

Die Feriengestaltung ergab naturgemäß ein neues Lagerbild. Statt Unterricht wurde ein reges Strandleben gepflegt; Burgenbau, Freiübungen und Baden wechselten miteinander ab. Bei trübem und kühlem Wetter wurden Märsche eingesetzt und die Ordnungsübungen im HJ-Dienst stärker betont, während bei schlechtem, regnerischem Wetter Unterricht stattfand und mehr der Lagerbetrieb in Erscheinung trat. Einmal unternahm das Lager eine Ferienfahrt nach Swinemünde, die von schönem Wetter begünstigt war, so daß alle Teilnehmer vom Leuchtturm aus einen unvergeßlichen Ausblick genossen. Während der Ferien hat das Lager Photo- und Lagerwettbewerbe abgehalten.

Zum Schluß ist noch hervorzuheben, daß die Besuche der Eltern sich im Laufe der Zeit besonders störend auswirkten. Vor allen Dingen vermochten die Eltern nicht zu begreifen, daß der HJ-Dienst auch wirklich Dienst bedeutete. Während der Ferien war für beide Häuser angeordnet, daß mit Rücksicht auf die lange Entsendedauer die Kinder für die Eltern von morgens 8 Uhr bis abends 20.45 Uhr beurlaubt wurden. Der Lagerbetrieb wurde allerdings dadurch erheblich gestört.

Am 7. September 1941 wurden die Lager aufgelöst, und die KLV Eckenerschule kehrte nach Berlin zurück.« (aus: Jahresbericht ... 1940/41 der Eckener-Schule)

Nicht nur die Schüler der Eckener-Schule wurden evakuiert, sondern auch Schüler anderer Tempelhofer Schulen. Am 7. Dezember 1940 fuhren die ersten 135 Schüler der Askanischen Schule mit fünf Lehrern nach Heiligenblut am Großglockner. Im Sommer 1941 wurden sie von dort an den Millstädter See nach Kärnten verlegt. Erst im Herbst 1941 kehrten die letzten von ihnen nach Tempelhof zurück. Obwohl die beteiligten Kinder durchaus beeindruckt von der Natur der Bergwelt zurückgekommen waren und sie es sicherlich auch als angenehm empfunden haben dürften, daß durch die geringe Anzahl der Lehrkräfte und den Lagerdienst der Schulunterricht in den Hintergrund geraten war, ließ das Interesse nach. »Für eine neue Verschickung im Oktober 1941 meldeten sich nur 20 Schüler. Sie wurden in ›Litzmannstadt‹ im ›Warthegau‹ untergebracht. Auch die folgenden KLV hatten eine geringere Beteiligung. Im Juli 1942 ging eine Schülergruppe der 2. und 3. Klassen in das Lager Ordensburg Falkenberg am Krössinsee in Pommern. Im Mai 1943 fuhren 33 Kinder nach Ahlbeck.« (Przeradzki 1984, S. 90)

In dem Jahre 1943 fanden die schwersten Luftangriffe auf Tempelhof statt. Im Januar wurde die Eckener-Schule so schwer getroffen, daß die dortigen Klassen schichtweise im Wechsel mit der Ulrich-von-Hutten-Schule in der Gertrud Stauffacher-Schule in Mariendorf unterrichtet werden mußten. Es fand allerdings kein regelmäßiger Schulunterricht mehr statt. Im Herbst 1943 wurde auch die Leo-Schlageter-

Schule evakuiert.«Die Leo-Schlageter-Oberschule wurde als KLV-Lager in das ›Protektorat Böhmen-Mähren‹ verlegt. Die Standorte wechselten häufig: Rainochowitz in den Beskiden, Neugedein im Böhmerwald, Plaß bei Pilsen. Die Lehrer, darin unterstützt vom ›Deutschen Ministerium‹ in Prag, sorgten dafür, daß trotz HJ-Dienst und Lagerleben die Jungen, wenn auch nur für kurze Zeit, wieder solide unterrichtet wurden. Wer nicht mit der Schule ins Lager ging, der zog zu Verwandten oder Bekannten außerhalb Berlins und wurde ›Gastschüler‹ der jeweiligen dortigen Oberschulen, z. B. in Hohenlynchen, Eberswalde, Kleinmachnow, Wittenberg und vielen andern Orten. Zuständig für diese Schüler blieb ihre alte ›Stammschule‹, in deren Schülerliste sie geführt wurden. Die wenigen in Tempelhof zurückgebliebenen (z. B. wegen Krankheit) oder darin zurückgekehrten Schüler wurden zusammengefaßt und erhielten einen notdürftigen Unterricht bis kurz vor Ende des Krieges u. a. in der Eckener-Schule oder der Mackensen-Schule.« (Przeradzki 1984, S. 92 f.) Nachdem Anfang 1944 der größte Umfang der Evakuierungen erreicht war, begannen schon die ersten Verlegungen und Rückführungen, denn das Zurückweichen der deutschen Wehrmacht vor den alliierten Truppenverbänden führte zu einer zunehmenden Bedrohung für die KLV-Lager. Viele Evakuierte befanden sich auch in von den Deutschen besetzten Staaten, z. B. der Tchechoslowakei: Sie mußten ihre Unterkünfte wegen der näher rückenden Roten Armee verlassen. Viele Jugendliche mußten aber die Lager schon vor der Verlegung oder Auflösung verlassen. Die Jungen waren als Flakhelfer oder Freiwillige in den Krieg einbezogen, und die Mädchen wurden in der Kriegsindustrie oder bei Sanitätsdiensten eingesetzt.

Nach der Rückkehr in das ausgebombte Berlin fanden viele Kinder und Jugendliche ihre Angehörigen nicht mehr vor, weil sie tot waren, oder standen vor zerstörten Häusern.

Jugendliche im Kriegseinsatz

Vom 1. September 1939 (Überfall auf Polen) bis zum 7. September fiel der Unterricht mit »Rücksicht auf notwendige Luftschutzmaßnahmen« zumindest an der Leo-Schlageter-Schule aus. (Bericht ... 1939/40, S. 44) Seit dem Beginn des Krieges wurde der Unterricht an den höheren Schulen Tempelhofs immer mehr in Mitleidenschaft gezogen. Ein noch relativ harmloser, wenngleich sicherlich meist anstrengender Ersatz für den Unterricht war der Ernteeinsatz, wie er zum Beispiel am 19. September 1939 von der Berliner Schulbehörde angeordnet wurde: »Unter Führung und Leitung der HJ ist auf Anordnung des Reichsverteidigungskommissars die männliche Schuljugend der 5.-8. Klassen zur Bergung der Hackfruchternte eingesetzt und zunächst eine ärztliche Untersuchung angefordert worden. Ich bitte, mir über das Ergebnis des Einsatzes zu berichten, insbesondere darüber, ob und wie die nichtgeeigneten Schüler beschäftigt werden.« Am 6. Oktober 1939 teilte der Schulleiter der Eckener-Schule mit, daß 79 % der Schüler der Klassen 5-7 als ernteeinsatztauglich beurteilt wurden. Die Jungen der 8. Klasse arbeiteten bereits »geschlossen in kriegswichtigen Betrieben ..., die nicht geeigneten Schüler werden beschäftigt mit dem Ausbau des Luftschutzkellers, Verdunkelung der Schule, Arbeiten n Bibliothek und Schulgarten.« (aus: Archiv Eckener-Schule)

Störungen des Schulunterrichts gab es hauptsächlich durch Luftschutzübungen und Fliegeralarme. Als Illustration möge der folgende Bericht aus der Eckener-Schule dienen:

»Berlin-Mariendorf, den 27. August 1943
An
die Schulverwaltung
des Verwaltungsbezirks Tempelhof

Betr. Bericht über den Terrorangriff in der Nacht vom 23./24. August

Nach dem Alarm, etwa 1/2 1 Uhr wurde das Schulgrundstück mit zirka 40 Brandbomben belegt. Viele brannten aus Mangel an Material nicht aus; kleine Brände entstanden im Turmgeschoß und im kleinen Zeichensaal. Schwere Brände entstanden in der Turnhalle und im Südflügel des Gebäudes (Chemie – Physik – Biologie und im Raum der Kartenstelle). Die zuerst genannten Brände konnten gelöscht werden; dabei zeichneten sich besonders 2 SA-Männer aus; die Namen sind der Ortsgruppe bekannt, bzw. durch Sturmführer Vorhauer zu erfahren. Der von der Schule eingesetzte Selbstschutz erfüllte seine Pflicht unter Leitung des Studienrats Dr. Walther von der Leo-Schlageter-Schule mit drei Schülern. Beim Löschen des Brandes im Turm stürzte ein Schüler mit Namen Laschber ab und fiel durch die Decke in den kleinen Zeichensaal; nachdem er verbunden war, beteiligte er sich bis zum Morgen an den Löscharbeiten.
Der Schulhausmeister Fabisch bekämpfte das Feuer im Südflügel des Hauses, bis die Feuerwehr anrückte, und rettete wertvolles Material aus der Kartenstelle und Lehrerbibliothek.
Der Heizer Czubak half bei den Löscharbeiten im Turm.
Der Berichterstatter sowie sämtliche Hauseinwohner haben sich an den Löscharbeiten beteiligt.
Das Feuer in der Turnhalle konnte mit den Mitteln des Selbstschutzes nicht gelöscht werden; der Südflügel und damit die ganze Schule wurde durch das Eingreifen der Feuerwehr gerettet.
Ausgebrannt sind: Turnhalle und Verbindungsgang zur Schule, im III. Stock des Südflügels die Chemieräume vollständig, Physik und Biologieräume im II. und I. Stock zum Teil, ebenso ein Zimmer der Kartenstelle im Erdgeschoß. Schwere Beschädigungen sind auf dem ganzen Grundstück entstanden durch in der Nähe heruntergekommene Sprengbomben an Dächern und Fenstern, außerdem in der Wohnung des Mieters Hedenus durch Umstürzen einer Wand.
Kühn, Oberstudiendirektor«   (Archiv Eckener-Schule)

Den kriegsbedingten Beeinträchtigungen des Schulunterrichts durch die zum Wehrdienst einberufenen Lehrer folgten bald die ersten Schüler zum Reichsarbeitsdienst und zur Wehrmacht. In Einzelfällen wurden Schüler schon vor der Beendigung ihrer Schulpflicht im laufenden Schuljahr entlassen, wie Beispiele aus der Askanischen Schule zeigen: Zum 2. Oktober 1941 wurde Klaus-Dietrich W. als Offiziersanwärter einberufen. Ihm folgten am 16. Februar 1942 zwei Schüler, die zur motorisierten Infanterie gingen, und zum 9. März wieder einer. (Mitteilungsbuch 1941-43) Diesen Einberufungen von Jugendlichen folgten viele weitere, bis die Schüler jahrgangsweise in den Krieg geschickt wurden. Im Mitteilungsbuch der Askanischen Schule wird der »Kriegshilfeeinsatz der Jugend in der Luftwaffe« unter dem Datum des 2. Februar 1943 den Lehrkräften mitgeteilt: »Da Einzelheiten noch nicht bekannt sind, bitte ich, die Schüler durch Mitteilungen nicht von ihrer Arbeit abzulenken.« Bereits vier Tage später wurde der Schulleiter anläßlich der Einberufung eines Oberprimaners zum Kriegshilfsdienst deutlicher: »L. .. ist ab 8. 2. zum Kriegsdienst in der H. J. einberufen.« (Mitteilungsbuch 1941–1943) Auch solche Meldungen häuften sich in der Folgezeit, ebenso wie die regelmäßig wiederkehrende Floskel ›Heldentod eines ehemaligen Schülers‹: »Wolfgang F., abgegangen 31.1. 41 aus 7 a wegen Einberufung zum Wehrdienst, gefallen am 30.11. 42 im Osten.« (a.a.O.)

Ab Anfang 1943 wurden die Schüler der Geburtsjahrgänge 1926 und 1927 – also mit 16 und 17 Jahren – für den direkten Kriegseinsatz als Luftwaffenhelfer – auch Flakhelfer genannt – erfaßt.

»Am 15. Januar 1943 gingen 19 Schüler der 7. und 45 Schüler der 6. Klassen in ihre Stellungen nach Biesdorf und Marienfelde ab. Unterricht erhielten sie von ihren Lehrern, und zwar in Biesdorf teils im Truppenlager, teils in den Räumen der dortigen 31. Volksschule, in Marienfelde im Gebäude der Eckener-Schule oder in ihren Unterkünften. Am 15. Juli 43 wurden auch die gleichaltrigen Schüler der 5. Klassen erfaßt. 35 Jungen kamen erst zur Ausbildung nach Mahlow und dann zum Einsatz z. B. in Groß-Ziethen.« (vgl. Przeradski 1984, S. 94)

Über die Schwierigkeiten, einen halbwegs geregelten Unterricht abzuhalten, handelt ein »Bericht über Erfahrungen der Luftwaffenhelfer« vom 15. Oktober 1943, den der Studienrat W. Zabel verfaßte:

»Bericht über Erfahrungen beim Unterricht der Luftwaffenhelfer.

Von Anfang an, seit dem 15. 2. 43 habe ich als Betreuer den Unterricht bei den Luftwaffenhelfern durchgeführt. Obwohl inzwischen viele Unebenheiten geglättet worden sind, scheinen mir 2 wichtige Punkte noch reichlich ungeklärt und ungehört.

I. Die Raumfrage. Es wird jetzt in der Feuerstellung unterrichtet. Der Unterrichtsraum ist der Schlafraum der Jungen. Daß hier ein regulärer Unterricht mit Klassenarbeiten usw. unmöglich ist, braucht kaum erörtert zu werden! Viel wichtiger scheint mir der Versuch, eine befriedigende Lösung zu finden.

a) Der ideale Unterrichtsraum ist und bleibt das Klassenzimmer einer Schule; es ist neutral, bietet keinerlei Ablenkung, Tafel usw. ist vorhanden. In jeder Schule werden einige Räume geheizt, und so dürfte es sich auch ermöglichen lassen, daß der Unterricht in Schulen gelegt wird, die in der Nähe der Feuerstellung liegen. (wie es jetzt noch in Biesdorf z. T. der Fall ist).

b) Wenn aber das Militär die Luftwaffenhelfer nicht zum Schulunterricht aus der Feuerstellung beurlauben kann (Tagesalarme!), dann muß ein geeigneter Unterrichtsraum geschaffen werden. So sind z. B. die Kantinen, die ja heizbar sind, gut geeignet. Das ist aber wiederum nur möglich, wenn in einer Batterie die Luftwaffenhelfer nur einer Schule oder Klasse angehören und nicht wie z. B. in Biesdorf 3 bis 4 verschiedenen Schulen! Das erschwert nicht nur der Batterie sondern auch der Schule sehr die Arbeit. Bei 4 Schulen mit je 18 Wochenstunden reicht ein Raum natürlich nicht aus. (4.18 = 72 Wochenstunden d. s. 12 Stunden täglich) Der Bau einer ›Schulbaracke‹ mit mindestens 2 Klassenräumen, die auch militärischen Zwecken dienen können, scheint mir ein dringendes Bedürfnis zu sein!

II. Noch schwieriger ist das 2. Problem. Abgesehen von mehrstündigen Fahrten haben wir Lehrer noch bis zur Feuerstellung weite Fußwege von 20 bis 35 Minuten z. Teil über freies Feld. In Marienfelde kam ich einmal so durchgeregnet an, daß ich mir das Wasser aus den Schuhen kippen mußte! Völlig durchnäßt gab ich meine 3 Unterrichtsstunden und machte mich dann auf meinen Heimweg von 1 1/2 Stunden! Welche gesundheitlichen Schäden das haben kann, ist kaum auszudenken, zumal wir nicht mehr die jüngsten und gesündesten sind! Wenn uns wetterfeste Kleidung gestellt wird, so ist damit die Sache wohl gemildert, aber nicht gelöst.

Wir brauchen zunächst pro Klasse einen Unterrichtsraum, damit 2 Klassen nebeneinander (und nicht wie in Gr. Ziethen vormittags und nachmittags hintereinander) unterrichtet werden können.

Dann müssen die Lehrer von einem Militärauto bei ca. 5 bis 10 Minuten Fahrt von der Haltestelle der Straßenbahn abgeholt und zurückgebracht werden (wie das in Gr. Ziethen z. T. d. h. nur morgens geschieht). Ist also die Raumfrage gelöst, dann genügen an 3 Wochentagen je eine Hin-und Rückfahrt.

Über die Zusammenarbeit von Militär und Schule kann ich von Biesdorf berichten, daß wir dort das größte Entgegenkommen und Verständnis gefunden haben. Die Zeit für die Schularbeiten muß genau festgesetzt werden (wenn sie sich praktisch auch nicht immer wird einhalten lassen, Alarm usw.). Diese Dinge scheinen aber jetzt in Ordnung zu kommen wie z. B. Kontrolle des Fehlens usw.

gez. W. Zabel, Studienrat.«   (Archiv Askanische Schule)

Kurz darauf stellte sein Kollege D. Albrecht am 5. November u. a. fest: »... von den 3 Gruppen ist die Marienfelder bisher auf den Unterricht im Mannschaftszimmer angewiesen, da der große Kantinenraum an den 3 Vormittagen nicht beheizt wurde ... Wegen Platzmangels muß eine Schülerreihe dem Lehrer den Rücken kehren; bei den beschränkten Raumverhältnissen kann der Lehrer keinen Platz wählen, der ihm die volle Übersicht über alle Jungen dauernd ermöglicht. ... die sonstigen Störungen durch Laufen, Kommandos, Gespräche in den Nachbarstuben erschweren die Konzentration der Jungen auf den Lehrstoff ...« (Archiv Askanische Schule)

Für die Jugendlichen, die noch nicht als Luftwaffenhelfer in Frage kamen, erfolgten Einberufungen zum Wehrertüchtigungslager bzw. Ersatzdienst. So wurden die 6. Klassen der Askanischen Schule vom 4. bis 24. April 1943 in ein Wehrertüchtigungslager einberufen. Noch als der Krieg schon als verlorengegangen angesehen werden mußte, kamen am 12. Januar 1944 44 Jungen zum Flakhelfereinsatz (Przeradski 1984, S. 94). Viele von ihnen wurden gegen die immer näher kommende sowjetrussische Armee eingesetzt und mußten beim Kampf um Berlin ihr Leben riskieren. Darüber berichtet ein Schüler 1947: »Immer wurden wir Jugendlichen vorgetrieben, während man die Volkssturmleute nach Hause schickte. Kein Wunder, daß über 50 % unserer Kampfgruppe fielen.« (Zitiert nach Przeradski, S. 95) Für viele der Jugendlichen, die als Flakhelfer oder beim Volkssturm eingesetzt waren, endete der Krieg auch in der Gefangenschaft.

3. Teil

Der Kampf um die Reichshauptstadt bis zur Kapitulation am 2. Mai 1945

Die 1936 erfolgte Umbenennung von 16 Straßen in Neu-Tempelhof zur ›Ehrung deutscher Fliegerhelden‹ diente auch der propagandistischen Vorbereitung des zweiten Weltkrieges.

Feierlicher Akt auf dem Paradeplatz

16 Tempelhofer Straßen wurden umbenannt

Ehrung deutscher Fliegerhelden am „Tag der Luftwaffe" — Staatskommissar Dr. Lippert und Staatssekretär Milch sprachen

Anläßlich des Tages der deutschen Luftwaffe fand in den gestrigen Nachmittagsstunden auf dem Paradeplatz in Tempelhof die feierliche Umbenennung einer Reihe von Straßen zur Ehrung gefallener und gestorbener Fliegerhelden der alten Luftgarde statt. Auf Vorschlag des Reichsministers der Luftfahrt und Oberbefehlshabers der Luftwaffe, Generaloberst Göring, und des Staatskommissars der Hauptstadt Berlin wurden diese Umbenennungen vom Berliner Polizeipräsidenten verfügt.

Reicher Flaggenschmuck zierte die Tempelhofer Straßen. Unzählige Zuschauer belagerten den Paradeplatz, als mit klingendem Spiel eine Kompanie der Wachtruppe der Luftwaffe Berlin vor einer mit Fahnen und Tannengrün geschmückten Tribüne Aufstellung nahm. Neben der Tribüne versammelten sich außer zahlreichen Angehörigen der geehrten Toten die Vertreter der Luftwaffe, der Polizei, der Partei, der Stadt Berlin, der Bezirksverwaltung Tempelhof, Flieger der alten Luftwaffe und viele andere.

Nachdem noch der Befehlshaber der Luftwaffe im Kreis 2, General der Flieger Kaupisch, von der Ehrenkompanie begrüßt wurde, schritt als Vertreter des Reichsministers für Luftfahrt, Staatssekretär Milch, die Front ab. Dann ergriff Staatskommissar Dr. Lippert das Wort:

Für die Reichshauptstadt sei es am Tage der Flieger eine stolze Freude und Genugtuung, 16 Straßen nach Fliegerhelden des großen Krieges benennen zu dürfen. Es bedeute dies die erneute Bekräftigung der Tatsache, daß Berlin der Fliegerei von Anbeginn ihrer Entwicklung an sein größtes Interesse zuwendete. Auf städtischen Plätzen hier in Tempelhof und ferner Adlershof, Joachimsthal und Staaken sind schon vor dem Weltkriege die ersten tastenden Versuche unternommen worden, aus denen dann die Großtaten der Flugwaffe an allen Fronten im Völkerringen von 1914 bis 1918 miterwuchsen. Immerdar wird auch in der Zukunft der Reichshauptstadt es als ihre Ehrenpflicht ansehen, soweit es in ihren Kräften steht, dem Flugwesen ihre Unterstützung zu verleihen.

16 Straßennamen werden nun mit dem heutigen Tage neu in das Bewußtsein der Berliner Bevölkerung treten. 16 Namen, von denen an jedem von ihnen hafte die Erinnerung an überwältigendes Geschehen, an mannesmutigen Einsatz und an totbereite Pflichterfüllung.

Die Straßen seien benannt nach Rittmeister von Richthofen, Hauptmann Boelke, Oberleutnant Immelmann, General von Hoeppener, Hauptmann Klelue, Major Leonhardt, Oberleutnant Löwenhardt, Leutnant Voß, Leutnant Rumey, Leutnant

Die Feier der Straßenumtaufe auf dem Paradeplatz in Neu-Tempelhof
[Scherl·A.]

Baeumer, Leutnant Gontermann, Oberleutnant Wolff, Oberleutnant Thuy, Fregattenkapitän Strasser, Leutnant von Eschwege und Leutnant Schreiber.

Wir danken dem Herrn Minister der Luftfahrt dafür, so schloß der Staatskommissar, daß er vor der Reichshauptstadt Gelegenheit gegeben hat, diese Ehrung zu vollziehen und damit einen kleinen Teil der Dankespflicht abzutragen, die wir alle unseren Fliegerhelden schulden. Wenn sich die Hüllen von den neuen Straßenschildern senken, so sollen diese für jeden Berliner Volksgenossen eine Mahnung sein an eine große Vergangenheit, aber auch die Erweckung des Empfindens einer Verpflichtung gegenüber der Zukunft sein, die uns gebietet, jederzeit bereit zu sein, unser Höchstes für das Vaterland einzusetzen.

Anschließend sprach Staatssekretär Milch: Auf Befehl des Oberbefehlshabers der Luftwaffe habe er die Aufgabe, der Verwaltung der Reichshauptstadt den Dank für die Umbenennung der Straßen zum Ausdruck zu bringen. Die 16 Männer, die man jetzt hier ehre, seien für uns, für das Vaterland, für das deutsche Volk gefallen. Aber neben ihnen seien noch viele andere Helden, deren Taten durch diese Umbenennung mitgeehrt werden sollen. Diese Namen seien eine Verpflichtung für die alte Luftwaffe gewesen, die im Weltkriege gegen eine Uebermacht von Feinde unerhörte Leistungen vollbracht habe. Der völlige Einsatz und die ungeheure Kraft des einzelnen hat diese Taten nur möglich gemacht. Diese Namen sagen aber auch den Fliegern von heute, daß sie in jeder Lage ihre Pflicht tun müssen, sie sind ihnen Ansporn und Verpflichtung.

Nach einem dreifachen Sieg-Heil auf den Führer stimmte das Musikkorps der Fliegerhorstkommandantur Berlin-Gatow die Nationalhymne an und dann rückten die Soldaten mit flotter Marschmusik durch die Tempelhofer Straßen wieder ab.

Neue Tempelhofer Zeitung vom 22. April 1936

Im Laufe des zweiten Weltkriegs zerschlugen sich aber mehr und mehr auch die Nazi-Pläne zur Neugestaltung der Reichshauptstadt und Schaffung von ›Germania‹ als Metropole eines großgermanischen Weltreiches. Nichtsdestoweniger gibt es bis heute auch in Tempelhof Spuren der faschistischen Stadtplanung. (s. Reichardt/Schäche 1984) Am Löwenhardtdamm Ecke General-Pape-Straße ist ein Großbelastungskörper zur Untersuchung der Tragfähigkeit von Mergelschichten im Erdboden zu sehen, den die Firma Dyckerhoff & Widmann ab 1941 dort errichtete. Das Testergebnis sollte Aufschluß für den Bau der Fundamente der ›Großen Halle‹ und des ›Triumphbogens‹ geben. Aber statt der Siegesfeier in der Großen Halle und dem Triumph begann bereits kurze Zeit nach dem Kriegsbeginn der Untergang des ›Dritten Reiches‹.

In den ersten Kriegsjahren wurde nur von wenigen Menschen vorhergesehen und befürchtet, daß der von der Reichshauptstadt Berlin ausgegangene zweite Weltkrieg hierher zurückkommen und eine Ruinenlandschaft mit Massengräbern zur Folge haben würde. »Bereits am 1. September 1939 heulten in Berlin die Sirenen und zwangen die Berliner am ersten Tag des zweiten Weltkrieges in die Luftschutzkeller. Der Alarm war kurz und ist wohl auf zwei polnische Flugzeuge zurückzuführen, die an diesem ersten Tage des Krieges einen Angriff auf Berlin flogen.« (Demps 1978, S. 35) Diesem Alarm folgte eine längere Pause. Aber bereits am 29. August 1940 waren in dem Tempelhofer Nachbarbezirk Kreuzberg die ersten Toten zu beklagen, als die Royal Air Force Vergeltungsangriffe für die Bombenangriffe der deutschen Luftwaffe auf London flog. Die Stärke der Angriffe nahm zu und verschonte auch die Tempelhofer Bezirksteile nicht. Am 1. September 1940 gab es in Marienfelde von 0.03-1.41 Uhr einen Fliegeralarm, der durch britische Flugzeuge verursacht wurde. Dies sollte sich am 23. September von 23.21 bis 3.10 Uhr in Tempelhof wiederholen. (siehe Demps 1978, S. 49 f.).

Ein Luftangriff am 12./13. Oktober galt unter anderem dem Flughafen Tempelhof: »Vor Halle 5 schlugen in einer Entfernung von 100 m 7 Sprengbomben ein. 4 detonierten, 1 Sprengbombe (Langzeitzünder) detonierte um 2.30 Uhr und 2 blieben als Blindgänger liegen.« (Ereignismeldungen ... 1940 bis 1943)

Die Angriffe des Jahres 1940 waren relativ harmlos zu dem, was als Inferno 1943 folgen sollte. Um die Moral der Berliner Bevölkerung zu schwächen, begann im Januar 1943 die britische Luftwaffe mit ihren Nachtangriffen auf Berlin. Allein nach dem Luftangriff am 16. Januar wurden in Tempelhof folgende (wohl heruntergespielte) Schadensstellen registriert:

Tempelhof:

Industriestraße 35/38   Dellschau-Stahlbau, WL.-Betrieb. Werk von 14 Brandbomben getroffen. Magazinhalle völlig ausgebrannt. Bedeutender Sachschaden. Ein Löschzug der Feuerschutzpolizei eingesetzt.

Industriestraße 1/8   C. Lorenz A.-G., (Z.-Werk), WL-Betrieb. Auf Werkgelände etwa 50-70 Brandbomben niedergegangen. Rundfunkhalle durch 30 Brandbomben getroffen und restlos ausgebrannt. Sachschaden bedeutend. 2 Löschzüge der Feuerschutzpolizei eingesetzt.

Gottlieb-Dunkel-Straße 20	Steffens & Nölle, WL.-Betrieb. Werk von 15 Brandbomben getroffen. Durch Einsatzkräfte gelöscht. Kein festgestellter Sachschaden.
Alter Flughafen	3 Stabbrandbomben auf Rollfeld Alter Flughafen. Kein Personen- und Sachschaden.
Berliner Str. 17	Auf Fahrbahn Berliner Straße 17 Flakgranate detoniert. Leichter Sachschaden an Rolljalousien und Fensterscheiben Berliner Straße 16/17.
Alter Flughafen, Nähe Tor 11	Sprengbomberblindgänger auf Alten Flughafen Nähe Tor 11. Weder Personen- noch Sachschaden.

Das zerstörte Haus Friedrich-Karl-Straße 17–19 am 1. März 1943

Mariendorf

Britzer Straße 43	Mehrere Brandbomben auf Fahrbahn. Durch Schnellkommando gelöscht.
Britzer Straße 2/6	Dachstuhl des Wohnhauses durch Brandbomben in Brand gesetzt. Wohnungsbrand durch Hausgemeinschaft gelöscht. Sachschaden gering.
Königstraße 9, 10, 11	Dreistöckige Häuser durch Luftmine stark beschädigt. Hinterhaus Königstraße 10 zum Teil eingestürzt. Haus Königstraße 9 in Brand geraten und durch Feuerschutzpolizei gelöscht. Bisher 2 Tote (männl.) und 12 Verletzte festgestellt.
Kaiserstraße 5-16	Zweistöckige Häuserreihe durch Luftmine von Königstraße 9-11 stark beschädigt. Großer Dach- und Fensterschaden. Rettungsstelle 202 Inneneinrichtung durch Luftdruck beschädigt. Oberleitung der Autobuslinie 97 zerrissen. Verletzte Personen bisher nicht bekannt geworden.

Friedenstraße 7	Im Hofe des dreistöckigen Wohnhauses Blindgänger niedergegangen, vermutlich Sprengbombe. Achtzig Bewohner zur Obdachlosensammelstelle 9. Volksschule Friedenstr. 23 zugeführt. Personen nicht verletzt. Straßensperre: Friedenstr. u. Marienfelder Straße (?)
Liviusstraße 8	Elektrische Freileitung durch Flaksplitter zerrissen. Personenschaden nicht eingetreten.
Britzer Straße 3	Einstöckiges Familienhaus durch Brandbomben in Brand gesetzt. Dachstuhl und Wohnung stark beschädigt. Von Hausbewohnern und RLB.-Kräften gelöscht. Personen nicht verletzt.
Britzer Straße 5	5 Bramdbomben auf Garage niedergegangen und durch Selbstschutzkräfte gelöscht. Sachschaden gering. Kein Personenschaden.
Straße 205, Nr. 4	Einstöckiges Siedlungshaus Dachstuhl von einer Brandbombe durchschlagen. In Wohnung entzündet. Durch Schnellkommando gelöscht. Geringer Sach- kein Personenschaden.
Königstraße 6, 7 a, 8 Schützenstraße 25 a, 26 a	Dreistöckige Wohnhäuser durch Luftmine von Schadenstelle Königstraße 11 stark beschädigt.

Mariendorfer Damm Ecke Strelitzstraße

Marienfelde:

Kaiserallee 2	3 Brandbomben auf Haus niedergegangen. Dachstuhl durchschlagen. Dachstuhl-, Treppenhaus- und Wohnungsbrand von Selbstschutzkräften gelöscht. Geringer Sachschaden.
Beyrodhstraße 3, 4 und 7	Mehrere Brandbomben auf Einfamilienhäuser und St. Alfonskirche niedergegangen. Dachstuhl-, Wohnungs- und Kirchenbrand. Von Selbstschutzkräften gelöscht. Geringer Sachschaden.

Berliner Straße 117 b	2 Brandbomben auf Mietshaus niedergegangen. Dachstuhl durchschlagen. Dachstuhl- und Wohnungsbrände im 1. und 2. Stock durch Selbstschutzkräfte gelöscht. Geringer Sachschaden.
Berliner Straße 127	1 Brandbombe auf öffentliches Gebäude niedergegangen. Dachstuhl durchschlagen. Dachstuhl- und Deckenbrand von Selbst- schutzkräften gelöscht. 1 Brandbombe auf Freitreppe zur Veranda eben- falls gelöscht. Geringer Sachschaden.
Hranitzkystraße Ecke Welterpfad	1 Brandbombe auf Gemüsestand (Holzbude) niedergegangen. Dach durchschlagen. Verkaufsstand ausgebrannt. Geringer Sachschaden.
Kiepertstraße 14	Brandbomben auf Einfamilienhaus niedergegangen. Dachstuhl durch- schlagen. Dachstuhl- und Wohnungsbrand im 1. Stock von Schnellkommandos und Selbstschutz gelöscht. Geringer Sachschaden.
Im Zuge: Mermeroder, Rein- stedter und Tilkeroder Weg	Brandbomben auf Siedlungshäuser niedergegangen. Dachstühle durchschlagen. Dachstuhl- und Wohnungsbrände von Selbstschutz gelöscht. Geringer Sachschaden.
Estersstraße 20, 24, 38, 44, 46, 48 und 62	Brandbomben auf Häuserblock niedergegangen. Dachstühle durchschlagen. Dachstuhl-, Wohnungsbrände von Schnellkommandos und Selbstschutz gelöscht. Geringer Sachschaden.

Eine Sprengbombe zerstörte dieses Haus am Gätzschmannpfad in Marienfelde

Lichtenrade:

Beethovenstraße 21, 22, 23, 24, 25	Dachstuhlbrände. Erheblicher Sachschaden. Personen nicht verletzt.
Reichspostlager Steinstraße	Barackenbrand durch Brandbombe. Leichter Sachschaden. Personen nicht verletzt.
Spirdingseestraße 7	Dachtuhlbrand im 2-Familienhaus. Kein Personenschaden. Erheblicher Sachschaden.

Münchener Straße 27	Etwa 50 Brandbomben niedergegangen. Schuppen vollständig niedergebrannt.
Spirdingseestraße 5 und 9	Dachstuhlbrand. Durch Selbstschutz gelöscht. Kein Personen-, geringer Sachschaden.
Reichsbahnlager Marienfelder Straße	Barackenbrand durch Brandbomben, mit eigenen Kräften gelöscht. Sachschaden gering, kein Personenschaden.
Goltzstraße 30 und Kirchbachstraße 1 a	2 Familienhäuser durch Sprengbombe eingestürzt. Personen nicht verletzt. Evakuierungen im Gange.

Lichtenrade: Freiertweg 31–37 am 3. Dezember 1943

Goltzstraße 21/25	2 Familienhäuser durch Luftdruck beschädigt, erheblicher Sachschaden. Sämtliche Fensterscheiben zertrümmert,kein Personenschaden.
Goltzstraße 17	Einfamilienhaus (Holz) durch Luftdruck eingestürzt. Personen nicht verletzt. Evakuierung durchgeführt.
Papestraße 5	Dreifamilien-Wohnhaus durch Luftdruck stark beschädigt. Fensterscheiben zertrümmert. Kein Personenschaden.
Wilhelmstraße 32	Dachstuhl, Wohnung und Laden durch Luftdruck stark beschädigt. Kein Personenschaden.
Bahnhof- Ecke Wilhelmstraße	Kinderkrankenhaus und Pfarrhaus durch detonierte Sprengbombe erheblichen Dachschaden erhalten. Südflügel des Kinderkrankenhauses erhebliche Glasschäden, starke Beschädigungen der Innenräume, kein Personenschaden.
Marienfelder Straße 16/25	Acker zwischen Stein- und Marienfelder Straße Sprengbombe detoniert. Einfamilienhäuser durch Luftdruck leicht beschädigt. Kein Personenschaden.
Goltzstraße 14	Einfamilienhaus durch Luftdruck innen eingestürzt. 2 Personen leicht verletzt. Evakuierung im Gange

(Quelle: Der Polizeipräsident ... 17.1.1943)

Im März 1943 wurde eine Angriffspause eingelegt, bevor im Spätherbst 1943 die ›Luftschlacht um Berlin‹ anfing: »Sie begann am Dienstag, dem 18. November 1943. Um 20.11 Uhr wurde Luftalarm in Berlin gegeben. 402 schwere Bombenflugzeuge eröffneten den Angriff und warfen 1 815 Tonnen Bomben ab. Ihnen folgten in 16 Großangriffen weitere 8 709 Flugzeuge bis zum März 1944, die insgesamt 29 804 Tonnen Bomben auf Berlin warfen. Grauenhaftes spielte sich in der Stadt ab. Luftangriffe dieser Heftigkeit waren bisher nicht verzeichnet worden. 9 963 Menschen verloren ihr Leben, etwa ein Sechstel des Gesamtbestandes an Wohngebäuden wurde vernichtet oder zerstört.« (Demps 1978, S. 43)

Im März 1944 begann neben den Briten auch die US Air Force mit Luftangriffen auf Berlin. Während die ›Amis‹ ihre todbringende Fracht am Tage abwarfen, kamen die ›Tommies‹ bei Nacht und legten Berlin in Schutt und Asche. Hiervon waren fast alle Berliner Stadtteile betroffen. Über die Verhältnisse in Lichtenrade berichtete der ehemalige deutschnationale Bezirksverordnete und Heimathistoriker Hermann Wundrich: »Bis 1942 gab es in Lichtenrade wiederholt Fliegeralarm, aber wesentliche Schäden im Ort erfolgten noch nicht. 1943 wurde dieses anders. Wo noch kein Luftschutzkeller war, mußte dieser schnellstens eingerichtet werden. Mit Hochdruck wurde an der Herstellung von Luftschutzkellern und Bunkern gearbeitet. Dann kamen die Luftangriffe. Der schwerste Angriff traf die engere Dorfanlage in den Abendstunden des 2. Dezember 1943, von Marienfelde her über das Dorf Lichtenrade zum Bayerischen Viertel. Die Dorfaue war, wie ein Schachbrett, mit Brandbomben bestückt. In schnurgerader Richtung, etwa alle 5 m im Quadrat, brannte eine Brandbombe. Es war ein schauerlich schöner Anblick. Die Brandbomben, die in die Gebäude fielen, erfüllten nun ihren Zweck. Manchmal nicht gleich erkannt, schlugen plötzlich helle Flammen aus Wohnungen und Dächern. Sehr oft war auch niemand im Hause, weil die Bewohner öffentliche Luftschutzräume und Bunker aufgesucht hatten. An ein Löschen der vielen Brandherde war nicht zu denken. Die abgebrannten Scheunen und Ställe der Bauern zeigen auch z. T. noch heute ein trostloses Bild der Zerstörung und sind noch Zeugen dieser Schrecken. Auch das älteste Haus in Lichtenrade, Alt-Lichtenrade 127, und das daneben liegende Haus (Gemeindevorsteher Paetsch) gingen in Flammen auf, auch die alte Dorfschule gehörte dazu. In die Wohnung des Verfassers Alt-Lichtenrade 129 fielen bei diesem Angriff sieben Brandbomben, die aber unter Einsatz des eigenen Lebens gelöscht werden konnten. Ställe, Böden, Remisen, Garagen, die moderne Maschinenanlage zur Herstellung von Futtermitteln waren nicht zu retten. Als alles lichterloh brannte, fielen Sprengbomben, die Häuser, Ställe und Scheunen auseinander rissen und das Zerstörungswerk vollendeten.

In manchen Wochen gab es in Lichtenrade fast Nacht für Nacht Fliegeralarm. Das Leben verlangte von jedermann härtesten Einsatz. Trotz Störung der Nachtstunden wollte doch jeder am anderen Morgen an seiner Arbeitsstelle sein. – Nach ruhigen, trotz mehrfachen Fliegeralarm besinnlichen Weihnachtstagen kam der 29. Dezember 1943. Gegen 19 Uhr gab es Voralarm. Dann kam der Angriff. Brand- und Sprengbomben fielen zwei Stunden lang auf Lichtenrade. Als die Menschen aus den Luftschutzkellern kamen, brannte es im ganzen Ort, auch unsere Dorfkirche brannte. Die uns so lieb gewordene alte Kirche war von Brandbomben getroffen. Der Turmhelm erhob sich rotglühend vom schwarzen Nachthimmel ab, und das Kreuz glühte silberhell. Viele standen wortlos, bis der Turm in sich zusammenstürzte, und schwelender Rauch zum Himmel zog – es war Mitternacht. – Daß die Kirche getroffen war, und das

Der Stein
ist im Rollen

DEUTSCHE ARBEITER!

Die deutschen Generale haben einen tödlichen Schlag gegen Hitlers Macht geführt — tödlich, ganz gleich, ob er von sofortigem Erfolg begleitet sein wird oder nicht.

Ein faschistisches Regime, das einen schon verlorenen Krieg führt, kann eine solche Untergrabung seiner Autorität nicht lange überleben.

Die deutschen Arbeiter können sich von einer Revolte, die von deutschen Generalen geführt ist, kein dauerndes Heil versprechen — so wenig wie die Arbeiter anderer Länder.

Aber heute kommt es nur auf eins an: die Generale haben ein Unternehmen ins Rollen gebracht, das dem deutschen Volk Rettung und Frieden bringen kann. Nur der Masseneinsatz der Arbeiterschaft kann dieses Unternehmen zu Ende führen. In den Betrieben kann Hitler seine Niederlage finden.

1918 trugen die deutschen Arbeiter in entscheidender Weise dazu bei, den schon verlorenen Krieg abzukürzen und Schluss zu machen, ehe die volle Katastrophe über Deutschland hereinbrach.

Damals gab es keine 12 Millionen Fremdarbeiter im Herzen Deutschlands wie heute. Sie bilden einen Teil der Massen innerhalb des Reiches, die dazu beitragen können, den Zusammenbruch Hitlers zu beschleunigen.

Die Fremdarbeiter in Deutschland sind heute ein Faktor von allergrösster politischer Bedeutung. Es ist die unzweifelhafte Pflicht der deutschen Arbeiter, in jeder Weise mit ihnen zusammenzuarbeiten und, wenn nötig, ihrer Führung zu folgen.

Die deutschen Arbeiter
müssen ihn weiterstossen!

Dieses Flugblatt wurde im Sommer 1944 über Mariendorf abgeworfen (Vor- und Rückseite)

ZJEDNOCZONY KOMITET DO OBCOKRAJOWYCH ROBOTNIKOW

Następująca odezwa została nadana przez radio do robotników cudzoziemskich w Niemczech przez Zjednoczony Międzynarodowy Komitet Górników, Metalowców i Transportowców:

Chwila tak długo przez was oczekiwana nadeszła. Utworzony został ośrodek władzy który przeciwstawia się panującemu systemowi. Żołnierze niemieccy i naród niemiecki mają obecnie dowód że dowódcy wojskowi stracili nadzieję na zwycięstwo.

Czy Hitlerowi uda się ustanowić ponownie swą władzę czy też mu się to nie uda — zależeć będzie nie tyle od generałów ile od masowej akcji wewnątrz Niemiec.

Nie zamierzamy dawać wam instrukcji. Wiemy że słuchać będziecie waszych przywódców i że tak jak rodacy wasi w kraju, uczynicie wszystko co możliwe aby przyspieszyć upadek Hitlera i koniec wojny. Wiecie sami że odgrywacie decydującą rolę w Niemczech dzięki waszej wielkiej ilości oraz dzięki temu że zajmujecie stanowiska we wszystkich ośrodkach niemieckiego przemysłu wojennego.

Otrzymacie z Londynu wszelką pomoc i wszelkie informacje, które mogą być dostarczone z zewnątrz. Słuchajcie audycji z Londynu. Wy sami zdajecie sobie sprawę jak żywotna jest konieczność skierowania w obecnej chwili przeciwko Hitlerowi wszystkich sił jakie w Niemczech są do dyspozycji i współdziałania z wszystkimi niemieckimi robotnikami, którzy w krytycznej chwili czynami udowodnią po jakiej stronie się znajdują.

Robotnicy cudzoziemscy w Niemczech! Na was skierowane są oczy robotników w waszej ojczyźnie, robotników całej okupowanej Europy, całego wolnego świata. Wiemy, że nas nie zawiedziecie.

Słuchajcie programów polskich dla robotników polskich w Niemczech we wtorki o 9.20 i czwartki o 19.45, oraz w języku niemieckim w soboty kwadrans po północy.

XG20

Feuer dort schon gefährlich schwelte, konnte niemand erkennen. Das war auch nicht einmal von der ständigen Brandwache auf dem Turm bemerkt worden, die den Turm deshalb schon verlassen hatte. Erst als aus dem Dach über der Orgel Flammen schlugen, rief man die Feuerwehr. Auch jetzt wäre vielleicht die Kirche noch zu retten gewesen, wenn man das Wasser dem Dorfteich entnommen hätte und nicht der Wasserleitung, die nur einen schwachen Strahl von sich gab, aber die Schläuche reichten nicht aus. Bald wurde auch dieses Bemühen abgebrochen, weil die Feuerwehr zur Brandstelle des Waldrestaurants, Hilbert- Ecke Wolziger Zeile abgerufen wurde, – beides ein vergebliches Tun. Da zunächst die NW.-Seite des Kirchendaches brannte, gelang es den Helfern, wenigstens auf der Altarseite das Kreuz, einige Bänke und vor allem den Taufengel zu retten, aber das Ende der ganzen Kirche ließ sich nicht mehr aufhalten. – Ein unvergeßlicher Anblick für den ganzen Ort. Noch bis in den dämmernden Morgen leuchtete der Schein des brennenden Turmes.« (Wundrich, S. 54 ff.)

Die Bomben trafen auch in Mariendorf. Am 6. Dezember 1943 schrieb der Pfarrer Rieger der Martin-Luther-Gedächtnis-Gemeinde: »Ende November wurden Häuser in der Prühßstraße zerstört und zwei Menschen getötet ... Auch in der Martin-Luther-Gedächtniskirche sind sämtliche Fenster zertrümmert. Das daneben liegende Gemeindehaus wurde von einer Sprengbombe getroffen, die ein Drittel des südlichen Flügels fortriß. Die Wohnung der Gemeindehelferin ist völlig verschwunden. Von der von Pfarrer Kurzreiter bewohnten Pfarrwohnung sind zwei Zimmer völlig fort und die anderen erheblich beschädigt.« (50 Jahre ..., S. 26) In einem anderen Brief hieß es bei Herrn Schwarz: »Wenig später trafen die Kirche zwei Brandbomben, von denen die eine über dem linken Seitenschiff das Dach zerschlug, aber weniger Schaden anrichtete, die andere jedoch über der Apsis Dach und Gewölbe durchschlug, ein ca. 50 mal 50 cm großes Loch in die Decke riß und nahe den Stufen in Höhe des Taufsteins feuersprühend weiterbrannte. Dem Hausmeister Olschoewski und Frau Vikarin Märtins ist es zu verdanken, daß sie, jede Gefahr mißachtend, diese Phosphorbombe durch Sand ersticken konnten.« (a.a.O., S. 26 f.)

Die Luftangriffe auf Berlin endeten erst im April 1945, als die sowjetrussische Armee nah herangerückt war. In den letzten Kriegsmonaten hatte sich – für die, die es sehen wollten – immer deutlicher abgezeichnet, daß eine Niederlage nur noch eine Frage der Zeit und des zur Verfügung stehenden Kriegsmaterials war.

Am 1. Februar 1945 wurde Berlin zum ›Verteidigungsbereich‹ erklärt, d. h. die Stadt sollte zur einer Festung ausgebaut werden. Mit Hilfe von Durchhalteparolen und Mordterror gegen Zivilisten und Soldaten, die den sinnlosen Widerstand aufgeben wollten, sollte die Reichshauptstadt ›bis zum letzten Haus‹ verteidigt werden. Obwohl eigentlich klar war, daß eine Großstadt wie Berlin militärisch nicht gehalten werden konnte, sollte sie ›bis zur letzten Patrone‹ verteidigt werden. Neben den – oft versprengten – Wehrmachtseinheiten und Kampfgruppen der Polizei sollte das eilends zusammengerufene ›Volks-Aufgebot vom Knaben bis zum Greis‹ (Volkssturm) die Reichshauptstadt gegen Berufssoldaten verteidigen. Welch ein Wahnsinn.

Der Volkssturm war per Erlaß vom 25. September 1944 gebildet worden: »Es ist in den Gauen des Großdeutschen Reiches aus allen waffenfähigen Männern im Alter von 16 bis 60 Jahren der Deutsche Volkssturm zu bilden.« (nach: Mammach 1981, S. 34) Mit dem Volkssturm wurden auch in Berlin alle personellen Reserven in vier Aufgeboten mobilisiert, die die von Faschismus und Krieg demoralisierte männliche Bevölkerung noch zu bieten schien:

»Zum ersten Aufgebot, das auch als erstes in den Kampf geschickt werden sollte, zählten die Angehörigen der Jahrgänge 1928 bis 1884 – ... –, deren Einsatz möglich war, ohne ›lebenswichtige Funktionen in der Heimat‹ zu gefährden. Zum zweiten Aufgebot gehörten jene Männer derselben Jahrgänge, die ›in kriegswichtigen Betrieben, im Nachrichten- und Transportwesen oder in anderen lebenswichtigen Funktionen in der Heimat tätig sind‹. Die Angehörigen der Jahrgänge 1928 bis 1925 bildeten das dritte Aufgebot, ›soweit sie nicht zum aktiven Wehrdienst einberufen sind‹. Das vierte Aufgebot bestand aus den ›zum Kriegsdienst nicht mehr Tauglichen, die zu Wach- und Sicherungsaufgaben verwendet werden können‹.« (Mammach 1981, S. 36 f.) Nur kurze Zeit ausgebildet und mangelhaft bewaffnet standen die Berliner Jugendlichen und alten Männer einem übermächtigen Feind gegenüber und sollten die Heimatfront verteidigen. Dies bedeutete, daß viele junge und alte Menschen angesichts eines als verloren geltenden Krieges buchstäblich verheizt wurden, während andererseits viele Nazifunktionäre sich flüchtend in Sicherheit brachten. Es wurde sogar noch versucht, die fanatischsten Menschen in mystifizierte ›Werwolf‹-Kommandos – so etwas wie Partisaneneinheiten – aus dem Untergrund gegen die feindlichen Armeen einzusetzen. Während es Berichte aus anderen Berliner Stadtteilen über solche Kommandos gibt, ist über ›Werwölfe‹ in Tempelhof bisher nichts bekannt geworden.
Am 16. April 1945 begannen die sowjetrussischen Truppen mit der Offensive in Richtung Berlin. Sie hatten es in dem von ihnen ›Großer Vaterländischer Krieg‹ genannten Kampf geschafft, die deutsche Wehrmacht aus ihrer Heimat zu vertreiben und schickten sich an, mit mehreren Armeen die Deutsche Reichshauptstadt zu erobern.
In Berlin waren an vielen Stellen Barrikaden aus Bauwagen, Straßenbahnen und vielem anderen errichtet worden, als die Sowjetarmee am Freitag, dem 20. April 1945, die Vororte Berlins erreichte. Der Glaube an ›Wunderwaffen‹ verlor sich mehr und mehr in den Trümmern der Stadt, und auch die Durchhalteparolen erwiesen sich als überholt. Die höchsten ›Goldfasane‹ der Partei setzten sich in der Nacht zum 21. April aus dem Regierungsviertel ab. »Die Marschabteilungen der Reichsführer, Reichsminister und Feldmarschälle mit ihren spiegelnden schweren Kraftwagen setzten sich nach Süden und Norden in Bewegung.« (Kuby 1980, S. 118) Am darauffolgenden Tag, einem Sonntag, war Groß-Berlin nahezu eingeschlossen. Die 1. Belorussische Front unter Marschall Shukow drang von Norden nach Berlin ein, während die 1. Ukrainische Front unter Marschall Konew aus dem Süden über Lichtenrade und Marienfelde ins Stadtzentrum vorstieß.
In der Not klammerten sich viele Menschen an jeden Strohhalm, auch noch, als die Lage völlig aussichtslos war. Versprengte Truppen in der Umgebung der Stadt, die zu einer Geisterarmee von General Wenck zusammengedichtet wurden, sollten Berlin vor den Russen schützen. Statt der ersehnten Hilfe von außen erschien aber nur am 22. April als Ersatz für die aus Papiermangel eingestellten Zeitungen die »erste Nummer der allerneuesten und auch allerletzten Zeitung des belagerten Berlin« (Mendelsohn 1982, S. 483), ›Der Panzerbär. Kampfblatt für die Verteidiger Groß-Berlins‹. Das vierseitige Flugblatt »wurde auf einer ausgedienten Rotationsmaschine gedruckt, die für alle Fälle aus der Zeitungsdruckerei in der Kochstraße ins Tempelhofer Druckhaus verlagert worden war«. (a.a.O., S. 483 f.) Das Blatt wurde kostenlos verteilt und erschien bis zum 29. April. Es sind nur wenige Exemplare des Durchhalteorgans erhalten geblieben. Die ›Schlagzeilen‹ lauteten unter anderem: »Berlin bleibt deutsch!« (22.4.1945), »Wir halten durch!« (28.4.45) und »Heroisches Ringen«

Lesen und weitergeben!

Der Panzerbär

29. April 1945

KAMPFBLATT FÜR DIE VERTEIDIGER GROSS-BERLINS

Heroisches Ringen
Bei Tag und Nacht neue Eingreifkräfte herangeführt

Der Kampf um den Stadtkern entbrannt

Entlastungsangriffe laufen

Aus dem Führerhauptquartier, 28. April.

Das Oberkommando der Wehrmacht gibt bekannt:

In dem heroischen Kampf der Stadt Berlin kommt noch einmal vor aller Welt der Schicksalskampf des deutschen Volkes gegen den Bolschewismus zum Ausdruck.

Während in einem in der Geschichte einmaligen grandiosen Ringen die Hauptstadt verteidigt wird, haben unsere Truppen an der Elbe den Amerikanern den Rücken gekehrt, um von außen her im Angriff die Verteidiger von Berlin zu entlasten.

In dem inneren Verteidigungsring ist der Feind von Norden her in Charlottenburg und von Süden her über das Tempelhofer Feld eingedrungen. Am Halleschen Tor und am Alexanderplatz hat der Kampf um den Stadtkern begonnen. Die Ost-West-Achse liegt unter schwerem Feuer.

Fliegende Verbände unterstützen die Kämpfe unter aufopferndem Einsatz der Besatzungen. Trotz stärkster Jagd- und Flakabwehr wurden bei Tag und Nacht Eingreifreserven gelandet und Munition abgeworfen. Unsere Jagd- und Schlachtfliegerverbände vernichteten in den letzten vier Tagen 143 Flugzeuge, 58 Panzer und über 300 Fahrzeuge.

Im Raum südlich Königs Wusterhausen setzten Divisionen der 9. Armee ihre Angriffe nach Nordwesten fort und erwehrten sich während des ganzen Tages konzentrischer Angriffe der Sowjets gegen die Flanken. Die vom Westen angesetzten Divisionen warfen den Feind in erbittertem Ringen auf breiter Front zurück und haben Ferch erreicht.

Westlich Berlin wurde die Linie Brandenburg-Rathenau—Kremmen gegen alle feindlichen Angriffe behauptet.

Im Raume von Prenzlau warfen die Sowjets neue Panzer- und Infanterieverbände in den Kampf und erzwangen unter starkem Schlachtfliegereinsatz tiefe Einbrüche.

Im nordwestdeutschen Raum kam es gestern nur zu örtlichen Kämpfen. In Bremen hält der Kampfkommandant mit dem Rest der tapferen Besatzung den Nordostteil der Stadt.

An der Donau brach der Feind in Regensburg und Ingolstadt ein. Zwischen Dillingen und Ulm setzten die Amerikaner ihren Vorstoß nach Süden fort. Kämpfe sind im Mindel und im Guenztal im Gange.

Die Armeen in Italien setzten sich hinter dem Po und Tessin ab.

Während die Sowjets im Südabschnitt der Ostfront sich auf starke örtliche Vorstöße beschränkten, setzten sie ihre Angriffe im Raum Brünn mit starken Kräften fort und konnten trotz zäher Gegenwehr der Besatzung in die Stadt eindringen.

Nordwestlich Bautzen, wo bei Meißen die Verbindung mit der Westfront an der Elbe hergestellt wurde, sind unsere Truppen zum Angriff nach Norden angetreten.

Sicherungsfahrzeuge der Kriegsmarine versenkten östlich Gotenhafen ein sowjetisches Schnellboot und schossen ein weiteres in Brand. Schwächere amerikanische Kampfverbände führten am Tage Angriffe gegen Orte in Süddeutschland. In der Nacht herrschte über dem Reichsgebiet nur geringe feindliche Kampftätigkeit.

Kleinstunterseeboote versenkten aus dem stark bewachten feindlichen Nachschubverkehr zwischen Themse und Schelde zwei vollbeladene Schiffe mit 8000 BRT.

Der längere Atem

Seit fünfeinhalb Jahren lodert die Fackel des Krieges in Europa. Ihr verzehrendes Feuer hat nach Polen ganz Europa, nach diesem Erdteil schließlich noch zwei weitere erfaßt, Asien und Amerika.

Deutschland mußte einerseits die Ketten abzustreifen versuchen, die ihm in Versailles auferlegt waren und ihm jede Lebensmöglichkeit nahmen. Es hat dies seit 1933 in dem denkbar engsten Rahmen getan und peinlichst vermieden, dabei den Kreis der unmittelbar betroffenen Gebiete, d. h. die deutsche Lebens- und Interessenzone zu überschreiten.

Wenn unsere Feinde behaupteten, Deutschland habe eigennützige Machtziele verfolgt und die Unabhängigkeit und Freiheit der kleinen Nationen bedroht, so haben England und Amerika sehr bald durch ihr Verhalten bewiesen, daß ihnen in Wirklichkeit nicht nur nichts an der Freiheit dieser kleinen Nationen gelegen ist, sondern daß sie selbst bereit waren und sind, diese an Stalin zu verkaufen, ja, wurde, sind unsere Truppen zum Angriff nach Norden angetreten.

sie für ihre eigenen imperialistischen Ziele auszubeuten.

Mehr noch! Während die von Deutschland besetzten Feindländer durchaus auskömmlich leben konnten, zum Teil sogar einen fühlbaren wirtschaftlichen und sozialen Aufschwung nahmen, ächzen die „befreiten“ Bundesgenossen unter der Hungersnot, Desorganisation und Ausbeutung durch die Engländer und Amerikaner. Besonders groß aber sind die Leiden der Neutralen und jener Völker, die sich den jüdisch-plutokratischen und bolschewistischen Drahtziehern auf Gedeih und Verderb unterwarfen.

Deutschland ist durch den Verrat klug geworden, dem es 1918 zum Opfer fiel. Es weiß, daß alle Versprechungen der Feindseite nichts anderes bedeuten als den Versuch, unser Volk wiederum völlig wehrlos zu machen und es damit der wirtschaftlichen Ausbeutung, persönlichen Versklavung und völkischen Vernichtung auszuliefern.

Zu verlieren haben wir nichts mehr. Wir haben alles verloren und würden durch Kapitulation uns selbst, unsere Zukunft, Frau und Kind preisgeben. Wohl aber haben wir die Chance, uns zu behaupten und einst dann Existenz, Familienleben und unseren sozialen Staat wieder aufzubauen, in dem wir einen noch größeren Wohlstand erreichen werden, als wir ihn vor diesem Kriege bereits genießen konnten.

Dies ist ein fernes, aber ein reales Ziel. Wir wollen es stets vor Augen behalten, wenn die Gegenwart heute Anforderungen an uns stellt, die uns fast unerträglich erscheinen mögen, wenn unser Todfeind uns Wunden schlägt, aus denen das Blut unserer Besten fließt.

In Berlin, in den rauchenden Ruinen der Reichshauptstadt

(29. 4. 45). Als am 23. April die Granaten rings um das Druckhaus Tempelhof einschlugen, wurde die Herstellung des ›Panzerbär‹ in den Ruinen des einstigen Ullsteinhauses in der Kochstraße fortgesetzt. Vier Tage später, am 27. April, wurde das Druckhaus Tempelhof – welches vorher von der SS-Besatzung und dem Artillerieposten geräumt wurde – von sowjetrussischen Einheiten erreicht und besetzt.

Über die Verteidigung Lichtenrades und die Eroberung durch die Russen – das Wort Befreiung taucht nicht auf – schreibt der bereits erwähnte Hermann Wundrich: »Am Sonntag, dem 22. April 1945 waren die Russen bis Mahlow vorgedrungen. Von Großbeeren her hörten die Lichtenrader die unaufhörlichen Abschüsse der sogenannten Stalinorgeln. Lichtenrade ging einer schlimmen Nacht entgegen. – Aber wider Erwarten verlief die Nacht verhältnismäßig ruhig. Die gegenüber der Villa Klau, Kirchhainer Damm gebaute Straßensperre sollte vom Volkssturm verteidigt werden. Am Montag, dem 23. April 1945 gegen 6 Uhr früh begann der Russenangriff auf die Lichtenrader Straßensperre. Die Russen vergeudeten keine Zeit mit der Straßensperre. Man ließ sie einfach liegen, und die Panzer fuhren links über den Bürgersteig und dann durch das Grundstück des Steinmetzmeisters Drucker wieder auf die Straße. Es dauerte nur kurze Zeit, dann zogen die Russen mit ›Hurrä‹ in den Ort ein. Der Volkssturm zog sich zurück. Nachfolgende Kolonnen der Russen durchkämmten sofort die Häuser der Durchgangsstraßen.« (Wundrich, S. 57) Nachdem Lichtenrade bereits am 23. April von den Sowjetsoldaten erobert bzw. durch diese befreit wurde, waren am nächsten Tag auch Marienfelde und Mariendorf besetzt und Tempelhof umkämpft. Ein Offizier der SS-Panzerdivision ›Müncheberg‹ berichtet in einem Tagebuch:

Durch die Sprengung der Stubenrauch-Brücke sollte im April 1945 die vorrückende Sowjet-Armee aufgehalten werden.

»24. April 1945: Am Vormittag steht unsere dezimierte Division am Tempelhofer Flugplatz. Russische Artillerie schießt ununterbrochen. Von den acht Berliner Verteidigungsabschnitten halten wir jetzt den Abschnitt D. Der Kampfkommandant befindet sich im Luftfahrtministerium. Unsere Hauptkräfte konzentrieren sich um das Karstadt-Hochhaus und die Sarotti-Schokoladenfabrik. An Stelle von infanteristischem Ersatz erhalten wir zusammengewürfelte Alarmeinheiten.

Hinter uns bricht immer noch Zivilbevölkerung auf, die im Artilleriefeuer den Versuch macht, zu entkommen. Sie schleppt dürftige Bündel, Reste ihrer Habe mit. Dazwischen versuchen Verwundete, nach hinten zu kommen. Aber die meisten bleiben, weil sie fürchten, von irgendwelchen Standgerichten aufgegriffen und als Deserteure erhängt zu werden.

Die Russen brennen sich mit Flammenwerfern in die umkämpften Häuser ein. Das Schreien von Kindern und Frauen ist fürchterlich. Gegen 15 Uhr besitzen wir noch knapp ein Dutzend Panzer und etwa dreißig Schützenpanzerwagen. Dies sind die einzigen Panzerfahrzeuge im ganzen Befehlsbereich des Wilhelmsplatzes. Es stehen kaum noch Fahrzeuge für Verwundetentransporte zur Verfügung.

Die Artillerie wird am Nachmittag in den Tiergarten verlegt. Munition ist nur noch wenig vorhanden. Rings um das Verwaltungsgebäude Tempelhof sieht es aus, als sei die Hölle losgebrochen. Gebrüll, Granatexplosionen, Einschläge der Stalinorgeln. Die Schreie Verwundeter, Lärm von Motoren und Maschinengewehren. Darüber Rauchschwaden. Chlor- und Brandgeruch. In den Straßen viele gefallene Frauen, die den Versuch machten, Wasser zu holen. Vereinzelt aber auch Frauen mit Panzerfäusten in der Hand, Schlesierinnen, die von wildem Rachedurst erfüllt sind.« (Bundesminister ...1960, S.163) Am nächsten Tag drangen die russischen Soldaten gegen 10 Uhr auf den Flughafen Tempelhof vor: »Es wird um den Flughafen Tempelhof gekämpft. Die am Verwaltungsgebäude vorbeiführende Straße und der davor liegende Platz (der heutige ›Platz der Luftbrücke‹) gleichen einem Heerlager. Rauchschwaden und Chlordämpfe hängen in der Luft; detonierende Werfergeschosse, Motorenlärm, die Schreie Verwundeter erfüllen die infernalische Szene. Ein Haus nach dem anderen stürzt unter dem Artilleriebeschuß zusammen.« (Kuby 1980, S.144)

Am 25. April befand sich die Hauptkampflinie bereits zwischen dem Rathaus Schöneberg und dem Halleschen Tor, und damit waren die allerletzten Tage des ›Dritten Reiches‹ angebrochen. Aber in Tempelhof wurde immer noch weiter gekämpft. Ein Beispiel für eine fanatische Hitler-Jugend-Einheit erlebte der Generaloberst der 8. Gardearmee, Wassili Tschuikow am 26. April: »Ein Haufen von etwa 400 Jungen, keiner älter als 15 Jahre, alle in schwarzen kurzen Jacken, marschierte in einer Straße direkt auf eine unserer Sturmgruppen zu. Jeder Junge trug eine Panzerfaust geschultert. Was sollten wir mit ihnen tun? Unsere Soldaten brachten es nicht übers Herz, die Waffe gegen die Jungen zu erheben. Die Kommandeure fragten über Funk: ›Wie sollen wir uns verhalten? Durchlassen oder das Feuer eröffnen?‹

›Nicht schießen! Findet einen Weg, sie zu entwaffnen.‹

Gelbe Leuchtzeichen stiegen hoch, die unsere vorderste Linie kennzeichneten, doch das brachte die Jungen nicht zum Stehen. Als sie unsere Geschütze und Fuhrwerke erblickten, stürzten sich sich wie Wahnsinnige auf sie. Sie schossen ihre Panzerfäuste ab und töteten Menschen und Pferde. Wir mußten uns zur Wehr setzen. Als die ersten Jungen fielen, wandten sich die anderen zur Flucht.

Das geschah am 26. April, nach der Einnahme des Flughafens Tempelhof. Die Jungen waren vom Tiergarten gekommen und in der Kolonnenstraße auf die Gefechtsordnung des 28. Gardeschützenkorps getroffen.« (Tschuikow 1976, S. 459 f.)

General Tschuikow hatte vom 27. April bis zum 4. Mai seinen Kommandostand in einer Erdgeschoßwohnung des Hauses Schulenburgring 2 eingerichtet, in der er in der Nacht zum 1. Mai 1945 General Krebs als Abgesandten der übriggebliebenen politischen und militärischen Führung des ›Dritten Reiches‹ in Berlin empfing. Der General sollte versuchen, nach dem Tode des ›Führers‹ Adolf Hitler einen Waffenstillstand auszuhandeln. »Für die Verhandlungen hatte man ein Zimmer vorbereitet, das in seinem früheren Leben einmal Speisezimmer gewesen war. Eßtisch, Anrichte und Radiotischchen erinnerten daran. An der Wand hing eine recht ordentliche Kopie des ›Heiligen Abendmahls‹.« (Dolmatowski 1970, S. 54) Der Ablauf der Verhandlungen wurde von Jewgeni Dolmatowski festgehalten und in deutscher Übersetzung 1970 in der Zeitschrift ›sputnik‹ veröffentlicht. Der Wiederabdruck erfolgte in einer Broschüre über die Geschichte des Hauses Schulenburgring 2 (Dillinger u. a. 1985). Die langwierigen Verhandlungen zogen sich vom frühen Morgen des 1. Mai 1945 bis zum nächsten Tag hin. Während die deutsche Seite einen Waffenstillstand gegenüber der Roten Armee erreichen wollte, bestanden die sowjetischen Militärs auf der ›bedingungslosen Kapitulation‹, entsprechend den Vereinbarungen unter den Alliierten. Erst am Vormittag des 2. Mai 1945 kam es durch General Helmuth Weidling, dem letz-

General Krebs verläßt am Morgen des 1. Mai 1945 das Haus Schulenburgring 2

ten militärischen Befehlshaber Berlins, zur Erklärung der Kapitulation der Soldaten der Berliner Garnison:

»Am 30. April 1945 hat der Führer Selbstmord begangen und damit alle, die ihm Treue geschworen hatten, im Stich gelassen. Getreu dem Befehl des Führers wart Ihr, deutsche Soldaten, bereit, den Kampf fortzusetzen, obwohl Eure Munition zur Neige ging und die Gesamtlage den weiteren Widerstand sinnlos machte. Ich ordne die sofortige Einstellung jeglichen Widerstandes an.

Weidling
General der Artillerie,
ehemaliger Befehlshaber
des Verteidigungsbereiches
von Berlin!«

(Kuby 1980, S. 238) Gegenüber dieser ersten Fassung wurde das Wort ›ehemaliger‹ gestrichen, wohl um die Befehlsgewalt von General Weidling bis zur endgültigen Abwicklung der Kapitulation zu dokumentieren.

General Weidling begibt sich in sowjetrussische Gefangenschaft

Auch die Versuche weiterer deutscher Politiker anderen Orts, die Gegensätze zwischen den Alliierten zugunsten der Nazis auszuspielen, waren fehlgeschlagen. In Berlin war am 2. Mai 1945 mit der Verkündigung der Kapitulation der Krieg zu Ende. Der Kapitulationsbefehl wurde per Lautsprecherwagen in ganz Berlin verbreitet. Erst am 7. Mai wurde in Reims die Gesamtkapitulation der deutschen Wehrmacht unterzeichnet, welche in der Nacht vom 8. zum 9. Mai 1945 in Berlin-Karlshorst wiederholt wurde. Nachdem die sowjetrussischen Truppen die Kontrolle über einzelne Ortsteile hatten, wurde relativ schnell versucht, das Leben wieder in Gang zu bringen, so auch in Lichtenrade: »Der russische Ortskommandant ließ die Gewerbetreibenden und Landwirte zu einer Versammlung im Ortsdienstgebäude zusammenholen und verlangte die sofortige Reinigung aller Straßen von Schutt und Schmutz. In fast allen Straßen lagen hohe Berge Brandüberreste, Bombenschutt, Steine, Schmutz u. a., die den Verkehr behinderten. Die Haus- und Grundbesitzer halfen sich zumeist damit, den aus Häusern und Gärten auf die Straße geschafften Schutt wieder in die Gärten zu bringen und unterzugraben. Eine zweite Forderung des russischen Kommandanten war die, für größte Sauberkeit der Geschäfte und Häuser zu sorgen, jeder wisse wohl mit Farbe und Pinsel umzugehen. Drittens forderte der Kommandant, nach dem schrecklichen Kriege sofort mit der Land- und Gartenarbeit zu beginnen.

... Innerhalb weniger Tage waren die Straßen geräumt und sauber. Langsam gewöhnte sich die Bevölkerung an die russische Besetzung. Zucht und Ordnung wurden bei den Russen wieder strenger, nachdem die Kampftruppen weiter gezogen waren ... Die Russen sammeln ihre Toten und begraben sie an der Friedenseiche auf der Dorfaue.« (Wundrich, S. 57 f.) Im Mai 1945 wurden diese Toten umgebettet. »In der Nähe wohnende Mitbürger wurden nachts aus ihren Wohnungen geholt und mußten bei diesen Arbeiten helfen.« (Behrend)

Die sowjetrussischen Truppen wurden nur von wenigen Menschen als Befreier Berlins angesehen. In der Hauptsache waren sie die Besieger des nationalsozialistischen Deutschlands. Sie hatten auf ihrem Vormarsch in Richtung Deutsches Reich oft mitansehen müssen, welche Greueltaten die deutschen Soldaten und SS-Einheiten auf dem Rückzug an der sowjetrussischen Bevölkerung und in den Konzentrationslagern verübt hatten. Darauf soll hier nicht weiter eingegangen werden, aber vor diesem Hintergrund müssen die auch in Tempelhof begangenen Vergewaltigungen von Frauen und Mädchen sowie das Beutegut in Form von ›Uri, Uri‹ und anderem gesehen werden. Während relativ häufig konkret von den Uhren-Diebstählen gesprochen wird, gibt es verständlicherweise wenig Frauen und Mädchen, die über die an ihnen begangenen Vergewaltigungen berichten bzw. berichteten. Trotzdem sind die Massenvergewaltigungen in Berlin im April 1945 in einem großen Ausmaß gegenwärtig. (Vgl. Schmidt-Harzbach 1985, S. 28 ff.)

Hingewiesen werden muß an dieser Stelle auch darauf, daß russische Soldaten wegen Vergewaltigungen von ihren Offizieren erschossen wurden. Darüber sind vereinzelte Berichte bekannt.

Vergessen werden darf auch nicht, daß die sowjetische Armee aus ihren Beständen dazu beigetragen hat, die Berliner Bevölkerung mit Lebensmitteln zu versorgen, als in den Kriegstagen alles zusammengebrochen war. Dieses Bild von den sowjetischen Soldaten ist in der Zeit des ›kalten Krieges‹ bald verschwunden.

Von 1945 an bis heute gibt es unterschiedliche Auffassungen über die Bedeutung des Kriegsendes. Für viele verfolgte Menschen war das von außen herbeigeführte Ende des Faschismus und des Krieges eine Befreiung. Befreit wurden die untergetauchten Juden und Jüdinnen sowie die zu Zwangsarbeit ›verpflichteten‹ ausländischen Männer und Frauen. Viele Tempelhofer/innen durften die Befreiung nicht mehr erleben, da sie vorher von den Nazis ermordet wurden oder an den Folgen der unmenschlichen Haftbedingungen starben. Auf einzelne Schicksale wurde in den vorhergehenden Kapiteln ausführlich und beispielhaft eingegangen.

Allerdings gibt es auch bis heute ewiggestrige Menschen, die stolz darauf waren und sind, was in der Zeit des Dritten Reiches geschehen war. Sie verkrafteten es nicht, plötzlich nicht mehr auf der Siegerseite zu sein und die Welt zu erobern, sondern zu den Kriegsverlierern zu gehören. Bereits nach 1945 gab es – erst im Untergrund und später legal – wieder Nationalsozialisten, die versuchten und es teilweise auch schafften, politischen Einfluß zurückzugewinnen. Hierauf kann an dieser Stelle nicht weiter eingegangen werden, da die Behandlung dieses Komplexes ein neues Buch ergeben würde.

Aus den Ruinen ... in die Nachkriegszeit

Als der Krieg zu Ende war, bestand die Bevölkerung des Verwaltungsbezirks Tempelhof nur noch aus etwa drei Viertel der Bewohnerschaft entsprechend der letzten Volkszählung vom 17. Mai 1939.

	17. 5. 1939	12. 8. 1945	Veränderung
m	57 178 (46 %)	34 177 (37 %)	− 23 001 (− 40 %)
w	67 976 (54 %)	59 163 (63 %)	− 8 813 (− 13 %)
	125 154	93 340	− 31 814 (− 25 %)

(Quelle: Hauptamt für Statist k ..., S. 9 f.)
Während die weibliche Bevölkerung 1939 vor Beginn des Weltkrieges nur einen geringen Überschuß aufwies, waren 1945 – ein Vierteljahr nach der Beendigung des Krieges – fast zwei Drittel Frauen oder Mädchen. Die Frauen rückten als Versorgerinnen der Familien in den Mittelpunkt. Ohne sie wäre der Wiederaufbau in Tempelhof und das Überleben in der unmittelbaren Nachkriegszeit unmöglich gewesen.
Zu den ersten Maßnahmen der erst sowjetrussischen und danach auch amerikanischer, britischen sowie französischen Besatzungsbehörden Berlins gehörte das Verbot aller faschistischen Organisationen.
Nachdem bereits am 24. April – als in Berlin noch gekämpft wurde – in dem Nordberliner Stadtteil Hermsdorf die erste Ortsverwaltung durch das sowjetrussische Militär eingesetzt und am 26. April 1945 der erste Bezirksbürgermeister in Zehlendorf ernannt worden war, begann auch am 30. April in Tempelhof die Arbeit des Bezirksamtes. In den einzelnen Bezirksteilen gab es sehr früh Ortsbürgermeister. Am 27. April ist die frühere Ortsamtsstelle Mariendorf als Bürgermeisteramt errichtet und mit Herrn Görgner der erste Bürgermeister durch die sowjetischen Kriegskommandanten bestellt worden. Ortsbürgermeister von Marienfelde wurde am 30. April Karl Erdmann, später Otto Burgemeister.
Am 30. April 1945 ist auch Dr. Willy Kramm zum Tempelhofer Bezirksbürgermeister ernannt worden. (Vgl. Landesarchiv Berlin 1961, S. 46 und S. 48) Der bisherige nationalsozialistische Bezirksbürgermeister Carl Pollesch war im Amt verhaftet worden. Er soll sich später umgebracht haben.
Dr. Kramm war bereits vor 1933 als Obermagistratsrat in zentralen Abteilungen des Tempelhofer Bezirksamtes tätig. Er arbeitete (1929) neben seiner Tätigkeit als Dezernent im Büro des Bezirksbürgermeisters Bruns-Wüstefeld außerdem im Grundstücks- und Syndikatsbüro (Tiefbauamt) und im Einigungsamt (bezirkliche Schiedsgerichtsbarkeit) an Schaltstellen der Bezirksverwaltung (siehe Amtsbuch der Stadt Berlin 1928, S. 169 ff.). Es kann angenommen werden, daß der Einfluß von Dr. Kramm bis 1945 nicht zurückgegangen sein wird. Von Dr. Kramm ist folgende Bekanntma-

chung überliefert, deren Intention aber heute nicht mehr ohne weiteres festzustellen ist (Privatbesitz Goll):

»Bekanntmachung

Auf Anordnung der russischen militärischen Besatzungsbehörde müssen alle amerikanischen, englischen und französischen Staatsangehörigen die Reichshauptstadt Berlin innerhalb 48 Stunden verlassen und sich in Orten westlich der Stadt ansiedeln; die mindestens 25 km von Berlin entfernt liegen.

Berlin-Tempelhof, den 9. Mai 1945
Der Bürgermeister
des Bezirks Tempelhof
Dr. Kramm«

Die erste Dezernatsverteilung sah folgendermaßen aus: Dr. Willy Kramm, Bürgermeister; Moritz Reiche, stellvertretender Bürgermeister; Karl Schulze, Allgemeine Verwaltung; Robert Heuer, Wirtschaft und Ernährung; Viktor Kiebler, Wohlfahrt und Bestattungswesen; Dr. Arthur Frenzel, Gesundheitswesen; Gerhard Krebs, Bauwesen; Hugo Schmidt, Steuern und Kassenverwaltung; Gustav Heilmann, Fuhrpark und Straßenreinigung und Bernhard Kynast, Friedhofs- und Gartenverwaltung (vgl. Flatau 1945, S. 5. f.). Das sogenannte ›Beamtenkabinett‹ blieb nur für eine Übergangszeit bestehen, dann hieß es am 22. Mai 1945: »Der sowjetische Bezirkskommandant ernennt Jens Nydahl zum neuen Bezirksbürgermeister von Tempelhof, nachdem der Vorgänger Dr. Willy Kramm wegen seiner Zugehörigkeit zur nationalsozialistischen Partei seine Stellung aufgeben mußte.« (Landesarchiv ..., S. 64)
Jens Nydahl sollte nach der ersten Bezirksverordnetenwahl am 20. Oktober 1946 auch der erste demokratisch gewählte Bürgermeister des Bezirks Tempelhof der Nachkriegszeit werden. Er wurde am 27. Januar 1883 in Kraulund (Nord-Schleswig) als Bauernsohn geboren. Nach seiner Lehrerausbildung und seinem Dienst als Soldat im ersten Weltkrieg wurde er Rektor und Schulinspektor in Neukölln. 1921 war er Dezernent für das Volksschulwesen des genannten Bezirks und wurde 1926 Stadtschulrat im Groß-Berliner Magistrat, bis er durch die Nazis vertrieben wurde. Während des ›Dritten Reiches‹ war er bis zum Ende des zweiten Weltkrieges als Handelsvertreter tätig. Tempelhofer Bezirksbürgermeister war er vom 22. Mai 1945 bis Oktober 1947, als er als Kommunalpolitiker zur Landesregierung von Schleswig-Holstein nach Kiel ging. 1951 schied er als Pensionär aus dem öffentlichen Dienst aus. In seinen letzten Lebensjahren war er wieder in Berlin. Er starb am 19. März 1967 in Kiel (siehe Radde 1973).
Das erste ›richtige‹ Bezirksamt von Tempelhof hatte seit dem 1. Juni 1945 ein Bürgermeister-Kollegium an der Spitze: Erster Bezirksbürgermeister (Allgemeine Verwaltung): Jens Nydahl (SPD), zweiter Bürgermeister (Personalamt): Willi Schubring (KPD) und dritter Bürgermeister: Walter Wankerl (parteilos?), der kurz darauf von Lothar Wille (CDU) abgelöst wurde.
Tempelhof gehörte zu den wenigen Bezirken mit sozialdemokratischen Parteimitgliedern an der Spitze, ebenso wie Tiergarten (Dr. Schloß), Wilmersdorf (Dr. Ostrowski) und Schöneberg (Erich Wendland). In den übrigen Stadtbezirken waren es Kommunisten (10), drei CDU-Mitglieder, zwei parteilose Bezirksbürgermeister und ein Liberaler.

In Tempelhof wurden die übrigen Dezernate folgenden Bezirksräten übertragen (Stand: Mitte September 1945): Ernährungsamt: Karl Erdmann (KPD), Wohnungs- und Bauamt: Paul Schmidt (SPD), Sozialamt: Otto Klemm (KPD), Arbeitsamt: Carl Dietze (SPD), Wirtschaftsamt: August Reitz (SPD) als Nachfolger des Parteilosen Toobe, Volksbildungsamt: Wilhelm Drewes (KPD), Gesundheitsamt: Dr. Latacz (parteilos), Steueramt: Ernst Hoffmann (SPD) (vergleiche Kynast 1945; die Parteizugehörigkeiten wurden nach bestem Wissen ergänzt). Die Sitzungen des Bezirksamtes fanden an jedem Donnerstag, nachmittags um 16 Uhr, im Sitzungszimmer des Rathauses statt.

Die Arbeitszeiten der Bediensteten waren – im Juni 1945 – sehr lang, wie im Dienstblatt der Bezirksverwaltung Tempelhof vom 8. 6. 1945 mitgeteilt wurde. »Ab Sonnabend, dem 9. d. Mts. wird die Dienstzeit in der Bezirksverwaltung Tempelhof auf die Stunden von 8.30-17 Uhr täglich festgesetzt.

Weiter tritt ebenfalls ab sofort eine Erleichterung des Sonntagsdienstes in der Weise ein, daß Sonntags nur rd 1/5 des Personals arbeitet, 4/5 haben Ruhetag. Die Mitarbeiter, die Sonntagsdienst zu verrichten haben, haben ihren Ruhetag am vorhergehenden Sonnabend.

Für die Zeit von 17-20 Uhr ist täglich – auch sonntags – in jedem Dezernat dafür zu sorgen, dass etwa in dieser Zeit auftretende Forderungen der Kommandantur erfüllt werden können. Die Dezernenten und Dienststellenleiter treffen von sich aus die hiernach notwendige Regelung.

Diese neue Dienstregelung ist sowohl im Interesse der Gefolgschaft als auch der Verwaltung eingeführt worden. Es muß jedoch nach wie vor verlangt werden, daß auch darüber hinaus jeder seine Arbeitskraft voll und ganz zur Verfügung stellt.« Zumindest von der Sprache her war der Verfasser dieser Dienstanweisung wohl noch in der faschistischen Zeit der ›Betriebsgemeinschaft‹ stehengeblieben bzw. hatte er unbedacht das Wort ›Gefolgschaft‹ benutzt. Bei ihm wurden offensichtlich nur die alten durch neue Herren ausgetauscht, ohne daß es auch zu einem politischen Wechsel in der Sprache von ›Betriebsführer‹ und ›Gefolgschaft‹ kam. Im neuen Bezirksamt gab es noch viel zu tun, um zu zeigen, daß nicht nur für die Bürger/Bürgerinnen, sondern auch für die Mitarbeiter/innen der Verwaltung wirklich eine ›neue Zeit‹ angebrochen war.

Im Herbst 1945 waren die neugegründeten Parteien KPD (11. 6. 45), SPD (15. 6. 45) und CDU (16. 6. 45) im Block antifaschistischer demokratischer Parteien kurzfristig zu gemeinsamen Aktionen bereit, wie zu einer gemeinsamen Mitgliederversammlung in Mariendorf.

Die neue Bezirksverwaltung stand vor einer Fülle zu bewältigender Aufgaben. Neben der Beseitigung der materiellen Schäden sorgten auch die sozialen Folgen des Faschismus für Arbeit wie eine »größere Anzahl völlig neuer Aufgabengebiete: Jugend-, Frauenausschuß, acht Ortsamtsstellen, Bewirtschaftungsstelle für Bergungsgut, Amt für Sondervermögen, Fuhrpark, Kraftfahrzeuginstandsetzung, Fahrbereitschaft, Arbeitsamt, Städtisches Krankenhaus«. (Tempelhof 1945–1950, S. 4) Über den Ausschuß für die ›Opfer des Faschismus‹ (OdF), der auch im Tempelhofer Bezirksamt tätig war, kann leider nur wenig gesagt werden, da offenbar alle Akten der entsprechenden Abteilung vernichtet bzw. zur Zeit nicht auffindbar sind. Die Anerkennung der Opfer des Faschismus wurden genau geprüft. »Mit ihr war eine einmalige

Alle Mitglieder der

Kommunistischen Partei Deutschlands,
Ortsgruppe Mariendorf

Sozialdemokratischen Partei Deutschlands,
Ortsgruppe Mariendorf

Christlich-Demokratischen Union Deutschlands,
Ortsgruppe Mariendorf

sind zu der am 14. 8. 1945, um 20 Uhr in der

Eckner-Oberreal-Schule

stattfindenden

gemeinsamen

Mitgliederversammlung

eingeladen.

Es sprechen:

Der 1. Bezirksbürgermeister Herr Nydahl,
der 2. Bezirksbürgermeister Herr Schubring
und vom Ernährungsamt Herr Voß.

K. P. D.	S. P. D.	Christl.-Demokr. Union Deutschlands
gez. Willi Wünschmann	gez. Karl Dietze	gez. Wilhelm Schmidt

Druck: Lindemann & Lüdecke, Berlin SO 36, Oranienstr. 183

Sonderbeihilfe von DM 450,—verbunden, die durch weitere Betreuungsmaßnahmen ergänzt wurde. Die Zahl der anerkannten O.d.F. beträgt seit 1945 530 Personen; zur Zeit sind 506 registriert.« (a.a.O., S. 17) Allerdings wurde vielen Verfolgten die Anerkennung wieder versagt, weil ihnen als Mitgliedern von KPD bzw. später SED eine demokratische Gesinnung abgesprochen wurde. Es kann an dieser Stelle nicht ausführlich darauf eingegangen werden.

Der Verwaltungsbezirk Tempelhof war ganz unmittelbar an der damit zusammenhängenden Nachkriegsgeschichte Berlins beteiligt, was die Vereinigung von KPD und SPD anging: In einem kleinen Hinterzimmer des Textilgeschäfts von Kurt Swolirsky am Tempelhofer Damm 198 trafen sich 1946 sozialdemokratische Genossen zu Besprechungen über die Organisation des Widerstandes gegen den von ihnen nicht gewollten Zusammenschluß der SPD mit der KPD zur SED (siehe Scholz 1954, S. 18). Zum Weiterlesen über die Frage des ›Bruderkampfes‹ seien die – unterschiedliche Sichtweisen präsentierenden – Veröffentlichungen von Siegfried Thomas (1967), Gert Gruner und Manfred Wilke (1981) und vor allem die mehrbändige Reihe über ›Demokratie und Antikommunismus in Berlin nach 1945‹ (Hurwitz 1983, Hurwitz/Sühl 1984 und Hurwitz 1984) empfohlen.

Eine große Rolle in der unmittelbaren Nachkriegszeit spielte die Versorgung der Flüchtlinge und Heimkehrer. »Allein in Tempelhof wurden bis zum 31. 3. 1946 400 000 Flüchtlinge aufgenommen, verpflegt und zum Teil weiterbefördert.« (Tempelhof 1945–1950, S. 15) Tempelhofer Flüchtlingslager befanden sich in der Rathausstraße (Mariendorf), Säntisstraße (Marienfelde) und Roonstraße (Lichtenrade).

In den ersten Monaten nach der Befreiung gab es aufgrund von Papierknappheit und noch nicht wieder hergestellten Druckereien große Schwierigkeiten, der Tempelhofer Bevölkerung die Bekanntmachungen der Behörden mitzuteilen. Der Leiter der Pressestelle des Bezirksamtes (1945) war Emil Ackermann, der am 14. Juni 1945, nach einer wochenlangen Odyssee, nach Berlin zurückgekehrt war. »Am nächsten Tag, vormittags, ging ich dann Richtung Tempelhof – zu Fuß natürlich –; denn hier fuhr ja nichts. Dann mußte ich über eine Notbrücke gehen. Wo das Ullsteinhaus steht, war eine Holzbrücke gebaut worden, über die die sowjetischen Soldaten auch mit ihren Fahrzeugen über den Kanal gefahren sind. Sie hat zwar ein bißchen geschaukelt, aber es ging. Wir konnten auch hinüberlaufen, wenn nicht gerade ein Fahrzeug hinüberfuhr. Ich bin gerade auf der Berliner Straße, heute Tempelhofer Damm, da werde ich gerufen. Ich wurde erkannt und ins Rathaus geholt. Der Sportsfreund Alfons Staude war im Sportamt angestellt. Er sagte: ›Komm, wir brauchen dich!‹ Ich wollte mir eigentlich Lebensmittelkarten holen. Jetzt wurde ich erst eingestellt und zwar als Pressereferent von Bezirksbürgermeister Nydahl.« (Interview am 26. 2. 1987) Die Arbeit der Pressestelle bestand im wesentlichen darin, die Bevölkerung mit Hilfe von Wandzeitungen über die Ausgabe von Lebensmittelkarten, das Verbot aller Organisationen, Vereine und Verbände u. a. zu informieren. Diese öffentlichen Bekanntmachungen wurden nur in kleiner Zahl gedruckt. »300 Exemplare für den Ortsteil Tempelhof …, für die Ortsteile Mariendorf, Lichtenrade, Marienfelde je weitere 100 Exemplare.« (Dienstblatt vom 30. 6. 45) Nach kurzer Zeit ging Emil Ackermann als Sportredakteur zur ›Berliner Zeitung‹, der ersten Zeitung unter deutscher Regie, die 1945 in Berlin erschien.

Die Organisation des Lebens in den kriegszerstörten Wohnungen und Betrieben wurde durch die Demontagen erschwert, die die Sowjetunion als Ersatz für die vom

1946: Kriegsgefangene deutsche Soldaten werden von der US-Besatzungsmacht zur Reparatur der Stubenrauch-Brücke eingestellt.

Deutschen Reich verursachten Zerstörungen in der UdSSR beanspruchte. Sie betraf die Werkzeugmaschinenfabrik Fritz-Werner-AG ebenso wie die C. Lorenz AG, Roth-Büchner, Dellschau-Stahlbau GmbH, Steffens & Nölle AG – die »vom 24. April bis 2. Juli 1945 von russischen Truppen besetzt« war (Steffens & Nölle 1950) –, die Sarotti AG und das Druckhaus Tempelhof.

Als unmittelbare Folge der neuen politischen Verhältnisse wurde auch in Tempelhof die Umbenennung von Straßen, die ihre Namen in der NS-Zeit erhalten hatten, vorgenommen bzw. diskutiert. Problemlos war die Rückbenennung der ursprünglichen Ullsteinstraße, die 1935 in Zastrowstraße umbenannt wurde. Demgegenüber sind bis heute geplante Namensänderungen in Neu-Tempelhof ausgeblieben. Im Jahre 1936 – und in anderen Jahren – war eine Reihe von Straßennamen zur ›Ehrung deutscher Fliegerhelden‹ eingeführt worden. Im folgenden (unvollständigen?) Überblick werden die ursprünglichen, die aktuellen und die 1945/46 geplanten Straßennamen aufgeführt:

Ursprünglicher Name	Heutiger Name	Nach 1945 geplanter Name
Deutscher Ring	Wolffring	Mehringring
Deutscher Ring	Schreiberring	Mehringring
Deutscher Ring	Bäumerplan	Mehringring
Preußenring	Peter-Strasser-Weg	

SPD-Urabstimmung am 31. März 1946 in Tempelhofer Abstimmungslokal am Tempelhofer Damm.

Preußenring
Wittelsbacherkorso
Dreibundstraße

Thüringer Ring
Braunschweiger Ring
Braunschweiger Ring
Kaiserkorso
Schulenburgring
Wettinerkorso
Hohenzollernkorso

Sachsenring
Zähringerkorso

Rumeyplan
Boelckestraße
Immelmannstraße

Eschwegering
Gontermannstraße
Hoeppnerstraße
Kleineweg
Leonhardyweg
Löwenhardtdamm
Manfred-von-Richt-
hofen-Straße
Thuyring
Werner-Voß-Damm

Tollerstraße
(Dudenstraße,
seit 1948 umbenannt)
Otto-Krille-Weg
Scheerbartring

Lilly-Braun-Straße
Ringelnatzstraße
Erich-Kästner-Damm
Erich-Mühsam-Straße

Hartlebenweg
Carl-Henkell-Damm

Außerdem wurden in Neu-Tempelhof folgende Umbenennungen geplant und nicht durchgeführt:

Hansakorso
Badener Ring
Mohnickesteig

Bertha-von-Suttner-Straße
Hermann-Gorter-Ring
Wolzogensteig

Siegertweg
Paradeplatz
bzw. Paradestraße
General-Pape-Straße
Bundesring
Wintgensstraße
Wüsthoffstraße
Hessenring
Kanzlerweg
Höhndorfstraße
Udetzeile

Hasencleverweg
Franz-Werfel-Platz
bzw. Straße
Adolf-Scheidt-Straße
Stefan-Zweig-Straße
Georg-Büchner-Straße
Terstegenstarße
Ada-Negri-Ring
Karl-Schneidt-Weg

Bei der Höhndorfstraße und der Udetzeile handelt es sich ebenfalls um eine Benennung nach Fliegern, die der Vollständigkeit wegen aufgeführt sind.

Es würde zu weit führen, im einzelnen auf die Personen einzugehen, nach denen die Straßen umbenannt werden sollten. Hier sei es mit einem Hinweis auf Literaturlexika getan. Aber soviel kann festgestellt werden, daß die genannten Persönlichkeiten einer demokratischen und antimilitaristischen Tradition entsprechen.

Die nicht durchgeführten Benennungen von Tempelhofer Straßen nach Opfern des Widerstandes betraf darüber hinaus folgende Straßen:

Alboinstraße
und -platz
Albrechtstraße
Friedrich-Franz-
Straße
Friedrich-Karl-
Straße
Manteuffelstraße
Moltkestraße

Egerlandstraße
und -platz
Franz-Klühs-Straße
Erich-Kuttner-Straße

Lothar-Erdmann-
Straße
Klotzstraße
Max-Westphal-Straße

Bei den Angaben über die nicht durchgeführten Umbenennungen von Straßen nach Widerstandskämpfern wurde aus Platzgründen nur auf Personen zurückgegriffen, die in dem Gedenkbuch gewürdigt werden.

Es ist nicht genau herauszufinden gewesen, warum die Umbenennung letztlich nicht erfolgte. In den letzten Jahren sind verstärkt von einzelnen Tempelhofern und Tempelhoferinnen sowie von Bürgerinitiativen Vorstöße zu einer Demokratisierung der Straßennamen unternommen worden. Bisher leider ohne Erfolg, aber das muß ja nicht so bleiben.

In den ersten Nachkriegsjahren wurde an jedem 9. September der Opfer des Faschismus gedacht. Im Jahre 1948 wurde zum Beispiel die Vorhalle des Tempelhofer Rathauses mit einer Gedenktafel versehen, die viele Namen von Ermordeten enthielt. Im nächsten Jahr wurde diese Tafel nicht mehr gezeigt. Stattdessen wurde mit diesem Spruch gemahnt: »Gedenket der Vorkämpfer für Freiheit und Recht, sie starben, damit wir frei von Furcht leben können. NIE WIEDER DIKTATUR.«

Berlin kommt wieder!

Die Bezirksverwaltung Tempelhof berichtet über ihre Arbeit im vergangenen ersten Jahr nach dem Zusammenbruch

in **Marienfelde** am 25. Mai, 15,30 Uhr, im Saal des Klosters „Zum guten Hirten",

in **Tempelhof** am 25. Mai, 19 Uhr, im Saal des Evangelischen Gemeinde=hauses, Kaiserin=Augusta=Str. 23,

in **Lichtenrade** am 26. Mai, 10 Uhr, in der Aula der Schule Moltke=straße,

in **Mariendorf** am 26. Mai, 14 Uhr, in der Aula der Eckener=Schule, Kaiserstraße.

Programm:
1. Musik
2. Ortsbericht
3. Reigen, Tanz oder Musik
4. Bezirksbericht
5. Musik

Die Berichte erstatten:

in Marienfelde Bezirksbürgermeister N y d a h l und Bezirksrat B u r g e m e i s t e r
in Tempelhof Bezirksbürgermeister N y d a h l und Gartenbaudirektor K u n a ft
in Lichtenrade Bezirksbürgermeister W i l l e und Bezirksvorsteher M e i e r
in Mariendorf Bezirksbürgermeister S c h u b r i n g und Bezirksvorsteher G ö r g n e r

Alle Einwohner des Bezirks werden hiermit eingeladen und um ihr Erscheinen gebeten.

Am 24. Mai, um 10 Uhr, veranstaltet das Bezirksamt in der Eckener=Schule Mariendorf, Kaiserstraße, eine **Feierstunde** für die Frauen und Männer des Bezirks die sich für den Wiederaufbau Berlins tatkräftig eingesetzt haben.

Stadt Berlin :: Bezirksamt Tempelhof
Abt. Presse und Aufbauwerbung

Im Zimmer des Tempelhofer Bezirksbürgermeisters: Lothar Wille (CDU), Jens Nydahl (SPD) und Willi Schubring (KPD)

Gedenktag für die Opfer des Faschismus (9. September 1949), Eingangshalle des Rathauses

Gegen das Vergessen – die Vergangenheit weiter aufarbeiten

Die Erinnerung an die Zeit des Nationalsozialismus ist bisher in Tempelhof nur ansatzweise dokumentiert: An die Folterstätte der SA im ehemaligen Kasernenkomplex der General-Pape-Straße erinnert eine Gedenktafel mit der Inschrift ›Den Opfern des frühen Naziterrors in Kellern der Kaserne General-Pape-Straße‹. Auf dem St. Mathias-Friedhof in der Röblingstraße wurde ein Ehrenmal zur Erinnerung an den Zentrumspolitiker Erich Klausener (1885 bis 1934) errichtet, der am 30. Juni 1934 von SS-Angehörigen erschossen wurde. An den im Gedenkbuch geehrten Sozialdemokraten Friedrich Küter erinnern ein Gedenkstein im Volkspark Mariendorf, ein nach ihm benanntes Haus in der Strelitzstraße sowie eine kleine Straße in Mariendorf. In diesem Ortsteil befindet sich auch die Riegerzeile, benannt nach dem tapferen Pfarrer Hermann Rieger. Der kommunistische Widerstandskämpfer Heinz Kapelle (1913 bis 1941) wurde auf dem Tempelhofer Parkfriedhof beerdigt, wo ein Grabstein an ihn erinnert. Die Lichtenrader Theodor-Haubach-Schule hat ihren Namen von dem sozialdemokratischen Journalisten Theodor Haubach (1896 bis 1945), der im Zusammenhang mit dem Attentat vom 20. Juli 1944 hingerichtet wurde. Damit endet schon die Auflistung.

Während allein in Charlottenburg über dreißig Namen von Straßen an Widerstandskämpfer erinnern und in Kreuzberg die Franz-Klühs-Straße nach dem ebenfalls im Gedenkbuch gewürdigten Sozialdemokraten aus Neu-Tempelhof benannt wurde, wäre es eigentlich an der Zeit, auch hier eine weitergehende Initiative zu ergreifen. Denkbar wäre zum Beispiel, anstelle der nach dem Fliegeroffizier Oswald Boelcke bezeichneten Straße eine Umbenennung in Fenichelstraße vorzunehmen. Die jüdische Familie Fenichel wohnte bis zu ihrer Deportation in der Boelckestraße 107. Sonst ist nichts von ihr geblieben. Vorgeschlagen werden könnte auch, die ebenfalls nach einem Flieger erfolgte Benennung des Werner-Voß-Damms im Gedenken an Kurt und Elisabeth Schumacher entsprechend zu verändern. Beide wohnten bis zu ihrer Verhaftung im Haus Werner-Voß-Damm 42 (früher Hansakorso 2). Sinnvoll könnte auch die neue Benennung der Paradestraße nach Max Westphal sein, der Paradestraße 22 wohnte. Die Vorschlagsliste ist relativ beliebig und könnte weiter fortgesetzt werden. Zurückzugreifen wäre auch auf die 1945 geplanten Straßenumbenennungen. Wohlgemerkt: Dies ist als Anregung zur Diskussion gemeint, ohne ihr damit vorzugreifen. Es soll auch nicht das Heimatgefühl von Menschen, die sich jahrelang an ›ihre‹ Straßennamen gewöhnt haben, denunziert werden und ihnen ein neuer Name vor die Wohnungstür gesetzt werden. Ein letzter Vorschlag sei aber noch erlaubt: Da überhaupt nichts mehr an die Terrorstätte Columbia-Haus erinnert, ist die Errichtung eines Mahnmals an der Stelle, an der sich das Gebäude bis 1936 befand, eigentlich längst überfällig!

Zur Weiterführung der Aufarbeitung der Bezirksgeschichte würde sich die Bildung einer Tempelhofer ›Geschichtswerkstatt‹ anbieten, in der die an der Bezirksgeschichte interessierten Menschen mitarbeiten könnten. Da die unterschiedlichen Bezirksteile Tempelhof, Mariendorf, Marienfelde und Lichtenrade eine eigenständige Entwicklung genommen haben, wäre auch die Konstituierung einzelner Initiativen denkbar. Auf die Erfahrungen ähnlicher Gruppen in Berlin könnte dabei zurückgegriffen werden.

Mit dem Tod der Verfolgten sind oft auch die Zeugnisse über das Leben dieser Menschen verschwunden. Vielleicht helfen das Gedenkbuch, die Ausstellung und diese Publikation, daß sich Nachbarn wieder erinnern und ihre Erinnerungen weitergeben.

Erste Straßenbahn fährt über die wiederhergestellte Stubenrauchbrücke 1946

Tabelle: Ergebnisse der Parlamentswahlen in Tempelhof 1920 bis 1933

	Wahlberechtigte absolut	in %	gültige Stimmen	Wahlbeteiligung	KPD	USPD	SPD*	DDP*	Zentrum	DVP	Wirtschafts- partei*	DNVP*	NSDAP*	sonstige
Stadtverordnetenwahl 20.6.1920	'37538'	62,5	25494	'68 %'	/	8006	5136	2581	1157	6246	/	2367	/	1
Bezirksverordnetenwahl 20.6.1920	'37538'	62,5	25484	68 %	/	7983	5135	2580	1156	6244	/	2386	/	/
Landtagswahl 20.2.1921	41915	67,4	31319	74,9	2375	4670	7796	2996	1380	6991	395	4711	/	5
Stadtverordnetenwahl 16.10.1921	39478	63,1	'28149'	'71,5'	1970	4562	6178	2385	'1344'	5620	1597	4346	/	'147'
Bezirksverordnetenwahl 16.10.1921	39478	63,1	28163	71,5	1970	4582	6180	2385	1344	5612	1597	4345	/	148
Reichstagswahl 4.5.1924	46626	70,4	36433	78,6	5107	544	7700	2986	1642	4078	1185	8616	/	4575
Reichstagswahl 7.12.1924	47636	70,7	38712	81,9	4641	125	11881	4192	1777	3460	1220	9608	766	1042
Landtagswahl 7.12.1924	47610	70,7	38497	81,7	4646	128	11833	4162	1760	3419	1241	9525	768	1015
Stadtverordnetenwahl 25.10.1925	47173	70,4	32306	69,0	4298	119	10348	2803	1352	3018	1266	6982	/	2120
Bezirksverordnetenwahl 25.10.1925	47173	70,4	32252	68,9	4287	116	10322	2806	1358	3056	1261	6973	/	2073
Reichstagswahl 20.5.1928	57805	71,7	46282	80,6	7736	20	15701	4134	1814	3959	1185	9437	822	1474
Landtagswahl 20.5.1928	57785	71,6	45938	80,4	7662	20	15596	4069	1807	3921	1174	9393	809	1487
Stadtverordnetenwahl 17.11.1929	62815	71,5	46387	74,5	7171	51	13766	3192	2320	3824	1832	9997	2721	1513
Bezirksverordnetenwahl 17.11.1929	62815	71,5	46120	74,3	7146	50	13643	3197	2331	3814	1817	10022	2645	1455
Reichstagswahl 14.9.1930	71795	72,2	60299	84,0	10915	24	17097	4354	2871	2607	1320	9728	9435	1948
Landtagswahl 24.4.1932	85468	78,0	70792	83,2	10519	/	20840	2945	3439	939	277	6893	23147	1793
Reichstagswahl 31.7.1932	86676	78,7	68463	84,4	11923	/	19000	1573	4075	647	138	7251	23208	648
Reichstagswahl 6.11.1932	88784	78,4	73826	83,9	15624	/	17288	1353	4223	1047	46	10767	22336	1142
Reichstagswahl 5.3.1933	90657	79,1	80679	90,2	12769	/	17676	1830	5124	888	/	10777	31035	590
Landtagswahl 5.3.1933	90655	79,1	80063	90,1	12633	/	17090	1846	4978	894	/	10421	30588	1613
Stadtverordnetenwahl 12.3.1933	89261	77,9	70671	79,7	8470	/	15351	1720	4151	569	/	10509	29338	563
Bezirksverordnetenwahl 12.3.1933	89261	77,9	70713	79,7	8477	/	15352	1734	4159	578	/	10556	29307	550

Publikationen von Widerstandskämpfern

Viele der in diesem Band gewürdigten Widerstandskämpfer waren auch publizistisch tätig. Zum großen Teil setzten sie das Wort als Waffe gegen den Faschismus ein. Zu ihrer Lebensgeschichte gehören die veröffentlichten Bücher und Zeitschriftenaufsätze, ob sie sich nun mit politischen Themen beschäftigten oder nicht. Im folgenden werden – aus Platzgründen – nur die Monographien aufgelistet, soweit die Titel zu ermitteln waren:

Erwin Gehrts: Der Aufklärungsflieger. Seine Aufgaben und Leistungen und die Überraschung im künftigen Kriege. Berlin 1939.

Lothar Erdmann: Die Entschwundene. Novelle. Berlin 1922.
Die Gewerkschaften im Ruhrkampf. Berlin 1924.
(Mit Theodor Leipart) Arbeiterbildung und Volksbildung. Berlin 1928

Helmut Klotz: Hitlers Sozialismus. Berlin 1931.
Nationalsozialismus und Beamtentum. Berlin 1931
(Herausgeber:) Der Fall Röhm. Berlin 1932.
So wurde Hitler. Paris 1933 (Französische Übersetzung: L'Heure de Hitler. Paris 1934)
Germany's Secret Armaments. London 1934.
Der neue deutsche Krieg. Paris 1934.
(Französische Übersetzung: La Nouvelle Guerre Allemande)
Les leçons militaires de la guerre civile en Espagne. Paris 1937.
(Deutsche Übersetzung: Militärische Lehren des Bürgerkrieges in Spanien. Paris 1938)

Franz Klühs: Terror. Dokumente über Terrorismus und Verrat im wirtschaftlichen und politischen Kampf. Gesammelt und herausgegeben von Franz Klühs. Magdeburg 1912.
Die Spaltung der U.S.P.D. Herausgegeben vom Parteivorstand der Sozialdemokratischen Partei Deutschlands. Berlin (1919).
Der Aufstieg. Führer durch die Geschichte der deutschen Arbeiterbewegung. Berlin 1921.
(Mit Erich Kuttner:) Die politischen Parteien in Deutschland mit einem Anhang: Deutsche Parteienentwicklung seit 1848. Eine Kursusdisposition. Herausgegeben vom Reichsausschuß für sozialistische Bildungsarbeit. Berlin (1922).
August Bebel. Der Mann und sein Werk. Berlin 1923.

Werden und Geschichte der deutschen Sozialdemokratie. Eine Kursusdisposition. Herausgegeben vom Zentralbildungsausschuß der Vereinigten Sozialdemokratischen Partei Deutschlands. Berlin 1923.
Werden und Wachsen der sozialistischen Bewegung. Berlin 1929.
Beamtenschaft und Sozialdemokratie. o.O., o.J.

Erich Kuttner: Klassenjustiz. Berlin 1913.
Von dort marschieren sie ... Ein Kriegstagebuch. Chemnitz 1916
Die Abhängigkeit des Ehevertrages vom Verlöbnis. (Disertation) Jena 1916.
Von Kiel bis Berlin. Der Siegeszug der deutschen Revolution. Berlin 1918.
Die deutsche Revolution. Des Volkes Sieg und Zukunft. Berlin 1918.
Philipp Scheidemann. Der Aufstieg eines deutschen Arbeiters. Berlin 1919.
Wie werden wir wieder reich? Berlin 1919.
Der Sieg war zum Greifen nahe? Authentische Zeugnisse zum Frontzusammenbruch von Kronprinz Wilhelm von Preußen, Kronprinz Rupprecht von Bayern, Generalfeldmarschall Hindenburg, Generalquartiermeister Ludendorf, Forstrat Escherich, Oberste Heeresleitung u. a. Zusammengestellt und herausgegeben von einem Frontkämpfer. Berlin (1921).
Der Sieg war zum Greifen nahe! Unwiderlegliche Zeugnisse gegen die Lüge vom Dolchstoß und vom Landesverrat. Berlin 1924.
Die erdolchte Front. Eine Anklage in Versen. Berlin 1920.
Warum versagt die Justiz? Berlin 1921.
Verdienste der Hohenzollern. a.a.O. 1921.
Bilanz der Rechtsprechung. Berlin (1922).
(Mit Franz Klühs:) Die politischen Parteien in Deutschland mit einem Anhang: Deutsche Parteienentwicklung seit 1848. Eine Kursusdisposition. Herausgegeben vom Reichsausschuß für sozialistische Bildungsarbeit. Berlin (1922)
Schicksalsgefährten. Roman. Berlin 1924.
Pathologie des Rassenantisemitismus. o.O 1930.
Otto Braun. Leipzig 1932.
Otto Braun. (Volksausgabe) Berlin (1932)
(Unter dem Pseudonym: Justinian): Reichstagsbrand. Wer ist verurteilt? Karlsbad 1934.
Hans von Marées. Die Tragödie des deutschen Idealismus. Zürich 1937. (Lizenzausgabe: Dresden 1958)
Het hongerjaar 1566. Amsterdam 1949.
Der Kriegsbeschädigte und der Staat. o.O., o.J.

Max Westphal: Unser Wirken. Die Arbeiterjugendbewegung 1921. Bearbeitung von Max Westphal. Herausgegeben vom Hauptvorstand des Verbandes der Arbeiterjugend-Vereine Deutschlands. Berlin 1922.
Was wir wollen! Die wirtschaftlichen und kulturpolitischen Ziele der Arbeiterjugendbewegung. Vortrag, gehalten auf der 2. Reichskonferenz des Verbandes der Arbeiterjugend-Vereine Deutschlands am 1. August 1921 in Bielefeld.
Berlin 1922.
Handbuch für sozialistische Jugendarbeit.
Berlin 1928.

Benutzte Archivbestände

Bundesarchiv Koblenz
Landesarchiv Berlin
Archiv der deutschen Jugendbewegung, Burg Ludwigstein
Archiv der deutschen Frauenbewegung, Kassel
Landesverwaltungsamt Berlin, Entschädigungsbehörde
Bildarchiv preußischer Kulturbesitz, Berlin (bpk)
Ullstein Bilderdienst, Berlin
Archiv der sozialen Demokratie, Bonn (AdsD)
August-Bebel-Institut, Berlin
Franz-Neumann-Archiv, Berlin
Internationaler Suchdienst, Arolsen
Studienkreis/Dokumentationsarchiv des deutschen Widerstandes, Frankfurt am Main
Sondervermögens- und Bauverwaltung, Oberfinanzdirektion, Berlin
Bezirksamt Tempelhof: Heimatmuseum, Abteilung Bau- und Wohnungswesen (Aktenkammer) und Gartenbauamt
Askanische Schule
Eckener Schule
Gedenkstätte Deutscher Widerstand, Berlin.
Archiv Zeitgeschichte Gräfer, Berlin
Privatarchiv Hans-Werner Fabarius, Berlin
Panstwowe Muzeum W Oswięcimin Archiwum, Auschwitz
Muzeum na Majdanku, Majdanek
Archiv Theresienstadt
Gustav-Heinemann-Gesamtschule (GHG)

Privatarchiv Lothar Uebel
Privatarchiv Dr. Stefan Krautschick
Landesbildstelle Berlin
Sozialdemokratische Partei, Kreis Tempelhof
Privatarchiv Hans-Ulrich Schulz
Hans-Wolf Ebert
Flughafen Tempelhof, Pressestelle
Stiftung Studienbibliothek zur
Geschichte der Arbeiterbewegung

Bildnachweis

Ackermann 1984
Engelbrechten 1937
Arbeitsausschuß 1934
Tuchel/Schattenfroh 1987
Deutsche Widerstandskämpfer ... 1970
Ackermann/Szepansky
Staatliche Kunsthalle 1983
Dettmer 1985
Biernat/Kraushaar 1974
Neue Gesellschaft für bildende Kunst
Aly/Roth 1984
Aly u. a. 1986
sputnik 1970

Privatbesitz

Ingrid Kamp
Frau Gober
Kurt Regler
Wolfgang Szepansky
Emil Ackermann
Lisa Souris
Prof. Dietrich Erdmann
Dr. Barbara Gehrts
Frieda Küter
Eddy Cohn
Traute Bank
Gerhard Schiller
Anne Schönblum
Dr. Bernd Dering
Charlotte Goll
Heinz Westphal

Literaturangaben

Emil Ackermann: Aus der Tempelhofer Geschichte. Naziterror und Widerstand. Berlin 1984.

Emil Ackermann/Wolfgang Szepansky u. a.: Erlebte Geschichte. Arbeiterbewegung und antifaschistischer Widerstand in Tempelhof. Berlin o.J.

Scholem Adler-Rudel: Jüdische Selbsthilfe unter dem Naziregime 1933–1939. Im Spiegel der Berichte der Reichsvertretung der Juden in Deutschland. Tübingen 1974.

Theodor W. Adorno: Erziehung nach Auschwitz. In: Theodor W. Adorno: Erziehung zur Mündigkeit. Vorträge und Gespräche mit Hellmut Becker 1959–1969. Herausgegeben von Gerhard Kadelbach. Frankfurt am Main 1971.

Peter Altmann/Heinz Brüdigam/Barbara Mausbach-Bromberger/Max Oppenheimer: Der deutsche antifaschistische Widerstand 1933–1945. In Bildern und Dokumenten. Frankfurt am Main 1975.

Götz Aly u. a. (Hrsg.): Herrenmensch und Arbeitsvölker. Ausländische Arbeiter und Deutsche 1939–1945. Berlin 1986.

Götz Aly/Karl Heinz Roth: Die restlose Erfassung. Volkszählen, Identifizieren, Aussondern im Nationalsozialismus. Berlin 1984.

AIZ: Arbeiter-Illustrierte Zeitung Nr. 21 vom 23. Mai 1935

Amtsblatt der Stadt Berlin. Berlin 1933.

Amtsbuch der Stadt Berlin. Berlin 1928.

Arbeitsausschuß (Hrsg.): Steglitzer Heimatswoche 1934. Festschrift. Berlin 1934.

Arbeitsgruppe ›Kiezgeschichte – Berlin 1933‹: Wer sich nicht erinnern will ... ist gezwungen, die Geschichte noch einmal zu erleben. Kiezgeschichte Berlin 1933. Berlin 1983.

Robert Atlasz (Hrsg.): Bar Kochba. Makkabi - Deutschland 1898–1938. Im Auftrage der Vereinigung ehemaliger Barkochbaner-Hakoahner herausgegeben. Tel Aviv 1977.

Kurt Jakob Ball-Kaduri: Das Leben der Juden in Deutschland im Jahre 1933. Ein Zeitbericht. Frankfurt am Main 1963.

Kurt Jakob Ball-Kaduri: Berlin wird judenfrei. Die Juden in Berlin in den Jahren 1942/43. In: Jahrbuch für die Geschichte Mittel- und Ostdeutschlands. Band 22 (1973), S. 196 ff.

Horst Bednareck: Erich Gentsch, ein unbeugsamer Kämpfer der Thälmannschen Garde. Berlin/DDR (1983)

Klaus Behnken (Hrsg.): Deutschland-Berichte der Sozialdemokratischen Partei Deutschlands (Sopade). Erster Jahrgang 1934ff. Salzhausen/Frankfurt am Main 1980. Zitiert als Sopade . .

Kurt A. Behrend: 600 Jahre Lichtenrade. Festalmanach zur 600-Jahr-Feier mit offiziellem Festprogramm und Lichtenrader Chronik. Berlin 1975.

Gerhard Beier: Das Lehrstück vom 1. und 2. Mai 1933. Köln 1975.

Gerhard Beier: Schulter an Schulter, Schritt für Schritt. Lebensläufe deutscher Gewerkschafter. Von August Bebel bis Theodor Thomas. Köln 1983.

Bericht über das Schuljahr 1933/34 ff. Askanisches Gymnasium. Berlin-Tempelhof.

Bericht über das Schuljahr 1938/39 f. der Leo-Schlageter-Schule. Oberschule für Jungen.

Berliner Geschichtswerkstatt (Hrsg.): Projekt: Spurensicherung. Alltag und Widerstand im Berlin der 30er Jahre. Katalog zur Ausstellung vom 12. 6. bis 10. 7. 1983 im U-Bahnhof Schlesisches Tor. Berlin 1983.

Beschlußbuch des Bezirksamtes Tempelhof (Sitzung vom 1. 8. 1932 bis 14. 8. 1933) (Heimatmuseum Tempelhof)

Der Bezirksbürgermeister des Verwaltungsbezirks Tempelhof der Stadt Berlin. Verwaltungsbericht. 1. April 1932 bis 31. März 1936. Heft 21. Berlin 1936.

Karl Heinz Biernat/Luise Kraushaar: Die Schulze-Boysen/Harnack-Organisation im antifaschistischen Kampf. Berlin/DDR 1972.

Hans Booms: Die Deutsche Volkspartei. In: Erich Matthias/Rudolf Morsey (Hrsg.): Das Ende der Parteien 1933. Darstellungen und Dokumente. Bonn 1960/Königstein/Düsseldorf 1979. S. 541 ff.

Hans Christian Brandenburg: Die Geschichte der HJ. Wege und Irrwege einer Generation. Köln 1982.

Braunbuch über Reichstagsbrand und Hitlerterror. Faksimile-Nachdruck der Originalausgabe von 1933. Frankfurt am Main 1978.

Martin Broszat: Die Anfänge der Berliner NSDAP 1926/27. In: Vierteljahreshefte für Zeitgeschichte, Nr. 8/1960, S. 85 ff.

Günter Buchstab/Brigitte Kaff/Hans-Otto Kleinmann: Christliche Demokraten gegen Hitler. Düsseldorf 1986.

Bundesarchiv und Internationaler Suchdienst (Bearbeitung): Gedenkbuch. Opfer der Verfolgung der Juden unter der nationalsozialistischen Gewaltherrschaft in Deutschland 1933–1945. Koblenz 1986.
Bundesgesetzblatt. Teil I, Nr. 64. 24. 9. 1977.

Bundesminister für Vertriebene, Flüchtlinge und Kriegsgeschädigte (Hrsg.): Dokumente deutscher Kriegsschäden. Evakuierte. Kriegssachgeschädigte. Währungsgeschädigte. Die geschichtliche und rechtliche Entwicklung. 1. Beiheft: Aus den Tagen des Luftkrieges und des Wiederaufbaues. Erlebnis- und Erfahrungsberichte. Bonn 1960.

Barbara Danckwortt: General-Pape-Straße. Folterstätte der SA im Dritten Reich. In: Berliner Geschichtswerkstatt (Hrsg.): Die Rote Insel. Berlin-Schöneberg. Bruchstücke zu einer Stadtgeschichte. Berlin 1987, S. 110 ff.

Das Jahr 1937. Kalender der Berliner Juden. Berlin 1937.

Laurenz Demps: Konzentrationslager in Berlin 1933 bis 1945. In: Jahrbuch des Märkischen Museums Nr. III/1977, S. 7 ff. Berlin/DDR.

Laurenz Demps: Die Luftangriffe auf Berlin. Ein dokumentarischer Bericht. In: Jahrbuch des Märkischen Museums Nr. IV/1978, S. 27 ff.

Laurenz Demps (Unter Mitarbeit von Reinhard Hölzer): Zwangsarbeiter und Zwangsarbeiterlager in der faschistischen Reichshauptstadt Berlin 1939–1945. Berlin/DDR 1986.

Klaus Dettmer: Ansichten auf Briefköpfen Berliner Firmen. Hinweise auf bislang unbeachtete Quellen zur Wirtschaftsgeschichte. In: **Hans J. Reichhardt (Hrsg.):** Berlin in Geschichte und Gegenwart. Jahrbuch des Landesarchivs Berlin 1985. Berlin 1985.

Deutsche Widerstandskämpfer 1933–1945. Biographien und Briefe. Band 1 und 2. Berlin/DDR 1970.

Die Frau. Heft 9, Juni 1933, S. 513 ff.

Dienstblatt der Bezirksverwaltung Tempelhof.

Joachim Dillinger/Martin Gaa/Jürgen Müller (Hrsg.): Schulenburgring 2. Berlin 1985.

Jewgeni Dolmatowski: Berlin, 1.-2. Mai 1945. In: sputnik Nr. 5 (Mai)/1970, S. 50 ff.

Hans Dominik: Fritz Werner Aktiengesellschaft, Berlin/Leipzig 1938.

Hanno Drechsler: Die Sozialistische Arbeiterpartei Deutschlands (SAPD). Ein Beitrag zur Geschichte der deutschen Arbeiterbewegung am Ende der Weimarer Republik. Meisenheim 1965/ Erlangen 1971.

Erich Eberts: Arbeiterjugend 1904–1945. Sozialistische Erziehungsarbeit. Politische Organisation. Frankfurt am Main 1981.

Julius Karl von Engelbrechten (Bearbeiter): Eine braune Armee entsteht. Die Geschichte der Berlin-Brandenburger SA. München/Berlin 1937.

Julius Karl von Engelbrechten/Hans Volz (Bearbeiter): Wir wandern durch das nationalsozialistische Berlin. Ein Führer durch die Gedenkstätten des Kampfes um die Reichshauptstadt. München 1937.

Ereignismeldungen der Technischen Nothilfe, Landesgruppe Berlin, über Luftangriffe auf Berlin während des 2. Weltkrieges. Band I. Oktober 1940 – Dezember 1943 (Landesarchiv Berlin).

Helmut Eschwege (Hrsg.): Kennzeichen J. Bilder, Dokumente, Berichte zur Geschichte der Verbrechen des Hitlerfaschismus an den deutschen Juden 1933–1945. Mit einer Einleitung von Rudi Goguel und einer Chronik der faschistischen Judenverfolgungen von Klaus Drobisch. Berlin/DDR 1966/Frankfurt am Main 1979.

Hans-Werner Fabarius: Aus der Geschichte der Evangelischen Kirchengemeinde Berlin-Marienfelde. 1930–1952. Berlin 1984.

Hans-Werner Fabarius: Nach 47 Jahren Emigration: Aussöhnung in Marienfelde. In: Gemeinde-Report Marienfelde. Nr. 90 (März) 1987. S. 10. f.

Benjamin B. Ferencz: Lohn des Grauens. Die Entschädigung jüdischer Zwangsarbeiter – Ein offenes Kapitel deutscher Nachkriegsgeschichte. Frankfurt am Main/New York 1986

Josepha Fischer: Die Mädchen in den deutschen Jugendverbänden. Stand, Ziele und Aufgaben. Leipzig 1933.

Christine Fischer-Defoy (Redaktion): Spuren der Ästhetik des Widerstands. Berliner Kunststudenten im Widerstand 1933–1945. Berlin 1984.

Erich Flatau: Von den letzten Apriltagen bis zu den letzten Septembertagen 1945. Manuskript, Berlin 1945.

Fölsche: Der Personalabbau in Berlin. In: Berliner Wirtschaftsberichte Nr. 1/1924, S. 49 ff.

Frauengruppe Faschismusforschung: Mutterkreuz und Arbeitsbuch. Zur Geschichte der Frauen in der Weimarer Republik und im Nationalsozialismus. Frankfurt am Main 1981.

Freundeskreis (Hrsg.): Und ein Licht leuchtet in der Finsternis. Festschrift für Elisabeth Abegg, die in ihrer Wohnung Tempelhofer Damm 56 eine Vielzahl jüdischer Mitbürger versteckte. Berlin 1957.

75 Jahre Eckener-Schule. Berlin o.J.

75. Jubiläum der Käthe-Kollwitz-Schule Berlin-Lichtenrade. 22./23. Mai 1987. Festschrift. Berlin 1987.

50 Jahre Martin-Luther-Gedächtnis-Kirche Mariendorf. Festschrift. Berlin 1985.

Barbara Gehrts: Nie wieder ein Wort davor? München 1975/1986.

Arthur Görlitzer (Hrsg.): Gesamtadressenwerk der NSDAP-Geschäftsstellen. Band 1: Gau Groß-Berlin, Berlin 1934.

Helga Gotschlich: Zwischen Kampf und Kapitulation. Zur Geschichte des Reichsbanners Schwarz-Rot-Gold. Berlin/DDR 1987.

Carl-Friedrich Graumann (Hrsg.): Kurt-Lewin-Werkausgabe. Band 1. Bern/Stuttgart 1981.

Kurt R. Grossmann: Die unbesungenen Helden. Menschen in Deutschlands dunklen Tagen. Berlin 1957.

Gert Gruner/Manfred Wilke (Hrsg.): Sozialdemokraten im Kampf um die Freiheit. Die Auseinandersetzungen zwischen SPD und KPD in Berlin 1945/46. Stenographische Niederschrift der Sechziger-Konferenz am 20./21. Dezember 1945. München 1981.

Hamburger Stiftung für Sozialgeschichte des 20. Jahrhunderts (Hrsg.): Das Daimler-Benz-Buch. Ein Rüstungskonzern im ›Tausendjährigen Reich‹. Nördlingen 1987.

Hauptamt für Statistik Groß-Berlin (Hrsg.): Zahlen zeigen Zeitgeschehen. Berlin 1945–1947. Berlin 1947.

Haus und Garten. Oertliches Nachrichten- und Offertenblatt. Berlin-Marienfelde 1933.

Matthias von Hellfeld/Arno Klönne: Die betrogene Generation. Jugend im Faschismus. Quellen und Dokumente. Köln 1985.

Ulrich Herbert: Geschichte der Ausländerbeschäftigung in Deutschland 1880 bis 1980. Saisonarbeiter, Zwangsarbeiter, Gastarbeiter. Berlin/Bonn 1986.

Friedrich Frhr. Hiller von Gaertringen: Die Deutschnationale Volkspartei. In: Matthias/Morsey. 1960/1979, S. 543 ff.

Kurt Hiller: Leben gegen die Zeit. Erinnerungen. (Logos.) Reinbek 1969.

Heinz Höhne: Kennwort: Direktor. Die Geschichte der Roten Kapelle. Frankfurt am Main 1970.

Bruno Huettchen: Zehn Jahre Kampf um Tempelhof. Aus drei Parteigenossen wurden Tausende von Mitstreitern für das große Werk Adolf Hitlers. In: Neue Tempelhofer Zeitung vom 26. 9. 1935 (2. Beilage).

Harold Hurwitz: Die politische Kultur der Bevölkerung und der Neubeginn konservativer Politik. (Demokratie und Antikommunismus in Berlin nach 1945, Band 1) Köln 1983.

Harold Hurwitz: Die Eintracht der Siegermächte und die Orientierungsnot der Deutschen 1945–1946. (Demokratie und Antikommunismus in Berlin nach 1945, Band 3.) Köln 1984.

Harold Hurwitz/Klaus Sühl: Autoritäre Tradierung und Demokratiepotential in der sozialdemokratischen Arbeiterbewegung. (Demokratie und Antikommunismus in Berlin nach 1945, Band 2.) Köln 1984.

Internationaler Suchdienst: Verzeichnis der Haftstätten unter dem Reichsführer-SS (1933–1945). Konzentrationslager und deren Außenkommandos sowie weitere Haftstätten unter dem Reichsführer-SS in Deutschland und deutsch besetzten Gebieten. Arolsen 1979.

Jahresbericht der Leo-Schlageter-Schule 1935/36.

Jahresbericht über das Schuljahr 1940/41. Eckener-Schule. Oberschule für Jungen. Berlin-Mariendorf. Von Oberstudiendirektor Walter Kühn.

Karl-Heinz Jahnke: Jugend im Widerstand 1933–1945. Frankfurt am Main 1970/1985 (Neu bearbeitete und erweiterte Auflage von: Entscheidungen – Jugend im Widerstand 1933–1945.)

Stefi Jersch-Wenzel/Thomas Jersch: Zur Geschichte der jüdischen Gemeinde in Berlin. In: Wegweiser durch das jüdische Berlin. Geschichte und Gegenwart. Berlin 1987.

Jüdischer Führer durch Berlin. (Redaktion: Heinz Friedländer.) Berlin 1933.

Jüdisches Adressbuch für Gross-Berlin, Ausgabe 1929/30. Berlin 1929.

Jüdisches Adressbuch für Gross-Berlin. Ausgabe 1931. Berlin 1931.

Jüdisches Jahrbuch für Groß-Berlin auf das Jahr 1926.

Elisabeth Kahn-Freund: Am Vorabend der Emigration. In: Gesamtrichterrat der Berliner Gerichte für Arbeitssachen (Hrsg.): 60 Jahre Berliner Arbeitsgerichtsbarkeit 1927–1987. S. 139 ff. Berlin 1987.

Robert M. W. Kempner: Die Ermordung von 35 000 Berliner Juden. Der Judenmordprozeß in Berlin schreibt Geschichte. In: Herbert A. Strauss/Kurt R. Grossmann (Hrsg.): Gegenwart und Rückblick. Festgabe für die Jüdische Gemeinde zu Berlin 25 Jahre nach dem Neubeginn. Heidelberg 1970, S. 180 ff.

Werner Kindt (Hrsg.): Die deutsche Jugendbewegung 1920 bis 1933. Die bündische Zeit. Düsseldorf/Köln 1974.

Serge Klarsfeld (Hrsg.): Die Endlösung der Judenfrage in Frankreich. Deutsche Dokumente 1941–1944. Paris 1977.

Paul Klimmek: Bericht. Zitiert nach Kraushaar 1981, S. 157.

Arno Klönne: Hitlerjugend. Die Jugend und ihre Organisation im Dritten Reich. Hannover/Frankfurt am Main 1957.

Arno Klönne: Gegen den Strom. Bericht über den Jugendwiderstand im Dritten Reich. Hannover/Frankfurt am Main 1960.

Arno Klönne: Jugend im Dritten Reich. Die Hitlerjugend und ihre Gegner. Düsseldorf 1982.

Werner Klose: Generation im Gleichschritt: Die Hitlerjugend. Ein Dokumentarbericht. Oldenburg/Hamburg/München 1982.

Martin Kluge: Rückschau und Ausblick. In: 75 Jahre Lorenz. 1880–1955. Festschrift der C. Lorenz Aktiengesellschaft Stuttgart. Stuttgart 1955. S. 11 ff.

Rudolf Kneib: Jugend der Weimarer Zeit. Handbuch der Jugendverbände 1919–1938. Frankfurt am Main 1974.

Hansjochim W. Koch: Hitlerjugend. München 1981.

Eugen Kogon: Der SS-Staat. Das System der deutschen Konzentrationslager. München 1974.

Luise Kraushaar: Berliner Kommunisten im Kampf gegen den Faschismus 1936 bis 1942. Robert Uhrig und Genossen. Berlin/DDR 1981.

Stefan Krautschick: Kommunalwahlen in Berlin-Tempelhof 1920 bis 1933. In: Jahrbuch für Brandenburgische Landesgeschichte 1987 (im Druck).

Erich Kuby: Die Russen in Berlin 1945. (Bern/München 1965) Gütersloh 1980.

Lagergemeinschaft Sachsenhausen bei der Zentralleitung des Komitees der Antifaschistischen Widerstandskämpfer der DDR: Sachsenhausen. Dokumente, Aussagen, Forschungsergebnisse und Erlebnisberichte über das ehemalige Konzentrationslager Sachsenhausen. Berlin/DDR 1974/1981.

Landesarchiv Berlin (Bearbeitung): Berlin. Kampf um Freiheit und Selbstverwaltung 1945–1946. Berlin 1961.

Annedore Leber: Das Gewissen steht auf. 64 Lebensbilder aus dem deutschen Widerstand 1933–1945. Herausgegeben in Zusammenarbeit mit Willy Brandt und Karl Dietrich Bracher. Berlin/Frankfurt am Main 1954.

Annedore Leber: Das Gewissen entscheidet. Bereiche des deutschen Widerstandes von 1933–1945 in Lebensbildern. Herausgegeben von Annedore Leber in Zusammenarbeit mit Willy Brandt und Karl Dietrich Bracher. Frankfurt am Main/Wien/Zürch 1963.

Klaus Lehmann: Widerstandsgruppe Schulze-Boysen/Harnack. Herausgegeben von der Forschungsstelle der VVN. Berlin 1948.

London-Vertretung der SPD (Hrsg.): Material zu einem Weißbuch der deutschen Opposition gegen die Hitlerdiktatur. Erste Zusammenstellung ermordeter, hingerichteter oder zu Freiheitsstrafen verurteilter deutscher Gegner des Nationalsozialismus. Als Manuskript vervielfältigt. London 1946.

Andreas Ludwig/Andreas Heinemann-Grüder: Berlin 1929–1945. Eine Chronik. In: Arbeitsgruppe Kiezgeschichte . . . Berlin 1983.

Klaus Mammach: Die KPD und die deutsche Widerstandsbewegung 1933–1939. Frankfurt am Main 1974.

Klaus Mammach: Der Volkssturm. Bestandteil des totalen Kriegseinsatzes der deutschen Bevölkerung 1944/45. Berlin/DDR 1981.

Adolf Mast: Unternehmer aus Berufung. Wiesbaden/Berlin 1964.

Erich Matthias/Rudolf Morsey (Hrsg.): Das Ende der Parteien 1933. Darstellungen und Dokumente. Bonn 1960/Düsseldorf 1979.

Erich Matthias/Rudolf Morsey: Die Deutsche Staatspartei. In: Matthias/Morsey 1960/1979. S. 29 ff.

Hans Meinshausen (Hrsg.): Die Erzieher Groß-Berlins. 1935. Verzeichnis der Lehrkräfte, Lehranstalten, Schulbehörden und Parteidienststellen. Berlin 1935.

Peter de Mendelsohn: Zeitungsstadt Berlin. Menschen und Mächte in der Geschichte der deutschen Presse. Frankfurt am Main/Berlin/Wien 1959/1982.

Guido von Mengden: Umgang mit der Geschichte und mit Menschen. Ein Beitrag zur Geschichte der Machtübernahme im deutschen Sport durch die NSDAP. Berlin/München/Frankfurt am Main 1950.

Karl-Heinz Metzger/Ulrich Dunker: Der Kurfürstendamm. Leben und Mythos des Boulevards in 100 Jahren deutscher Geschichte. Berlin 1986.

Mitteilungsbuch der Askanischen Schule. Oberschule für Jungen. Berlin-Tempelhof. 1911–1943.

Mitteilungsbuch 1936–1942. Leo-Schlageter-Schule. Oberschule für Jungen. Berlin-Tempelhof.

Dieter Möhring: Wandlungen des Firmenprogramms. In: 75 Jahre Lorenz. 1880–1955. Festschrift der C. Lorenz-Aktiengesellschaft Stuttgart. Stuttgart 1955. S. 31 ff.

Rudolf Morsey: Die Deutsche Zentrumspartei. In: Matthias/Morsey 1960/1979, S. 279 ff.

Jonny Moser: Theresienstadt, das Altersghetto. In: Mary Steinhauser u. a.: Totenbuch Theresienstadt. Wien 1987. S. 1. 10 ff.

Reinhold Muchow (Nationalsozialistische Deutsche Arbeiterpartei: Ortsgruppe Berlin, Sektion Neukölln, Propagandazelle): Situationsbericht Nr. 7, Dezember 1927 (Allgemeine politische Lage in Berlin und der Kampf der N.S.D.A.P.) in: Vierteljahreshefte für Zeitgeschichte Heft 8 (1960), S. 92 ff.

Ulrich Mückenberger: Eine letzte Bekundung richterlicher Unabhängigkeit . . . Otto Kahn-Freunds Entscheidung im ›Radiofall‹. In: Gesamtrichterrat der Berliner Gerichte für Arbeitssachen (Hrsg.): 60 Jahre Berliner Arbeitsgerichtsbarkeit 1927–1987. S. 249 ff, Berlin 1987.

Neeße: In: Wille und Macht. Zitiert nach Klönne 1960, S. 11.

Albert Netzband: Die Geschichte der Firma ›Fritz Werner‹ Berlin. Berlin 1947 (Manuskript).

Fritz Neubecker: Standhaft bis in den Tod. Am 5. Mai jährt sich zum 100. Mal der Geburtstag von Franz Klühs. In: Berliner Stimme vom 30. April 1977a.

Fritz Neubecker: Als Hitler den ›Vorwärts‹ verbot. Stampfers ›zweiter Mann‹ und das Ende der Weimarer Republik. In: Vorwärts Nr. 16 vom 5. 5. 1977b, S. 29.

Neue Gesellschaft für bildende Kunst (Hrsg.): Der umschwiegene Ort. Berlin o.J.

Gerhard Nitzsche/Margot Pikarski (Hrsg.): Tarnschriften der KPD aus dem antifaschistischen Widerstandskampf. Originalgetreue Reproduktionen von 12 Heften aus den Jahren 1935/36. Berlin/DDR 1986.

Der Oberbürgermeister der Stadt Berlin, Landeswohlfahrts- und Jugendamt, Abteilung Jugendpflege und Leibesübungen: Auskunftsdienst; Wegweiser durch die Leibesübungen und Jugendpflege in der Stadt Berlin. 1. Folge, Berlin 1936.

Franz Osterroth: Biographisches Lexikon des Sozialismus. Band 1: Verstorbene Persönlichkeiten. Hannover 1960.

Franz Osterroth/Dieter Schuster: Chronik der deutschen Sozialdemokratie. Band II: Vom Beginn der Weimarer Republik bis zum Ende des Zweiten Weltkrieges. Berlin/Bonn 1975.

Karl O. Paetel: Jugend in der Entscheidung. 1913 – 1933 – 1945. Bad Godesberg 1963.

Wolfgang Paul: Das Feldlager. Jugend zwischen Langemarck und Stalingrad. Tatsachenbericht. München 1980.

Detlev Peukert: Der deutsche Arbeiterwiderstand 1933–1945. In: Karl Dietrich Bracher/Manfred Funke/Hans-Adolf Jacobsen (Hrsg.) Nationalsozialistische Diktatur 1933–1945. Eine Bilanz. Bonn 1983.

Felix Daniel Pinczower: Einleitung (Januar 1971) zum Nachdruck von: Bibliotheca. Judaica-Hebraica-Rabbinaca. Pinczower-Porges. Leipzig 1931-1932. Nachdruck 1982 (Tel Aviv).

Hans Pohl/Stephanie Habeth/Beate Brüninghaus: Die Daimler-Benz AG in den Jahren 1933–1945. Eine Dokumentation. Stuttgart 1986.

Der Polizeipräsident als örtlicher Luftschutzleiter. Bericht über den Luftangriff am 17. 1. 1943 vom 18. 1. 43. (Landesarchiv Berlin: Lageberichte des Polizeipräsidenten über die Luftangriffe auf Berlin, Rep. 20, Nr. 7245.)

Polizeipräsidium Berlin/Vereine NF, Liste der Jugendpflegevereine 1931/32. (Landesarchiv Berlin, Pr.Br.Rep. 30, Lfd. Nr. 53.)

Christian Pross/Rolf Winau: »nicht mißhandeln«. Das Krankenhaus Moabit. 1920–1933. Ein

Zentrum jüdischer Ärzte in Berlin. 1933–1945 Verfolgung. Widerstand. Zerstörung. Berlin 1984.

Protokollbuch der Bezirksversammlung Tempelhof. Band III (1928 bis 1933). (Heimatmuseum Tempelhof)

Bernhard Przeradski (im Auftrag der Askanischen Oberschule): 100 Jahre Askanische Oberschule. Eine Chronik der Askanischen Oberschule zum 100jährigen Bestehen. Berlin 1984 (2. erweiterte Auflage).

Gerd Radde: Fritz Karsen. Ein Berliner Schulreformer der Weimarer Zeit. Berlin 1973.

Walter Radetz: Werner Seelenbinder. Leben, Haltung, Wirkung. Berlin/DDR 1969

Dagmar Reese: Bund Deutscher Mädel – Zur Geschichte der weiblichen deutschen Jugend im Dritten Reich. In: Frauengruppe Faschismusforschung 1981. S. 163 ff.

Hans J. Reichardt/Wolfgang Schäche: Von Berlin nach Germania. Über die Zerstörungen der Reichshauptstadt durch Albert Speers Neugestaltungsplanungen. Berlin 1984.

Gerald Reitlinger: Die Endlösung. Hitlers Versuch der Ausrottung der Juden Europas 1939–1945. Ins Deutsche übertragen von J. W. Brügel. Berlin 1961.

Werner Röder/Herbert A. Strauss: Biographisches Handbuch der deutschsprachigen Emigration nach 1933. Band I: Politik, Wirtschaft, Öffentliches Leben. München/New York/London/Paris 1980.

Eberhard Röhm/Jörg Thierfelder: Evangelische Kirche zwischen Kreuz und Hakenkreuz. Bilder und Texte einer Ausstellung. Stuttgart 1981.

Gert Rosiejka: Die Rote Kapelle. ›Landesverrat‹ als antifaschistischer Widerstand. Mit einer Einführung von Heinrich Scheel. Hamburg 1986.

Dieter Rossmeissl: »Ganz Deutschland wird zum Führer halten ...« Zur politischen Erziehung in den Schulen des Dritten Reiches. Frankfurt am Main 1985.

Karl Heinz Roth: Der Weg zum guten Stern des ›Dritten Reichs‹: Schlaglichter auf die Geschichte der Daimler-Benz AG und ihrer Vorläufer (1890–1945). In: Hamburger Stiftung für Sozialgeschichte des 20. Jahrhunderts (Hrsg.): Das Daimler-Benz-Buch. Ein Rüstungskonzern im ›Tausendjährigen Reich‹. S. 27 ff. Nördlingen 1987.

Jutta Rüdiger (Hrsg.): Die Hitler-Jugend und ihr Selbstverständnis im Spiegel ihrer Aufgabenbereiche. Lindhorst 1983.

Rundschreiben des Reichsinnenministeriums vom 10. 12. 1942. Zitiert nach Aly/Roth 1984.

Sachsenhausenkomitee Berlin (West): Das KZ Sachsenhausen und seine Nebenlager in Berlin. In: Staatliche Kunsthalle Berlin (Hrsg.) 1933 – Wege zur Diktatur. Berlin 1983, S. 290 ff.

Reinhold Sasse: Bericht vom 1. Juli 1947. Zitiert nach Kraushaar 1981, S. 152.

Klaus Scheel (Hrsg.): Die Befreiung Berlins 1945. Eine Dokumentation. Berlin 1985.

Wolfgang Scheffler: Judenverfolgung im Dritten Reich. Berlin 1964.

Karl Aloys Schenzinger: Der Hitlerjunge Quex. Roman. Berlin 1932.

Klaus Scheurenberg: Ich will leben. Ein autobiographischer Bericht. Berlin 1982.

Kurt Schilde: Jugendorganisationen und Jugendopposition in Berlin-Kreuzberg. Eine Dokumentation. Berlin 1983.

Baldur von Schirach: Die Hitler-Jugend, Idee und Gestalt. Leipzig 1936.

Alexandra Schlingensiepen: Zeitzeugen des Widerstands. Demokratische Sozialisten gegen Hitler. Bonn 1983.

Michael Schmid: ›Unsere ausländischen Arbeitskräfte‹. Zwangsarbeiter in den Werken und Barackenlagern des Daimler-Benz-Konzerns. Ein Überblick. In: Hamburger Stiftung für Sozialgeschichte des 20. Jahrhunderts (Hrsg.): Das Daimler-Benz-Buch. Ein Rüstungskonzern im ›Tausendjährigen Reich‹. Nördlingen 1987, S. 559 ff.

Ingrid Schmidt-Harzbach: Doppelt besiegt. Vergewaltigung als Massenschicksal. In: sozial extra Nr. 4/1985, S. 28 ff.

Bernhard Schneider: Bund der Reichspfadfinder. Kurzchronik. In: Werner Kindt (Hrsg.): Die deutsche Jugendbewegung 1920 bis 1933. Die bündische Zeit. Düsseldorf/Köln 1974. S. 453 f.

Gerhard Schoenberner: Der gelbe Stern. Die Judenverfolgung in Europa 1933 bis 1945. Gütersloh 1960.

Karl Schoepke: Sie gehörte zur Roten Kapelle. Das kämpferische und hoffnungsvolle Leben der Antifaschistin und Buchhändlerin Eva-Maria Buch. In: Börsenblatt für den deutschen Buchhandel, Leipzig, Nr. 50 (1975), S. 943 ff.

Arno Scholz: Ein Kämpfer für die Freiheit Berlins. In: Walther G. Oschilewski/Arno Scholz: Franz Neumann. Ein Kämpfer für die Freiheit Berlins. Berlin-Grunewald 1954.

Heinz Schröder: ›Olle Icke‹ erzählt. Über Widerstand, Strafdivision und Wiederaufbau. Berlin 1986.

Wolfgang Schröer: 50 Jahre Schule am Alarichplatz zu Berlin-Tempelhof. Eine heimatkundliche Betrachtung. Berlin 1962.

Marschall Schukow: Erinnerungen und Gedanken. Stuttgart 1969.

Verena Schuster/Dorothee Zöbl: 1933. Fünfzig Jahre danach. Das Ermächtigungsgesetz. Herausgegeben vom August-Bebel-Institut. Berlin 1983.

Jizchak Schwersenz/Edith Wolff: Jüdische Jugend im Untergrund. Eine zionistische Gruppe in Deutschland während des 2. Weltkrieges. Bulletin des Leo-Baeck-Instituts Nr. 45. Tel Aviv 1969.

Olaf Seeger/Burkhard Zimmermann: Steglitzer Geschichten. Berlin 1985.

Richard Seidel: In Memoriam Lothar Erdmann. In: Gewerkschaftliche Monatshefte Nr. 1/1950, S. 3 ff.

Hans Gerd Sellenthin: Geschichte der Juden in Berlin und des Gebäudes Fasanenstraße 79/80.

Festschrift anläßlich der Einweihung des Jüdischen Gemeindehauses, herausgegeben vom Vorstand der Jüdischen Gemeinde zu Berlin (1959).

Max Morchedai Sinasohn: Die Berliner Privatsynagogen und ihre Rabbiner 1671–1971. Zur Erinnerung an das 300jährige Bestehen der Jüdischen Gemeinde zu Berlin. Jerusalem 1971.

Howard K. Smith: Feind schreibt mit. Ein amerikanischer Korrespondent erlebt Nazi-Deutschland. (Originalausgabe: Last Train from Berlin. London 1942.) Berlin 1982.

Sopade (siehe Behnken)

Staatliche Kunsthalle Berlin (Hrsg.): 1933 – Wege in die Diktatur. Berlin 1983.

Staatliche Kunsthalle Berlin (Hrsg.): Bericht 1983. Berlin 1983.

Steffens & Nölle Aktiengesellschaft in Berlin-Tempelhof: Bericht über die Geschäftsjahre 1946 und 1947, den RM-Abschluß zum 24. Juni 1948, die Eröffnungsbilanz in Deutscher Mark zum 1. April 1949, das Rumpfgeschäftsjahr vom 1. 4. – 31. 12. 1949, das Geschäftsjahr 1950. Berlin 1950.

Mary Steinhauser und Dokumentationsarchiv des österreichischen Widerstandes (Hrsg.): Totenbuch Theresienstadt. Damit sie nicht vergessen werden. Wien 1987.

Stefan Szende: Zwischen Gewalt und Toleranz. Zeugnisse und Reflexionen eines Sozialisten. Mit einem Vorwort von Willy Brandt. Frankfurt am Main/Köln 1975.

Gerda Szepansky: Frauen leisten Widerstand: 1933–1945. Lebensgeschichten nach Interviews und Dokumenten. Frankfurt am Main 1983.

Gerda Szepansky: Blitzmädel, Heldenmutter, Kriegerwitwe. Frauenleben im Zweiten Weltkrieg. Frankfurt am Main 1986.

Wolfgang Szepansky: Dennoch ging ich diesen Weg. Herausgegeben zum 40. Jahrestag der Befreiung vom Faschismus. Berlin (1985).

Tempelhof-Mariendorfer Zeitung ›Der Süden‹. Tempelhof 1945–1950.

Siegfried Thomas: Entscheidung in Berlin. Zur Entstehungsgeschichte der SED in der deutschen Hauptstadt 1945/46. Berlin/DDR 1967.

Wassili I. Tschuikow: Das Ende des Dritten Reiches. München 1966.

Wassili I. Tschuikow: Gardisten auf dem Weg nach Berlin. (Originalausgabe in russisch: Moskau 1973.) Berlin/DDR 1976.

Johannes Tuchel/Reinold Schattenfroh: Zentrale des Terrors. Prinz-Albrecht-Straße 8 Hauptquartier der Gestapo. Berlin 1987.

Horst Ueberhorst: Hundert Jahre Deutscher Ruderverband. Eine historisch-kritische Würdigung mit 30 Trainerportraits und einem vierfarbigen Kunstteil. Minden 1983.

Charlotte Uhrig: Mitteilung aus dem November 1974 an Luise Kraushaar. Zitiert nach Kraushaar 1981, S. 186.

Rainer Venske: Außenlager des KZ Sachsenhausen auf dem heutigen Territorium von Berlin (West). In: Sachsenhausenkomitee Westberlin und andere (Hrsg.): Niemand und nichts vergessen. Ehemalige Häftlinge aus verschiedenen Ländern berichten über das KZ Sachsenhausen. Berlin 1984.

Vereinigung der Verfolgten des Naziregimes/ Verband der Antifaschisten (Hrsg.): 40 Jahre danach. 22. April Befreiung des KZ Sachsenhausen. 8. Mai Befreiung von Faschismus und Krieg. Berlin 1985.

Wegweiser durch das jüdische Berlin. Geschichte und Gegenwart. Berlin 1987.

Aloys Wehr: Albert Voß – ein Widerstandskämpfer. In: Berliner Ruf. Mitteilungsblatt der katholischen Arbeitnehmer-Bewegung. Diözesanverband Berlin. Nr. 5, Mai 1984.

Sigfrid von Weiher: Weg und Wirken der Siemens-Werke im Fortschritt der Elektrotechnik 1847–1970. Ein Beitrag zur Geschichte der Elektroindustrie. Berlin/München 1981.

Gerhart Wehner: Die rechtliche Stellung der HJ. (Dissertation) Leipzig 1939.

Helmuth Weidling: Der Endkampf in Berlin (23. 4.-2. 5. 1945). In: Wehrwissenschaftliche Rundschau. Heft 1/1962 ff.

Günther Weisenborn (Hrsg.): Der lautlose Aufstand. Bericht über die Widerstandsbewegung des deutschen Volkes 1933–1945. Hamburg 1953

Irmtraud Wiegand: Antifaschistischer Widerstandskampf der Jugend – Eva-Maria Buch. Greifswald 1961. Seminararbeit (Ms.). Zitiert nach: Karl-Heinz Jahnke: Jugend im Widerstand 1933–1945. Frankfurt am Main 1985, S. 98.

Irmgard Wirth (Hrsg.): Leistung und Schicksal 300 Jahre Jüdische Gemeinde zu Berlin. Berlin 1971.

Hermann Wundrich (Hrsg.): Vom Bauernhof zur Gartenstadt. Die Geschichte Lichtenrades im Bezirk Berlin-Tempelhof. Berlin 1962.

Zentralblatt für Bibliothekswesen, 55 (1938). Zitiert nach: Aly/Roth 1984, S. 69.

Gabriele Zörner u. a.: Frauen-KZ Ravensbrück. Berlin/DDR 1986.

STÄTTEN DER GESCHICHTE BERLINS

 EDITION HENTRICH BERLIN